八字洩天機

（下）

司螢居士◎著

高寶書版集團

高寶書版集團
gobooks.com.tw

新視野 New Window 263
八字洩天機（下）

作　　者　司螢居士
責任編輯　葉昌明、高如玫
封面設計　林政嘉
內頁排版　賴姵均
企　　劃　鍾惠鈞

發 行 人　朱凱蕾
出　　版　英屬維京群島商高寶國際有限公司台灣分公司
　　　　　Global Group Holdings, Ltd.
地　　址　台北市內湖區洲子街 88 號 3 樓
網　　址　gobooks.com.tw
電　　話　(02) 27992788
電　　郵　readers@gobooks.com.tw（讀者服務部）
傳　　真　出版部 (02) 27990909　行銷部 (02) 27993088
郵政劃撥　19394552
戶　　名　英屬維京群島商高寶國際有限公司台灣分公司
發　　行　英屬維京群島商高寶國際有限公司台灣分公司
初版日期　2009 年 04 月
二版日期　2023 年 05 月

國家圖書館出版品預行編目（CIP）資料

八字洩天機（下）/ 司螢居士著 . -- 二版 . -- 臺北市：英屬維京群島商高寶國際有限公司臺灣分公司，2023.03
　面；　公分 . -- (新視野 263)

ISBN 978-986-506-668-0（上冊：平裝）. --
ISBN 978-986-506-669-7（中冊：平裝）. --
ISBN 978-986-506-670-3（下冊：平裝）. --
ISBN 978-986-506-671-0（全套：平裝）

1.CST: 命書　2.CST: 生辰八字

293.12　　112002225

•目　錄•

・目　錄・

·目 錄·

•目　錄•

・目　錄・

・目　錄・

·目　錄·

前言

自從上冊出書後，曾多位讀者來函、來電曰：至少讀了十餘次以上。令余心中常掛懷，因此授課時及出書，皆由初級入門開始，到細密論斷，一氣呵成之念；一套新的理論，必有一套新的基礎理論修正觀念。

本書分為六大項說明：如何正確迅速論斷八字、變格與正格之論斷、綜合論斷說明、陰宅論斷法、陽宅論斷法、 卦論斷法等。點點滴滴皆心血，花費了余不少苦心，其中包含了余八字講授後，近年來之研究心得，筆之無遺，願此些微心得，能幫助諸位讀書，在玄學、五術上之研究，更能進一步，學以致用，利益眾生，是所至盼。

初學八字者，須由中冊「基本知識」入門，循序漸進，該背須背，再深入下冊論斷，及配合上冊研讀，自能一氣呵成，了悟天機。

地理風水，本來余只計劃，將陽宅內、外氣之研究心得，及上冊「命與陽宅部分」，實例解答寫出；心中苦思一段日子，深恐寫了會洩漏天機，損及陰德；若不寫出來，利益大眾，又與心願違背，心中覺得很難過，最後余請示了之最高靈界仙佛元靈 法海禪師，經指示才敢洩漏。若出書公開為無福無德之人服務，及教授品性不良之學生，上山及平地尋富貴福地，指出穴場所在，使得地理因人損德無福承受而遭無形之破壞，則為洩漏天機。如此出書或授課，或替人服務，並非積德，反而變成損德。

司螢居士　合十

中華民國七十五年元宵節

如何正確迅速論斷八字

八字論命，一般入門在取喜用神，而研究到最後還是用神難找，倍受窮通寶鑑所惑、所牽制，甚至算分數，分強弱，永遠無法突破。而本節所述，乃基於此點而為，如何突破傳統，如何一針見血，一看即知命局平衡點——喜用神。共分兩大項說明：一、調候的論斷。二、六神論斷法——即五行生剋法。

◎傳統的取用神法含：

①以格名取喜用，看忌神。②扶、抑、助、洩。③通關。④調候。⑤病藥。

論命並非硬由命局取喜用，決定何者為好人，何者為壞人，事實上有些命局八字都為用。本節所述，一望即知喜用神，乃由外而取，分天干、地支取喜用；配合流年、流月逼進法，以十天干、十二地支代入命中，尋出重點何在，即尋找一生凶年，以便對症下藥。常常須應用到的包含：一、流年、流月、流日逼進法。二、調候、合乎自然原則。三、五行相生相剋法，及代入六神。四、將六神代稱，融入現代社會習俗活用。故基本上須循序漸進，該背記的六十甲子，不能懶惰用查表，對於前面所提之基礎理論、流年、流月、流日逼進法等，皆能有所了解。剩下的就是本篇論斷最需要的代號——六神，不僅須背記，且須將六神代入八字、大運、流年、流月時，須能熟練到一看即知，如此才能應用判斷自如，為便於背記活用六神，茲以日元「甲木」為例說明如下：

正官、偏官：官者管也，上面拿掉竹字。庚、辛金即是，凡會剋傷日元者，都叫官星。一般因日元即我，皆謂：剋我者。管我者也。日元為甲木陽干，若見辛金陰干，為陰陽正配，稱為正官，和正印、正財一樣，都是一陰一陽之正配。若見庚金為陽見陽，為偏，故曰：偏官。偏印、偏財也是一樣。無論陽見陽或陰見陰，都是上面加個「偏」。只有陽見陰，或陰見陽，才叫做正配之「正官」或「正印」。

正印、偏印：印者印信也。也是父母親之代名稱，故凡相生日元者，即會生日元者，乃為父母，又稱為印星，如：壬、癸水即是。日元甲木，見癸水相生，為陰陽正配，稱之：正印。若見壬水同樣陽干支，稱為「偏」印。若日元為乙木，見壬水為正配、正印。見癸水為偏、偏印。亦即凡是生我者，會供應我的，都叫做印星。

正財、偏財：財者錢財、物質之代號也。即凡是被日元、我花用、應用的，都叫做財星。一般稱：我剋者。即被日元我剋到的、管到的，都稱為財。如：戊、己土即是。同前面官、印一樣，即財、官、印都是一樣，甲木陽干，見陰干己土，謂之陰陽正配，正財。若見陽干戊土，為陽見陽配不起來，稱為偏，偏財。正財乃點滴正業累積。偏財乃橫財，又為副業收入。此六神代稱，只有財、官、印三者有掛上正、偏，其他則沒有，故先背記此三者。

比肩、劫財：比劫者兄弟朋友之代稱。所謂比肩即是，如日元甲木，見到甲木，即是一樣大、一樣的東西，比肩齊步，那就是兄弟朋友，才會地位平等，稱之：比肩。日元乙木見乙木，也是一樣。又若日元甲木，見到乙木，為一陰一陽，不同字，但相同五行，謂之：劫財。兄弟共同分財產，劫者搶劫、分也。一般稱：我之同類者。

食神、傷官：食、傷者洩秀也。即日元所生出者，被我相生，即是我的秀氣、才華、名氣、勞碌、身兼數職。如：日元甲木，見丙、丁火即是，木生火洩秀、洩氣。亦為女命之子女代稱，乃其所生之故，一般謂：我生者。又日元甲木見陰干支丁火，為陰陽正配，正式地位、名位較凶巴巴，故謂之：傷官，乃會傷到官星之故，如官星為庚、辛金，此火剋金，當然傷到官星。若見丙火為同樣陰陽，較溫和，有食祿，稱之：食神，亦為文星，文筆才華。

以下五行相生相剋，代入六神以後，常用的術語，不用了解，先死背、唸熟：①比、劫奪財。②、財破印。③印制食、傷。④食、傷制官煞。⑤官印相生。⑥食、傷生財。⑦財官印一氣相生。

一、調候的論斷

調候乃合乎自然之季節原則，合乎自然現象來論斷；冬季寒冷須火溫暖，及炎夏燥熱，須水滋潤，論斷此處，須綜合出生、成長地來看，分炎熱地帶及寒濕地帶，才能掌握天機。同一生辰，結果發展不同，婚期不同，乃因此須調候月出生者，其成長地不同，影響體質不一樣，形成處事積極和慢性之故，當然成就，發展必不同。受南部炎熱地區影響者，成長於斯，本有積極急躁之性，踏入社會後，移到北部寒濕地帶發展，受氣候之影響，緩和了急躁之性，無形中降低肝火，提升解毒功能，使氣色更佳，行事判斷思考更細密，成就自然更高。另一方面言，成長於北部寒濕之地者，八字火炎或缺水，自然產生調候狀況，體質中和，由於八字火炎，自然形成遲睡、熬夜常見及住宅較熱，藉著居住環境，降低虛火，生活習慣已常常如此，及適應體質，踏入社會後，移動到南部炎熱地帶發展，結果馬上肝火上升，體內毒素加重，解毒功能降低，氣色晦暗，開始走楣運。

生於炎夏巳、午、未月者，及常常習慣遲睡、熬夜者（八字官煞重），出生、成長在南部炎熱地帶，優於出生、成長在北部寒濕地區者，（指同一生辰）而且將來要在北部發展，以便藉著大自然降低肝火。若在南部發展，則比不上出生、成長在北部寒濕地區者。

又若出生於寒冬亥、子、丑、寅月者，八字寒濕重、缺火，一片寒凍之象，應驗合乎本性較慢性、保守。以出生、成長在北部寒濕地帶者，優於南部炎熱者（須同一生辰），但必須將來在南部發展，或常常南北奔波，藉著大自然之炎熱，改變體質，提升肝火，促使行事更積極，或書桌上裝40W之鎢絲燈，接收電離子，促進活力亦可。以地點改變最佳。但若停留在寒濕北部發展，則比不上出生、成長在南部者。相反地，若出生、成長在南部，而將來往北部發展者，結果運程更差，本來活動性已少，吃飯生痰，氣血較不暢，此北部寒濕，更加重保守心性及慢性。故非出生地之作用，乃出生後居住地之作用。急性者宜往北方寒濕地，慢性者宜往南方炎熱區發展，藉著大自然改善、輔助體質中和，使氣色更佳，相反者為倒楣時，吾人欲改變命運，此法有絕對之幫助，使命運更佳。讀者可依照個人生活睡眠習慣，及八字體質、心性，做為工作異動發展地之參考。

若以傳統之論點，八字喜火者，宜住南方，喜水者宜住北方，若再加上此調候原則及心性、體質、住宅、生活習慣等，才算是真正的完整理論。又調候論斷獨成一局，皆不能忽略之。

1. 生於亥、子、丑、寅月者

(1)須命中有火氣來溫暖調候，方免受寒凍；若命中無火者，則命中反而清純，不能以缺火論命偏枯，但仍須藉重流年、大運火來溫暖，使命局生機勃勃，亦才能使事業、行事充滿活力、積極性，逢金、水年照樣受寒凍之苦，有志難伸，一切合乎自然原則論斷。又八字無火者，逢火年、運鴻圖大展，當火年、運結束時，即是恢復原狀，一切錢財、事業緣生緣滅，倍受寒凍之苦，陷入困境，當然逐漸消耗，以金、水年最傾蕩損耗。一般此四個月出生者，於將損財之際，必先住宅周圍環境有不良改變，有的人搬進新居，使元氣消耗在新的牆壁上、地上，造成氣色不佳，若知每約五天，泡人參或洋參補元氣，則一年之期，可於新居中，紮下深厚之人氣，元氣充足，幫助財運、及身體健康。又有的住宅搬入向北方或室內太冷，地上未鋪地毯，使室內在秋、冬太寒冷，元氣過於消耗。加上常飲食未定時，使胃腸積風吃不下，漸漸營養失調，元氣不足，氣色不繼，使運程走下坡，胃腸欠安及易感冒，老年人心臟乏力，婦女則經期不順，胃腸、婦科及心臟乏力之患，皆於申、酉、亥、子、丑年之申月到丑月可見。防患須飯前先喝開水，以舒暢胃腸。已經期不順，元氣虛弱，手腳冰冷，冷身之婦女，食羊肉、羊肝及喝米湯，可迅速補助元氣，並且夏天少吃冰涼食物，以免種因在夏天，引禍在冬天。

(2) 命中已有火調候者，逢前述金、水年、月，及每年申月到子月，皆同樣受金水濕氣侵害，形成寒凍之象，有志難伸，嘔氣事多，縱然八字財星仍在，亦謂之：死錢。不能取為運用，此大都為不動產賣不出去，倍受利息之苦。以金、水年為重。欲改變命運，只要按照前述防患，即能有效補助。

(3) 生於寅月，或命中有寅木者，因寅中有丙火，有調候溫暖之功，但若旁邊排列上（指八字內），有亥、子水，造成火氣受暗傷，即難以發揮除寒之功，和亥中甲木一樣為濕木，若命中巳、午、丙、丁火等，受水剋傷，也是一樣。照暖除寒，又以巳、丙火加上甲、寅木生火，力量最大。其次乃只有巳、丙火。再其次為丁、午火。最後才為寅中丙火。依照個人經驗調候之火，以「明現」者最有力。

若只有暗藏之火——寅中丙火、戌、未中之丁火，力量皆較小，且心性上仍趨向保守、寒凍；八字有呈現如此保守心性者，含八字官煞重（剋我者多），其成長過程中，必常易受驚嚇，加上父母管教嚴，母親懷胎期之胎教，必行事保守，與世無爭，八字官煞過重，則為懷胎期，母親行事倍受壓力，常須克制自己，順應別人，生活在忍耐中。當然懷胎期若父母處何事，將來胎兒即對應之，誠種因得果。此胎教亦是影響八字之因素之一，不只是祖墳吉凶而已。其他尚有成長階段之小變化，整體性仍以此兩者為重。

(4)生於亥、子、丑寅月者，由於形成寒凍之象，若一逢遇木、火之年，尤其甲、寅、丙、巳者，使命局照暖，產生奔波之情，判斷上仍以原八字為根本，即原性為主，例如：八字無火，一片寒凍，即合乎原性，一生中奔波之現象必減弱甚多，亦甚少驛馬異動。但若已有火者，異動則加重。驛馬異動之看法多種，再專文說明，此寒冬出生者，尤其亥、子月，逢金、水年冰凍，逢未、戌年、月思鄉（返鄉），乃土剋水止流之故。逢甲年巳月後，接乙、丙、丁年及寅、卯、巳、午年等，大運一樣，木生火燃，使用支亥、子水，結凍之冰溶解，產生奔動，此驛馬催行，木、火大者，皆往國外走，謂之曰：當華僑。亦即論命尚須合乎自然原則，再代入目前社會習俗、生活習慣等。一般方向，因木火年引動，皆會往炎熱地區走，方向不一定，如：住北部者，往南部，住南部者，有的往中東、阿拉伯或往中部。

(5)各日元五行，生於寒冬者，逢金、水年受困，但並非每一個八字皆無發展，尚須劃分；以下所述，初學者不明，可暫保留。前述之驛馬，以日元甲、乙木及壬、癸水者，逢木、火年驛馬奔行最多、最遠，指月支一樣，八字木火數旺一樣，愈奔愈吉，年為日元甲、乙木之食、傷可生財，名利雙收。為日元壬、癸水之財年，帶動馬奔財鄉。其次為日元丙、丁火者，為木年印星求知之動，火年為比劫，廣結人緣，歷練研創、學以致用之時，以便將來戊、已、庚、辛年鴻圖大展。若為日元戊、己土者，木、火年為官、印年，官催貴只利就職之動，不利行商之動，因非食、傷、財年。印者學習、緩和，生活、工作上皆會較安逸，以便廣求知、充電，為將來發展之需。若為日元庚、辛金者，木年為財年吉，為總收成之年，但逢火年為官煞催貴，只利就職之動，除非丙寅、丁卯年，為財、官皆足，又為升官發財，否則不利行商之動，因後面流年戊、己土印年，必牽制食、傷，使八字錢財減少。即論流年須類此，依照印、比、洩、財、官年之走勞，由印年之學習，比劫年為研創、學以致用，洩——食、傷年為揚名吐秀，心得著作傳世，財年為豐收年，官年為提升地位、催貴發揮，再於發揮後，登峰造極，思異動換環境再學習——印星，或勞心神後，體力透支，印年休養，藉此多看書充電，人生即是依此循環不斷，活到老、學到老，上坡、下坡接連。

前述為逢木、火年，各日元五行之情；接下為逢金、水年時，各日元五行又如何呢?由於寒冬出生者，受金、水年之困，必遭受有志難伸之苦，但在各五行日元中，亦有例外者，即損財中，亦有自救者。說明如下：

日元甲乙木者：逢金年為官年，責任壓力加重，使勞心神，體力透支，人事上比較亂，乃八字比、劫朋友受傷之故，易受友累損財。逢水年為印星，為求知年，因印星會剋制食傷，使有口難言，使八字錢財減少，故逢金、水年日元甲、乙木者，運程皆不順。其次以日元壬、癸水為損財。

日元丙、丁火者：逢金年尚吉，為財旺豐收年，但會傷印星，財破印，長輩事多煩心、欠安、刑喪類，憂心使氣色晦；刑喪之穢氣，使靈魂體不寧，形成夜睡不安，親人欠安，使自己元氣，在無形中對流補充過去，積久形成氣色不繼，在未來的壬、癸水年官煞侵入，小人一大堆，凡日元丙、丁火者，在壬年之庚戌、辛亥月，沒有倖吉者，乃金、水雙重攻入之故。縱然有木引化，亦受庚、辛之剋去。

日元戊、己土者：金年為食、傷洩秀年，名利雙收，身兼數職，水年壬、癸為財年豐收，可惜冬天生，此財被冰凍，變成死財，無法應用，若又逢遇類似七十一年之壬戌者，戌土入命，帶來比劫小人，形成來意在財。

日元庚、辛金者：所有五行中，亦唯有日元為庚、辛金者，有轉變良機，乃金年申、酉、庚、辛為比、劫，廣人緣，但來意在財，大利研究，乃因可使食、傷之力增加。在水年壬、癸、亥、子年為食、傷年，有生財之功，此又牽涉到，後面將論述之：維生之道。計有⑴官印相生。藉官貴、地位求財利。⑵食、傷生財，為自力發揮，以開店、文市經營獲財利。此食、傷年會剋制官煞，謂之：與官相抗，已有地位事業者，有損權柄之應，排斥地位之情，受到地位、名位之陷。但另一方面食、傷為自力發展，為大利開店、智慧求財，與地位無關，故有的人，其事業多種，此吉彼凶，即是此流年之對應。

日元壬、癸水者：逢金年印星求知、上當，八字之食傷受制，有口難言，親人欠安，長輩約束言行，造成情緒差、氣色晦，判斷失誤。逢水年比、劫，大利研究、研創，命中已有食、傷，尚有發展文市之機會，和日元庚、辛金一樣。但另一方面言，比、劫水年奪財，交友眾多，以財認識人，卻須付出代價，故比較上而言，日元壬、癸水者，生冬天之吉凶，形成金水年及木火年，好壞強烈對比，跌得快，爬升亦快。此最近甲子、乙丑尚令水氣重。以上所論，多參照實例應用，即能很快學以致用。

2. 生於巳、午、未月者

⑴須命中有水星來滋潤，方免夏令炎燥，如：八字有亥、子、壬、癸水者，此項調候以巳、午月生者最需要。又若炎夏出生，命中沒有半滴水，水氣亦同，如丑、辰中之癸水及申中壬水等，謂之：命清。又若命中有水調候，卻受燥土侵害，亦屬牽制，水氣不足，但不能以缺水論。例如：午月生，日時支分為亥、戌，即為水氣暗傷，受燥土之剋。又八字中有申金，其申中壬水，亦有調候滋潤之功，但力量較小；和冬天生，八字有寅木取內之丙火調候照暖一樣。

⑵生於冬月調候之火，最好在地支，由下而上，才不會發生內寒外燥之情。若調候之火在天干，則地支一片寒氣，應驗在體質亦會較虛寒，劃分天干為外表，地支為五

臟、六腑體內器官、體質等。

生在夏天巳、午、未月者一樣，古法傳統，只要八字有金，水滋潤調候即可，不知劃分此內、外支重要性，有的人金、水在天干，地支一片火炎，論斷上就稱：外表看起來正常，X光也照不出毛病來，其實腹內、體內皆虛火，肝、腎、心火旺盛，胸口煩悶燥熱。當然此情必須配合流年、大運論斷，譬如：其逢水年有滋潤之情，行事上、生活習慣必少熬夜、遲睡，住宅亦不會再太熱，含牆壁受太陽直曬或大門向西，食物上亦少吃燥食之菸酒、動物腸類等；睡眠習慣，因有運動腹部，無形中睡正面，使會陰穴、陰竅分泌更多之陰電，安定神經，或練氣功一樣，若睡側面，則無法因腹部之收縮，拉動橫隔膜，及促進陰電之分泌。八字火炎者，當此歲、運水年一走完時，即刻會恢復原狀，有的人因此引發宿疾，當然必會先有前述生活習慣，相反之配合。又有一種為流年火、土走完時，交入金年時，如申年申月後，或者未年申月後，此謂之：平日已在巳、午、未年種因，一轉入金、水年時，生理現象將呈現調和情況時引發，以便治療休息，注意保重身體，不再熬夜及不正常之生活習慣，形成金、木年虛火不旺，亦即論斷流年，不只論是與否而已，此有二分之一之概率；要將流年，八字之六神，代入實際之生活習慣活用，如此才能改變命運，積極防患，將在後面「五行生剋法」，可以見到。若能夠將此活用後，將六神（古人又謂天星）與生活融合為一，則天機在握，神煞自然可丟到一邊。

(3)前面寒冬出生者，受金、水之侵，易生胃腸之患，冷身，心臟乏力、婦女不順、元氣不足易感冒等。此夏天生者，易因地支火炎，或受流年燥土未、戌年之未、戌月所剋，斯月種因，生活習慣不正常，次月亥月引發，（此點請注意，論疾病為凶月種因，吉月引發。或燥土凶年種因，申、酉金水月引發。與一般之損財不同。）製造之毛病：基本上為虛火上升，使口乾、口臭、多尿、胸口煩悶，嘴破、眼澀，或全身煩躁，西醫看不出來，須中醫降火，一般除了前述防患之法外，以西洋參——中藥房購，泡浸開水有降火助氣之效，維他命C片亦可，但不能天天吃，以免過量生弊，C片吃多易腎結石，傷腸胃。并多喝開水，有的人在工廠服務，高溫下工作亦會虛火上升，亦有的人，室內之電燈泡——鎢絲燈、美術燈，裝設太多，熱光使室內溫度過高一樣，少量約四十W放在書桌上，此電離子有提神，促進新陳代謝之作用，加上早上喝牛奶助記憶，書房小易集中精神；不見到床舖，以免暗示作用想睡，可使一個人的讀書成績，在短期內改觀。

夏月生，無論八字裡有水或無水調候，逢巳、午、未、戌年月，必形成生活習慣不正常，尤其以戌年戌月較重，各於申月或亥月引發，並非八字中有水調候，即代表一生身體正常，逢火、土年、月剋水，照樣不正常，使調候現象消失，八字失去平衡，而此情無論任何日元都一樣，論斷疾病為：腎水虛弱，肝火上升，虛火旺，睡眠不正常，婦女為子宮、卵巢發炎，依年、月為左，日為正中，時為右劃分，看水氣排列在何處而定，如：年丑受土剋，為左邊發炎。逢火、土年月，生活習慣不正常而造因，逢金、水年，因調和、生活習慣正常而平安。此調候之論斷，一般傳統皆忽略其重要性，完全以命局看而已，不知此流年起伏之影響，有此基本觀念後，多看命例及運用，自然能掌握，再進一步活用，代入生活習慣，才算真正的完整。論疾病方面，不分正格、變格、炎上格等皆一樣，不能因為炎上格，即忽視了地支火炎之情，仍照樣斷：腎臟、泌尿系統之患，種因如前述之生活習慣。此格局分析，在後面皆會分別討論，即格局只是論命格高低而已，若論取喜用、疾病、意外之災……其他等，無論正格及變格皆一樣。八字裡的水或無水，乃分別其基本體質之輕重而已，即疾病引發時之嚴重性，當然以無水或只有水氣者較嚴重，乃平日生活習性，常使虛火旺之故。

(4)八字火炎者，心性方面，無形中處事皆會較積極、急性，及脾氣方面較急躁，乃腹內、地支火炎、虛火旺之故，因虛火生慾火，須留意脾氣口舌，及婚後節制房事，防患同前，踏入社會發展地，當然以北方潮濕地較佳，前面已述。以桃花外遇言，此巳、午、未月生者，無形中佔有較大之比例，乃此虛火生慾火之故，其他則以八字傷官旺無制者亦多，乃敢之問題，配合八字官星有制，或無官星約束者更敢。為人妻者，可藉食物退火，於無形中改善之。有的婦女，則於丈夫應酬前，予以行房，使其無能為力，亦算是妙招。總言之：冬生較保守、穩重，縱然八字傷官旺，亦會減低急性。夏月生較積極、有衝勁，縱然八字官煞重，行事保守之命，亦會提升積極性。在社會上，夏天口舌糾紛多，乃天氣炎熱，使虛火生怒火之故，各命造又以巳、午月生者，虛火較旺。尤其逢火、土年。乃其體質常製造虛火旺之故。故論斷口舌方面、心性事業方面、此調候原則亦須考慮，不是只有單純原則：木為仁、火為禮、土為信、水為智、金為義等。或傷官旺脾氣強，食神為溫和而已。故余將此調候論斷，歸納為獨成一局，不是沒有原因。

(5)以生兒育女之子息言，此調候亦有密切關係，生於寒冬亥、子、丑月者（不含寅月），八字無火，一片寒凍，形成行事及平常心性上，婦女常易鬱鬱在心，易自尋煩惱，消沉之情緒，使氣色晦暗無光，使胃酸分泌過多，乃常吃飯不定時之故，無形中加重胃腸之患，加重體質酸性，使生女多男少，由此可知情緒及定時吃飯之影響，算準兒女幾個，及何年、月、日生，於事無補，知原理積極改善，才最重要。早、晚喝牛奶，可中和胃酸，增加體質之鹹性，又何愁沒有男丁呢！當然配合生活上，喜悅之情緒，或改變一個環境，沒有壓力，都為積極之作法。住宅方面若後面空缺，使室內人氣強烈對流吹散，無法達到飽和，無形中吾人元氣一直消耗補充中，亦會使胃酸分泌過多，生女隨心所欲，此點據余統計論斷，佔最大多數。

生於夏天者，巳、午、未月一樣，八字火炎，地支沒有水，腹內皆虛火，嚴重即發炎，虛火上升，心浮氣躁，胃酸亦會分泌過多，欲生男丁，則須在申年、壬年及亥年，子年及癸年次之。八字心性急性者，脾氣不好者，即傷官旺，官星有制或不見，也是一樣，胃酸分泌過多，女兒特別多；亦有的人，上述都沒有，但房間美術燈一大堆，室內熱溫高，或屋頂無遮熱，或婦女常太陽下工作，或工廠服務太高溫，或常熬夜工作，睡不足。（先生一樣，因人氣之對流影響。）照樣因虛火上升，胃酸分泌多，體質酸性生女多，在而八字裡，會無形中將此生活習慣，配合在火、土年，令人氣數難逃，結果算命談不上改善，於事無補，由此可見，八字活用配合之重要性；這也是為什麼，「八字洩天機」第一本書出版後，卻歷經三年才出書，乃近三年來，一直在追求，如何將八字活用，尋找影響命運起伏原因之故。總算在七十四年九月，有一個總結論，能安下心來，將研究心得，公開傳世，利益眾生，願讀者無論業餘命相服務，或正業服務，都能秉持濟世之心，多提有益的改善之道，勿提嚇人的神煞及改運之制煞，則積德可見，福遺子孫，欲尋找富貴福地，催發富貴，又有何難哉！

本來山、醫、卜、相，能改變命運，改善人生的，唯有山、醫。即地理風水，富貴大地。及醫藥、補藥輔身。其他命、卜、相，算準於事無補，譬如：相者面相、手相、體相……等，算準氣色晦暗，馬上有災，亦無用，倒不如勸其迅速改善氣色，多吃水果，消除黑色素，及喝西洋參茶降火補氣。卜者卜卦……，只有參考性質而已；命者生辰推算，也是一樣；亦即如果能活用本書所述，將生理現象、醫理綜合應用，則命、卜、相，將能由清極之參考，提升為積極之造命，如此命相服務，或替親友推算，亦才算是真正的積陰德，否則算準於事無補，拿錢又不能消災，於心會過意不去的。

(6)各日元五行，生於巳、午、未月，受外來流年、大運木火土或金水影響又如何呢？共同的現象，即如前所述，逢木火土年、運增炎燥之性及變化；逢金、水年、運有滋潤熄滅火氣之功。生理現象，疾病論斷皆一樣，至於其他方面，如：財運事業、口舌……等，論斷的依據，同樣按照五行相生相剋，看力量之增減，代入六神解釋，和前面寒冬出生，分別以各日元五行舉例一樣，而無論正格或變格，論斷歲、運吉凶，發生何事，判斷方法，皆同此處一樣。六神名稱皆須背記不可廢，六神含意列於：五行生剋法，亦須了解，有此基礎，活用才快。

吾人身體燥熱或寒濕虛冷狀況，除了在八字有跡可尋外，尚有受到自然界氣候變化來影響，誠為八字沒有，卻人人都有之額外變化。在中華民國——台灣省，四季如春，氣候變化較少，但每年卯月及戌月中，或冬天偶爾會有氣候不穩定之變化，忽冷忽熱，以六十九年來較多，乃世界性空氣污染，大氣層溫度上升之故，再加上天星排列引力加重，使太陽黑子增加，降低太陽表面溫度。此忽冷忽熱，吾人容易有胃腸之患，尤其小孩上吐下瀉，若平日注意固實胃腸。如：每七天吃一粒或二粒番石榴，有保護胃腸之功，若小孩已胃腸不舒服，仍須請教醫生，大人多吃番石榴，可藉人氣傳送亦有幫助。平常天天吃番石榴，七天後會過量，學生成績平平，若為運動選手則生理上會緊繃不協調，一般會容易發脾氣生口舌，帶來人事阻力。每件事都須中庸之道，才不致偏差。「調候的論斷」實例，請看「疾病論斷補述」。

二、六神論斷法——即五行生剋法

1.六神所代表之意義

正神即：正印、偏印（印星）。　比肩、劫財（比、劫星）。　食神、傷官（文星——指食神）。正財、偏財（財星）。　正官、偏官（官星，偏官又稱七煞、鬼。）

六神乃論命最重要之代號，有人稱之為：天星。傳統方法研究者，若走神煞路線，則永遠都會在查表內打轉，窮通寶鑑隨身攜帶，神煞表常不離身；但若走五行生剋法則，代入六神符號者，則命中率甚高，若再加上流年、流月、流日逼進法，及調候的論斷、六神代入生活習慣之活用（尤其是六神論斷法），則天機在握，；剩下就怕兩件事，其一：生辰不準。其二：不是命中註定，乃牽涉靈界問題。此第二項，若學習八字已到極限，又遭遇碰壁時，因緣成熟，自然會涉獵，學習術法，到最後必然玄學、山、醫（中醫、西醫）、命、卜、相皆齊。天、人、地三者皆通，如此才能掌握真正的天機。論命之原則，乃看八字裡及歲運用，五行生剋現象，再換為六神代號解釋，以便了解到底發生何事，由此可知，此六神代號活用之重要性，亦讓人深深感嘆，發明天干、五行生剋、六神符號之前賢，其智慧、心胸之廣大，皆過人一等。

2.六神與人稱

⑴正印、偏印——為長輩之統稱，以母為主。不必細分，正印為母，偏印為繼母。排列在年、月干支，為得其位，長輩衛護助力加重，含父、兄、姊及其他親長等。八字之星，排列在時，長輩助力，有等於沒有，須靠自力。排列上若在月、時干，則保護日元之力最大，乃近衛之故。

⑵比肩、劫財——為兄弟姊妹、朋友、平輩、客戶等。（異性為劫財，同性為比肩，但無百分之百概率。）排列在年、月為兄姊。排列在日、時為弟、妹。

⑶食神、傷官——以女命言：為子女、晚輩之代稱。

⑷正財、偏財——為父之代稱，須配合印星看。以男命言：為妻、妾之代號。（一般論正財為妻，偏財為妾，但無百分之百概率。）又為部屬之代稱。

⑸偏官、正官——以男命星為子息星、子女之代稱。但根據余累積經驗，若男、女命之官煞多，或居月支，則子女多，尤其女兒較多；女命食、傷多，未必子女多，配合命中官煞重，子女才會多。乃官煞剋我、管我、約束我，又為壓力之代稱；若八字官煞不見，男、女命之子女必少，官煞受牽制又少者一樣，乃沒有子女壓力之故。以女命言：官星為夫星、丈夫之代稱。但八字有偏官、正官，未必丈夫一大堆。古謂之：官煞混雜。和男命正財、偏財多，未必多妻、妾，桃花一樣。

3.六神與社交活動

(1)正印、偏印——朋友之父母。宗教教理、神明、仙佛、聖賢。又為八字印星少者（非如專旺局），之求知代號。為學習求知、模仿、知識、貴人之代號。亦為文書、支票等。

(2)比肩、劫財——為行商事業之客戶。在天干代表國外、外縣市之客戶，在地支代表本市、鄰近之客戶。受到流年、大運沖剋，即是客戶不見，生意不用做，被客戶倒債。流年、大運有比、劫，代表客戶加多，生意鴻圖大展。

(3)食神、傷官——代表智慧、思想、言行、秀氣、名氣、口才。食神為主章才華，傷官為傲氣。兩者皆為洩秀，揚名吐氣，名利雙收。若凶年為言多有失、意氣用事生口舌，因食、傷制官煞，與官相抗之故。日元印旺又多者，逢食、傷年，智慧顯現，求知收穫多。亦為身兼數職之代號。

(4)正財、偏財——代表錢財。正財正業之財，偏財為橫財、會錢，其數較大。

(5)正官、偏官——代表官貴、政府官員、上司。正官：文職、辦文書，以文筆為主。如：政府或私人企業之幕僚。國文教師、軍中幹事、輔導長，若正官在地支，為幕僚人才，在天干文武雙兼。偏官：武職、武貴。如：電信局、中油員工、郵局員工、法院推事、檢察官，理工科教師，步兵排長、連長……等。官星又代表：壓力、工作量加重、驚嚇、小人、盜賊、天災地變、不良環境、吵鬧、所有不舒服之事等，依凶而言。

4. 六神與天干之關係

◎天干：代表遠方、明顯、公開性廣眾之行為、現場性質、又為外表形於外之事、皮膚，表面顯露之事。含一公里以上、外縣市、外國等遠距離。由於天干明顯外露，故發生人事糾紛，皆比地支嚴重。

◎地支：代表近處、暗地裡、私下之行為，為幕僚性質、幕後工作，為五臟六腑體內器官。為鄰近、家裡、同一公司機關。以下所述，以配合流年、大運為主，命局為輔。

(1)官星與天干：

吉：官印相生、煞印相生，為現場主管。正官為文官、文職，偏官為武官、武職。食、傷制官煞一樣。

凶：官星為小人、盜寇入門，廣眾下侵害、外傷、受辱。剋天干比劫，受遠方親友之累。

(2)官星與地支：

吉：官印相生、煞印相生或食、傷制官煞，為幕僚主管。

凶：為小人暗傷，賊人入門。受傷為內傷、臟腑。剋地支比、劫，受近親友之累，看得到討不回。

(3)印星與天干：

吉：貴人相助，求知在遠方，廣眾下集體之求知受訓。

凶：疏忽上當，以財換經驗，乃命中食、傷受制。事涉廣泛、公開性，牽連者多人，亦為眾人事。大眾下洩氣，長輩約束行為。

⑷印星與地支：

吉：貴人暗助，求知在近方。私下行為求知。若印星在流月地支，流日見天干之印，亦有短暫遠方求知。

凶：乃命中食、傷受制，私下受騙、上當、洩氣沒面子，私人事、不欲張揚。長輩私下約束牽制言行。

⑸財星與天干：

吉：求財在遠方，謂集四方財。情緣為廣眾交往行為。

凶：財年入命，損傷命中印，財破印，為遠方長輩事煩心，長輩欠安，求財助長輩。天干已有官煞，為受妻累，謂之：財挾官相威。若命中天干已有財無印，逢官煞年一樣，又主部屬逆上人事是非引官符。

⑹財星與地支：

吉：求財在近方，暗財入門，有錢不欲人知。交女友情緣為私下，不欲人知。女命逢官煞年月在支一樣，情緣交往，不喜張揚，私下行為。

凶：財破印，主長輩事煩心、家中事，求財助長輩。長輩人安。至於財挾官相威，私下行為，較不嚴重。亦即人事糾紛，以天干外露、廣眾之事較地支嚴重，易上報紙。口舌打鬥、部屬逆上皆一樣。斷疾病則重地支臟腑。

(7)比肩、劫財與天干：

吉：為廣結人緣，交遊廣闊，事業上認識不少客戶，往遠方、外縣市、外國發展事業，即遠友交往。若八字無比、劫，但傷官很旺又無制，代表個性剛強，交遊亦廣，但知心、知己無幾人。比劫年為吉但剋財，投資購物多

凶：遠方朋友、客戶，來意不善，意在己財，因此劫年會奪傷命中之財；被倒債跑掉，找不到人，與地支相反。

(8)比肩、劫財與地支：

吉：近處、本市客戶、友人相助。近友相助，事業發展在近處，有的人在本市；有的人在國內，乃傷官旺或八字天干亦有比、劫之故。投資購不動產在本市居住地。

凶：比劫年入命，近處、本市鄰近親友支借、對會、合夥、作保等，來意不善，意在己財，比劫奪財之故，損財看得到，卻討不回，因其已無分文。

(9)食神、傷官與天干：

吉：秀氣、名氣高透、名揚四海、名氣遠播、名利雙收、身兼數職，食神、傷官年，又主著文章傳世、投稿等。

凶：食、傷入命之年，剋去官星，謂之：與官相抗，在天干代表與上司，公然見口舌、意見之爭、不和，很多人知道，且思異動棄職心，棄官貴之心，另謀食、傷年之智慧、行商求財。假若命中已具食、傷生財之維生之道，則尚吉。若為官印

印相生格，謂之：棄官貴欲行商，會沒飯吃的，此指八字裡無食、傷。

⑽食神、傷官與地支：

吉：秀氣內蘊，享名氣在公司內，本市內，身兼數職發展在本市、公司內。逢天干之食、傷年，才轉為內外揚名，名聲遠播。

凶：食、傷之年，剋去官星，與官相抗在地支，私下與有地位之人，政府官員、上司生口舌是非，少人知。命中食、傷剋去天干官煞，外露剛強個性，剋地支官煞為內剛個性。

5. 六神代入生活習慣之活用

⑴逢遇印星之運、年、月時：

• 若為吉時：會引化命中官、煞，生活環境上較安定，沒有壓力，能睡足，不會熬夜，失眠，工作環境較安逸，且有空餘時間進修、看書，學習發展併行，沒有天災、地變、人禍之困擾，貴人多助，長輩關懷交往，近聖賢、靈界仙佛、寺廟、唸咒語等，得靈界無形之加持衛護。

• 若為凶時：會牽制命中食、傷，生活環境上、工作上，較沒有運動之機會（食、傷主運動，印星主醫藥、醫生），少運動，吃飯、甜食生痰，使氣血滯，新陳代謝降低，氣色降低，氣色漸差，致易感冒，財運不順。（教師逢寒、暑假，沒事做，同此一樣。）抵抗力減弱，常吃藥，氣色愈差，損財必然，乃氣血滯、思考鈍，而上當損財。第二個印年，尤其天干皆印星年，論血壓高及防痔瘡，皆因少運動，久坐之後遺症。又為長輩介入影響，判斷失誤。

(2)逢遇比、劫之運、年、月時：

• 若為吉時：會增強命中食、傷之力量，生活環境、工作上，會由於思考判斷、研究，或修行之守竅、運氣、返照內視、觀想持咒、手印等，及友人來訪交往多，廣結人緣，無形中談話意志力集中，凝聚成力量，接收虛空中山川靈氣，使精神充沛，注意力集中，辦事不會疏忽，且更細心。又比、劫年，會剋命中之財，若吉一樣有花費錢財之事，即購不動產、購物投資等，為喜氣花錢，形成之原因，為友人往訪過多，言多洩氣，睡眠不足，或修行凝聚過度，無形中使生理上產生壓力，帶來人事、財利上之壓力，一般於引入比劫流月之強烈徵兆期時，即印星流月末，即因印月少運動，而氣色滯，加上開始凝聚及房事新陳代謝，三者配合，形成生理上一個新的開始，引動投資新的開始；若讀者有此機會時，使氣色佳元氣足，自然會有行事、求財上，好的轉變。簡便的方法，即連喝三日之人參精茶，或由人參精濃縮而成之高麗人參茶，每天吃二包，一樣吃三天到五天即可，以免過量，反而帶來壓力。生理上新的開始，配合好氣色，形成人事、投資上好的開始。相反地，有生理上新的開始，卻沒有好氣色對應，元氣不足，當然對應了損財之投資；這也是為何同樣比、劫年，同樣都有投資現象，氣數難逃，卻結果不同，有的損財、有的投資正確，皆因此開始氣色好壞之故，對應了當時投資求財之好壞。生理上的壓力，會帶來人事上之壓力、阻力，例如：有些男士年紀大，氣血多滯，行房無力，性機能退化，房事皆停，無形中造成生理上之壓力，相對帶來財利上之阻力，一般行商朋友或一般人，只要房事停頓三星期以上時，生理上之壓力，相對帶來財利上之阻力，一般行商朋友或一般人，只要房事停頓三星期以上時，由於新陳代謝滯塞，氣色不繼，無新的開始，肉體生成壓力，馬上會帶來損財之事，如：支借、投資……等，此後持續停頓房事時，倒楣事接踵而來，積久負債累累；求學之青年朋友，因常運動稍不會，夢遺現象也是無形中製造新陳代謝，生理上的開始，會帶來人事上的開始，分好分壞，全在元氣、氣色上決定。又新陳代謝率上，手淫如同房事，夢遺則較少。反過來說，過度及常常的房事，使氣色不繼，元氣不足，腰痠背痛，生理上的壓力，帶來行事之阻力不順，由此可知，修行人、出家人，自謂：貧道、貧僧，不是沒有道理，財、色本同源，原來都與生理狀況有關，此情花費余不少時間研究，反覆實驗，求證再求證，總算在七十四年九月完成，又八字無財的人，無形中較淡薄物質補充，財星即物質享受，且對元精不重視，易房事過度，難怪一生財來財去。又八字財足富命人，則較重視物質補充，補藥特別多，行房次數會適可而止；有的富賈，擁有三妻四妾，事實上甚注意食補，且房事適可而止，並非如外人所想像，當其欲走霉運時，才會閒來無事大量消耗又補充少。有的人每日一碗雞湯，結果六十歲左右就再見；得了腎結石，性機能退化之人，藉著打通全身氣脈可恢復。一般若每七到十天吃一顆，補肝之營養劑（西藥），亦能有所幫助，天天吃太補，火氣大脾氣不好，正常人當然沒有必要。此營養劑含：礦物質及綜合維他命。對於更年期，有性機能障礙者，有輔助之功。外丹功、氣功皆一樣。

• 若為凶時：會奪取命中財星，為生活環境，工作上，廣結人緣，忙碌中，本來為官，卻言多洩氣太過，或有的朋友帶來喪家之穢氣，不知煮雞糞藤洗身除穢，睡不寧，及漸減少食物營養之補充，（財星主營養、補藥。）或有的人泡補藥酒天天吃，吃完未再補充，使體力透支，氣色不繼，終於隨便吃，吃不下，氣色凶晦，（財星又主福澤享受，比劫剋去財星，主享受減少。或常應酬者，本有酒喝，促成新陳代謝，此時中斷喝酒，或喝出肝病，因而中斷，使氣色漸滯，因而損財。奪財又為縱慾，房事不知節制，洩元氣，加速氣色晦，財運阻。）

(3)逢遇食、傷之運、年、月時：

• 若為吉時：會增強命中財星之力量，即食、傷生財，（八字無財一樣。）生活習慣、工作上，會由於有較多之運動，（食、傷代表運動。）或修靜坐運氣、禪定、外丹功或中冊所述之：睡禪下沉去。無形中促使氣血新陳代謝加強，再進而有事做、多事做，言詞發表談論，或持咒，無形中咒音暢脈輪，使氣色更吉，此為勞碌財，乃命中無財星，營養補充不足之故。若命中有財星，則平日亦較重視物質、營養、補藥酒之補充，逢此則進大財，為輕鬆財。升官也是一樣，財生官，官生印，輕而易舉，實際上此食物之補充乃其中之一而已，力量最大的，乃祖墳富貴大地之地氣，力量才會嚇人，骨能感應，隔空傳送，無遠弗屆，這也是此次仙佛轉世投胎，歷經積德行善，使祖墳得到富貴大地，催發富貴後，濟世救劫之唯一正統方法；值此物質時代，若仙佛依前生之福份，投胎於富家，則容易迷失方向，願大家都來廣積善功，不讓仙佛專美於前，眾生一律平等，公平競爭。至於余雖祖墳得富貴大地，雖然八字講授已開三期，及種因得果，七十八年十二月祖父逝世安葬時，裡面即放著靈界無法寶束氣，皆因「八字洩天機」第一冊出版，裡面述及下冊尚未出書，須「八字洩天機」下冊交卷後，才能解除禁制，對於我來講，又是：種斯因得斯果之親身體會。由此可見，眾生一律平等，因果關係之可怕。

・若為凶時：會剋制命中官、煞，其維生之道為：藉官貴得財利及就職，官印相生者，必於生活環境、工作上忙碌，身兼數職，未降虛火，如吃西洋參茶；促使忙碌，肝火、心火、腎火、肺火等虛火愈大，火氣愈大，虛火又生慾火洩兀氣；腎上腺分泌太多等，致使脾氣無法控制，形成食、傷制官煞，為與官相抗，與上司、老板發生口舌，心生異動、離職，卻自力發展（食、傷生財為自力發展），或與政府官員、有地位之老板口舌，造成官符。依八字原性，看其嚴重性，即個生本來剛強，脾氣急躁之八字，會口舌打鬥比較嚴重，若個性溫和者，為嘴裡說說而已。其他尚有住宅太熱，工作場所太熱，常吃燥性食物，如：菸酒、羊肉、米血、動物腸類、煎、炒物等，有工作太忙碌、熬夜、失眠者，有習慣睡側面，使陰電分泌少，無法安定神經者，來加重口舌之患，此食、傷月，以夏天炎熱及天氣炎熱時較嚴重，意外之災，官煞月皆一樣。

(4)逢遇財星之運、年、月時：

• 若為吉時：逢此，於生活環境，飲食上，會有較多物質、營養或補藥酒之補充，吃的好，配合適中之行房新陳代謝，使氣色更吉，或因應酬常喝酒，促使氣色代謝，（財主物質享受）即元氣愈足，進財愈多，當然沒有熬夜、失眠、無事做、不喜動、縱慾之情形，加上住宅吉，蓄積人氣，祖墳吉者更吉。八字財氣愈多者，共包含了：比、洩、財三者之力，其生活上必配合，比劫、食傷、財星之吉年生活習慣，乃此劫↓生食、傷↓生財星。此乃食、傷生財，自力發展之最大者，以行商求財，分文市和武市。若升官財須配合：財官印相生，三者之生活習慣及根本。兩者皆須財，可見食物補充營養，及補氣物助氣色，皆為人生之影響順逆者。

• 若為凶時：為財星破印，使命中助力印星消失，即為長輩親人之事煩擾、欠安、刑喪。心情沉痛、情緒低潮、消沉、吃不下、失眠、熬夜、體力減退、氣色凶晦，損財必然，此為消極、無事做，只煩憂、氣血滯，及親人欠安，自己元氣對流補充，逐漸使氣色不繼，接連引霉氣來。與前面積極、忙碌，營養補足氣色佳，截然不同。

又此處必須說明者，乃所有六神，逢遇歲、運、月，無論前述之吉、凶時，都必須代入，因為人事變化、生活習慣之改變，皆會照樣發生，只是吉年就依好的地方解釋，凶年就依不好的地方敘述。如：印星無論吉凶年，都會少運動，感冒多吃藥，長輩約束言行、求知等。比、劫年無論吉凶，照樣都會廣結人緣，人際關係紮根，及花費錢財，只是劃分；喜氣購物投資花錢，或交友來意在財。又如：食、傷年，無論吉凶年，一樣身兼數職，忙碌生財，與官相抗生口舌、思異動，只是劃分吉凶為：勞而無功，及口舌官符之嚴重性而已。財年則無論吉凶年，照樣有求財心切，進財之事，及物質享受多、親人欠安、隔閡，進財助長輩之情，只是劃分吉凶輕重為：吃壞東西晦氣色，親人刑喪，財來又財去等。逢官年則無論吉凶年，照樣會責任、壓力加重，遲睡、熬夜多（財年官煞月一樣），小孩、動物、家具水電多煩心事。只是劃分吉凶輕重為：小人入命、意外之災、遇盜賊，小孩出事、火災、動物惹禍、上當損財、驚嚇……等不如意事、嘔氣事。

⑸逢遇官星之運、年、月時：

• 若為吉時：為八字有印星衛護，須分天干、地支，以流年天干官煞，對八字天干印星，地支對地支，若天干官煞，對八字地支印星，則力量引化差很多，此即為官印相生。升官及事業發展，生活習慣上，須先具備有事做，意念集中——比劫。加上稍微運動、言行使氣脈暢——食、傷。再加上元補足，節慾、睡足、營養足、（補藥）、住宅吉——財星，有此三種要素，於人事缺額時，或時運景氣變遷時，能有充足之體力，細密之思考，擴充發展、投資。此指行商及就職之根本。當然行商富命，亦有傷官生財，又排列上傷官護財者，八字不必見比、劫。一般就職升官，正格命造，須具足：財、官、印。（從格升官在財年，乃收成之意，次食、傷年。）印星為護我者，長輩、貴人、學歷，此為衛護根本。只官印相生，貴氣有限，加上財、官、印，貴氣才高。財能生官，營養、補氣足（如人參、洋參、補藥酒、丸。）使氣色大吉，比、劫、食傷之生活習慣配合，適中之新陳代謝，沒有凶晦氣色，行事積極，盡忠職守，發揮才華，因緣成熟，升官輕而易舉。整體性言，貴氣高低之根本，無論公家、私人機構，全在一「印」字，即印星——學歷、人事背景，雖時代之變遷，偶爾曰：學歷、文憑無用論。然學歷苦讀，所花費之苦心，卻也不能淡視之。加上貴人提攜，有此印星，才能化官煞催官貴。若命註定貴氣有限，則多廣積善功，得祖墳富貴大地，催發富貴，皆乃有效之途，就死積德不足，葬不到太極暈，亦怕執著地位官貴，將來靈體難以回到最高之最高靈界。

• 若為凶時：為官煞無印引化，剋入比劫或日元，為生活習慣、環境、工作上，遭遇到更多的壓力、煩躁，討厭的事一大堆；如：車子壞了，水電故障，小孩煩憂，工作量加重，一人做兩人的事，挨罵，動物困擾，天氣熱、住宅太熱，小、旱災、空氣、水質污染，規章約束，輪夜班不能睡，失眠、遲睡、熬夜、緊張、守關竅過久過重生煩躁、縱慾、頭癢、皮膚癢使失眠，煩憂睡不著……等等所有煩躁之事，先遲睡、熬夜、縱慾……等生理上之壓力，黑氣愈重；虛火上升，使肝臟解毒功能降低，體內充滿毒素，製造損財、意外之災之氣色，氣數難逃。除此外，逢遇天災、地變、人禍戰亂，亦為官煞、壓力，為集體性命運之官煞，尤其戰亂為長期性，驚慌使氣色晦，屍體使人沾上更多穢氣，在官煞月亦易有，與服喪之友人來往事，引來霉氣而不知，皆須雞糞藤煮水洗身。化解此官煞年、月壓力，平日須多吃水果，消除黑色素。約每七天可吃一粒50 mg或100 mg維他命E，使放鬆、擴張血管，（官煞即可）可消極之防患，一般欲積極避免熬夜，乃氣數問題，較難如願。

6.祖墳、日元與左右、上下衛護之關係

凡論命皆以日元——我為主，由日元看與其他七字之生剋關係，再代入六神解釋。而與日元距離最近者，即分別為月干、日支、時干時，四周護住，若為官煞、不利的話，則無形中，其生活空間及工作上，會帶來同樣甚多侵害之現象。年月為左邊，日支為正中間內部，時為右邊，地支皆指臟腑、內部問題、近距離發生之事。天干皆指外表、皮肉之傷、遠距離發生之事。年、月、時干皆不利無衛日元，逢官煞攻入時，亦會造成全身皆傷，不只正中間而已。

由於八字之來源乃祖墳風水，故由八字亦可看出，斯時出生之時，祖墳之變化，但出生後，年代久遠，欲了解目前之情，則除非沒有任何改變。同樣劃分年、月干為左前方，年、月支為右後方，日支為正後方，時干為右前方，時支為右後方，月、時干皆為

官煞，代表正前方有煞氣，即前墳、物體阻塞，即以八字看祖墳，和看人命格一樣，重點先察看小人、侵害者——官煞。八字裡假若年、月干為官煞，則代表左前方有他墳或物體阻塞，坐於墓碑前向前看，左邊阻塞，左邊之墓碑積久會有裂縫，裡面棺木或金斗之骨頭左邊亦會出問題，大房子孫受遭殃，財運不順，左邊為大房，中間為二房，右邊為三房，再循環左邊遠一點為四房，中間遠一點為五房，右邊遠，　點為六房……，即距離之前方煞氣愈近，應驗時間愈快。

例一：乾造　民國三十二年一月十六日卯時

偏財癸　未比肩
正官甲　寅正官
日元己　酉食神
偏印丁　卯偏官

◎八字官煞當令在月，完全看丁火引化護身。丁火為救星貴人，惜印星不是排在年、月長輩位，代表靠自力少貴人，逢壬、癸年傷丁，小人官煞即刻攻入，損財官符。

◎祖墳：左前方阻塞，後方一大堆他墳，地氣薄弱，為公墓蔭生之八字。後方奪氣較厲害，完全靠右前方之地勢化解，即此種祖墳，必右前方有水，或右前方之地勢衛護較高。寅中丙火尚有助力，寅木為月支，代表來龍；受酉金剋，配合未中丁火助，由於官煞重，此種地理已無地氣可言。左邊空陷煞氣、奪氣較右方凶，大房子孫有損，三房尚平順較吉。聚氣在丁火，日元為己土，加上寅中丙火，知祖墳方向：向東方，稍偏東南。（請看書後之表）七十一年壬戌年庚戌月癸未日來論命，為了買屋而起會，該月被倒會，皆因壬水傷丁，本有虛情之合，逢庚戌、辛亥月則金生壬水，直剋丁火，無半點情可言，爆發反目必然，丁火一受傷，官煞一齊攻入，小人一大堆，亦符合了祖墳後方奪氣之墳一大堆。公墓格局，縱然得地穴，亦會因他墳葬深而瓜分，切斷地氣，有地變無地。此八字若意外之災，則以左側較嚴重。

例二：乾造　民國四十二年九月二十七日午時

正財癸　巳偏印

偏財壬　戌比肩

日元戊　午正印

比肩戊　午正印

◎八字不見官、然，亦無暗藏，即如亥水之餘氣甲木。地支印星有力，逢寅、卯年大吉。逢甲、乙年未必，乃天干戊土受剋，輾轉引化，即甲年戌月後，忙碌責任加重，事業發展丁見，乃有巳、午火化解，但天干之戊土受傷，加上、癸水財生助，故亦會有失人和之事，果然又巧合甲子年，在乙亥、丙子月，火、土皆傷，與母生隔閡，發生甚大不愉快之事。

◎蔭生祖墳：四周寬廣，只有單獨一個而已，沒有任何阻塞，皆因八字無官煞相威。印星在支有力，代表後面地勢、水勢有力，有靠山，依大運挨排，沒有寅、卯大運催貴，無較大之貴氣可言，即官印相生沒有機會，知祖墳貴氣不夠，沒有水環繞聚氣，亦不是山龍之地，大運先走金運，聚氣生財，惜接下己未、戊午……，一路火土剋財——水，知納卦之卦運只有聚氣在六運，七運後此項，將因無卦運可收，內部地氣漸散而出問題。天干無印星，知祖墳前方皆平坦，沒有煞氣——官煞，亦沒有較高之山峰衛，及水兜乘環繞。算起來此墳屬於較平順普通之平地而已。此命若為女命，則大運排列催貴，乃為山龍之地。八字皆順，祖墳方向：其有向西北——戊土。及向西方——壬水。為就職之命。非行商之才，乃因財星受暗傷之故，即受戊、戌、巳火牽制，交友來意在財。

例三：乾造　民國三十二年八月四日早子時

正印癸	未正財		九	己	未	十四
偏官庚	申偏官		十九	戊	午	二十四
日元甲	子正印		二十九	丁	巳	三十四
比肩甲	子正印		三十九	丙	辰	四十四
生於，立秋後二十五日三時辰。			四十九	乙	卯	五十四
大運於八年五個月後上運。			五十九	甲	寅	六十四
每逢丙、辛年小寒後二十五日交換。			六十九	癸	丑	七十四

◎說明：

本命造重點：藉官貴得財利，即煞印相生，以印星架煞生權，一生中無論行運有丙、丁、巳、午火等食傷來生財，食、傷來與官相抗，欲行商棄貴，皆不可以，可以兼職，尤其目前七十五年丙寅年和大運丙火用事，丁卯年一樣。本命高中教員，皆因癸水年干及申中壬水之力，排列得位，若印星在子水之位，則力量減少甚多，但亦為命局衛護之力，四周圍繞，保護周密，貴人多，祖墳如此，平常小人亦少助力多。印星又主仁慈善良近仙佛、聖賢。本命若缺少年干癸水相生、衛護，則雖然具有煞印相生之貴，只宜於其他私人企業之貴。即凡所有官印相生，此印若在年、月干者，公職必然。若在時干支，則縱有亦短暫。

逢戊年戊午月，印星癸水長輩受傷，（和未、戌年、月傷水一樣。）謂之：長輩事煩心、欠安。庚申、辛酉月小官符，乃戊土剋水，虛情之合，有甲木保護，在此兩月甲木亦受傷，自身難保，官煞又代表與官交往，小官符乃流月而已。以印星受剋之情比較，子水受未，戌剋較厲害，乃因子印星代表長輩，在地支代表家內事。當然若無子水，癸水仍需照論。當命中水受傷，同時亦是官煞小人攻入時，但戊年尚有合之情，故只長輩欠安之損財。若己年則不一樣，財星之年，甲己合在己年己巳月，合夥不慎（對會同），己土剋癸水，無合之情，有侵害之威脅，乙亥月止己土時爆發拆夥上當。甲戌月即有徵兆。

逢庚年庚辰月，引入庚金，左邊：煞印相生代表催官貴；右邊庚金剋甲木，代表失去朋友、失情誼。綜合起來即是：催官貴，責任加重，升官。但因資歷問題，另有他人競爭，自己得到，別人資歷高卻落空，引來閒言閒語，謠言是非，有失情誼，帶來壓力，心中嘔氣不快。此即是左、右入命之細微變化，不是只有催官貴而已。若沒有時干甲木則不會；若逢申、酉年之申、酉月催官貴也不會，這也就是八字裡面，沒有潛在激因；一般蔭生祖墳，亦會有相對之應，時干甲木，等於右側前方，有他墳朝著我引氣。

7.八字平衡點之實例看法——分組討論

(1)將八字命局分成兩組。

其一：為比肩、劫財及印星為一組。此為一生一助，與我日元相生或相助皆屬我方、自己人。

其二：為食神、傷官、偏官、正官、財星成一組。

以十天干分別代入天干，以十二地支分別逐一代入地支，配合流年、流月逼進法，依年、月為左，時為右化入，此兩組，只要其中某一組，受到大運、流年、流月之侵入，而全部消失掉，八字即刻失去平衡，流年困頓、出事為凶年。此無論正格、變格論法都一樣。（從格去掉比、劫、印之年反吉，此為例外。）

(2)將八字命局分成五組

①比肩、劫財為一組。②正印、偏印為一組。③食神、傷官為一組。④正財、偏財為一組。⑤正官、偏官為一組。

上述五組各自獨立，依流年、流月，大運代入八字裡，只要八字中任何一組之力量有減弱，即受剋，不必完全剋去，均有變化，呈現了吉中亦有惡事，只是分輕重而已。例如：比、劫受傷或力量減弱，即逢官煞年，代表受親友之累，工作量加重、責任問題失情誼。也就是說：八字為工作環境、生活環境周圍之人際關係，流年、大運、流月代表外來之事情；分清楚八字即我周圍之一切，流年等為外來影響之事物，改變我生活變化之事，由此而形成，吾人生活上起伏不定，人生多變化；此流年、大運入代六神，等於在看軌道、曲線變化。

應用上，只用到了五行：相生相剋之原理。加上六神活用代入。詳細論斷已說明在「六神與生活習慣之關係」本篇若能了解運用，則喜用神之取用，已隨心所欲。

例一：乾造　民國十五年三月十七日卯時

劫財丙　寅正印
正官壬　辰傷官
日元丁　亥正官
偏官癸　卯偏印

生於　清明後二十二日四時辰。
大運於二年九個月二十日後上運。
每逢甲、己年立春後十二日交換。

四	癸	巳	九
十四	甲	午	十九
二十四	乙	未	二十九
三十四	丙	申	三十九
四十四	丁	酉	四十九
五十四	戊	戌	五十九
六十四	己	亥	六十九

例二：坤造　民國十七年十二月十二月辰時

傷官戊　辰傷官
偏印乙　丑食神
日元丁　卯偏印
正印甲　辰傷官
生於　小寒後十六日一時辰。
大運於五年四個月十日後上運。
每逢甲、己年立夏後二十六日交換。

七	甲	子	十二
十七	癸	亥	二十二
二十七	壬	戌	三十二
三十七	辛	酉	四十二
四十七	庚	申	五十二
五十七	己	未	六十二
六十七	戊	午	七十二

例三：乾造　民國三十九年六月三十日卯時

比肩庚　寅偏財
偏財甲　申比肩
日元庚　辰偏印
正印己　卯正財
生於　立秋後四日十時辰。
大運於八年九個月十日後上運。
每逢甲、己年立夏後十五日交換。

十	乙	酉	十五
二十	丙	戌	二十五
三十	丁	亥	三十五
四十	戊	子	四十五
五十	己	丑	五十五
六十	庚	寅	六十五
七十	辛	卯	七十五

◎說明：

此三命造，例一、二為父母，例三為兒子。父親為某市前衛生局長，剛退休約四年。坤母於七十八年乙亥月逝世。

由乾父命造可見，寅、卯、丙三者，為生助之力，丙火受壬、癸近剋，丁壬合化木，解危丙火，加上坐下寅木生丙，火氣足，癸水傷丁，賴卯木化解，一看就知道，重點在寅、卯木。只要逢遇申、酉運、年、月，剋去寅、卯木，丙火即會受傷，自救不保，亦即印星這一組最重要。八字印星受傷，代表親人連累；命中又有辰土生金剋木，申辰合、辰酉亦合，辰土傷官，代表自己之言行、思想，即從外借錢財（流年申、酉為外來之財星），來幫助支借親人，很近、家內之親人（地支之故），且心甘情願，沒有猶豫，（傷官——自己言行，若沒有傷官或食神生財的話，代表很勉強。）結果受到連累。丙火在年亦受傷，都丁顯示為親人連累，木火皆傷，日元丁火孤立無助，代表一片消沉。加上寅、卯受損，代表身體腦神經衰弱，申年申月筋脈受傷，酉年申月後，第二年病情加重，代表肝、眼之患。

斯時論命，具實如上述之，當時亦不言明，只說準，於後其妻親自來，才述曰：親人之累乃其兒子。六十九年、七十年干支皆金，金生水攻入，官煞在天干暗傷，為潛在激因，官煞又主兒女。簡單地說：只要財年來，無論好壞年，一律有進財事，但財會減弱八字印星之力，故親人之事亦必然有，只是輕重問題。夫妻本同體，大部份夫妻日元都相同五行，否則亦必流年吉凶相同，才能形成：物以類聚，同甘共苦，若吉凶年不同，大多難長久。其母造命，同樣申、酉年印星受傷，所有金年以庚申、辛酉年最嚴重，其印星皆傷，其次為辛年之申、酉月，也是皆傷。普通第一年庚年及申年都比較輕，因剛開始種因而已，若最後一年的倒楣，則最嚴重，因拖累利息已很久。

兒子之命造，在甲子年甲戌月後，印星受傷，在前面七十一年壬戌年，七十二年癸亥年，此壬、癸年即巳水生甲木剋己土，使其合而不化，長輩欠安已見，只是己土尚有回制之力，假若兒子命造之大運在甲、乙，則母親逝世就要提早在癸年。亦即要論斷何事甚簡單，只要逢遇何年、月，依「六神與生活習慣之關係」代入，即知發生何事。那一組受剋，那一組人或事有事情，而外來之因素，則看流年、大運為何六神。您說：這樣看起來，算八字是不是很簡單！人生的代號，就是：印、比、洩、財、官。何必找其他神煞來解釋呢！

由其兒子命造看，八字內之財星甲、寅，分別受到申金、庚金剋住，謂之：潛在因素受傷，親友交往，常來意不善，意在己財。逢遇庚、辛、申、酉年來，謂之：外來之親友來往，來意在財，從六十八年己未年己巳月開始，引入己土，甲己合財、合夥，接連走比，劫奪財年，大運若在水運，即壬、癸、亥、子水，則能引化救財，大運吉，流年損財，謂之：購物、不動產、喜氣花錢。簡單地說：就是比、劫年來，為廣結人緣，但奪財減弱八字財力，有投資、購物之事，此乃一定有；剩下的就是，到底是好或壞之投資呢！就是看：有無食、傷生財、護財。此食、傷最起碼要在：大運或流年出現，如：庚子年、辛亥年，次壬申、癸酉年等。大運則為壬、癸、亥、子運。才能謂之：喜氣花錢、投資。由此可知大運之重要性。若命中年干庚金，換為壬、癸護甲木之排列，則一定之差，本命又要改為大富之命。亦不怕庚、辛年來奪財，皆為喜氣投資或嫁娶花費。此情如同：日元甲、乙木者，除非大運有丙、丁、巳、午火衛財，或如前述排列，否則逢乙卯年財亦受傷，因甲寅年兩者木分開流月，八字之財，不會干支一齊受剋，即尚有進出，可論順吉；乙卯年之卯木引入，尚有甲寅年之甲木在走，即乙卯年戊寅月到庚辰月，八字之財皆受剋。若丙寅年、丁卯年則不怕，謂之投資大吉；此丙、丁火食、傷，又代表：有在做之意。

由於八字無官星，寅中丙火已受沖去，在三十歲己未年，到三十五歲甲子己巳月止，為大運丁火用事，形成官印相生催官員，亦造成貴氣之因緣聚散，官來官去，配合流年己未、庚申、辛酉奪財，謂之：以財換官貴、地位，不是得財利；八字無官，代表眼睛裡面，沒有官貴地位之存在，即淡薄官貴。整體性言，無食、傷護財，本來即不是奸商之才，無官星、地位有限，只宜就職。從己未年己巳月之合夥工廠起，即是走損財年，竟然多位相命先生，還鼓勵其父母供應其投資，配合三造者，只有令人嘆一口氣曰：氣數難逃。

8.維生之道的實例看法——事業之論斷

維生之道：即命局賴以求財之方法，共包含三種：

(1)官印相生——即藉官貴、地位得財利維生。（含就職、及當老板。公、私營機構一樣。）

(2)食、傷生財——即藉行商求財利維生。（含文市開店、技術服務。及武市工廠、外交、投資性、進出口貿易……等。）

(3)官印相生又食、傷生財——即前面兩者雙兼，身兼數職。（一般稱為：官印相生格。食神生財格。傷官生財格。食、傷生財格。）

◎說明：

目前社會上，各行各業甚多，八字裡面欲直接指明，是擔任何種名稱之職業，乃八字之極限，無法指名道姓，即使偶爾猜中，亦無百分之百概率，走靈學之路，靈界皆易查明。而八字雖然難以直接指出，但亦可歸納為上述三種，由命局之形成，知其所屬，是就職好，或行商佳，或兩者雙兼，正業兼副業，身兼數職。有的人，八字無食、傷、財星、比、劫等，其必然須以就職為主，否則以開店技術服務為主，即以較單約者為之，此點須掌握心性，單純心性，做單純之事業，只適合就職及開店。個性剛強，比、劫多，交遊廣闊者，以武市、經營為主，即判斷事業須參考心性。

例一：乾造　民國三十三年七月十日辰時

比肩甲	**申偏官**
偏印壬	**申偏官**
日元甲	**子正印**
偏財戊	**辰偏財**

◎本造為現職警官。煞印相生，印星居月干、日支，衛護日元綿密，印星得位，長輩衛護，求學有成，時柱財星稍損印星之力。若年支申金換為辰之排列，則財官印齊金，一氣相生，貴氣登峰造極。偏官在地支，武職、武貴得意，以地支幕僚單位為一生居服務之

最長，逢庚、辛年、運，須任外動，擔當重職。逢丙、丁年、運，促使八字合秋第三項原則，升官又身兼數職。逢巳、午年月運，巳火尚三心兩意、虛情之合；有與官相抗，欲棄職、官貴之衝動，與上司難圓滿、意見之爭，當然亦身兼數職，另有妻助行商，乃食、傷生財之故。由於聚氣有力在：煞印相生。一生中須以官貴為主，非專業行商之命。乃偏官居月當令，又有財官生助，無食、傷擾亂，減弱官星之威。若月支換為巳、午食、傷，則聚氣在：食、傷生財，乃為行商之命。為巳火食神為主市、文筆。若午火傷官則為武市外交，又有甲木在天干，知有客戶在遠方外縣市、國外，乃奔波之命，若無客戶甲木，照樣奔波，又以開店之武市者為主，如：汽車修護廠、理髮店……等，規模大非小店者。即心中先背記清楚：官印相生及食、傷生財。

例二：乾造　民國二十三年七月三日酉時

劫財甲　戌正財
正印壬　申正官
日元乙　卯比肩
比肩乙　酉偏官

◎本命造為某現職立法委員。前例煞印相生，軍警界得意展才華；本例為官印相生，又財官印排列皆順，雙側又有甲、乙木衛印星，若無此甲木或乙木之助，則一逢戊、己年或丙、丁年的戊、己月，馬上土剋水，財破印，將失去官貴，由此命造亦可讓人體會到：排列、衛護之重要性。當然要先有看左、右、上、下之概念，才易了解。官貴如此，藉比劫或官星護印（即甲木換庚、辛，則貴氣更高。）富命亦如此，以食、傷護財之排列為主，合乎如此，其為人平常就比較細心處理錢財，且有數字、理財之頭腦。官貴則因印星助，即平日盡孝道，人緣佳，無形、有形之貴人多，時刻充實知識、求上進。

論命須以日元為中心，再看其餘。本例逢巳、午欲傷害官煞，與官相抗，卻有財滋生衛官在側，只有增加財富、官貴之力，無棄官之舉，無與官相抗，反而更融洽，由此可知，平日人緣甚佳，與上司、上級之和諧。逢戊、己年運，欲剋壬水，排斥印星，使官煞換為無制，換為小人上攻，亦有甲乙木衛印，先擋在外面。此年、時干支，亦是月、日柱之外面，須有此觀念。只怕庚、辛年剋掉甲、乙木之損情誼，但官印相生催官貴。即多人競爭，自己升官可得，卻失友誼、引閒言。除非大運庚、辛，先剋甲、乙，再逢流年戊、己傷壬，或者大運戊、己，流年庚、辛，才是一生中之大凶年。（若戊、己年之庚、辛月小官符則短暫小事。）

例三：乾造　民國三十九年九月八日未時

偏財庚　**寅偏印**　◎本命造為台北工專畢業，某化纖廠之課長。前兩例，只要傷到印星或官煞，其即會排斥官貴，沒飯吃。印星受傷，官煞上司，小人即刻攻上來，犯官落職。此指流年財來。若食、傷剋棄官星，為另求行商發展，排棄官貴，為主動行為。剋到印星，為被官煞小人陷害。

比肩丙　**戌食神**

日元丙　**戌食神**

正印乙　**未傷官**

那麼本命造，八字沒有官煞，又當如何呢？下一節就會詳細說明，八字內沒有六神之一項時，代表什麼？此處先簡單說明，八字無官，代表眼睛裡面，無官權、地位之存在，淡視官貴；其生活上、工作上，亦必不會執著、眷念其現有之地位。論斷：官印相生或食、傷生財，此兩組若各組皆全，即有官有印，則貴氣高，加上財助最高，其次為如同本例之；有印無官星，須逢流年或大運壬、癸水來形成官印相生；如本造七十一年壬戌年壬寅月引入偏官，該月由副課長升任品管課長，壬水亦傷丙火失友誼，因為有同事在該課已待很久，卻被空降部隊得去，心中不甘，亦形成此壬戌、癸亥年之壬、癸月，失人和見口舌，閒言甚多，官煞帶來嘔氣，若月干丙火換甲、乙木則不會，乃衛護之功。八字無官，在癸亥年乙丑月離職到印尼雅加達服務，貴氣因緣聚散，最慢必然在甲子年己巳月止癸水離職或異動，此亦是驛馬的一種。若有官無印，則官煞小人多，命差矣！聚氣食、傷生財，其另有兼職投資，誠身兼數職之命。由本例可知，就職命，有印衛亦是。

例四：乾造　民國十八年七月十九日卯時

正印己　巳偏官
食神壬　申比肩
日元庚　子傷官
正印己　卯正財

生於　立秋後十四日十一時辰。
大運於四年十一月個二十日後上運。
每逢甲、己年立秋後五日交換。

六	辛未	十一
十六	庚午	二十一
二十六	己巳	三十一
三十六	戊辰	四十一
四十六	丁卯	五十一
五十六	丙寅	六十一
六十六	乙丑	七十一

例五：乾造　民國四十四年三月二十日申時

食神乙　未偏官
正印庚　辰正官
日元癸　卯食神
正印庚　申正印

生於　清明後六日九時辰。
大運於二年三個月後上運。
每逢丁、壬年小暑後六日交換。

三	己	卯	八
十三	戊	寅	十八
二十三	丁	丑	二十八
三十三	丙	子	三十八
四十三	乙	亥	四十八
五十三	甲	戌	五十八
六十三	癸	酉	六十八

例六：乾造　民國四十六年七月十五日丑時

傷官丁　酉正官
偏財戊　申偏官
日元甲　寅比肩
劫財乙　丑正財

生於　立秋後一日十一時辰。
大運於零年七個月二十日後上運。
每逢戊、癸年驚蟄後二十二日交換。

二	丁	未	七
十二	丙	午	十七
二十二	乙	巳	二十七
三十二	甲	辰	三十七
四十二	癸	卯	四十七
五十二	壬	寅	五十七
六十二	辛	丑	六十七

◎說明：

以上三例分別為父子關係，父為南部商人，資產約二千萬元。如今七十四年底，已傾蕩所有，被次子所累。余對其父斷曰：由於你命中具備雙重求財之現象，術語為：以食、傷生財為主，次煞印相，但巳申合，官貴力量不大，反而牽制比肩，使食、傷生財減助力。即命格中，完全以本市（比肩在地支）經營，個人事業開店服務業為主，若事業牽涉到官貴、地位者，必不長久，且會受累。此乃命中聚氣所在，不是官印相生，但因為命中有煞印，及印衛，尤其逢官、煞年、運皆會催貴，再形成因緣聚散，不有良收場。此七十一年、七十二、七十三年皆水年，自己經營之個人事業、服務業，正身兼數職，忙碌生財，但牽涉到官貴、地位及掛名者，將悔不當初。

果然如此，原來其次子丁酉命造，從七十一年春起，開工廠製造電子零件，到七十四年乙丑年戊子月負債一大堆，犯官符收場。身受其累，有口難言；個人經營之布行大盤買賣，則順遂生財。

七十一年壬戌年從壬寅月後，七十二年癸亥年，七十三年甲子年，及七十四年乙丑年未月止子水，但尚有甲申、乙酉、丙戌、丁亥、戊子月，連貫金、水月餘氣（戌月不算），即知水年食、傷生財，利個人事業，但食、傷與官相抗，排斥官貴、地位，沒有雙全之美。若在丙、丁年、運，則官印相生，大利投資具備官貴、地位之事業，但因丙、丁會生土剋水，減弱食、傷之力，故此丙、丁年、運不利個人事業發展（開店式），由此可知，世上甚少十全十美之事。故論斷事業上，必須如此劃刀，觀其兩者雙兼，或官印相生，食、傷生財。

由其次子丁酉年生可見，八字無印星，有官無印，小人特別多，加上寅申沖，易受近友累，申中壬水亦受棄沖掉，欲催貴須命中具足：財官印，力量最大。其次官印齊全，排列順生。再其次：只有印星，俟逢官煞年、運來配成官印相生。最糟糕的組合：只有官星，沒有印星，一逢遇印星年來，長輩衛護，催貴事業投資發展，當印星流年或大運走完時，形成貴氣因緣聚散，悔不當初，謂之：命中有時終會有，命中無時莫強求。一生中貴氣最高在癸、壬運。一俟癸運四十二歲戊寅年乙卯月催貴，到四十七歲癸未年乙卯年即欲催止，但流年尚有癸水，故貴氣延到四十八歲甲申年己巳月止癸水時，才形成因緣聚散，命中官煞又攻上來，小人環伺，使恢復原狀，由此亦可知，命局衛護排列之重要性，亦是欲富欲貴之基本——全在命局。又假若大運癸運，引入之流年在甲年，則前面已有壬、癸年催貴存在，必須提前於壬年壬寅月開始算。又假若大運癸運交換期，在壬年乙巳月，因前面已有壬寅、癸卯月，亦須從壬寅月即代入。又若大運癸水在丙年甲午月交換，則前面因有壬辰、癸巳月，故必須提前在壬辰月引入。

論命最大的變化，乃在大運的開始與結束，變化最多，及流年之開始與結束時，流月之開始、結束交界時，以五行改變時差最多，皆須注意之事。

丁酉命造，怕庚、辛、申、酉年剋木這一組受友累。又忌甲、乙、寅、卯年滅弱財力，最喜丙、丁、戌、己年　大吉大利，合乎食、傷生財。地支喜巳、午年。一般謂日元弱，逢印星之年，煞印相生，催貴發展，大吉大利，雖然貴沒有錯，可惜只知看目前，不知看未來，當印星走完時，將如何收拾殘局，即此催貴，尚須劃分：就職升官好，或自力發展當老板好，您說呢？假若您回答不出來，那就是剛才您在看故事，還要再多看一次，以求熟悉運用；若要我說的話，很簡單，本來官印相生就是官印相生，官貴地位就是官貴地位；食、傷生財就是食、傷生財，錢財就是錢財，不要把官貴和錢財增減，混在一起。

最後來談例四、例五之食、傷生財，父造怕戊、己年之未、戌月，使命中食、傷這一組減弱力量，甚至不見，全部受傷，相對錢財亦減少（因食、傷能生財），謂之：個人事業、行事上當受騙，以財換經驗，（即須體認：食、傷就是個人自己之所行。）文書、支票出問題（印星之代號）。戊年從戊午月到甲子月，此段期間，再加上未、戌月，八字之水皆受傷，或調地支之子水有卯木保護回剋，那是您的看法，其實此土年、土月進來時，八字之水，不管有無衛護，皆會減少力量而有事，只是輕重的問題而已，照樣出事。己年從戊辰月到乙亥月，一樣包含了未、戌月，謂之：雙殺出局——剋水。

又假若逢甲、酉年，則食、傷、財星這一組，其中卯木亦受剋，從申、酉月引入後，戌月跟著來，水木皆傷，錢財減少不見，有投資之事、支借他人之事，皆來意不善，意在己財；若子水與卯木對換，則有排列上之外面子水護裡面之卯木，當然申月換一下辰月亦可，不要傷到卯木奪財，則逢申、酉年；月，謂之：喜氣購物投資，大富可期；若類似本命排列，再多的財，也會不夠用，好處乃申金生子水，使後繼有力，不會財源不足。但逢此申、酉年，仍須斷財緊，只利購物、買不動產，為唯一化解之道。

例五長子命造，重點在官印相生，為聚氣所在，一生當藉官貴、地位得財利，若未土換為巳、午火，財來衛官，保護辰土，則貴氣更高，似此，則怕寅、卯年來與官相抗，與上司口舌，拋棄地位之念生，意見不合，不利升遷，命中乙、卯為擾礙貴氣官星之激因，皆靠印星牽制。每逢寅、卯年月口舌大。逢亥、子月之寅、卯日種因。官星受剋，即有此事。若逢財年丙、丁、巳、午呢？因八字本來即有食神，只是這一組缺少財星而已，逢此火年，正好木火相生，食神生財，謂之：身兼數職，進財大吉，但左邊如此，右邊為庚金受剋，必須再加上：進財助長輩（印星），亦即逢財年，不論吉凶年，照樣論進財，但印星之力量減弱，長輩亦有事煩心。假若逢庚、辛年之申、酉月，八字食神皆受傷，相對錢財力量減少，謂之：以財換經驗，上當損財，只利求知。因庚、立年依流年、流月引動，在申、酉月時，尚在走，謂之：乙、卯雙殺出局。若只庚、辛月則小事，為疏忽判斷失誤，申、酉年則亦大事，皆須配合流月。簡單地說：只要找剋入八字內各組的五行流年，即知重點。

9.八字不見六神之含義與實例解說

⑴八字不見印星：

①印星者：供給我者，含知識、長輩、父母（兄、姊）、醫藥、宗教仙佛、神明等。

②八字不見印星：眼睛裡面沒有課本的存在，（並非真的如此，乃比較好記。）即讀書求學時，考試皆臨時抱佛腳，不喜歡背記性、呆板性、理論性之知識，若有食、傷則為重實用性，由於缺此印星，除非大運在求學時走印星，否則踏入社會後，大都學非所用。

③八字不見印星：生病時不喜歡吃藥，逢遇印星年、月時，則為吃藥之時，即求救印星之時，亦為充車知識、新知時，依天干遠方，地支近方而看。

④八字不見印星：除非從格，長輩之助力甚少，男、女婚前在家待不住，與長輩較緣薄，母親（父）約束多之故，其住宅亦會住在後面空缺者，無靠山、長輩助，受自己人、至親好友連累，凶年、平常如此，吉年時才變動為吉者，女命婚後，同樣與先生之母親難融洽，難做人、是非多，未嫁前與婚後都一樣，（缺印：就是眼睛裡面，沒有長輩、父母之存在，亦即緣薄，多意見之爭。）有此命格缺印，宜多積德行善，迴向父母，及敬尊賢，自能逐漸感應而改善。一般欠印之女命，余皆勸其：婚後以小家庭為宜，自然減少一些不順眼、無中生有之與長輩摩擦。否則亦須做職業婦女，以減少衝突機會若。若與公婆住在一起，又為家庭主

婦時，即為口舌糾紛時，百善孝為先，縱使長輩有任何的不是，亦須避免口舌，以免損陰德，遺禍子女，代代報應。偏偏不巧，八字無印者，又不會自動去奉承公婆，不會做表面緩和工作，還是以消極的小家庭為防患之法，可是又偏偏，先生之命造與長輩緣近，印星有力且吉，孝子之命，搬出來又不可能，您說怎麼辦？剩下的就是——職業婦女。論女命婚姻，余都特別留意看，八字裡有沒有印星。其次再看官星、心性。算起來等於每論一件事，八字裡面的六神都要看，全部翻動。若夫命倔強、脾氣不好者，這下子慘了，一般都是家人連手對付太太一人。

⑤小孩八字不見印星，幼年之期，父母皆會疏忽照顧，抱的機會少，易有災疾，亦因此人氣對流補充不足，形成將來與父母間之隔閡緣薄，婚後一樣（男女皆同，遠離父母，且女命嫁很遠，有逃避遠離之潛意識存在。）且母親個性大都比較強。假若讀者有機會推算到，八字無印之小孩命造，可勸其父母多抱小孩，能使小孩身體更健康平安，聰明伶俐，將來成就高；自然能無形中化解而改善，而事實上，也確實是如此，乃因多抱小孩，自然人氣對流，將來心意相通，自然不會排斥。有何種八字結構，或缺陷、或優點，自然會在成長過程中，無形中形成，只是一般人不知其原理，隨著氣數走而已，要了悟：人生起伏之天機，若非山、醫、命、卜、相、玄學者齊，真是難以突破。

⑥八字不見印星：逢遇印星之年入命，（大運、流月一樣）無論求知或長輩來往，

皆會於印星終止之月令，形成因緣聚散，緣生緣滅，吃藥也是一樣，判斷壽終，醫生束手無策時亦同。八字無印之人，無形中較缺少長輩觀念，行事易以主觀為主。

⑦若印星之年入命為凶，由於會剋住食、傷，使有口難言，須言：判斷錯誤，得到寶貴知識，留意上當，以財換經驗。命相者謂之：洩氣，有人來考試。於女命言：為子女之事煩心，此乃食、傷兒女受制之故。

⑧若命中印星受傷，即逢財年入命，財剋印，則為（八字內）長輩事煩心、欠安，以財助長輩。有時候此長輩尚包含：祖墳問題。

例：坤造　民國三十八年二月十五日子時

偏官己	**丑偏官**
偏財丁	**卯食神**
日元癸	**卯食神**
劫財壬	**子比肩**

生於驚蟄後七日八時辰。

大運於七年五個月二十日後上運。

每逢丙、辛年立秋後二十七日交換。

八	戊	辰	十三
十八	己	巳	二十三
二十八	庚	午	三十三
三十八	辛	未	四十三
四十八	壬	申	五十三
五十八	癸	酉	六十三
六十八	甲	戌	七十三

◎說明：

八字沒有印星，並非代表學歷不高，本命造為某大學國文系畢業，曾任職國中教師，奈印星之故，已棄職多年；看求學除了看印星長輩衛護之力外，即居年、月；尚須看鬥志情形，即看官煞壓力；本造官星有制，行事不服輸，精神支持，為爭一口氣而苦讀，好勝心強，食神有力生財，文才並茂，外柔內剛，若換月支傷官，則脾氣強悍多矣！此種命局貴氣高，皆因食神制煞，以競爭而獲，但較斯文性，食神洩秀，智慧過人，考試臨時抱佛腳，終非根本，易得易失。六十九、七十年庚申、辛酉年印星入命，長輩介入於夫君之間，先生為婦產科醫院院長，於七十一年丙午月印星之年催止，離開長輩，七十二年癸亥婚變，戊午、己未月想消沉尋短見之月，余未明示，（乃官煞攻入，日元孤立無援。）教其密法彈指，以增加意志力，事後庚申月再言及前情，果然不錯；當時倍受夫君欺負，其夫藉口搬家遷移多次，以圖讓她戶口無法遷入，然後到法院申告不履行同居義務，而欲藉此離婚，讓其疲於奔命，勞煩里長證明，真是為達其目的，不擇手段，七十二年癸亥年庚申、辛酉月，印星流月，回到長輩娘家身邊，此時八字之食神受制，斷然下定決心，拋棄子女──食、傷，由於月令只短暫使八字食神消失，故余謂曰：你目前不想子女二人，只是短暫情形，十月後就會後悔（壬戌月）；在庚申月、辛酉月長輩多人介入關懷，化解偏官，皆勸其勿離，余本來亦多次相勸，以和為貴，直到知其被夫欺負，手段狠毒時，即不再言及；八字無印者，父母本來即緣薄、助力少。於辛酉月催止時，又離開長輩北上，此又為印星流月之因緣聚散，此亦是驛馬看法的一種。當緣生緣滅時，驛馬才會動。其夫本來曾娶其姊，但已於六十五年丙辰年逝世，八字已忘了，但傷官很旺無制，前同一祖墳蔭生之子女，相差不會太多，其祖墳在台南公墓格局，前阻甚多。在甲子年甲戌月後，前夫據聞與護士小姐，正在備辦婚事，嘆世間苦命人不如意事何其多。有些為前世因。又累積過去經驗，八字無印者，女命不只嫁得遠，離開長輩衛護，且偏偏先生之父母或母親，為思想固執之鄉下人，或是思想古板鄉下人，但搬來都市住，此命造忌逢戊、己、未、戌年月剋水無助。

(2)八字不見比、劫：

①比肩、劫財為兄弟、朋友之代稱。亦為行商之客戶。八字裡面的八個字，為本身所具，人生中一切活動之本質，再受到流年、月、日、大運等，外來因素，造成了生活上之變動，亦即形成佛教所說之「因緣聚散」。

②八字不見比、劫之人——其行事喜歡獨來獨往，（八字眼睛裡面沒有朋友存在。）凡事靠自己、信任自己，事必躬親，事業亦較不喜歡合夥，個性強者，（即傷官在月支或在天干，沒有印星近制，使傷官霸氣減弱力量，受到牽制，官星縱有亦少，不溝成威脅者。）由於事業衝勁足，故雖無比、劫亦交遊廣闊，但有真情者少，說不好聽就是：互有利用，各得其利之交往。個性溫和者（即前述之相反），不喜歡熱鬧場面，喜靜獨行，此種人利於修行，亦即其生活圈子比較單

純。一般謂孤僻性。

③由於八字無固定之客戶——比、劫，不論個性溫和或急躁，在事業發展上，行商求財，皆以個人事業為主，即文市、開店，他人求我者，技術服務、技藝維生，及大盤商、辦理投資性之進出口、股票……等。個性溫和者，以就職、開店技術服務為主。急躁脾氣不好者，以投機性、投資性，較具有風險性質為主，此乃慢性、急性之故，配合在交友、事業選擇上亦必物以類聚。八字無比、劫之人，開工廠發展有限，且不長久，除非自製自銷，亦即最終目的，仍在文市開店，開工廠只是一貫作業。由於本性難移、難改，雖歷社會磨練，在成長之時已固型不易。個性倔強者，不願受人約束，故若就職皆易與上司同事起衝突，而不長久，更換職業常見，一生成就有限，升官沒份，假若自力發揮、經營，則成就大矣！故判斷職業發展，不是在金、木、水、火、土而已，乃心性決定為人處事之成敗，論斷任何事皆一樣，抓住心性脾氣，等於他心通，等於已了解其一生成就高低及走向。

④八字、流年之天干比、劫，代表遠方、外縣市、外國之親友、客戶，地支代表鄰近、本市、家內之親友、客戶。由此可知，若八字具備了比肩、劫財者，其生活環境、工作環境上，必見廣結人緣，熱鬧常見。心性不好者，淪為社會害群之馬，此比、劫又為其朋黨狐群。

若流年、月、日、大運為比、勢入命，代表斯時廣結人緣，認識了很多朋友，或有親友常來往，有投資或來支借、合夥之機會，（因比、劫入命剋我財）又須注意由於比、劫年、運入命，會使命中食、傷力量增強，增加與官相抗之量，於心性、個性方面會更積極、脾氣加強。而當比、劫年、運結束時，為客戶、交友因緣聚散時，此情以八字無比、劫者較嚴重，試思：若命局催貴、開工廠，當比、劫年、運停止時，客戶中斷，事業定出問題。比、劫在天干者，其生活上、事業上往來奔波、活動必常見。地支為鄰近，奔波少，此又為驛馬之另一種看法。由此亦可知，欲知事業情形，須先看其人際往來如何、再看心性，最後再看其他，如維生之道、貴人印星等。

例：乾造　民國三十九年九月四日午時

偏印庚　寅食神
偏財丙　戌偏官
日元壬　午正財
偏財丙　午正財

生於　寒露後五日四時辰。
大運於八年三個月十日後上運。
每逢戊、亥年小寒後十五日交換。

九	丁	亥	十四
十九	戊	子	二十四
二十九	己	丑	三十四
三十九	庚	寅	四十四
四十九	辛	卯	五十四
五十	壬	辰	六十四
六十九	癸	巳	七十四

◎說明：

本命例為從格，八字不見比、劫，庚金又受丙火剋去，且庚金坐寅力微，日元無依故從。從格之論斷流年吉凶，與一般正格一樣。逢申、酉年、月，印星入命大求知慾望，行事因寅木受傷，須注意判斷疏忽，言多有失，事業上當損財，有口難言，親人欠安，其事煩心，乃食、傷這一組受傷，將「六神與生活習慣」搬進去，逢壬、癸年、月剋去丙火，命中庚金復活，不再受丙之侵害，印星復活，代表每逢壬、癸年；月往遠方求知，及廣人結緣（壬、癸之故），申、酉月為近方，本來判斷錢財情形，即是食、傷、財星，這一組都看，任何一個受剋，錢財即減少。

七十一年壬戌年、七十二年癸亥年，廣結人緣，卻來意在財，從前辛酉年即丙辛合，有支借之引動，此壬、癸年損耗甚多，交友因緣聚散，其壬戌年辛亥月、壬子月，八字之財星皆損，種禍最多在此，且比、劫年之第一年，皆會不易提防，次年癸年戊午、己未月，止住流年壬水反目，加上壬戌年之戌土尚走，官煞帶來更多壓力，即此戊午、己未月，為交友中斷、反目之時，接下流月庚申、辛酉又引入金、水，癸亥月開始上場，損耗更多，一直到七十三年甲子年己巳月↓辛未月，才友誼告一段落，接著甲子年甲戌月引入甲木，可惜地支尚有子水等著走，使八字財星仍減，形成欲吉未吉之年，一直到七十四年乙丑年癸未月止子水，才逐漸恢復，奈接下申、酉、亥、子月之故，使欲吉未吉，仍待丙寅之寅月。

茲以本例運用，論流年做參考，皆述新曆：

七十五年丙寅年（三十七歲）：

七十四年十二月，及七十五年一月，官煞入命，帶來甚多內外壓力，嘔氣事特別多，失人和，利益侵害。（皆因官煞剋日元，有印引化，乃左邊的事，右邊缺護衛，且丙火生流月戊、己，謂之財、利益侵害。）從一月十六日後引入庚寅月之庚金後，將生退卻之心，有兩個月，到辛卯月三月二十四日，流月反擊日止，才解除此念。（皆因流年乙丑，乙木傷官發揮之停止。且印星牽制食、傷，有口難言、生退卻心乃必然。）

由於一月乙丑年丑土入命，要走半年，官星引入，使八字官煞齊全，土生庚金，又生日元，謂之催貴發展。在二月十五日庚寅日，引入丙寅年之寅木起，寅木三合火，但寅木亦能排斥官煞，食神制煞，與官相抗，代表衝勁十足，身兼數職，形成：維生之道，兩道皆有，此流年丑土，又配合大運丑土連貫，知文武雙兼，到戊辰年止，雖然大運走完，尚有己巳年，故此催貴會走到七十八年乙亥月止。

問題乃從甲子、乙丑、丙寅、丁卯年四年算，食、傷年生財，其中除了甲子、乙丑年，由於亥、子年介入之外（須明流月逼進法之來去），從丙寅年起，至丁卯年己酉月止，可謂木火通明，食、傷生財。前面甲子、乙丑年之甲、乙木，等於是在磨練，下基礎而已，此丙寅、丁卯年，才是真正收成。由於接下戊辰、己巳年，已沒有食、傷忙碌，而轉為官貴，知丁卯年辛亥、壬子、癸丑月等，剋止流年財年，引入水氣奪財，有再大力投資之事，使未來戊辰年丙辰月後，權柄更大，到己巳年乙亥月止，己巳、庚午年尚有財來，故知投資富貴雙全。庚午年之庚金不構成妨礙，乃丙火能牽制庚金，但丙火怕辛、壬，乃丙辛合，財之力量會減，被支借、合夥連累。

再往後看八十年辛未、八十一年壬申、八十二年癸酉年等，大運在庚運，皆引入金、水減損財星之力，以前六十九年庚申、七十年辛酉、七十一年壬戌、七十二年癸亥之事，皆會歷史重演。由此亦可知，從庚午年之庚辰月開始，（因庚金能減寅木之力，使錢財減少）即有投資之機會，如增資、另再投資新行業——印星。在甲申、乙酉月起，一方面引入金、水，一方面庚金已種因，此申、酉月再加重，且帶動金水，使流年午火將止，亦即財年將止時，必有錢財減少之情，再大力投資之情，或有的人，若加上流年官煞有意外之災，火厄付之一炬。即庚午年須守年，以免接下辛未……一連串不順，由此亦可知，看流年一年尚不夠，須接連多看幾年，將目光放遠一點。由局勢來看，庚午年丁亥月、戊子月之人際關係亦多混亂。乃地運火餘氣，流年火——比、劫將止。

(3)八字不見食神、傷官：

①食神、傷官者：代表洩秀、秀氣、思想、言行、智慧、自力之精華、名氣、運動，亦為女命之兒女代稱；食神主溫和、文星、文章才華，以文職秀氣思考拿筆為主。傷官為霸氣、傲氣、倔強脾氣、能言善辯、外交競爭，才華橫溢，易文筆

伐人得罪人，侵犯性強，不服輸、有主見，主觀意識強，恃才傲物，事業以奔波、投資、投機性為主，行事積極、創新，走到時代尖端，智慧過人，能悟他人之未知者，在天干、月支易失人和，在地支謂之外柔內剛，不易與人衝突造因樹敵。打通氣脈，命中即多一無形之食、傷保護。

②八字不見食神、傷官：行事專一有恆，行事不喜變動，事業有專精、技術，逢遇食、傷之年，則為思變、求變之年，假若命中有財星，則食、傷生財尚可，（但須劃分天干，地支）維生之道，重點在官印相生，而官星之側沒有財星保護，則食、傷入命與官相抗，思變、求變反而不利，謂之：棄官貴，行事心不穩定。（食、傷為思想、言行、身兼數職。）小孩即是反抗父母、師長。

③八字不見食、傷：行事不喜揚名，生活形態亦常如此，小孩則固執心很重，反應較慢，即挨打尚不走，遲鈍，父母皆很累，蓋常向父母逞強、挑戰，挨打後就較乖，但智慧皆很高，聰明專心。此類型八字之人，其耳孔較細小常人，易積垢物，堵塞耳內，形成聽不清楚，於嬰兒時，累積壞脾氣，長大後轉好，但常挖耳朵，易堵垢物、易癢，父母於其幼小時，須防其耳內發炎、進水，影響聽覺，智慧慢開，須逢遇大運或流年食、傷時，才會漸開智慧，但倔強挨打不走之鈍性仍然存在，有的小孩，為出生後滿月內，房間之物移動，影響胎神不寧，哭鬧起來，令人束手無策，哭得臉色發青。亦有的小孩，因大人接觸喪家穢氣，也是一樣，日夜哭鬧又發燒，使大人精疲力倦，只要雞糞藤（青草店購）煮水洗身，最

多三次保平安。有的人辦喜氣，在門口結綵，兩邊綁鐵線固定，結果鎖住胎神氣口，連續兩胎，分別為三、七個月，皆胎死腹中，臍帶繞緊頸部，臉部發黑而亡，且皆於喜事後七天內發現，直叫人不得不信，此情為余同事親身所試，一年內兩次事故。亦有以物堵住屋內老鼠洞，結果生下來，肛門封閉。八字無食、傷之小孩，皆慢開口說話，令父母擔心，逢食、傷年、運才轉好，歷史上傳說，地理大師賴布衣，幼年慢開口說話，我想可能其八字缺食、傷之故。

④若食、傷為吉，流年逢之入命時，謂名氣高透，身兼數職，在天干代表揚名遠方，在地支為近處（本市、鄰近、家內、公司）揚名。衝勁十足，傷官則敢怒敢言得罪人。

若食、傷為凶，流年逢之入命時，為與官相抗，異動大凶，愈改變愈不利，徒勞無功，就職與官相抗，與上司意見不和、口舌爭執，服役為抗上犯官符，軍警界一樣。情況較嚴重，為官公務員或民意代表，則為大發脾氣。小孩抗上挨打，反抗心大。學生抗上有記過之憂。即不同年齡，不同環境，解釋其發生現象，皆要因地制宜，不要太離譜。譬如：小孩逢印星年，則父母關懷倍至，呵護約束言行；求學時期則上進用心；踏入社會，則求知與事業有關者，學五術一樣，有輔助專業起伏之參考；老年人則消火氣近廟寺、教堂，求心安寧寄託。當然若命中已有印星在年、月者，則平日上情已有，逢之流年只是加重收穫。

又如小孩逢比、劫年，廣結人緣、玩伴多，個性亦會較剛強好玩。求學時期，廣人緣，不利求知，求學有分心，謂之交友多。踏入社會，廣交朋友、客戶，事業投資、發展，或來意在財受友累，論好為客戶紮根，研究開創、學以致用期。老年人為老來廣交朋友，優遊自在，旅遊多，事業仍多忙碌。

若小孩逢財年，則物質享受多，求學時期，利實用性，不喜背記性，讀書有退，違逆父母之言。青年學生為桃花動、交筆友、談戀愛，學校若嚴謹者，在財年官月被抓到記過，謂之因財色惹禍犯官符。踏入社會，為求財心切，進財大吉，但進財助長輩（財來剋印），同樣都有長輩事煩心、含身體、錢財。另財又主喜氣，若八字已有財星，則在食、傷年家內、家族，即有喜氣，婚嫁生育子女，以財年最多（在食、傷、財月），當然任何人無論八字衛護如何，有印護或食、傷在側，逢此財年之官煞月，照樣都損財，有壓力、不如意事，含長輩事最多（亦包括祖墳事）。因財會破印，使官煞月乘虛而入，財亦會使食、傷生財，再轉生官煞攻入日元，使不順及帶來意外之災，由此可見，人生皆難以十全十美，逢財年進財本吉，卻財星破印，長輩有事，財年添喜氣，卻有長輩欠安，甚至刑喪，形成一來一去交替。老年人逢財年，除了物質享受較豐富外，仍舊事業兼顧，但此情以靈界言較不利，易心境留在物質慾望且執著，財星破印，排斥心靈寄託，輪迴常在。

最後小孩若逢官煞年，（財年官煞月一樣）則易受驚嚇，父母管束嚴，或言詞恐嚇，住宅不安靜，及常沾上穢氣，或入廟靈體受干擾，夜睡不寧，近喪家等，無形中使其心神不寧，尤其八字官煞重者，加上意外之災，發燒打針，皆形成將來個性保守、膽氣不足之造因，有印引化者較減輕而已。求學時期，為意外之災，在學校受人欺負，老師責罵，犯官符記過，為同學、小人陷害（官煞為剋入、攻入，代表有委屈。）若有印引化，為催貴任班長、學藝股長……等。踏入社會，責任加重，催貴、官印相生，以上熬夜、遲睡皆常見，若凶年為小人侵害，（女命防異性小人），見盜賊，行商受騙上當，損財官符、意外之災；就職為上級壓力，及家內小孩多不順，住宅太熱、太吵或太冷，飼養之動物惹禍，水電故障，皆在官煞月可見，尤其官煞年。驚嚇照樣會。老年人為心境約束無火氣，生活上亦會多內外壓力，較不安寧，難清靜，責任乃重；若凶年仍重；若凶年仍須防驚嚇、意外之災、跌倒車禍及損財、小人等。

例一：坤造　民國六十六年十一月二十七日辰時

正印丁　巳偏印
正財癸　丑劫財
日元戊　辰比肩
偏印丙　辰比肩

生於　小寒後四時辰。
大運於九年八個月二十日後上運。
每逢丁、壬年白露後二十日交換。

十一	甲	寅	十六
二十一	乙	卯	二十六
三十一	丙	辰	三十六
四十一	丁	巳	四十六
五十一	戊	午	五十六
六十一	己	未	六十六
七十一	庚	申	七十六

例二：坤造　民國六十五年十二月十五日巳時

偏官丙　辰偏印
劫財辛　丑正印
日元庚　寅偏財
劫財辛　巳偏官

生於　小寒後二十七日八時辰。
大運於九年二個月二十日後上運。
每逢丙、辛年清明後十七日交換。

十一	庚	子	十六
二十一	己	亥	二十六
三十一	戊	戌	三十六
四十一	丁	酉	四十六
五十一	丙	申	五十六
六十一	乙	未	六十六
七十一	甲	午	七十六

例三：乾造　民國四十二年九月二十七日午時

正財癸　巳偏印
偏財壬　戌比肩
日元戊　午正印
比肩戊　午正印

生於　寒露後二十五日七時辰。
大運於八年六個月十日後上運。
每逢丁、壬年立夏後五日交換。

十	辛	酉	十五
二十	庚	申	二十五
三十	己	未	三十五
四十	戊	午	四十五
五十	丁	巳	五十五
六十	丙	辰	六十五
七十	乙	卯	七十五

◎說明：

本三例，八字皆不見食神、傷官，同樣都耳孔細小，易積垢發癢。實際上吾人每逢交節氣前三天，由於地氣下降，引力增加，都會有一種耳癢、耳內重重的感覺，想要抓癢。又於交節氣後三天，尤其夏天炎熱時之節氣，地氣上升，引力減弱，吾人會有痰多咳嗽之感覺，此時元氣被拉掉，前三天則補充量增多（山川靈氣），讀者多細心留意體會，就會發現，此清痰、元氣被拉掉部份，形成氣色上之新陳代謝，亦形成集體性之進財氣色，夏天的初一、十五亦會，若在夏天、秋天，此節氣時間與初一、十五分開，距離約六、七日，則一個月裡，就有四次清痰機會，該月之經濟交易就比較多，社會則呈現繁榮景氣。此情在寒冬及春天，力量則較小，乃氣溫低，氣色新陳代謝量有限，生意人可注意在夏天、秋天、交節氣後三天內，於清痰後，生意特別好。本來在夏天炎熱天氣，由於溫度高，吾人之新陳代謝量，就會比較多，在預言社會經濟情況裡，此交節氣與朔望之距離日期，也要列入考慮，節氣與朔望之時間距離愈近，則集體性之清痰機會就減少一、二次，距離拉開卻也不是常常可見。故預言之根據，乃以地運主運為主，乃吾人之命運五行，形成起伏之流年、流月逼進法為輔，再加上本篇之天星關係，即交節氣與朔望之距離日期影響。臨時想到，於此補充中冊預言。

例一：於出生後，即移動室內床位、物品，動了胎神，足足哭鬧了四個月，使其父母不知所措，造成了以後氣脈壓縮，管道較小，脾氣易受刺激，較急躁之個性，每吃完番石榴一小時後，即無形中在氣血上增加壓力，而亂吵挨打。耳孔細小，由於脈道較小，每逢交節氣前後三天，特別敏感，前三天吵著要挖耳朵。假若其父母，於其滿月再移動室內物品則不會，或用水煮雞異藤（青草店購），連洗三天，亦有安神定魄之效。

八字只是一個代號，影響吾人的，事實上乃生活習慣及周圍一切。本例雖然丑中有辛金，照樣在六十九年庚申年後，才逐漸開智慧，而在此之前，其父母並未發現其耳孔細小積垢物，影響聽覺、智慧發展、而不大會說話、吵鬧多，於庚申年才發現耳垢堵塞現象，食神入命智慧開，誠氣數難逃。將來在未運六十六歲後，丑未沖去丑中辛金，會有頭部脹、高血壓之患，乃因八字缺少食、傷，平常少運動之故，本例為稼穡格，貴氣高，論疾病及行運和一般皆一樣。防患之法，即少吃肉食、多吃蔬菜、水果，女命八字無官為職業婦女，加上無食、傷日元旺，為少體力用腦之工作，假若在住宅地皮冷常赤腳，在冬天會積寒氣，有坐骨神經之患，乃此寒氣聚積，使氣血不暢，配合常坐著而造成。

例二：丙辛合化水，辰為水庫，丑中亦有癸水，可是照樣智慧遲鈍、反應慢、不大會說話，亦極少說話，耳孔亦細小易積垢，妨礙聽覺，由本例可知，八字本氣之重要性，有就是有，沒有就是沒有，合化或暗藏其力量都減少甚多。假若八字有本氣之水：壬、癸、亥、子，或大運在——歲就上運水星，流年次年即水年則皆不會，其於七十一年春後，其於七十一年春後，食神入命，才逐漸開智慧，算起來整整有五年多，妙的是從此養成，挨打不走之個性，父母當然是氣壞，好累。

例三：有左邊中耳炎，幼年耳孔小，入水發炎。乃氣聚壬、癸左邊之故。在六十七年、六十八年比、劫奪財年，大運在申運食洩秀生財，大運吉，流年奪財為凶，形成喜氣損財，六十七年結婚，及購屋貸款，六十八年財緊交貸款錢。若戊、己運，再逢此戊、己年，則已非事，乃有去無回之損財。

例四：乾造　民國四十七年三月十五日卯時

偏印戊	戊偏印	二	丁	巳	七
偏官丙	辰偏印	十二	戊	午	十七
日元庚	辰偏印	二十二	己	未	二十七
正印己	卯正財	三十二	庚	申	三十七

生於　清明後二十七日七時辰。

大運於一年二十日後上運。

每逢甲、己年立夏後十七日交換。

四十二	辛	酉	四十七
五十二	壬	戌	五十七
六十二	癸	亥	六十七

◎說明：

本命造，八字印星當令又旺，分左、右、下，團團護住，謂之：父母衛護，疼愛有加，母印當權，自己無反抗之餘地；父母種因得果，本命為孝子之命。若逢壬、癸年與官相抗，為自己思想分歧，與長輩意見之爭時，但無法如願，因外面已有戊、己擋住食、傷，回剋壬、癸水，思想之爭兩年，欲發揮自己之才華抱負，幼年則為挨打最多時，壬、癸月一樣，為小意見之爭。此兩年無結果，總算在甲年甲戌月後，得以自由發揮，父母亦不再約束，乃甲木剋土之故，結果形成丙子、丁丑月，尤其丁丑月，丁火乘虛而入，註定損財後悔。假若大運在庚、辛則不會，乃比、劫剋財年，保護印星。若為女命，則為自由交男友，防失身在丁丑月。

類似此種印星保護者，其母親在家皆主權，個性較強；又百善孝為先，本命之無形盡孝，亦是一生福澤深厚，將來祖墳得好地理之根本。但每逢壬、癸、甲年時，須留意言詞多頂撞，會造下口業的。逢乙年之國一、十一月，分別為丁丑、丁亥月，皆為一生中之較凶時，官煞攻入，須防有災，行車小心些，日期為酉日奪命中卯木，花錢消災時。亦是小人入命時，若命局丙、戊對換則不會，但個性就較剛強。學習上類此印旺衛繞者，逢壬、癸年為自有主見時，近聖賢、靈界仙佛學習獲益多，尤其五術上，將來在壬、癸、子運等，擺脫印星束縛，在壬戌運有服喪之情，食、傷洩秀，揚名吐氣，八字印星更能發揮作用；五十三歲庚寅年後，接連在修行上有登峰造極，無後顧之憂（長輩），大力發揮才華濟世時。與本例相反者，為化氣格中，丙辛化水格之例二，命局食、傷洩秀，中運癸丑、壬子、辛亥等，皆為大展才華吐秀時，老運己酉、戊申、丁未等土運，為潛心修身時，亦為大功告成，隱身而退時。類此日元庚、辛者，在地運三、七運時，配合大運水用事，謂之：正逢其時，與靈界皆有很深之因緣；因地運三、七運為壬、癸水當運，為主智慧、靈界、宗教，只是三運壬水較強烈方法，七運癸水主事，為較溫和性，同樣皆會有智慧顯現，著作傳世。

本例逢甲、乙、寅、卯年，流月引入時，八字印星力量減弱，（不用全傷）一樣有長輩事煩心，求財助長輩；逢丙、丁年催貴，事業發展，丙年當然在丙申月後，一直到丁年癸丑月，若就職則因官星之止，而有人事異動。另外亦忌申、酉年之秋，八字錢財不見，交友須防來意在財，不利支借、對會，當戌年午月止酉年時，後悔則遲。由於八字亦無比、劫，但印衛又旺，知平日知己不多，心性亦喜獨來獨往，故申、酉年之損為親人之累。將來在庚、辛運廣人緣，事業往遠方發展尚吉，申、酉運除非壬、癸、亥、子年引化，皆會錢財虧損，近親友之累，看得到拿不回。修行上的成就，一樣以丙年之二月到七月，即辛卯、甲午、乙未月等，乙年財年之終及餘氣，為最大豐收時。乃財星即是收成。因財星剋印，須留意長輩欠安，重則刑喪，於祖墳得好地理，催發更多的富貴濟世，為靈界初步成就時。

逢戊、戌月，八字暗藏之辰中癸水，傷官力量減弱，行事有挫折感，言多有失洩氣月，戊土為他人、外人，戌土在地支為自己人，算命則為失算，戊月凶日在上半月未、戌日。戌月大凶日在下半月戊日。其次為未月。若己月、丑月，因含濕氣，不會洩氣，且有求知近貴人之情。逢土年一樣，戊、戌、未年等之申、酉月奪卯財，為不利之損。濕土之年則為有意義、有代價之花費。命局聚氣煞印相生，逢巳、午年、運，費氣更高。逢壬、癸則排斥官星，催促異動，但有戊、己衛，不易異動，即想職業變動，會考慮很多，且有長輩意見介入，及保守心性、行事業穩重之本性存在。

(4)八字不見財星：

①財星者：正財、偏財。乃錢財之代稱，亦為妻妾之代稱，若看父親，須配合印星看。

②八字不見財星者：眼中沒有錢財之存在，口袋有錢，出去逛一趟，回來就看不見，如同會癢，花之為快；對於理財較差。個性剛強者，即八字傷官透出天干，沒有受到地支或旁邊剋住，或傷官在月支當令，其一生在事業上之行事，必投資超出預算，有五元資本，卻借十元貸款，野心大、衝勁足，常常為了錢財、票期煩燥，有了收成，照樣再傾力投資，錢財之揮霍之亦快，形成一生中，財來財去，皆因八字無財。

個性溫和者，即八字天干沒有傷官，又有官星約束，沒有比、劫，保守喜獨來獨往者，由於八字無財星及比劫，故一生中行事業交友，皆比較走保守型態，淡薄錢財，不喜與人爭名奪利，積財較辛苦，清官，錢財點滴累積，利於修行，一般似此型態者，即無爭奪之心，命中財氣又沒有，欲致富皆較難，但若八字大孝心，慈悲濟世心，則於天德足時，更會在祖墳得地理龍穴，而催發富貴，此財源以溫和性為主，如：中獎及其他，非背乎原性之行商外交。即淡薄錢財者，須八字無財，天干無傷官，八字又無比劫，廣結人緣才是。

又假若八字有比、劫，那代表其平日廣人緣，客戶多，雖然八字無財，但不能論淡薄錢財，因其尚有行商客戶交友之需要。炎夏出生、桃花類型者，則反受色害，錢財難積，皆花在無底洞。

八字有財星，但受到牽制，受比、劫剋住者，利修行，亦有淡薄錢財之念，但逢財年、月，同樣有求財之心。即一般無論八字格局、排列如何，假若八字無財，或八字財星受制，則對於修行者言，其必不會執著於錢財，只是此念頭常常如此，或偶爾如此，乃心性之問題，而劃分輕重，即使成為一個企業家也是一樣。以手相言，假若其人，兩個大拇指為畚箕有缺口者，則不用看八字，已知其人父母心地善良，凡事忍讓他人，尤其父親。其人必淡薄一切，不會執著，將來修行成就高。若兩個大拇指為圓圈的螺紋，謂之行事業購物，斤斤計較，除非其他的指紋，為畚箕形狀，否則物慾重，沉淪輪回多。一個大拇指之力量，等於四個其他指頭，大拇指為大體性，其他指為細節性。最好的配置，為大拇指為畚箕，其他為螺紋。畚箕代表權貴直性，螺紋之圓圈，如同古錢，亦代表圓滑交際，假若十指皆畚箕，一生行事無圓滑心，口直心快，只能就職，或開店技術服務，現金交易。大拇指為螺紋，則必為行商之才，行商說謊，不會臉紅，就職則變換多，不然則常要求加薪水。即圓圈螺紋愈多，須留意私慾重，將來解脫輪迴難，如同繞圓圈，鑽不出去，平日皆須多積德及迴向宿世冤結，以消除業障。若畚箕多者，由於淡薄名利心，爭奪心，欲致富難，只有更加強積善功，祖墳得地理催富貴。

(3)逢比、劫年，命中之財受制，大運吉者為喜氣損財，購物、置產；凶者為交友不慎，來意在財，男命婚姻見口舌，此謂比劫奪財。

逢財年，為進財，但會財破印，印星受傷，力量減弱，長輩欠安，其事煩心，進財助長輩，重者刑喪。

例：乾造　民國三十九年八月十五日寅時

偏官庚　寅比肩
劫財乙　酉正官
日元甲　子正印
食神丙　寅比肩

生於　白露後十七日七時辰。
大運於四年四個月十日後上運。
每逢甲、己年小寒後二十七日交換。

六	丙	戌	十一
十六	丁	亥	二十一
二十六	戊	子	三十一
三十六	己	丑	四十一
四十六	庚	寅	五十一
五十六	辛	卯	六十一
六十六	壬	辰	七十一

◎說明：

本造為官印相生，乙庚合化金，官星當令又有力，吾人看八字，須先養成一個習慣，即記住維生之道：官印相生。食傷生財等，像本例官印相生，只要逢流年、流月未、戌來，剋傷減弱子水之力量，則官煞就會自然剋傷比、劫木星等，是非就接連而來。地支子水及寅木之排列狀況，是寅木在保護子水。要使水木皆傷，日元孤立無助的情形有兩種。即一、逢申年、酉年之戌月、丑月。謂之：催貴閒言多，失友誼。其二為未年申、酉月，親人事多煩心。本來每逢申、酉月即多內外壓力，是非失情誼，尤其下半月的未、戌日，謂之：流月的三殺出局。未、戌月的下半月申、酉日，則是非較少，乃寅木先排斥未、戌，保護子水之故。論斷上，只要每逢未、戌月，使子水力量減弱，就是長輩有煩心事，不是沒有事，乃命局衛護，形成輕重之分。每逢申、酉月，則損傷力大，是非壓力特別多，責任加重，遲睡、熬夜，加上心中嘔氣，情緒不好，每一樣都是造成氣色不好，氣數難逃之因。如何改善，防患氣色，於前面及中冊，皆已述及，不再重複。

八字無財，本性保守溫和，食神吐秀，命局重點，在官印相生，藉官貴得財利，就職警界地位高，於子運三十一歲到三十六歲，配合流年、大運再進修研習，中醫特考及格，五術皆習，與高靈界有很深之淵源，目前己丑運之己土正財用事，財星介入，於七十四年春離職行醫。依流年配置，從七十五年到七十八年，火土入命，才華顯現，心得會愈來愈多，亦將是積德最多，著述有成時。唯醫學之精，不只有形醫學而已，登峰造極為無形醫學，靈界神通佛法等，以積德為主，因緣成熟，獲遇高靈界仙佛加持最快，至於苦修，今日時代不同，工作忙碌，欲靜修連貫有成皆少見。假若大運無己丑運，財星來誘，則藉官貴得財利，終一生為必然。

又天干乙庚合化金，但每逢辛月傷乙，仍照樣須留意嘔氣事多，失情誼。行事或五術上，每逢壬、癸月，其次亥、子月，留意判斷失誤，碰上難題生退志，及再上進之心，來考驗者多，加上長輩約束，天干壬、癸月，代表廣眾外人，地支亥、子月代表自己人、熟人、鄰近者。此乃印星流月，直接剋住或減弱八字食、傷之力量，使有口難言，情緒低落生退志，看開了反而沒有壓力。其他日元一樣，如：日元丙、丁火，逢甲、乙、寅、卯月。日元戊、己土，逢丙、丁、巳、午月。日元庚、辛金，逢戊、未、戌月，（若己、辰、丑月濕土不礙反吉。）日元壬、癸水，逢庚、辛、申、酉月。以上皆論斷一樣，由此可知，了解生剋，代入六神，只要知道論斷情形，自能舉一反三。防患上，只要謹言慎行，平日說話憑良心，自無障礙。此印星年、月減弱命中食、傷之力，當然財緊，收入減少，須防上當，以財換經驗，親人欠安，有口難言。

(5)八字不見官星：

①官星者：正官、偏官。官者：管也。上面拿掉竹字。指：有地位者，政府官員，及其他所有剋制我者。

②八字不見官星：為行事不願受人約束，好勝心強，不服輸，嘴硬。個性溫和者，有不滿時，在背後發煩言；個性強烈者，即傷官旺，不見官星，或官星有制者，謂之：眼睛裡面沒有官員、上級的存在。皆有過人之膽氣，打抱不平，拍桌子，就職為老板、上級之頭痛人物，若在軍警界服務，帶兵帶人，衝鋒立大功。心地不正者，眼睛裡面沒有法律、官員之存在，行事會走偏，如：走私、挖寶……等，前述個性剛強者亦會。女命八字無官，謂之：眼睛裡面沒有丈夫的存在。有獨身思想：若食、傷在命局，沒有受印星牽制，則疼愛子女有加，反而冷淡丈

夫，生口舌離異心時，則以子女為重。

③八字不見官星、逢官星為吉時，謂之催貴，於流年引入時升官，但流年之月令催止時，則為貴氣因緣聚散，職位、事業必催改變，驛馬催行。反之，若官星很旺，則又為行事約束太過，行事保守、忍讓，過於謹慎，常錯失良機，小孩則容易受驚嚇，逢遇官煞入命之年、月亦同，尤其遇流年官星為凶時，小孩更易受驚嚇及發燒不退，於成年人謂之：官符、意外之災，含天災、小人入命，即受人欺負、壓迫之意，管束之情；和老年人一樣，同樣會有驚嚇之事，輕者元氣虛、感冒，重者手腳全身無力，爬不起來，夜睡皆漸不安寧，呈現靈魂體漸與肉體分離，游離出來遊盪，夜間失眠，逐漸耗元氣而欠安嚴重。

④八字不見官星，行事就職，不喜公職，常因不願受約束，而異途行商發榮；若專旺格，須天干或地支有印星，才會就職公職，其他正格一樣，尤其印星在年、月、日。乃形成官印相生之局。逢官星謂之：與政府官員（或上級）交往辦事。沒有印解圍的為不利之官符，而且要分干、支，若官星流月在天干，命局天干若無印星，雖然地支有印星，照樣有意外之災，及官符之引動，只是情況減輕而已，即要天干對天干，地支對地支；皮膚外表與內臟終究是不同。又有八字已有官星者，在財年引入財月、財日，有小官符之應，騎車開罩子，財主食物，乃為食物影響氣色之故。如接連四、五天吃了B_1、E之片劑，使氣色清新，第五天停下來又喝酒，使體內加重毒素，一夜之間，氣色由清新、好的狀況下，轉為不良

氣色，次日馬上見小官符。若吃糙米半個月，停下來又喝酒也一樣。

⑤若官星合住日元，則行事皆會三思，受法律，天理約束。若官星虛浮，只有一個在年干或時干，容易受到流年食、傷剋住，產生與官相抗，由於天干形於外，故會產生口古，心理上促成不怕法律，不願受人欺負、壓迫，行事容易激動。若官星藏於地支，則隱藏性不易激發，縱有藏於心內，心性、行事較不易受激怒引發。逢遇流年、流月食傷，卻不能認為與官相抗、口舌，但促成行事異動改變。

例一：乾造　民國六十九年十二月十七日寅時

比肩庚　申比肩
正印己　丑正印
日元庚　子傷官
偏印戊　寅偏財

生於　小寒後十六日時辰。
大運於四年四個月十日後上運。
每逢乙、庚年立夏後二十六日交換。
車歲五歲，虛歲六歲上運。

六	庚	寅	十一
十六	辛	卯	二十一
二十六	壬	辰	三十一
三十六	癸	巳	四十一
四十六	甲	午	五十一
五十六	乙	未	六十一
六十六	丙	申	七十一
七十六	丁	酉	八十一

◎說明：

本例和前面，八字不見食、傷例四相同類似，印衛重重，其母個性倔強，父母對其疼愛有加，子丑合住，使寅中丙火不會受剋，若無丑合，則濕氣重，就成為陰森小人。此傷官在支，又受印星牽制，代表外柔內剛，家教嚴；比劫及印星都聚在年、月，代表貴人皆為長輩，（含父母、姊等，其本人為長子。）寒冬出生，官星不見，本來即有保守，忍讓之心性，印星重有慈孝之心；此八字不見官星者，本性有潛意反抗心，但所有八字不見官星者，又以寒冬亥、子、丑月生者，反抗心最少，乃寒凍之故。

身體方面，冰凍水寒，幼年又巧逢金、水年，胃腸較差，先天之因，乃其母懷胎期間，天天吃水果，使得胃腸較弱，但體質清新，外表清秀；長大之後的胃腸種因，為吃飯未定時，積風吃不下，胃腸積鬱，營養失調易感冒，尤其申、酉、亥、子年、月，只要先喝開水，舒暢胃腸，即不會造成累積，胃腸鬱悶；斷胃腸之疾病，尚有一種，乃脾氣不好者，也要斷：胃腸、肝患，乃怒則傷肝，肝火旺才會發怒，常常如此，積久肝臟自然有損，胃腸也會因緊張情緒，而常分必過多之胃酸，使消化不良，胃酸濃度高，胃液侵蝕胃腸管壁，須多喝開水稀釋，吾人緊張時一樣，肝火旺則須食物及中藥退火。

每逢申年之申月，須留意行車小心在未日。乃寅木受傷，第一年申年主筋脈，第二年酉年，則為眼疾、肝臟，尤其右眼（時為右），種因乃：印星重，平常看書多，用神過多傷眼睛，尤其熬夜看書或躺著、側面看書等，由於八字無官，平常熬夜情況不會多，官煞多者，代表壓力多，常熬夜。又寅木為重點，逢申、酉必為：

眼、筋脈、肝之傷，疾病以飲食引起為主因，乃因八字胃腸為凶象潛在激因。留意申、酉年、月，吃壞月子，食物中毒。

財運方面，每逢申、酉年之申、酉、戌、丑月，謂之：交友來意在財，不利支借、合夥，（乃申子合之故）為心甘情願相助支借，於未年申、酉月後，即引入逐漸種因，防患須在此。逢庚、辛年為吉，但忌申、酉月。逢戊、未、戌月，和前面實例一樣，防行事判斷疏忽，長輩約束言行，生退志消沉心，為過渡時期，情緒低落，徒然造成氣色晦，（乃土剋水之故，不能以為有寅木保護即無礙，凡土月進來，八字之水氣力量必減弱，受制有事，只是輕重之分而已。）逢甲年甲戌月後，及乙年甲申月到丙年乙未月，財星入命，為婚前情緣、婚緣，亦有家中、家族喜氣多，如：嫁娶、生育子女等。亦因印星受剋或其力量減弱，而有長輩事煩心、欠安，重則防刑喪，最近則於七十三年甲子年乙亥月，其曾祖父逝世。另壬、癸、甲、乙年與長輩隔閡多。

若逢印星年、月，除了前述燥土不利外，逢己、辰、丑尚吉；求知於思考性、活用性，如五術者，須逢壬、癸年、及大運，使流通氣機，為學習最多，又發揮時。由於水年使寒凍，故非外交性發揮，為文章才華發揮，較內向型態。一年於事業上，大展鴻圖的，乃由於八字無官、淡薄官貴，傷官生財，財星在地支，有錢不欲人知，若逢巳、午、丙、丁年、運，則官印相生，八字呈現一片朝氣，乃太陽照暖，行事衝勁十足，貴氣發揮。依大運觀之：巳運從四十一歲到四十八歲丁未年，為第一次催貴，巳火在支，為幕僚、參謀主管。（本來到乙巳年四十六歲，因流年尚有三年火之故。又四十一歲庚子年，水氣尚重，升官有限，展望仍須在四十二歲辛丑年甲午月。）其後丁未年癸丑月有恢復原狀，貴氣短暫因緣聚散。一直到午運庚戌年五十一歲巳月再引入，惜受流年接連辛亥、壬子；癸丑年之影響，反而水剋火，排斥官貴，只利個人開店性質，技術服務，不利貴氣權柄工作。斯時謂之：為防子女之累，受掛名地位之累。以後登峰造極，有五十七歲丙辰年（乙運）丙申月，接丁巳年、戊午年（五十九歲）等共三年之富貴雙全。惜命局火氣不足，接下己未年（六十歲）申、酉月後，六十一歲庚申年，六十二歲辛酉年，大運未土用事，剋去子水，申、酉年剋去寅木，謂之：交友來意不善，意在己財，不良投資、支借，錢財受困，而其必先於六十歲己巳月、庚午月間，住宅有不良改變，才形成累積損財氣色。以大運而觀，乙運配合丙、丁年，為一生財氣最旺，一交入未運，加上申、酉年，不只大運之乙財不見，連八字寅財亦受困，可見此短短羊、猴、雞三年間，一下子與過去有天淵之別，算準也沒有用，防患則須從住宅著手，注意周圍不良變動，及交友廣，小人齊集，勿感情用事。

當財運來時，錢財突然劇增，有的人為得到遺產，以此類型溫和個性者居多，有的人房地產漲價；個性強者，有的屯積致富，事實上，古往今來，人無橫財不富，局勢變動時，致富者最多，看到人家發財，讓人睜眼，命中有時，努力終會有；命中無時莫強求，只有廣積善功，藉富貴大地之祖墳催發，才能改變命運軌道。這個時代，有錢欲了悟看開執著，反而不容易。論命尚要配合地運，譬如：每逢地運三運末、四、五運等之戊、己、未、戌年，還有六運末、七、八運等之庚、辛、壬、癸、申、酉、亥、子、丑年等金、水年，（丑年為子水流年之流月延伸）皆為水火交接，分別有全球性之當時大富大貴凶年，其中前面以日元火土者發揮或救渡最多，即四、五、六運時。三、七、八運則以日元辛金發揮最多，亦主高靈界救渡轉世，其次日元庚金，再次為壬、癸水，最後為其他木、火、土，此乃劃分先後之故，有主力亦大輔助。（此部份須看中冊預言解說。）有的人很幸運，配合地運用事，在地運五、六、九、一運時，踏入社會，逢社會上較安定繁榮期，能有一展才華之機會，以五、九運初最佳。目前從七十三年立春，到九十三年為七運，（每運二十年）踏入社會年齡，約在二十五歲左右者，雖然胸懷壯志，欲一步登天，成為暴發戶，則已甚難，能找到工作者，已算不錯。所以當全球性經濟不景氣時，算命欲知何時轉好，須配合地運才能知曉，求教者問：可否投資？不只是讓您回答：是或不是而已，當須知道地運，才能將回答之眼光看遠；當全球性不景氣時，任何人發財皆有限，時好時壞，東賺西補，流年好的人，只是維持在水平狀況而已，即使偶爾聽聞到某企業賺多少，事實上他可能在某處企業，剛虧了多少，中國人有個忠厚的個性，那就是報喜不報憂，面子問題，報憂讓人心慌，有失穩重安定之心，及家醜不外揚之廉恥心。此情若算命，逢遇八字無官者，您當面給他算準了，他可能仍有隱瞞心，且嘴硬找問題考您的最多，他就是八字無官，或有官星但受食、傷控制，偏偏在八字上，又不能完全解釋人生的一切，算六親，同一生辰未必相同，有時候介入陰靈或靈界因素，更是看不出來，凡任何五術之登峰造極，若未步入玄學領域，是無法達到的，但今日玄學，百千法門，要錢的不少，誠心渡眾的上師亦有但不多，真正高靈界、高層次者，事實上是淡薄錢財的。目前修行啟靈的人較多，須留意走火入魔，沒有仙佛護持，當啟靈積久，精神恍惚，行事不易精神集中時，即是外邪靈易侵入之時，詳情見中冊「修行部份」。

本命造八字無官，於大運末期丙、丁運，引入官煞時，即是一生中最後之官貴。先得後失，皆因丙運催武貴，申運損財，身體欠安又損權，丁運再起文貴，酉運為終。形成貴氣因緣聚散，滿足及消除，積壓在潛意中之貴氣權柄發揮。從丙運六十六歲乙丑年辛巳月，到七十一歲庚午年戊子月止，為武貴平穩忙碌期。接下申運，從七十一歲庚午年甲申月後，即引入申運之申金，（因前面雖立夏交接大運，尚有流年午火剋住，故須延申月。）此後接連辛未、壬申、癸酉年等，一路金水，形成寒凍，每逢申月後下半年，到次年寅月，皆為困逆期，錢財受困，以甲戌年丙寅月最嚴重，乃已經第三年，至於前面的庚午年甲申月起，皆為開始種因期而已，壬申年辛亥月則為官貴之止。乃壬水流年將大運丙火權柄，完全排斥，前面庚午年戊子月間，只是大體性的而已。防患則須庚午年庚辰月起，勿投資新行業，到甲戌年春止。庚午年甲申月當貴氣急流勇退，勿掛名、作保。此數年金年、運，肝、眼、筋脈、胃腸皆差，大忌住新房子，老年人住新房子，半年內會馬上受不了，欠安病倒，乃人氣被新屋牆壁、地上吸過去，未常約五天吃人參或西洋參者，元氣不足，損財、欠安樣樣來。以辛未年申月驛馬催行。

其後欲東山再起，須在七十六歲乙亥年辛巳月後，接連到八十三歲壬午年癸丑月止，為一生之文貴權柄收尾，此乙亥、丙子、丁丑年等，含水氣使寅木之丙有損，貴氣發展，責任重較前艱辛。最後在癸未年申月，到甲申、乙酉年等，肝、胃腸、筋脈、眼差，壽卜甲申年八十五歲丁丑月，或八十七歲丙戌年甲午月。

例二：乾造　民國四十五年七月二十二日未時。

比肩丙	**申偏財**
比肩丙	**申偏財**
日元丙	**寅偏印**
正印乙	**未傷官**

生於　立秋後十九日八時辰。

大運於三年九個月二十日後上運。

每逢乙、庚年芒種後九日交換。

五	丁	酉	十
十五	戊	戌	二十
二十五	己	亥	三十
三十五	庚	子	四十
四十五	辛	丑	五十
五十五	壬	寅	六十
六十五	癸	卯	七十

◎說明：

八字無明顯之官星，暗藏在申中壬水，逢壬、癸年、運為催官貴，乃官印相生，但壬、癸水會滅弱丙火之力，謂之失情誼、失人和，綜合起來，依左、右入命，謂：催官貴，責任加重，但閒言、謠言多，失人和，乃資歷深淺問題，（此處解釋，乃因重點在升官，但卻有失人和之事，找出升官又有失人和之事，看有幾件，自己升官，別人落空，且失人和，占大部份，為資歷深淺或走後門找上級人事關係，而引來閒言、謠言。八字為官星來，與上司交往。）從壬年壬寅月催貴開始，歷經癸年，到甲年己巳月止；在甲年丙寅月戊、己日，到己巳月止，即會催促貴氣停止，職業或職責異動，乃八字本無官，官星入命，形成貴氣因緣聚散，其中壬、癸、甲年，每有戊、己月，即壬年戊申、己酉月，癸年戊午、己未月，甲年戊辰、己巳月等，皆阻住流年壬、癸，為排斥官貴，思異動時，原因乃壬、癸年帶來官貴壓力，責任加重，上級約束多，與淡薄官貴，不願受約束之本性違背，加上想不到壬、癸年剋雙丙，同事間彼此亂造謠言是非，失人和，時值壬、癸年之亥、子月，加重剋傷寅中丙火，此壬、癸年之流年加重月，即為亥、子月。此亦是平日積壓在心，思變動之積因。

　　寫到此例，想到中冊，流年秘訣後面，有寫到流月加重日，此流年加重月也是一樣，由小而大。茲補充如下：

流年加重月：

甲年：在乙亥月，及乙年之戊寅、己卯月。

乙年：在丙年之庚寅、辛卯月。

丙年：只丁酉月。

丁年：在丙午、丁未月。
戊年：在己未月、壬戌月、乙丑月。
己年：在辛未月、甲戌月。
庚年：在申、酉月，及辛月。
辛年：在申、酉月，及年底庚子、辛丑月。
壬年：在癸月、辛亥、壬子、癸丑月。
癸年：在癸亥、甲子月。
子年：在壬、癸月。（須在子月到次年未月，中間之壬癸月。）
丑年：在寅年寅月，到未月之戊、己、辰、未月。
寅年：在卯、甲、乙月（寅月至申月。）
卯年：在甲、乙月（卯月至酉月。）
辰年：在未、戌、戊、己月。（從辰月到戌月間取。）
巳年：在午、丙、丁月。（從巳月到亥月止。）
午年：在丙、丁月。（從午月到子月止。）
未年：在戌、丑、戊、己月。（從未月到丑月。）
申年：在酉、庚、辛月。（從申月到酉年午月取。）
酉年：在庚、辛月。（從酉月到戌年午月取。）
戌年：在丑、辰、未、戊、己月。（從戌月到亥年未月。）

亥年：在子月、壬、癸月。（從亥月到子年未月取。）

至於流年開始月，結束終止月，則已書於中冊。亦有流年暫停月，即只有壬年之戊申、己酉月。辛年之丙申、丁酉月。流年再走月，即是酉月，酉金算起。流年引動，有一個比較特殊的，即是餘氣月，干支算起來不多，如下：

流年餘氣月：

・乙年：本來甲申月、乙酉月，到丙年之辛卯月止，但因丙年須丙月才引入，故形成丙年之甲午、乙未月。為乙年之流年餘氣月，為行事收尾月。

・己年：在庚年之戊寅、己卯月。為過去火土年之餘氣月。

・癸年：餘氣月，延伸到甲年之壬申、癸酉月。本來流月到甲年己巳月止，其後接連庚午月↓癸酉月，乃過去金水年（庚、辛、壬、癸年）之整體餘氣月。

・子年：流月走到次年之未月，但接下申、酉、亥、子月等，為過去金水年（申、酉、亥、子年）之整體性餘氣月，由此可知，論金、水寒氣，須從未年申、酉月算起，到丑年子月止。當然接下丑月、寅，為五行交接點，亦為社會上經濟、人事變化最多時。

總計起來，每逢丑年之丑月，及接下寅年寅月，還有未年申、酉月間，皆為燥、濕流年之交界點，社會變化最大，一升一沉，於此交界，欲事業結束，或開創、異動，以此居多。其次為每年的未月，及丑月，為短暫流年的燥、濕交界，社會經濟、人事起伏最多。其次為流年五行的開始年、月，如：甲年為甲戌月。丙年為丙申月，戊年為戊午月……，即為流月逼進法之開始月。

・戌年：流月為戌月，到次年亥年辰月止，但接下尚有巳、午、未月等之流年餘氣月。故論戌年須延到亥年未月。

・辰年：從辰月到戌月，為流年在走，尚須延至丑月，取其五行相同，有餘事之作用。

任何八字，無論是否有印星保護，或食、傷回制，每逢遇官、煞月，內外都會帶來壓力，一些煩心、嘔氣事。形成的原因，乃官煞責任加重，工作忙碌，小孩、或飼養的動物、水電等，多多少少，由小積大，造成內外壓力，忙碌、遲睡多，虛火旺於平時其他日，由生理上的壓力，帶來人事、財利之功力，或本來官煞已重，逢財年也會，或婚後者，房事已停三星期以上，未促成新陳代謝，也會使肉體生成壓力，相對帶來人事、財利上之壓力，凡事都要行中庸之道。消除壓力之法，除了適度之房事外，為每逢官煞月，約七到十天，吃維他命E 50mg一顆，有放鬆及消除壓力之效果，乃E片能擴張血管。官煞月或修吸聚、念力者，或常用腦讀書、寫字者，乃使全身緊張、血管收縮，積久由此全身緊張、收縮，使肝火上升，帶來內外壓力，內外不如意事，謂之：種因得果。由此可知，知道原理，活用八字六神，則趨吉避凶，才能隨心所欲。另一方面，相反地，若天天房事洩元氣，縱慾使虛火更旺，脾氣更不好，元氣虛，氣色不好，即使吃再好的補藥，也會使財運走下坡，因為補藥吃多，照樣會生副作用的，腎臟首先就會故障。

每逢壬、癸月，防失人和，責任問題。次亥、子月。逢庚、辛、申、酉月進財助長輩。大忌壬年庚戌、辛亥月，使乙、丙雙殺出局，種因從庚年庚辰月開始，乙庚合及辛年丙辛合財，謂之：不利支借、投資，引發在壬年庚、辛月。癸年之壬、癸、亥、子月失人和，生異動之心。目前從七十三年甲子年甲戌月，到丁卯年七十六年己酉月止，連貫印星入命，為一生中求知收穫最多，為將來事業紮根。只是大運在亥水浸寅木使成濕木，學習又思發展多艱辛。丙寅丙申月，到丁卯年，比、劫入命，大利研究活用。印星入命，有形、無形貴人助多。但在丁卯年辛亥、壬子、癸丑月等，僅止丙、丁流年，又傷到八字雙丙，親友交往須留意有失人和，不如意之嘔氣事。連帶亦使大運之亥水，加重威力。

前面印星紮根三年，廣泛學習又求發展。論財上，以七十五年丙寅年較有些許收成，乃因乙丑年之丑土引入，須走到丙寅年未月止。丑土為傷官生財，寅木為印星制命中未土，丑、寅年可先分別看，再一起看，分別看：丑土即是身兼數職，衝勁十足；寅木即是長輩約束及學習、投資，乃因木能剋命中未土，（此處勿將流年之寅木剋去，流年之丑土，沒有流年拿掉這回事。）使八字財星力量減弱，故有投資事，以寅年巳、午月付出最多，由於本身寅年之寅木即含有牽制傷官，減弱財星之意，收穫全賴丑年之丑土在走。故丙寅年尚有小穫。乃得失皆有之意。接下丁卯年從壬寅月，到寒冬，則凡事不利，因卯木減弱未土之力相同，尤其在巳、午月，使八字土、金皆傷，謂之：三殺出局，從丁卯年壬寅月後，即須守成，明哲保身。

於後七十七年戊辰年、己巳年、庚年、辛未年等，一氣可成，再加上庚午年年壬午月引入大運庚運，可謂這四年忙碌，大吉大利時，以庚午年庚辰月後，及辛未年收穫最多。無論是錢財，或追求祖墳得地理上都一樣，此印星三年磨練之期，錢財未損已算萬幸，從戊辰、己巳年，則食、傷吐秀，鴻圖大展，名利雙收，身兼數職，亦最易積德及有積德之良機時。接下庚午、辛未年進財大吉，登峰造極。又此庚午年大吉。接連辛未年，則丙辛合財，親友支借不利，為伏禍年，假若庚午年換為庚申年，因八字寅木亦傷，金氣連貫，亦須伏禍算在內。再於壬申年壬寅月加重責任壓力，催貴發展，癸卯月上旬行車有災，（乃乙木己受流年辛金之剋，癸水乘虛而入。）此後到庚戌、辛亥月，諸逆引發，受親友之累，一片消沉。再加上申、酉年引入連貫，一籌莫展，反受財困，壓力甚重，親人欠安，此時加上大運庚金，歲、運併齊金、水，干支皆臨，使八字木火全傷，為一片消沉之時，本來大運庚金為吉，此時反受其累，沒有錢沒有事，有錢反而遭殃。防患須從辛未年庚寅月起，尤其申、酉月。在庚午年則喜氣沖淡一切，小小支借尚有奉還，投資尚有收成，皆因庚午年引入分前後。假若辛未年之支借，應用在財施濟困、濟貧上，則積德厚，將來收穫更多。未來乙亥年辛巳月，為庚運交入子運，財星交接，由有轉無，亦為錢財最困逆期，甲此可知，從辛未年之變化起，影響之深遠。欲順尚待戊寅年甲寅月後。

10. 八字已有六神之含義與實例解說

(1)八字已有印星：

大致上從前面諸項六神說明，已含括極清楚。在八字裡面最重要的，乃為六神之活用，整體性綜合之，共有三點看法，即①八字裡面不見該六神。②八字裡面已有該六神。③八字裡面已有該六神，但受暗傷。此三點即是在看，該六神在八字裡面的力量輕重問題；古往今來，大都只知道看②③項而已，先賢提出之心得亦較多，獨缺(1)項之論點。此三項若能詳細深入探討，並了解其意義，則論命已思過半矣！再配合前述諸項六神應用，自然天機在握。

此②③項，尚有一件最重要的問題，就是：六神在八字的排列問題、衛護問題，分上、下、左、右，論命時要留意的，共有五點說明如下：（以日元為中心）

①排列問題：印星主長輩父母。若排列在天干，則長輩之助力減弱甚多，乃天干為遠方長輩、無形仙佛、神明之助。若排列在地支，則長輩有形之助，及靈界無形之助等貴人，時常在身邊周圍照顧衛護，求知上進常見。而在天干，除了逢印星之歲月在地支外，平常收穫較多的知識，大都在遠方得到，此一動一靜，當然相差很多。

其次印星在月支助力最多，再來就是日支，最後為月干，乃取其得位之助，印星父母居月柱父母宮，正是適得其所，若在年柱，則為其他長輩間接之助，如：祖父母、叔叔、伯伯……等，雖有助力，但力量總比近身之助，缺少許多。印星若排列在時柱干支，則長輩之助失位，有等於沒有，幫助力量甚小，比時的印星當比喻為：比劫，以類似朋友看待，但尚有尊敬之含義存在，應用代入即為：比自己年齡小之老師、結拜兄弟、姊妹，以兄、姊居多。

亦即此點甚重要，一般以為有印星，即有長輩父母之助，假若印星排列在時柱，則凡事須靠自己，一生行事成就都較辛苦，無安享其成之幸。出生在交節氣前者，尤其三天內，踏入社會皆須倍嚐苦頭磨練，乃承受天地交泰壓力，天地氣下降所致，任何八字皆一樣。出生在交節氣後者，尤其三天內，地氣上升，天地間充滿山川靈氣，踏入社會皆能安享其成，乃先天體質沒有壓力之故，當然須配合好八字。論命時此點亦須明瞭。

本來吾人之為善為惡，就與家庭教育、學校教育，有其密切關係，其次才社會教育，一個八字，不能只見到桃花，就斷其風流，須從根本心性上，家庭長輩付與上來看，看品性、打架、賭博、淫亂、婚姻……，許許多多的論斷都一樣，任何一件事都與心性有重大關係，此時看家庭教育的印星排列位置，就顯得格外重要。一般若每論斷一件事，整個八字有形及無形之六神皆要看，不是只有代入神煞公式那麼簡單。

②助力問題：即詳看八字尚有無其他印星幫助加強，包含天干、地支，謂之：黨勢。

③有衛護：即看印星之旁邊、裡面、外面、上面或下面，（即干支）有無官星護印，則不怕財星之年、月來，損傷慘重，謂之：官印相生，一生官途安穩無憂、少波折，不會輕易受到部屬——財星連累，而犯官落職，亦不會易受財誘失德而產生不良變化。或看有無比、劫朋友、兄弟護印，不會因為一逢財年、月來，即財

破印，常常有長輩重大擔憂、連累，若有比、劫衛護，謂之：進財大吉，得道多助，但長輩小事煩心（欠安）。此即比、劫回剋財年、月之臨而護印。

④無衛護：即指前述之相反，印星沒有官星及比、劫來保護，一生的成就當然減弱許多。每逢遇財年、月，就因財剋印，而帶來長輩、親人之事煩心、隔閡，損精神體力，又損錢財，且重於他人。分輕重的話，當然比下篇要討論的「八字印星暗傷」，還要好一點。

⑤受行運、流年、流月影響：產生印星力量之加減。此項已說明在前面第五項：六神代入生活習慣之活用。

例：乾造　民國四十四年九月十二日辰時

偏財乙　未偏印
正官丙　戌正印
日元辛　酉比肩
傷官壬　辰正印

生於　寒露後十七日十一時辰。
大運於五年十一個月二十日後上運。
每逢丙、辛年寒露後八日交換。
虛歲七歲上運。

七	乙	酉	十二
十七	甲	申	二十二
二十七	癸	未	三十二
三十七	壬	午	四十二
四十七	辛	巳	五十二
五十七	庚	辰	六十二
六十七	己	卯	七十二

◎說明：

丙辛合而不化，皆因坐下戌土，官星合日元有約束牽制之意，再加上乙木生火增威，賴壬水制官，地支印星引化，再藉酉金護印，制化皆宜。傷官外露，秀有力坐水庫，行事自有判斷分辨力；印多在支，貴人暗助多。只是年、月木火剋辛金非吉，為財挾官相威，求財須靠自己，壬水制丙，形成剛柔並濟；似此種排列，在求財上基準點就輸一截；但另一方面，於精神世界修行上，則反而為好的配置，即壬水智慧秀氣外露，毅力、衝勁過人，加上大運少、中年運皆走金、水輔助，正合乎目前地運七運癸水主運、壬水輔運，及將來八運之辛金當令、庚金輔運，謂之：時勢造英雄，積功德正逢其時。而且大運與地運走向皆吻合。唯既然求財靠自己，又如何能時勢造英雄，其實乃因積德行善，因緣成熟，藉重祖墳富貴大地，催發富貴，此亦是今日物質時代，仙佛轉世者，救渡眾生，又能避免受錢財迷惑，所採取的最佳救渡方法，不會於催發富貴後，或誕生於富貴人家，即迷失方向。當然亦有生於富貴家庭者，但變通的方法為，於幼年之期，其仙佛元靈即付予神通。當神通示現時，家人反對之阻力，皆難避免。

本命造忌逢丁年，及丁之乙日，須防意外之災，內外壓力生嘔氣，情緒差無形中製造凶晦氣色，使氣數難逃。一般謂：地支有印星，不怕官、煞（丙、丁、巳、午年月等。）事實上天干為天干之事，地支為地支之事，丁火攻入不妙，丙年、丙月尚有虛情之合，賴地支引化丁火，乃減輕力量，照樣會發生。若逢巳、午年、運，則官印相生，催貴可見。

本命主為中醫濟世，某農專畢業，比肩酉金在支，代表客戶在近處，近友多助。印星在支，求學研讀上進常見，假若本命造年、月支未、戌不見，則印星之力不足，又差甚多，唯一缺點乃燥土生金，確實偏炎燥及艱辛。又加上天干傷官壬水制官，謂之：與官相抗。雖然丙火官星合住約束日元言行，行事守於理法，但暗伏抗官，易意氣用事之心態潛伏。一生行事，若心性於火氣上再降低，勿衝動、太露鋒芒生口舌，尤其逢庚、辛、壬、癸月，加重與官相抗，凡事忍耐、忍讓，充滿祥和，防言多有失，尖銳言詞傷及他人，則不會使靈學成就，因口業結冤而稍減；本命造若無丙火約束，則個性更剛硬，靈學成就也會交白卷，乃樹敵太多損德之故，差一個字天地之別。又乙木財星外露，錢財在外，一生對外行事須留意，易以錢財、物質價值觀念，來衡量一切，此點容易牽制心境之執著、放不開，譬如：心中念存，以物換物，以訣換訣；欲公開心得研究，難免放不開，除非交換條件，或稿費多少等等。事實上，真訣本無價，若為仙佛轉世，更應看開執著，一切以眾生之苦為己苦，眾生之利益主，行事為眾生之榜樣模範；若能如上修為，人人似此心中坦蕩，心中無物、無掛礙，心境如小孩般之純潔、無心機、無私心，常充滿喜悅，則不用觀想，自然能使打通中脈、督脈的身體光氣、佛體，很自然地，常維持內為金光色，外為高頻率之紫氣光，將來能回到最高之最高靈界，皆輕而易舉；就怕心境不能放開，心中有物不放而執著，使得光氣降為較低頻率的：藍光或靛光，當然就待不住在最高之最高靈界，承受不了那兒超強之天界靈流，這是很現實又實際之情事，修為有多少，就能承受多少；至於積功德多少，獲得果位蓮花幾朵，也是須看開的，不能存於心，念念不忘。在物質世界，有天眼者可見，吾人光氣顏色，能隨心念觀想而改變，但所謂：物以類聚。在最高靈界，光氣之強度及高頻率顏色，若須經過觀想才能調和，當然待不住，靈眼睜不開，馬上滾下來較低靈流之天界。對我而言，雖然目前中脈、督脈皆通，光氣衝天，全身發出內為金光色，外為紫氣光之星光體，但仍時刻惕勵自己：心中無物，不執著，心境如小孩般純潔、無心機、無私心。就是怕將來回不到最高靈界，元靈仙佛想救我，拉我一把都無能為力，謂之：自作自受。若依固定五行氣數言，本例須在六十二歲後辰運、己、戊運等，牽制壬水傷官之威時，才能火氣皆消，歷練完滿。過去論命時，常喜歡看人之富貴福祿，現在則觀點改變，喜歡看人之積德及修行境界情況，誠此一時彼一時。

七十五年丙寅年（三十二歲）、七十六年丁卯年（三十三歲），分別從二月寅月↓到九月，財星入命，木剋土，印星受傷，減弱力量，（雖然有酉金保護一樣。）須留意親人之事煩心、欠安，尤其長輩。再加上大運癸水秀氣用事，加重財星之力破印。個人求財上，基本上，依命格看基準點，比肩在地支，代表客戶在鄰近本市，以近處發展為主，若無丙火約束，則可增加為在國內發展。將來四十七歲↓五十二歲為大運辛金用事，五十七歲↓六十二歲為庚金用事，皆代表未來，在此兩個階段，廣結遠方之友，客戶在外縣市，加上流年四十八、四十九、五十八、五十九歲等為壬、癸年，亦主國外鴻圖大展，事業登峰造極，但須明瞭，假若此八字無壬水生乙木財星，則乙財無衛，此庚、辛運就不能論吉，庚、辛之奪財，則論損財，交友來意在財，但有壬水生財，故逢庚、辛年、月、運，為喜氣投資、財緊、購物之時。假若依別個命造言，不巧流年在戊、己，配合大運庚、辛，使得八字傷官生財這一組，全部受傷，謂之：雙殺出局。則為損財，有去無回；歲、運配合，皆須細察。一生貴氣登峰造極，則在四十二歲丙子年丙申月（八月）↓四十七歲秋。及五十二歲丙戌年丙申月↓五十七歲辛卯年秋止。前為午火武貴用事，後為巳火正官文貴主事，謂之：先武後文。此時地支之三個印星，才算真正發揮了力量。也是突破八字本來官星不利，變成有利之時。

以命格論之：傷官生財，自力行商為主，由於傷官制官，故排斥官貴，就職皆不長，乃不願受人約束之故，再加上官星合住、約束，使心性不致奔放太過，印星在支，充實知識，各項綜合，配合行運之助，一生事業之走向，以中醫濟世服務，倒是恰得其所，只是未來在四十七歲辛運，及五十七歲庚運，比、劫新客戶、朋友介入，促使生活空間，有極大之改變，若不離本行之擴大發展則吉，新行業為忌，乃本性、習性使然，非慣於常改變之性，此時因外界之更易影響判斷，介入新行業，必經改變，從頭開始。吾有此論，乃因左邊為庚、辛奪財，交友來意在財，催合夥、投資，使錢財減，右邊為增強傷官，利於原行業之發揮。假若此八字無丙火牽制，則一生變化多端，不會甘願居於一處中醫服務，坐都坐不久，皆傷官剛強個性之作用。

七十五年丙寅年，丙申月八月後，即引入丙火，此丙寅年之丙火，尚有虛情之合，平順之年，（除了長輩事外）在三十三歲丁卯年則不利。丁火剋辛金日元，無合之情，官星帶來官貴、地位之事，若經營工廠性質，註定上當，從新曆四月起至十一月底，一連串的求財反阻，七月（丁未月）及十一月（辛亥月末），各有損耗，且七月尚有意外之災。主要乃丁火入命，天干無印衛護，一般不知，以為地支有印，其實遠隔，解救嫌遲。加上接連兩年的寅、卯入命，使得印星受傷，日元孤立無助，（大運未土一樣受流年之剋，即大運和八字一起看，站在同一線上，而流年引入，產生力量加減，至於流年與流年之同時先後介入，則不能自己流年與流年，產生打架相剋拿掉，譬如：七十四年乙丑年丑月引入丑土，接著丙寅年寅月引入寅木，相差一個月，一前一後，不能因為如此，而謂木剋土，將丑土不看排斥，此不對，對於日元庚、辛金，從乙丑年己丑月→丙寅年乙未月止，謂：求知上進期，長輩、貴人暗助多。再加上寅木進行，則稱：想求財又想求知，兩件事同樣進行。日元壬、癸水，則謂：責任加重，身兼數職，能者多勞，分身乏術。日元甲、乙木，則謂：求財心切，喜氣多，廣結人緣，帶來更多投資機會。日元丙、丁火，則謂：一邊有發展事業之心，衝勁十足，卻隨即有挫折感，心有餘力不足，思再充實上進之心；此即先引入丑土，看丑土之六神，帶來何事；後引入寅木，看到底何事生變化；對於日元丙、丁火，謂之：心中矛盾、猶豫不定，三心兩意處事，在丙寅年之上半年會常見，以相者言，謂之：接了來客命造，不算又不行，可是心中又思甚多不足，想再多看些書，再求上進。於此余先致歉，巧逢「八字洩天機」中、下冊，在此時出版，傳統與新理論之衝激，當以日元丙、丁火者，影響最多，但將來收穫亦會最多。其次為日元戊、己土者，乃因流年官煞兼印星之故，即丙寅、丁卯年，官煞為壓力，丙、丁火印星為學習，兩年之期，收穫亦會甚多，此時更加重丁火（丁卯年）乘虛而入。代入生活習慣即：此兩年親人之事煩心（欠安），尤其丙寅年之庚寅月到乙未月，須防服喪，（此段期間，大運仍癸水用事。）憂傷使氣色晦，才形成物以類聚，引入丁年損財之事。防患之法，只要從三十三歲四個月後，勿圖經營具備地位、權柄性質者，安份守己，以中醫濟世，則一切不順皆能化解，每逢丁年皆一樣，如：三十三歲丁卯年、四十三歲丁丑年、五十三歲丁亥年、六十三歲丁酉年、七十三歲丁未年等。在住宅方面，由於七十五年丙寅年引入丙火時，即八月丙申月，帶來官、煞兩年壓力，無形中不只加重熬夜，工作量加重之情，使氣色生黑氣，且住宅在戊戌月有不良異動，如：住新房子或住空缺之屋，使人氣、元氣損耗，亦會有屋子太熱之現象，使丁卯年在各種不良因素下，加重製造凶晦氣色，虛火生慾火，更加重耗元氣，終於八字斷準，氣數難逃。飲食則因虛火旺，胃腸不順，不敢吃退火涼性之食物。服喪方面，若不幸言中，則須於安葬後，及謝土後，分別各以雞糞藤煮水洗身，連洗三天，以除穢氣。一般人謂：家人逝世，連續倒楣三年，乃陰氣重，及穢氣累積之故。（逢丙、丁年一樣。）

接下戊年（戊辰年三十四歲），從五月（丁巳月）↓到十二月（甲子月）仍在逆中，由於印星入命，再加上大運未土偏印用事，皆損傷命中食、傷，戊土剋壬水及未土剋辰中癸水，形成技術服務之中醫業務，有外來之阻力，食、傷受剋，代表判斷疏忽，有口難言，但得到寶貴經驗，錢財仍緊，以六月、七月、十月（即戊午、己未、壬戌月等。）剋住食、傷，退志消沉，生再上進之心，壓力較大。從三十四歲四月丙辰月後，接連己巳年（三十五歲），印星力量最大，整體性的求知學習階段，則為七十五年（三十二歲）戊戌月↓到八十年辛未年（三十七歲）年底辛丑月止，此五年再充實，亦是行運助，求知最連貫之期，獲益最多，緊接後面三十七歲到四十二歲，大運壬午，壬水用事，配合流年：三十八歲壬申年、三十九歲癸酉年、四十歲甲戌年、四十一歲乙亥年、四十二歲丙子年等，正是歲、運配合地運，名揚四海，食、傷吐秀，此段期間，若能於此物質時代，把持佛心，著作心得傳世，因應局勢渡眾，則更積功德，祖墳於因緣成熟時，得到富貴福地，催富、催貴，更能利益眾生。

以靈氣之觀點言，此成辰、己巳年求知，庚午、辛未年學以致用，歷練研創，壬申、癸酉年著作傳世，貢獻社會，甲戌年辛未月到丙子年辛卯月止，皆為繼續積德時，一生之收成最大，在丙年之辛卯月三月，及甲午、乙未月（六、七月），共包括了丙寅年三十二歲、丙子年四十二歲、丙戌年五十二歲、丙申年六十二歲、丙午年七十二歲等。而前面的甲年辛未月、壬申月、癸酉月、甲戌月等↓到乙年之壬午月→乙酉月，皆為積德有成時，亦即對修行者來說，逢財年之終止流月，即為豐收時。

而目前之丙寅年二月到七月，尚包含乙丑年之丑土印星，收成可算是人生旅途之一大步，印星作用，求知可見，有形貴人及無形靈界助亦多，一般初步之回報及收成，皆在祖墳（父母）得大地理。

看本命造時，須與地運用事配合參看，即八字、地運、大運、流年等，與此類似者，尚有化氣格一例。

(2)八字已有比、劫：

①排列問題：比、劫主兄弟、朋友、客戶。居於天干，則一生交遊廣闊，遠友常來往，亦主一生行事較奔波來往，驛馬機會特別多，因應遠友交往，事業發展之需，乃事實之所在，命格裡有些現象，其行、生活狀況亦必對應，此為觀察驛馬的一個要點。若比、劫列於地支，近友常來往，事業根基及發展，皆以近處為主，即本居住地之縣市，流氓之命造，其盤據亦同。若無比、劫，則為獨行為主，同樣的六神狀況，只看代入各階層之活用，如何解釋加入。其他配合大運、流年產生變化，則為短暫更易。

比、劫在年、月柱之長輩宮位，代表大哥或大姊、表兄、表姊、堂兄、堂姊等，亦曾見過為岳父者，即因難以指月姓名，若謂之：親人長輩。則必然正確，再配合流年、流月徵兆期引入，即能事先知其長輩為誰。有例子，年、月干為比肩共兩個，其本人有大哥兩位（指乾造，若坤造則大姊。），若為劫財共兩個，則有大姊兩位（指乾造，若坤為大哥。），曾見多例皆無誤。不過由於似如此排列，比、劫無衛，故每逢官、煞攻入，皆會與兩位長輩親人隔閡、排斥之意，及受連累，或連累到長輩機會多；若在財年的官煞月攻入，剋傷比、劫失情誼，由於財年之故，故失和之情，皆因錢財、利益之事來影響，大部份都是以前向親人借錢，而親人長輩來討錢，乃因財生官攻入，帶來官煞壓力，若八字有印衛，逢此財年剋入，先破印，再官煞侵入，有食、傷衛，輾轉攻入一樣。故任何一個八字，無論其八字格局多高，衛護如何周密，每逢財年之官煞月，皆會有損財支出及嘔氣事、意外災、行車小心、壓力等。綜合如下：

- 日元為甲、乙木：逢戊年之庚申、辛酉月。及己年之庚午、辛未、壬申、癸酉月等，謂之：美中不足。
- 日元為丙、丁火：逢庚年之壬午、癸未月。及辛年壬辰、癸巳月，和壬年之壬寅、癸卯月。
- 日元為戊、己土：逢壬年之甲辰、乙巳月。及癸年之甲寅、乙卯月、甲子、乙丑月等。
- 日元為庚、辛金：逢甲年之丁丑月。（丙子月因坐子水，力量減弱。）及乙年之丙戌、丁亥月。

．日元為壬、癸水：逢丙年之戊戌、己亥月，及丁年之丁未、戊申、己酉、庚戌月。

比、劫在時柱，則代表平輩之晚輩，如弟、妹等，若欲硬性劃分，比肩為同性，劫財為異性，則未必正確。亦代表年紀比自己小之朋友、客戶。在年、月則年齡比自己大，日支為年齡相若，有此分佈在八字，自然行事，在潛意識裡，有此交往之傾向。若天干皆有比、劫，則一生交遊廣，五湖四海朋友多，人生歷練社會上，當然見識廣。對修行者言，為交友增見聞，欲安下心來靜修，就缺少連貫機會。故修行、修道者，最好不見比、劫，或只一個又受牽制。單指比、劫一項之了解活用，即可知其人一生之生活空間，及人際活動關係如何了！

故欲知其人之靈界因緣，首重在印星：欲知其人之交往，首重在比、劫。欲察其人之財氣，首重在比、劫食、傷、財；欲知其人之貴氣，首看財、官、印。欲明其人之秀氣，文章才華，首重印、食、傷……，其他六神則為參看。

②助力問題：即看八字內之其他天干，有無比、劫輔助。

③有衛護：即看比、劫之旁邊、左、右、上、下等，有無印星保護，以防官煞月剋入，或有食、傷回剋官煞月攻入。

④無衛護：即缺少印星或食、傷保護，此情形成一生波折起伏較多，常易受友或親人連累，或自己連累到他人。

⑤受行運、流年、流月影響：已述於「六神代入生活習慣之活用。」

例：乾造　民國五十年八月二十二日戌時

偏財辛　丑食神
比肩丁　酉偏財
日元丁　卯偏印
正財庚　戌傷官

生於　白露後二十三日七時辰。
大運於七年十個月十日後上運。
每逢甲、己年立秋後三日交換。
虛歲九歲上運。

九	丙申	十四
十九	乙未	二十四
二十九	甲午	三十四
三十九	癸巳	四十四
四十九	壬辰	五十四
五十九	辛卯	六十四
六十九	庚寅	七十四
七十九	己丑	八十四

◎說明：

本命主就職於其姊夫之某金飾品工廠服務，常東奔西跑，到各縣市辦業務，任業務銷售工作。在家裡，前面有一大哥，三位姊姊，一個妹妹。父母健在，和睦相處，七十五年丙寅年庚寅月止，尚未婚。

從八字上可見，食、傷生財、衛財，地支豐厚有力，雙財外露無傷，財旺日元較弱，有此聚財現象，呈現在社會上之行業選擇，絕對不會選擇薄利者，依余經驗，大多為金銀樓買賣、房地產、進出口……等，錢財數目較多者為主，來與命格對應，只是依各人居住環境、學歷而有不同之選擇。丁火一個在天干，代表客戶、交友、兄姊在遠方，目前其大哥並未住在一起，其與父母居於南部，大姊則遠嫁台北。兄長婚後即搬出來，組小家庭自力發揮。卯木印星受酉金剋，雖卯戌合化火，但已呈現金剋木，卯木自身不保，化火無力。此八字財旺，又食、傷在支護財，代表將來妻子個性剛強，與父母恐多隔閡。本性上，傷官在支，八字又無官，行事淡薄官貴、地位，不願受人約束，外柔內剛，婚後讓妻，但口舌難免。

地支逢亥、子年，能引化酉卯之剋，卻使得卯木變濕木，燃火艱辛，謂之：催貴帶來壓力，只利就職。依大運看，沒有機會遇到，只有短暫流年而已。若日元丙、丁火者，皆有類似情況，假若地支有巳、午火，則不忌亥、子年之濕氣擾亂，逢大運巳、午一樣。須有此燥、濕觀念。但天干逢壬、癸則傷丁矣！逢壬年尚有丁壬虛情之合，金生水剋烈日元，受部屬、妻之累，虛名虛位，壬水官星掛名之累，將來主兒女之事，有官符之厄，虛情者，尚有一絲人情在。逢癸年則癸水傷丁，無合之情，八字財挾官相威，諸逆引發，親長間反目無情，家內失和。一生挫折，以癸運三十九歲己卯年乙亥月後↓到四十四歲癸酉月最嚴重。其次為壬運四十九歲己丑年乙亥月↓到五十四歲癸酉月止，乃因丁壬合化木，壬水化甲木，奈八字雙金生水，使三心兩意，加上流年走金、水，壬水不還原皆不行。最後才為辛運壬、癸年及庚運壬、癸年，即六十二歲壬寅年、六十三歲癸卯年、七十二歲壬子年、七十三歲癸丑年等。防患之法，須於前面庚、辛年之壬、癸月起，大忌支借、作保，免受掛名之累，對會亦同，尤其親人連累（妻同）。住宅勿有不良之異動，此庚、辛、壬、癸年會逐漸帶來睡眠不正常，累積黑氣，生活正常，房事節制，注意水果、飲食退火，皆有連帶關係。每逢壬月有嘔氣事，內外壓力不如意，夫妻失和爭議，小孩之事煩心，累積氣色不良，虛火旺生黑氣，形成每逢癸月，有意外之災，氣數難逃，由此可知，平時充滿喜悅心，看開執著，家和萬事興之重要性。

又印星已受暗傷，再逢每年甲、酉月，尤其申、酉年，則財來破印，留意因妻事、錢財事，與長輩多隔閡，造下口業之業障，皆因八字財妻氣勢較強，且已暗傷印星。斯時須防難為人夫、人子。由命造看，天干三陰一陽，日元算兩個，計四個陰干，一個陽干，陰干主瘦、陽干主胖，故未來選擇之對象，必潛意識擇妻身材瘦瘦的，日支妻宮為卯木，其對沖字之方，「酉金」西方，即為未來認識妻子時，住宅與妻之關係位置，即妻在西方。若日支為辰、戌、丑、未，則為近水樓台。一生事業登峰造極，在大運午運三十四歲秋↓四十九歲秋；此兩階段，引入比、劫，廣結更多客戶、朋友，以近處得利，本市為主，當含自力更生開店。命格有食、傷護財，故支喜巳、午年、運。

(3)八字已有食神、傷官：

①排列問題：食、傷代表一個人的才華、秀氣、名氣、智慧。食神行事較溫和性，傷官則個性剛硬、倔強，同樣有文章才華；再依天干排列，為形於外，顯露在外表為主；地支排列為藏於內，內心之表現為主。其中天干為對外界之處事原則，

若天干有食神，則對人處事，皆以溫和性為主，文章著作亦少攻擊性，不會樹敵；地支有食神，則對內、私下言行，同樣溫和對待。若天干有傷官，又無受到印星牽制減弱力量，或八字干支少官煞、法律來約束心性，則傷官之性，奔放無收，恃才傲物，文章寫作批評，富攻擊性、批判性，反抗心甚強，拍桌子發怒常見，在公開場合下，爭辯面紅耳赤皆常見，樹敵最多。若地支有傷官，尤其月支力量最大，八字同樣無約束之力，前面所述心境表現，同樣存在，但公開場合機會較少，除非流年、流月遇到天干傷官，私下行為表現剛強方面，比較加重，尤其在文章著作批評上較嚴厲不留情面，樹敵亦多。而受批評者，當然有類似物以類聚之情，即個性亦強，傷官在天干者，會發生正面衝突，嚴重者動刀、槍、拳頭相向。傷官在地支者，則暗來暗往之報復，如較斯文之方式為：文章對罵，罵來罵去炒新聞。稍強烈偏外向者，則對簿公堂，討個公道，一般為傷官在月支，或有一顆在天干者。最強烈而帶有殺傷者，為天支皆見傷官，報復以強烈手段。另有一種為傷官在支，報復手段為不動聲色，以符錄、調派靈界兵將或陰靈處理者，損傷皆在無形，曾有地理師，因互相結冤，而應用傷害對方；所謂：不知者不怕，當知道時，已付出代價，得到寶貴教訓；故吾人平常為人處事，還是謙虛點較好，一山還有一山高，儘量避免樹敵，亦可免造下口業，否則碰上時，發現果真如此，後悔皆遲。世界上千奇百怪的事多得很，高人更多，只是有無機緣碰上而已。中冊余亦曾述及，有人被下骷髏陰法，吸附在脊尾椎骨上，吸去元氣，每到黃昏即想睡，無精打采，一直睡到次中午才醒來，個性亦極剛強，常喜打抱不平，經高靈界處理，以掌震散除去，次日即逐漸恢復正常身體，約一星期元氣恢復。亦有的被下紙剪之動物，此類事情，最好不要被碰上，只要平日勿種因樹敵，決無收果之理，誠天上有天，人上有人。

又八字有食、傷在天干或地支，又代表有話藏不住，以在天干及月支，力量最大。八字無食、傷，則不喜揚名，寧願默默的做，但一逢流年、大運為食、傷，則身不由己。流年或大運走完之後，則恢復原狀、原性。

②助力問題：即看其他干支，有無食、傷輔助力量。

③有衛護：即看食、傷之左、右、上、下，及裡面、外面，有無比、劫護食、傷，以防流年、流月即星進來時，使食、傷損害過重，當然論斷上，無論衛護與否，印星之年月皆會減弱，八字食、傷之力，此處乃指輕重之分而已。另外看有無財星回剋印星。此裡、外之分，乃譬如：月、日為裡面，年、時則為外面圍繞，八字如此，蔭生之祖墳，對應亦必如此。即將日元當作祖墳，依次將年、月、日、時等干支分遠近、前後，在前面第六項已述明。

④無衛護：即前述之相反，無財、比、劫護食、傷。

⑤受行運、流年影響之力量加減：請看第五項：六神代入生活習慣之活用。

例一：乾造　民國三十九年九月二十三日辰時

劫財庚　寅正財
正官丙　戌正印
日元辛　丑偏印
傷官壬　辰正印

生於　寒露後二十四日一時辰。
大運於二年後上運。
每逢丁、壬年寒露後二十四日交換。
虛歲三歲上運。

三	丁	亥	八
十三	戊	子	十八
二十三	己	丑	二十八
三十三	庚	寅	三十八
四十三	辛	卯	四十八
五十三	壬	辰	五十八
六十三	癸	巳	六十八
七十三	甲	午	七十八

例二：坤造　民國四十五年四月二十四日未時

傷官丙　申比肩
傷官癸　巳偏官
日元癸　子傷官
傷官癸　未正印

生於　立夏後二十七日八時辰。
大運於九年二個月二十日後上運。
每逢乙、庚年立秋後七日交換。
虛歲十歲上運。

十	壬	辰	十五
二十	辛	卯	二十五
三十	庚	寅	三十五
四十	己	丑	四十五
五十	戊	子	五十五
六十	丁	亥	六十五
七十	丙	戌	七十五
八十	乙	酉	八十五

◎說明：

此兩例為夫妻，同樣個性強，傷官高透無制。例一：傷官高透，丙辛合而不化，有約束之力，但遭壬水之制官，為與官相抗，呈現外露，個性剛強，行事有主見，反抗心強，但因官星合，守於理法，只是仍隱伏反抗心之存在。財星暗藏，錢財不露白，有錢不欲人知；若財星透出在天干，則為較愛面子，比較重表面。印星三個藏支，與長輩、仙佛緣近。庚金在年干輔助，一生廣結人緣，遠友交往居多，亦因此配置，一生揚名，登峰造極，在五十三歲→五十八歲，及六十三歲→六十八歲。為大運壬、癸食、傷秀氣用事。在三十三歲→三十八歲庚運，及四十三歲→四十八歲辛運，比、劫入命，廣結人緣，交遊廣闊，歷練收穫甚多，此庚、辛運，事業發展，沒有直接損害八字財星，且流年皆水、木，皆有輔助財氣之豐收，以修行者言，此四個階段，積德最多，心得體驗收穫亦最多，惜與地運主運相反，七運癸水主運，卻走庚、辛運，為輔助作用。八運地運辛金主運，大運走壬、癸運，亦是五行相生，為輔助之期。與地運直接配合，則須參看：「(1)八字已有印星。」實例，及丙、辛化水格之例。本例一、行運流年及八字排列上，與前例(1)八字已有印星，有類似之處。忌逢丁年丁月。

若逢戊年戊月，即七十七年戊辰年（三十九歲），戊午、己未、土戌月等，戊土剋壬，牽制傷官，但官印相生，行事須留意吃虧上當，以財換經驗，及親人欠安，謂之：有口難言。每年戊月及國曆十月（戊月），使八字食、傷減弱，謂之：行事疏忽、洩氣、有口難言、上當、文書疏忽（支票、文件）、長輩約束言行、心生退志。每逢虎（寅）、兔（卯）年，則剋印星，則為上半年長輩煩心、欠安。

例二坤造，前述皆有類似，逢戌年由於戊癸合化火攻入，火剋金為主肺部、呼吸器官之患。據余親身經驗，若中脈打通後，則甚少甚少感冒，萬一感冒，服西藥約三次（一日一次）內即有速效。平日吃飯，加香腸、蒜頭，此蒜頭有殺菌作用，能防止牙痛，短暫治牙痛、癒感冒，誠食物療法之佳方。

坤命，傷官極旺，官星又多牽制，又生於夏天，脾氣倔強為心性，兩命配合，口舌皆難避免，長久相處，皆須互相體諒，　如初昔，多降火氣，勿熬夜，食適當之退火物，少吃燥性食物，如：煎、炒、羊肉、動物胃腸等。一般夫妻房事後，亦會因耗損精氣，使得肝火上升，虛火旺、脾氣不好，此有形成之因，多喝開水或牛奶，有稀釋體液，促進新陳代謝之效。住宅太熱，也是虛火生怒火之因素。煙、酒過量亦同。坤命，每年巳、午、未、戌月（即新曆五、六、七、十月），使八字火氣增加，水氣減弱，虛火上升，不如意事多。尤其逢狗年（戌年戌月）十月，八字地支水星皆傷，失眠、睡眠不正常，乃因子女事煩心，促使婦科發炎，腎水不足，在十一月（亥月）引發。降火、熬夜勿空腹，皆為防患之道。一般半夜工作或讀書，空腹工作，促使胃酸分泌過多，侵蝕筋骨、肌肉，次日全身痠痛、睡不飽，積久便血，若知道熬夜須吃東西，吃一點麵包、牛奶，則可減輕。當然睡眠正常最重要，尤其半夜三點到五點，肝火最大；熬夜者，最好半夜一點到五點，一定要睡，積久則生肝火。

⑷八字已有財星：

①排列問題：財星代表錢財、物質享受、妻妾、部屬等，財星排列在八字之天干，謂之：錢財易露白，愛面子，有錢喜歡告訴人家，行事上有時會傾向於現實，以物質觀念來衡量一切，而且容易表現在言行上，是故有時候，會讓交往之親友，覺得很現實，亦由於財星露出在天干，表現在外的門面，沒錢亦會讓人覺得有錢。此點在社會上很容易借到錢，即是表面工作問題。但對於修行者言，就是命格潛意識广一大障礙，此物質觀念來衡量一切，容易執著在物性上，需得到什麼，才願付出什麼，難怪以靈界言，物質慾望與精神領域，是絕對的對立。以此物性行事，在物質世界之積德行善，皆會在無形中，減少許多，且存在看不開之弊病，欲達到最高的境界，為一大阻力。以男命言，財星在外，平常之人際交往，異性接觸之機會亦會較多，但並非代表，財多即妻妾多，須察其敢不敢之心性而定。

財星在地支，前述之心性，皆會形成私下行為，潛伏心性，對外行事交往，不會讓人覺得現實感，但心性仍多多少少存在，行事偏於物質觀念衡量；其次再減輕此心性者，則為財星只一個，且又受到比、劫牽制、剋住，有等於沒有，較遠離物性觀念，但逢遇歲、月侵害比、劫，即官星入命，促成官印相生、催貴，或逢遇食、傷之歲月，解開其剋，使食、傷生財，行商發財，此兩個階段，皆易激引潛伏之物性，修行者，若在晚年十運走食、傷，都會因老來之傾向物性，而使前功盡棄，一下子受到物質慾望誘惑，迷失方向，傷風敗德機會多，壯年時期則沒有關係，但亦忌損德，對陰德有虧。

地支之財，謂之：有錢不欲人知，錢財暗藏，在內心盤算衡量價值觀。若八字無財，則心性上不易受錢財、物質所誘惑，比較淡視錢財，八字有財但受剋住，有相同之意；此淡視之常態表現，為逛街花錢很快，買東西少考慮，只要喜歡即可，且大都回家時，口袋空空也。對修行者言，此淡薄物慾觀念，假使在幼年即走完財運，則未來障礙就少，但假若在晚年才走財運，則晚年之行事偏頗物慾，以致沉淪，誠為可惜之事。對修行者言，或一般人皆一樣，此中、下冊，一再重複強調，積功德，因緣成熟，自然能藉重祖墳催發富貴，皆為千真萬確之事。

亦有一項少人知者，即靈界能以天律或陰律之交換法，來施為替代，以余為例，日元為辛金，八字食、傷有力，辰土居月，八字無財，在七十三年甲子年財運得利皆順，但交入七十四年立春後，乙丑年為偏財年，本當財上加財，偏財入命，大運也不錯，可是從乙丑年立春，到丙寅年立春，整整這一年來，錢財傾蕩，吉年未發反損虧加倍，行事處處不順，苦不堪言，所承受之逆境，真是一言難盡，八字完全算不準，當然親長之責難免不了，寫本文時，正好為丙寅年之立春己卯日，亦恰好在清晨，最高之最高靈界仙佛元靈示知，此一年來，已將今年今世之所有未來大業障清除，顯現示知的方式，為以夢示：繳稅金，一年稅金全部交完。至此方知原來如此，吉年未發，反而傾蕩加倍所有，不知者為不知，誰說福澤不是冥冥中靈律安排的呢！是故以已為例，奉勸諸位讀者，多積善功，以免損德減福澤。

財星位列在年、月，尤其月柱，則為獲長輩之餘蔭多，無論財星為吉或凶皆一樣，其次才是食、傷，再其次才為合化後之食、傷，乃因食、傷能生財，若八字無財，則大運初運為財運，亦代表長輩庇蔭、衛護多。以踏入社會言，此年、月之財助，當然起步點就與眾不同，前人餘蔭厚。至於財星若在日、時，古為自己餘蔭後人，由於時代不同，損德減幅機會多，則已無此鐵則矣！其次為食、傷，和前述皆一樣。又財星居日支，一般為得妻財、嫁粧，自由戀愛機會交往認識，佔大多數，隨時代習俗不同，亦無百分之百的不變。其次為日支食、傷，再次為合化後之食、傷。此乃指錢財數目之比較而言。女性則為得男方之聘金。

②助力問題：即看八字裡面，有無其他財星相助。

③有衛護：即指財星之上、下、左、右、裡、外，是否有食、傷衛財，以防患流年比、劫入命，一下子比、劫奪財，若有食、傷在外面衛護，（譬如：年柱、時柱為外面，月、日柱為裡面。）則不忌比、劫年，謂之：喜氣損財投資花費。大富之命，其分野全看此：財星衛護之力。另外賴官星護財，回剋比、劫，其助力少，除非在年、時支這兩個地方，而且在年、時干，（日或月支為財星），有印星引化，則此官星才有發揮之作用。整體性還是以食、傷力量助，最有價值感。如乾命：癸亥、甲子、庚午、己卯即是。

④無衛護：即前述第⑶之相反，此財星容易受外來之比、劫剋去，謂之：比劫奪

財。當然一生中財運之起伏波折必多，更差者，為八字之財星已暗傷，受八字之比、劫在旁邊牽制，時時刻刻，交友隱伏來意在財之不良企圖，但算起來，有當然比沒有好；像我八字無財，有自知之明，還是多廣積善功為要，才是改變命運之有效方法。

⑤受行運、流年之影響：已述於「六神代入生活習慣之活用。」錢財為養命之源，今時代不同，論命重點可說是，以財星為重點，古代則以官貴、官星為重點，由此可知，今日論命上，論財所佔之例多，皆須深入的研究活用。

例：乾造　民國七十二年十一月五日卯時

傷官癸　亥食神
偏財甲　子傷官
日元庚　午正官
正印己　卯正財

生於　大雪後二時辰。
大運於二十日後上運。
每逢戊、癸年大雪後二十日交換。
虛歲一歲上運。

一	癸	亥	六
十一	壬	戌	十六
二十一	辛	酉	二十六
三十一	庚	申	三十六
四十一	己	未	四十六
五十一	戊	午	五十六
六十一	丁	巳	六十六
七十一	丙	辰	七十六
八十一	乙	卯	六十六

◎說明：

本造食、傷有力，傷官居月又透出，理護衛財，大富已具，再加上卯木財藏，力量更增加。假若本命缺少午火約束，則一片寒凍，成就減弱，又若無卯木生午火，及甲木遠助，則濕氣重，一片陰氣沉沉；又若無午火在日支，直接約束日元，則一片傷官奔放無制，任意橫行，必傾向胡作非為，甲己合而不化，且己土坐卯，皆形成本剋土，使日元孤立，註定為變格之；從兒格。若非此甲木偏財在月，又食、傷生財，父母蔭豐厚，則已印受傷，與長輩間必緣薄，各項配合，相得益彰，天衣無縫，缺一不可。

生於寒冬，有木火照暖，再逢木、火之年，使水更解凍，一生奔波外鄉皆常見，此為驛馬之真者。曾見數命造，八字傷官旺卻無財，一生奔波發財極快，卻存在著心大，全面加倍大投資，完全不考慮未來，只顧眼前之大力投資，結果一生財來財去，曾有過一段輝煌的過去，卻後悔海派未積存，誠本性使然也。

本造逢庚、辛年、運，反而大吉大利，壬、癸亦吉，甲、乙年一樣更豐收，丙、丁年催貴發展。但有分別，逢庚、辛、壬、癸年，由於會減弱八字火氣，故與官貴、地位有關之事業，難言順利，但與食、傷有關之行業則大吉大利，即屬於技術性、開店性，文市之行業皆吉。亦合乎了，八字無比劫，行事獨來獨往之性，且官星受制，就是淡薄官貴、地位之潛伏心性，全局之氣聚，皆在食、傷生財。即無論正格或變格，論斷維生之道，皆完全一樣。若從官煞格，則約束言行多，反而成就少，相信讀者必有類似經驗，試思：官煞壓力常見，無反抗之餘地，衝勁鬥志不足，成就當然少，錢財、官貴又不會從天上掉下來，此類命局見過不少，由此可見，古論從官煞格，高官厚祿地位，皆有牽強附會之巴結存在。

又逢戊年之庚申、辛酉月，八字水木皆傷，才是命局損財之所在，從戊年丙辰月後，（因八字已有己土，丙月即能生土剋水。）即須防患虛名虛位，引入上當，未、戌月吃虧，申、酉月大損財，即從辰月到甲子月，皆為一氣連貫，老薑也要上當受騙，判斷疏忽，誠氣數難逃，將來一生最大的逆境，即在戊運之五十六歲戊午年下半年。若謂戊癸合化火，（戊午運，坐下午火必化。）此化火只有增加戊土之力，並無減弱，丁壬合化木一樣，增加丁火之威，此時引入之因，即為化火之官星地位誘惑，身居其位，反受掛名之累，尤其在五十四歲丙辰年之丙申月後，接連三年到五年逆境，乃為命中五行氣數，防患之法：為住宅勿有不良異動變化，不損德在前減福，尤其五十四歲七月後，勿投資新行業，接連五年，安份守己，不利盲目投資。由於戊土牽制食、傷，使有口難言，一片消沉，有志難伸，加上甲寅、乙卯年剋印星，故此段期間，須留意家中刑喪，親長久安，尤其甲寅年五十二歲乙亥月，傷害八字火土，及丙辰年五十四歲甲午月。此刑喪帶來憂鬱之情緒，加重不良之氣色，及穢氣累積，皆為促使運程不順之主因。防患之法為：凡事看開，生死有命，憂鬱於事無補，不如心懷人溺己溺之心，多廣積善功，才是答報親恩之道，其次穢氣處理，須於安葬後及謝土後，各以雞糞藤煮水洗身，連洗三天除穢氣。

以一生之貴氣言，總攬一切事業之大權，亦從此五十四歲丙辰年開始，由此亦可知，刑喪之論，並非無緣無故，從此以後，於後己未年，學習頗多，貴氣由丙辰年丙申月，接丁巳、戊午年，皆流年官星用事，已事先引入貴氣，再連接大運午、丁、巳、丙火等，從五十四歲八月，一直到七十六歲戊寅年十二月止，一連串火運不斷，使八字水氣更加溶解奔流，富貴雙全，登峰造極，謂之：接掌大權，大器晚成。一般類此命造，其父母都必須有極大之陰德，及福澤深厚，才能傳承此子延續，若父母福澤、陰德不足，則於幼年時必多災夭折，此亦是同一八字，但並無絕對相同之情；福澤之命易養，福厚之命，則須參照其父母生辰、及祖墳吉凶，是否得大地理，才能了解全部。乃因若父母命局非大富命之人，則祖墳必然得地穴催發富貴，以輔其父母命之不足，此時所要看的，乃看父母八字之慈善心為主，以察其平日積德情形，是否對國家、社會有廣積善功，積大德，對國家、社會有否大貢獻，不是看只修心、利己之吃齋念佛而已，此情不算積德，平常不做壞事，也只是分內之事而已，願八字無財者，千萬不要灰心，廣積善功、無私心之貢獻社會，尚有可改變命運之機會。若類此命造之大富命，也不要太得意，前人積德，蔭生此命，得來不易，更應承先啟後，代代積德，方能富貴連線。假若未能代代訓示積德、忠孝節義，值此物質時代，卻損德之機會多得是，容易富貴不過三代，易受外界誘惑，使得祖先積德，很快前功盡棄，類此例子，今時代很多。一般不只平日積德重要，尤其以胎教、懷胎期更重要，皆因未出生之小孩，影響其一生走向，不只是墳吉凶而已，尚有住宅吉凶，母親懷胎時之父母言行、事業，尤其心境及身體健康狀況、氣脈旺暢與否等，心境、言行，刻劃了胎兒之潛意識，引導未來走向，父母氣脈、健康，增強了胎兒先天體質之健康，及胎兒之先天氣脈強弱，影響未來智慧發展。再加上三歲前家庭教育、體質培養等，由於嬰兒期，皆屬於塑造期，成長吸收為主，故若在小孩三歲前，父母多抱小孩，及睡在一起，則因人氣對流，能改善其體更佳，有利未來之求學、事事等，父親多抱該小孩，則將來因身體光氣頻率類似，必形成物以類聚，與父親緣近，若母親多抱也一樣，令人盛行歐美式之小孩獨睡，養成獨立性，殊不知此乃造成，今日歐美之親情淡薄之理，將來欲享天倫之樂，老來含飴弄孫，皆不可能之事，雙親孤獨，半夜窗前看相片而感傷，乃因果相對。以台灣言，目前台北已風行甚久，不知其理趕風行的，老來後悔皆嫌遲，初步之應驗，則為小孩離鄉背井，有些為放洋之小留學生，在外墮落的為數不少。

本造忌逢戊年、戊運，若己年、己運，則土剋癸水，甲己合住，亦同樣不利財運。地支若逢未、戌年，抵定中流，土剋水，在外鄉必於未月或戌月思鄉，而回歸故居。每年未、戌月亦會想家，事業上謂之：行事疏忽，判斷失誤，和戊、己年一樣，不利個人事業，如：股票、文市開店、進出口投資、房地產投資、期貨、黃金投資等，即與官貴無關之事業部份受損，反而暫時利於貴氣，具有地位性之事業。地支除忌未、戌外，亦忌申、酉年，金生水旺，地支卯木受傷，謂之：秋八月後，有不良之投資，交友來意在財，從羊年（未）之申、酉月後，即逐漸造因。由於地支之財受傷，故為私下損財、少人知，近友來牽連，金生水旺，午火減弱，形成寒凍，消沉可見。又逢亥、子年，更增八字水旺，但八字午火受剋，謂之：排斥官貴、與官相抗，呈現前述之個人事業發展，大吉大利，但於具備地位、名位之事業，反深受掛名之累；貴氣、地位本來即佔八字之微弱部份，心性本淡視之，五十四歲後之催貴，乃行運相助，欲推皆難。此部份之敘述，即是維生之道活用。

一生之末期，則在辰運，七十六歲戊寅年，到八十一歲癸未年，辰運洩火氣，晚年不利胃腸，但對於露界言，其意義則在清除胃腸身體雜質，以使體質清新，八字食、傷旺，平日已用腦，勞心勞力，故最後亦必瘁於頭患，此段辰運，功成身退，若未積善德，後代子孫，無以為繼，（即子孫無大富命。）則七十七歲即是整個事業傾崩之時，壽卜八十二歲甲申年庚午月。

(5)八字已有官星：

①排列問題：官星代表生活上任何壓力，內外皆同，及言行約束、上司、規章、法律條文、政府官員、責任重擔、官貴……等。官星排列在天干，謂之：在社會上，行事之準則，會以法律、規章來衡量一切，約束言行。官星排列在地支，則謂之：私底下亦守於理法，私下行為舉止，亦會以法律、規章來衡量一切。當然依排列在八字位置之不同，及官星多寡、合化之不一樣，而有輕重之分。有的八字，官星只有一個，又受到旁邊或上、下之食傷制，或印星引化，則直接約束之

力量就減弱許多，內心存在之反抗，亦必相對增加，只是雖然如此，其因為有官星存在，行事上仍會顧忌法令規章，迂迴走漏洞，多多少少亦會存在。此處目的在說明，其個人行事會以法令、規章來衡量一切，至於表面上、口頭上之叛逆、反抗及不滿之言詞。皆屬於一時流日、流月、流年之與官相抗作用。

整體性劃分，八字官煞太重，干支皆見，尤其月支，在幼年為驚嚇常見，成長過程中，為長輩約束多，管教森嚴，此兩樣事，使得心性固定，行事不敢放縱，踏入社會守於理法多，但並不代表，其人不會做違背良心之事，嘗見一命造，八字官煞重，平常為人親切有禮，卻也會發生倒債之事，誠時代不同，物慾橫流，人心難測，又八字官煞重，其人之母親在懷胎期，必內外承受甚多不如意事，內心壓力大，夫妻失和，操心、憂心事多。所有官星之排列，以官星之排列，以官星合日元者，約束力最大，再加上一、二個官星，力量更大，而當逢遇流年食、傷時，產生與官相抗，心中不滿，反抗多，任何八字皆會。官星重者，至多與上司失和，言詞頂撞，心生異動；輕者，反抗心逐漸加重。除了官星合日元外，尚有官星在月支、日支，皆為其次，再次為月干之官煞，最後分佈在年柱、時柱，約束力量就減弱許多，此乃遠近約束之分，此年、時柱，又以時干之力較大，距離較近，此點可作為心性判斷，敢與不敢之程度劃份。

凡官星在天干，而逢遇食、傷年、月與官相抗時，存在之反抗行為，則為公開性、大眾下之舉動，任何六神一樣，在天干代表外露，一般在心裡上之感覺，都會比較重大，乃天干形於外，發洩皆對外。若地支則私下行為，感覺上，因少人知，就不明顯、不嚴重。對於身體疾病看法，就須著重地支之五臟六腑，逢遇天干官煞，帶來意外之災，事實上嚇一跳、皮肉之傷居多，無生命之憂，只是亦感覺，命撿回來般之重大。

對於官貴言，八字有印引化，此官煞貴氣，以官星排列在月支當令，力量最大，旁邊年、日支，若又有財星生官煞，則更加重官貴之力，謂之：財、官、印齊全，一氣相生，貴氣不凡。當然引化之印星，須排列在較近之月干或日支，亦即八字有官煞，唯然有印星引化，但此印星若非排列在官煞之旁邊，或上、下面，直接保護日元、接近日元，則力量又相差很多，此印星與日元之遠近分別，等於平常吾人於社會上之貴人、長輩間，助力之遠近，與居住地有遠近之別，八字如此，應用上、實際生活上亦必如此。譬如：八字印星在天干，其人若在印星流年、大運走完時，必催與長輩分開，八字無印者，緣份更薄，相處機會少，唯有印星在支者，與長輩相處機會較多。同樣以月支、日支距離較近，以日元為中心看，情形一樣。

八字之印星引化官煞，謂之：官印相生，催貴、升官情形，較屬於溫和性，含學歷高、通過考試之理所當然者，及人事背景關係，此情無論任何時代目前如何提倡，學歷無用論，不講情面，事實上其皆不會太長久，乃學歷較易判斷、賣面子交情關說，乃人之常情，當然在現實之社會、國家，其情自不同。

八字無印引化官煞，取食、傷制官煞，（即制、化只此兩種。）則一生之成就，偏向於競爭性，爭取而得，如同做生意，搶盡先機，無所不用其極，商場如戰場，孫子兵法、厚黑學完全應用，謂之：奸商。並不為過，若心性溫和善良忍讓者，老早就遭淘汰了，偏偏在此物質時代，物慾風氣下，人人欲爭做奸商，完全不顧慮到本性如何，結果此起彼落，個性溫和者，不安於就職，或開店，文市服務，爭做工廠經營，倒閉皆遲早之事。吾人事業之抉擇，皆須考慮到心性，本性單純無心機者，就要做前述：就職或開店之單純生意，無勾心鬥角之心機，何必去擠那爭鬥心機之行業！此食、傷制煞，等於是用心機爭取。

②助力問題：乃看八字尚有無官煞存在，加重官煞之力量。

③有衛護：即指其八字之官煞，分上、下、左、右，裡面、外面有無財星護官，則不怕食、傷之年月來，一下子就食、傷制官煞，產生與官相抗，與上司口舌生異動，排斥官貴，或異途發榮之變動。有財衛則富貴雙全，以外面之年、時保護最佳。其次為有印星牽制，流年、流月之食、傷，謂之：考慮深遠，道德觀念、長輩約束，不輕易變動。

④無衛護：即前述之相反，八字無財或印護官。事實上一看八字，若有官煞，就要直覺地，先尋找制化之物：食、傷及印星，若缺少，則一生行事易吃虧，官煞小人多。

⑤受行運、流年之影響力量加減：詳看「六神代入生活習慣之活用」。

例：乾造　民國三十五年十月八日亥時

正印丙　戌劫財
劫財戊　戌劫財
日元己　卯偏官
偏官乙　亥正財

生於　寒露後二十三日八時辰。
大運於二年二個月後上運。
每逢戊、癸年大雪後二十三日交換。
虛歲三歲上運。

三	己	亥	八
十三	庚	子	十八
二十三	辛	丑	二十八
三十三	壬	寅	三十八
四十三	癸	卯	四十八
五十三	甲	辰	五十八
六十三	乙	巳	六十八
七十三	丙	午	七十八

◎說明：

日元己土，生在季秋，干支皆見劫財，顯見一生廣結人緣，遠近皆有，事業發展亦遠近皆有，此劫財客戶也，天干遠方外縣市以上，地支近方本市居住地。又日、時有偏官牽制，加上財生官煞，奉公守法，約束有力，全看丙火引化，（八字無食、傷回制。）惜相隔太遠，卯戌合又不化，形成天支之劫財受傷，丙火貴人相助在遠方（天干），皆大都屬事後之事，由本造可看出，排列之重要性。

亦即丙火不能受剋，忌逢壬、癸年，謂之：財星挾官相威，小人入命，求財反阻，首先侵害者，即是天干戊土受傷，乙木剋戊：逢亥、子年則為地支戌土受傷，卯木剋戌土，虛情之合夥，其實來意在財。亦即一生中每逢壬、癸月後，受遠方客戶、朋友之累，大忌遠方發展；逢亥、子年之申、酉月後，大忌合夥，防受近友（本市）之累。以上情形皆因丙火受傷，加重了官煞攻入，使八字劫財後援不足，若以傳統身旺、身弱來分別，則不知此財年反而不利。其他庚、辛、申、酉年為求變年，由於八字已有財生，故此四年之改變，（食、傷與官相抗，為思變。）另求發展，尚能構成食、傷生財之維生之道，謂之：身兼數職，技術服務，揚名吐氣。

如此看來，一生最忌壬、癸年。次亥、子月，（因有戌土回制，故亥、子年尚有短暫小利。）又由於一個人之富命情形，於前面「八字已有財星」部份，已述明詳細，此命造亥水藏支，旁邊皆無衛護，依排列左、右、上、下分別，是財星在護官，不是官星在護財；每逢未、戌月財緊，損小財，忌逢未年之巳月到丑月，更忌戌年之戌月，到亥年之未月，謂之：投資不當受財困，交友來意在財，不利支借、對會、合夥，購物，購不動產須量力而為。

另外地支逢寅、卯年，催貴失友誼，不利近處發展，乃官印相生，但雙戌受木剋之故。逢甲、乙年引入月令甲、乙月時，為催貴事業鴻圖大展，借近兩年之甲、乙，含蓋了水氣，論丑年在流年逼進法（中冊），已詳論及，須著重子年之子水仍在走。是故形成欲吉未吉。若整體性單獨言，一生問財，最怕壬、癸年及未、戌年。於財年一般之富命，必進財大吉，似此反而不利，一生中欲發大財，誠遙不可及，又加上八字劫財暗傷，官煞虎視眈眈，易受友人之累，命中註定如此，夫傷何言哉！一生中最佳之境遇，為逢丙、丁、巳、午運、年、月等，引化了八字官煞，貴氣登峰造極，由大運觀之，一生吃苦不少，皆因壬運三十三歲到三十八歲，及癸運四十三歲到四十八歲，介於中年運，須運入卯運之乙亥年八月後（五十歲），才逐漸呈現坦途，緊接甲、乙運催貴發展，因貴得財，老運六十八歲癸巳年五月後，引入巳年、運，於後有二十年大好時光，一直到八十八歲，富貴雙全，引入印星近仙佛，修心養性，淡薄一切，皆因八字財官相威，歷經磨練，老早看淡一切，假使此命造，大運晚年走財運誘惑，形成看不開，則與靈界無因緣可談，淪入輪迴漩渦中，乃必然之事。晚年貴人多助，一生可謂之：苦盡甘來。壽卜丁運八十六歲辛亥年丁酉月。

本命主畢業某大學，目前經營油壓工程之機械設計，從七十一年壬戌年起，歲運不利，尤其戌月之奪財，不良投資，及與某外國人做生意受百般刁難，接連癸亥、甲子、乙丑年等，加重官煞壓力，受財困愈陷愈深，不經一事，不長一智。未來在丙寅年之癸巳月，五月十二日後，將有貴人助，兩年順遂，丙丁之故。

11. 八字內六神暗傷之含義與實例解說

⑴八字印星暗傷：

此部份為六神解釋的最後一項，許多市面書籍，或多或少都有述及，只是說明方式，皆以混合談為主，如：比、劫被剋如何、印星被財破又如何……，資料分散，初學者不易明瞭活用及背記，只有一遍又一遍的看，看久了自然記起來，沒耐性者，當然提不起興趣。而各書習慣性千篇一律在論命者多，受運程、流年影響，產生變化者少提。人生變化多端，由了解六神在八字之基本型態、基準點後，代入流年、大運、流月時，產生之變化，判斷力量加減也是一樣。若此「六神論斷法」，能加以深入研究，多看多活用，則人生之起伏借鏡，已多一項矣！

此「六神論斷法」看完後，最後第十三項「知日元斷流年」，則為八字之整體活用，此六神論斷法，若不能確實了解，則第十三項即不能知其然，及活用自如了！

所謂「暗傷」，即是指該六神在命格裡，有受到其他六神剋住、牽制，使該六神在八字裡之力量不足，比別人差一截。論斷上，即是暗伏危機，呈現潛伏激因。此部份甚為重要，讀者須確實明瞭，其受暗傷之意義何在，當事情爆發事端時，此潛在暗傷，即是平日之導火線，點點滴滴累積，一旦正式再受到流年、流月之侵害剋傷時，則嚴重爆發矣。此「暗傷」謂之平日激因，及潛在意識行為。

①意義何在：八字之印星暗傷，即是代表一生行事，易受長輩之連累，以財助長輩，長輩久事憂心，如：長輩身體欠安之照顧，或錢財損耗還債之連累。在好的一面，為孝心表現，不好的一面，乃因印星受傷，為受財星之剋，須留意因錢財、利益、妻之事，與長輩生隔閡，埋怨在心，尤其在自由開放之國家、地區等，減低倫理道德觀念，更加重與長輩意見之爭，故此不好之一面，乃受到風俗習性影響，並非每個命造皆一樣。確實肯定不變之含義，即是因八字財星破印，代表：以財助長輩為常見，亦是孝心之徵。前面逢財年、月破印，即已述及，為以財助長輩，長輩事煩心。而此命中已見財破印，印星受到暗傷，推而及之，其

意義一樣，只是此情與流年不一樣，流年為一時、短暫之事情，而八字所呈現的卻是一生長遠之事，常常以財助長輩，長輩之事煩心。由於「百善孝為先」，此前述長輩之連累，為便於記憶了解之論，見仁見智，以外人之眼光看，較有慈善心腸及仙佛之觀感，則認為：孝心感人。存在現實眼光，以物慾價值觀來衡量，則認為：受長輩之連累。

②排列問題：印星排列在八字之位置不同，其人稱亦不同，意義上和前面「八字已有印星」皆一樣，不再重複。

③助力問題：即看八字尚有無印星輔助，增加助力。

④有化解：即指因八字裡，財星破印，而在財星之旁邊或上面、下面、遠近，有比、劫剋財，化解了印星之受傷，使印星恢復原狀，絲毫無損，此時之印星，不叫暗傷，謂之：潛伏將受暗傷，當然印星以正常無損看。其次為呈現敵對狀況，即在印星之後面或上、下面，有官星助，即官印相生，但卻無法排斥化消，財破印對敵之情。一般此類情形，在論斷術語上謂之：生剋制化重重。在實際運用解釋上即是：比、劫剋財，代表財星暗傷，親友交往重感情，易受錢財之累，常見親友來意在財，支借、周轉常見，為親友之事煩心，皆因錢財為媒引。官印相生又財破印，則謂：催貴擔負重責，但孝心常見，以財助長輩，長輩事常憂心。

⑤無化解：即是前面之相反，八字無比、劫剋財護印，亦無官星生助印星，後繼無力，呈現八字印星受到暗傷。

⑥受行運、流年影響，產生力量之加減：此歲、運影響，造成緣生緣滅，恢復原狀又失去。逢比、劫年奪財，使印星完全恢復，還原而存在，此比、劫再加上印星，謂之：親友來意在財，受到長輩介入之影響，孝心可嘉，奈長輩干涉，促使錢財支借親友，而受到親友之連累，（因為財星受剋，損財為必然。）若非聽從長輩之話，則亦不致如此。亦即由於印星還原，即會在生活空間裡，多出長輩介入此流年之事，謂之：事情複雜，不是只有單純的，流年比、劫奪財，親友來意不善，意在己財而已。一般常見此情者，為明知親戚或兄弟不長進，或明知其已山窮水盡，相助只有受累，卻因受父母介入之影響，不得不閉著眼睛，伸出援手而受其累。另外逢官年，則官印相生，催貴、擔任加重，同時亦增加印星少量之還原，（因尚財破印）為相對減輕財破印，即財助長輩之壓力減輕，因升官或事業發展，使得負擔減輕，但壓力仍在，無法消除。以上所述，就是力量的加減活用。至於逢食、傷、財年等，則只有加重，八字之財星破印，即加重長輩事煩心，錢財助長輩。逢印年，仍然財破印，但亦減弱許多。

由上可知，此八字印星暗傷，與長輩之因緣情深。但若在美國現實社會，則謂之：排斥長輩、隔閡多。由此可知，看八字印星，須配合時代背景、社會習俗。在台灣、中國傳統社會裡，很少讓小孩三歲前獨睡。喜歡多抱小孩，以傳送人電補充，自能使父母、小孩之光氣頻牽、顏色近似，付出什麼，得到什麼，皆必然相對應，何忌一生及老來孤獨呢！

例：坤造　民國六十五年十一月十六日巳時

偏財丙　辰偏官
偏印庚　子劫財
日元壬　戌偏官
傷官乙　巳偏財

生於　大雪後二十九日一時辰。
大運於九年八個月十日後上運。
每逢丙、辛年白露後九日交換。
虛歲十一歲上運。

十一	己	亥	十六
二十一	戊	戌	二十六
三十一	丁	酉	三十六
四十一	丙	申	四十六
五十一	乙	未	五十六
六十一	申	午	六十六
七十一	癸	巳	七十六
八十一	壬	辰	八十六

◎說明：

印星在天干，代表親長、親人常在遠方，即一生行事易離鄉背井，加上丙火剋庚金，為財助遠方之長輩，又傷官透出，遠隔生財，此傷官生財剋印，又謂之：心甘情願幫助長輩，沒有強迫、被迫性質。若印星在地支被財暗傷，則為與長輩同處，常以財、心力助長輩。一般似此命造，在目前社會，有兩種情形存在，其一：須命格似此富貴命，為在遠方外地，父母之事業機構擔當重任，亦為幫助長輩。其二：為命格較差，父母運程多逆境，而自己在遠方外志，常以郵寄或回來，以錢財接濟長輩。

每逢甲、乙、丙、丁年，食傷生財但剋印，為進財大吉，但幫助長輩，為長輩事多分憂。假若本命造沒有乙木生財，則命格差一大截，再加上地支巳火財藏，有調候溫暖之功，又兼食、傷智慧生財；地支戌土止水，抵定中流，戌土變濕土，財生雙煞，有遠助印星之功，排列上稍嫌官印遠隔，為命中不足，逢甲、酉運，即三十六歲到四十二歲，及四十六歲秋八月到五十一歲，皆為引化官煞，一生貴氣之登峰造極，補足命中貴氣之不足。而整體命造言，氣聚在傷官生財，依大運走向，丁、丙、乙、甲、午、巳，也是一路催財致富。

各別分析如下：

・事業方面：行商致富為主，氣聚食、傷生財之故。

・婚姻方面：八字財滋官煞，錢財助夫，即夫榮妻賢，幫夫命、助夫命，且夫星官煞，有財星衛護，不止幫夫無後顧之憂，且婚姻順利，不忌流年寅、卯年來剋官，意氣用事，此八字若無己火衛官，則逢寅、卯年，謂之：孤意獨行，與官相抗，夫妻多變。有此己火衛官，逢寅、卯年反而大吉，謂之：身兼數職，名利雙收，驛馬奔行，原理乃：生於寒冬子月，有木火溫暖解凍，本當形成一股奔流，一生四處奔忙求財，得因戌土牽制，有外鄉發展，但無四處奔波飄蕩無根之苦，逢此寅、卯年、月，則有木流土，解開抵定中流之勢，形成驛馬遷移之行。其他逢子、午年則為小驛馬，乃看月支之字及對沖字而定。婚緣：則於戊運二士歲丙子年秋後，到戊運三十一歲間，為官煞入命，代表此十年之間，有異性交往機會，婚期當在戊運二十六歲到三十一歲間，謂之：官煞攻入，因緣成熟。

・求學方面：印星受制，有考試臨時抱佛腳之意味存在，加上官煞直剋而上，又有財滋生，有缺乏鬥志之感，將來畢業後，傾向學非所用，在酉、申運另有再求知、學習上進，謂之：一邊發展事業、一邊求知，此三十六歲到四十二歲，及四十六歲到五十一歲，為一生中，真正的開智慧、廣學習，為最大豐收期，親長關懷更多，似此戌運官煞壓力，使得八字庚金，在此五年之期恢復原狀，輔助求學，過了戊運，轉入戌運時，抵定中流，驛馬催行回家鄉，亦註定最高之學歷，為大學畢業。配合今日科系及行運、命中趨向，作為將來科系抉擇，八字重點為：食、傷生財之維生之道。心性保守穩重，科系當以實用性質者為主，非理論性，乃印星受剋之故。一般類此傷官生財，在校之期，較接近實用機會者，為外文科目，故外文造詣都比較高。至於求學之應用上，將來因行運之故，仍多更動。基本上，保守心性，求學抉擇能有助未來的，則依保守個性，以保守行業為主，即就職及開店、文市、技術服務、他人求我者。若個性剛強者，當然其未來必不甘於屈就，寄人籬下，脾氣不好者，常與上司意見之爭，心生異動，結果一生在變動中度過，成就爾爾可見，考績欠佳，升遷無望，就職皆不長久，而當發現此情時，想自力更生，在社會上自創天下，皆已浪費甚多人生寶貴光陰，又要從頭開始紮根，體力、年齡皆已大打折扣矣！至於開店營生，他人求我，則又無比耐性，雇人照料，倒也可行。心性保守者，本來行事已忍讓成性，若就職一半，經不起外界誘惑，毅然拋棄穩當之職位，而踏入經商競爭之漩渦，與心性違背，欲與人爭鬥心機、搶生意、虧本、倒閉、受累負債官符，皆為理所當然之事。非奸商之才，須有自知之明，安份守己，就職終其一生，或找個好地點、好地理，開店營生，技術服務，他人求我，皆為一生平穩無波之根本辦法。由此亦可知，判斷事業走向，讀書科系抉擇，及其他婚姻、災厄……等，實際上皆須掌握心性、本性，才能予人對未來有正確的參考價值，論斷事業，只談五行之金、木、水、火、土業等，實際之輔助作用，微乎其微，且又不能讓人洞悉，何種行業為朝陽事業，何者為夕陽事業。擠進已飽和的事業，只有受苦，沒有發展之餘地。

- 子息方面：八字財官重，木火調候足，金水生助皆受牽制，得子年當在申、酉、壬年，但由於受大運戌土之影響，故於流年上，先女後男，且男少，二十九歲到三十一歲，有二子之命。形成之原因，乃本性保守，財官壓力已重，再逢官煞運，無形中在生活上帶來更多責任壓力，情緒無法開朗，憂鬱型態，使胃酸分泌過多，再加上住宅空缺因素，使體質之體液更傾向酸性，生女隨心所欲。化解之法：為心情放開朗，多看書分散注意力，早、晚喝牛奶，中和胃酸，住宅勿空缺及太熱等。
- 流年、大運方面：最怕未、戌大運及流年。二十六歲十月（戌月）到三十二歲丁亥年，大運戌土用事，及五十五歲庚戌年十月後，到六十一歲十月止，未土大運用事，此兩個階段，為一生之最大逆境期，燥土剋子水，辰中癸水亦傷，地支無援，天干庚金已受丙火之剋，八字孤立無助，一片消沉，庚子在月柱長輩之位，故主親長刑喪，尤其二十八歲癸未年及六十一歲夏天。此未、戌運，引入官煞，內外帶來壓力，虛名虛位，須防掛名之累，親友交往，大忌作保、支借。戌運為人生踏入社會之磨練，尚值得，經此磨練，心智成熟，未來行運皆順，皆此之功。未運從五十五歲十月，到五十八歲癸丑年，為廣結人緣，身受其果之期，只要住宅勿不良變動，及親友交往，不支借、對會、合夥，即能化解，否則須在五十九歲甲寅人春後，才逐漸轉吉。每逢羊年（未年），五月巳月到丑月年底，及狗年（戌年），十月戌月，到次年亥年七月未月，皆為八字子水受傷時，同樣有失人和、受親人連累，引入官煞年、運，生活睡眠常不正常，更加重臉上黑氣，虛名虛位，身受掛名之累，此八字亦謂：比、刼暗傷。一生常見親人長輩連累，其事煩心，夫方長輩同。

另外逢庚、辛年之庚、辛、申、酉月，須留意八字傷官受剋，財星力量減弱，謂之：行事判斷疏忽，獲寶貴經驗，只利求知，不利求財，不利支借親友，尤其辛年。逢壬年尚吉，投資得利，壬子年五十七歲例外，（乃辛亥年亥水尚走影響之故。）逢癸年則諸多事端，戊午、己未月，人事多糾紛，（壬水流年之止）庚申月後，接寒冬，購物頗多錢財緊。須於甲年十月後，引入食神秀氣，逐漸步入順境，接連身兼數職，名利雙收。一生揚名登峰造極有：四十九歲到五十六歲，及五十九歲到六十六。文才並茂，文章傳世，家族喜氣多。其他丁、丙、午、巳大運，皆增財旺及奔波異動。

• 身體方面：生於寒冬，八字木火足，逢金、水年月，胃腸皆小疾。反而由於財官壓力重，憂鬱型，生凶晦之氣色，神經質重，為心理障礙，勞心勞力，一生富貴雙全，皆得力於大運之助。身康體健，平安無憂，老運更壯健，夫榮子貴之命。

(2) 八字比、劫暗傷：

①意義何在：比、劫為親友、客戶之代名稱。八字之比劫暗傷，即受官煞剋住，代表一生行事，易受親友、客戶之連累、損財、官符。常見以財、心力幫助親友。一般印星暗傷，常為長輩事煩心；此比劫暗傷，為常受親友之累，幫助親友；兩者比較，當然心中感受不同，長輩事為理所當然，親友事則存在道義、感情、交情。

②排列問題：分干支遠近，分年月為長輩、年齡較大之親友，日支為年齡相差無幾之平輩，時為晚輩、年齡較己少之親友，詳情同前面「八字已有比劫」。

③助力問題：即看八字裡，尚有無比劫輔助，增加助力。

④有化解：即指八字裡，官煞剋傷比劫，而在官煞之旁邊或上面、下面、遠近、內外，有印星引化官煞之威，使得官印相生，此時比劫即以正常狀況看。又若此印星又受財剋，自身不保，不能引化官煞，則比、劫乃受暗傷，謂之：制化重重。另一種為食、傷制官煞，亦能化解比劫暗傷之情，但謂之：暗伏受傷之危機，八字本身沒問題。化解上比較，印星貴人助，解除危機較省力，亦較輕鬆。若食傷

自力，思想解除危難，外來壓力，則較辛苦些。且天干若無印者，逢官煞月（天干），皆有意外之災之應。

⑤無化解：即是前面之相反，八字無食、傷制官煞，亦無星引化，一生多災多難，小人特別多，假若官煞又多，又有財生官煞，謂之：錢財助小人，則註定苦命人。

⑥受行運、流年影響，產生力量之加減：本篇比、劫暗傷，其意義易了解，但更為重要的，乃是在流年、流月、大運介入時，其意義及運用之與眾不同。有兩種情形較特殊，其一：流年使該六神加重受暗傷，即逢財年官月或官煞年，解釋相同。其二：則為最重要者，即流年或大運，使該暗傷之六神還原，恢復原狀，突然出現在生活空間裡，而在該流年大運走完時，又恢復暗傷之情，如此一來一往，形成該六神之人物或事情，因緣聚散，得而復失。此即是暗傷者，不如正常存在者之處，令人得失反覆，八字已有該六神，又未被傷害者，當然一生中得失心少。

此第二部份，即是流年大運逢遇食神、傷官來剋住官煞，使比、劫恢復還原，謂之：自力行商，另途發榮，身兼數職，衝勁十足，生活空間裡，在事業上，出現增加朋友、客戶，當食、傷走完時，又恢復八字比劫暗傷受剋之情，即恢復客戶、朋友不見之事業因緣聚散，受友連累，因為突然出現八字官煞剋比劫。流年、大運逢印星引化，官印相生催官貴，就職升官，及印星之歲運走完，又馬上恢復八字比劫受官煞剋傷之：受友連累，失職、落職，事業有不良異動，損權情形皆一樣。

例一：乾造　民國四十二年六月三日酉時

偏印癸　巳傷官
偏財己　未偏財
日元乙　丑偏財
比肩乙　酉偏官

生於　小暑後五日十一時辰。
大運於一年十一個月二十日上運。
每逢乙、庚年芒種後二十六日交換。
虛歲三歲上運。

三	戊	午	八
十三	丁	巳	十八
二十三	丙	辰	二十八
三十三	乙	卯	三十八
四十三	甲	寅	四十八
五十三	癸	丑	五十八
六十三	壬	子	六十八
七十三	辛	亥	七十八

◎說明：

日元乙木，生於季夏，本命為正格，勿以從格看，詳細類似命造，請看「從格」部份。癸水調候生身，卻坐巳火，及在未月土燥時，可謂：自身不保。又受旁邊己土剋癸水，賴乙木時干剋己土，援救癸水，卻又乙木坐酉金，身受暗傷，地支己火傷官衛財有功，惜土金相生，一氣連生，加重時干乙木受剋。丑未沖去餘氣，尤其丑中癸水，偏又受酉金之暗生，稍挽丑中癸水生機。全局觀之：癸水欲救乙木，引化酉金，乙木又想剋己土救癸水，有同甘苦、共患難之精神存在，此癸水、乙木為命局助力最大者，由此助力艱辛看，呈現在一生之情形，亦必常常如此，不只本身之成功，須歷經甚多苦頭及阻力，而且貴人長輩癸水，及親友乙木（年齡較小者），其相助之時，皆存在患難之刻，命中註定如此，此情義、恩情之深，就非同一般可比，謂之：過來人，親歷其境，感恩不盡，本造為余摯友，其癸水為叔叔、母親，乙木為幾位妹妹。

六十七年戊午年（二十六歲），大運丙辰，丙火用事，火生土加重印星之損，即逢丙、丁運，乙木才會失去牽制己土之力，木生火、火生土剋癸水。流年戊午年在丙辰月父逝世。假若天干無己土，則必發生在戊午、己未月。因命中有己土，做每逢戊、己年欲剋癸水時，不用等到戊、己月引入時，須提前在丙辰月。若己年則丙寅月。印星主長輩。當癸水受剋時，則乙木受酉金之剋加重。由於戊年尚有戊癸合之情，故主欠安，錢財方面之買賣，亦尚見虛情。若己年丙寅月後，則謂之：陰見陰，上當反目無情。且牽一髮動全身，即發生事故時，皆有多人參與，乃癸水受剋，乙木亦受酉金剋，自身不保，可知逢戊、己年乃多人之事。又逢戊、己年之庚、辛、申、酉月，謂之：八字癸水、乙木雙殺出局，因財惹禍，受人連累，有小官符之應。若逢大運甲、乙回剋，只是力量減輕而已。行事皆忌逢辛月。依流月逼進法推之：戊年丙辰月後，到甲子月，留意親人欠安，其中庚申、辛酉月有官符，行車小心，乃因憂鬱在心，造成凶晦氣色，生理上之壓力，相對帶來人事上、財利上之壓力，若不幸親人刑喪，皆須事後，以雞糞藤煮水洗身，連續三天。以免穢氣沾身。戊癸化火，虛情之合，假若非時支酉金，則有吉應，相差一字，進財卻須付出代價。逢己年丙寅月後，到乙亥月，大忌投資、合夥，為庚午、辛未月上旬，須上當損財之年，行實有驚、災。

逢庚年庚辰月後，及辛年、申、酉年，皆謂之：催貴升官，責任加重，（乃引化己土，使癸水復活，官印相生。）但卻相對帶來閒言、謠言是非，與資歷、背景有關，此乃依左、右入命觀看，左邊官印相生，右邊剋去乙木，或乙庚虛情之合，平日每逢辛月，不只行車小心，且會有被誤會，及謠言中傷，失情誼之時，辛金又為官星、上司不利於己，由於癸水之化解，故最後無事，但心中不快，卻也必然之事。促成此不利事端，皆因前面戊、己月，長輩事煩心，求財忙碌，已因心境使氣色生晦，點滴累積，在庚月又工作量加重，睡眠遲睡、熬夜多，體力透支，使虛火上升，體內生毒素加重，又加重氣色之晦，累積愈深，終於辛月攻入，氣數難逃。化解須：降火，及勿受情緒影響，可看喜劇片，或逢逆境，在心中原諒他們，可憐他們，想辦法救救他們。

逢壬、癸、亥、子年月，為求知期，財利就職尚可，行商則阻。逢甲、乙年則有投資機會，但因己土受剋，使癸水力量增加，印星復活，亦主收穫在學習、求知。此乃特殊之處，而從七十一年壬戌年，到丁卯年三十五歲，學習收穫多，以大運看，前面走丙、丁、戊，火土用事，使八字癸水受剋，求知多阻。一生中由七十一年三十歲壬戌年開始，步入水木，終其一生，謂之：智慧大開，行運相助，一氣呵成。此即是理解力、記憶力之大發揮。印星入命，靈界因緣亦厚；本來巳火傷官在支，即是外柔內剛，中運乙卯、甲寅，廣結人緣，事業大展，個性較轉剛發，癸運後，接連水氣，傷官受制，心性更祥和慈悲，盡皆可期。

求財方面，大喜丙、丁年，及巳、午年。地支辰、戌、丑、未亦吉，寅、卯年為投資期。申、酉年為加重責任，地支逢亥、子、丑年，只利求知，求財只利就職，須防行商判斷疏忽，平常在亥、子月亦謂之：疏忽判斷，得到寶貴經驗，心生退志，須謹言慎行，虛心則受益。天干甲、乙年亦主投資、求知，除非地支為亥、子、丑。（此丑土乃因子年尚走之故。）又主廣結遠友。寅、卯則為近友發展。

例二：乾造　民國三十七年二月十二日子時

食神戊　子正官
正印乙　卯正印
日元丙　午劫財
食神戊　子正官

生於　驚蟄後十六日。
大運於四年九個月後上運。
每逢丁、壬年大雪後十六日交換。
虛歲五歲年底上運。

五	丙	辰	十
十五	丁	巳	二十
二十五	戊	午	三十
三十五	己	未	四十
四十五	庚	申	五十
五十五	辛	酉	六十
六十五	壬	戌	七十
七十五	癸	亥	八十

◎說明：

日元丙火，生仲春，印星通根生身，午火助暖除濕，卻受子水之剋，戊土欲止水救午，卻有干支相隔，來不及之嘆，謂心有餘力不足。形成午火暗傷。每逢未、戌年月，此午火復活，朋友廣來往，帶來事業忙碌之機，但留意未、戌剋水，與官相抗，行事防口舌、爭辯。當未、戌走完時，又恢復子午沖，失友誼之情，謂之：因緣聚散。

平常子午沖，得卯木年午火，有後援之功，只是子水攪局，使卯木濕氣加重，欲生午則較艱辛。八字無財，一生求財亦較辛苦，喜大運、流年天干走：戊、己、庚、辛，為名利雙收期。逢甲、乙年為遠方求知，行事防判斷疏忽、上當，及言多有失，尤其乙年之寅、卯月。每逢甲、乙、寅、卯月皆一樣，乃八字戊土之力減弱，相對錢財亦減少，謹言慎行，來考驗者多，心生退志，行事挫折。甲、乙為遠方之人，寅、卯為近方之親友。丙、丁年廣人緣，大利研究，融會貫通，錢財漸轉佳，由丙年之巳、午月即引動。逢壬年、癸年催貴，責任壓力加重。大忌壬年庚、辛月，乙木受傷，壬水攻入，損財引發，種因乃在庚、辛年之庚月後，因進財卻支借、合夥乙木親戚長輩，伏禍延續。若又如同庚申、辛酉年之加重，亦使地支卯、午在申月到子月間，雙殺出局，則一片凋零，引發不用等到壬年庚戌、辛亥月。只是再加重而已。又壬、癸年引入貴氣，在甲年丙寅月間，癸水有止，貴氣因緣聚散，異動必然，但非吉兆。在壬年癸卯月尚有意外之災，行車小心，乃因辛年尚走加重之故。

地支最怕申、酉年之申月到子月，接連損財，受親友累，乃申、酉金減損卯木之力，（雖有子水護一樣）且金生水剋午火，失情誼。平常申、酉、亥、子月一樣；而於後之亥、子、丑年（丑為子年尚走），乃連貫進行延續，內外壓力仍在，須寅年巳、午月後，才漸開朗。

(3)八字食神、傷官暗傷：

①意義何在：食、傷為秀氣、智慧、口才、名氣、忙碌之代名稱。八字之食、傷，受印星剋住暗傷，代表長輩印星約束言行，家教嚴。在一生之行事中，常有長輩之介入管制，使行事趨向較保守，循規而行，及傳統倫理道德約束。此八字食、傷受暗傷，與八字不見食、傷，但印星多，有類似印星長輩約束之情。只是此食、傷受暗傷，尚有還原發揮之餘地，一般在社會上皆以文職居多，或文市開店等。乃心性約束，即減弱與人爭名奪利之強烈心，但不是代表沒有，逢還原時即有。八字食、傷受印星暗傷，由於心性約束之故，一生行事須留意易上當，但慈孝心厚。

②排列問題：印星牽制食、傷，以地支力量較大，乃近處約束之故。若天干則遙控約束，力量減弱矣！又以年、月之印星得位約束更有力，其次日支，再次才為時柱。當然食、傷之排列，亦須注意，在天干揚名四方，地支為近處，又以月支揚名亦有力。其他參考「八字已有食、傷」。

③助力問題：即看八字有無食、傷輔助。

④有化解：即指八字裡，有無財星剋印，使食、傷還原，未受牽制，細看天干，

左、右、裡、外等。若有財破印，則為食、傷生財卻剋印星，謂之：進財助長輩。食、傷秀氣、揚名，則以常態看。若食、傷受制，則平常有不揚名、沉默行事之心。另看有無比、劫生食、傷，謂之：亦剋亦生，心中常反覆，長輩約束，朋友鼓勵，莫衷一是。

⑤無化解：即八字無財破印，挽救食、傷，亦無比、劫生食、傷與印抗拒。此八字食、傷暗傷，以靈界言，為有慈善心、佛緣，及有孝心，行事穩重。以物質錢財言，為行事較保守，非奸商之才，只能就職，或開店、文市服務。若傷官無制，個性剛強之命，則當然不會屈就一處，競爭心強，又主武市、外交發揮。依心性看事業、讀書之抉擇，方為正確之道。

⑥受行運、流年影響，產生力量之加減：逢財年剋住印星，使八字食傷復活，謂之：進財助長輩，長輩事煩心，及為求自甲，思想與長輩分歧，行事隔閡，能如願以償，卻須留意財年官月有損財，行車小心，於前食、傷年即與長輩多爭議，及長輩欠安、事憂心，財年財月後為加重。逢官年為官印相生，更牽制食、傷，行事為掌權柄，做事約束更多、更謹慎，及更保守。逢比、劫年則增食、傷之力，但仍在印星約束中，為廣結人緣，見識增廣，稍與長輩爭意見，財利漸順。逢印年，則長輩關懷，愛心增多，約束言行更多，心中難免有志難伸，做事疏忽，只利求知。當然其中變化最多之年，乃逢財年及官年，當流年結束時，行事上，生活環境上，又恢復保守沉默多。恢復食傷受剋之情。

例：乾造　民國三十七年五月十三日酉時

正財戊　子偏印
正財戊　午食神
日元乙　亥正印
比肩乙　酉偏官

生於　芒種後十三日七時辰。
大運於五年十一個月後上運。
每逢甲、己年立夏後十三日交換。
虛歲七歲上運。

七	己	未	十二
十七	庚	申	二十二
二十七	辛	酉	三十二
三十七	壬	戌	四十二
四十七	癸	亥	五十二
五十七	甲	子	六十二
六十七	乙	丑	七十二
七十七	丙	寅	八十二

◎說明：

日元乙木，生炎夏，食神洩秀當令，文星秀氣有力，又透雙戊，食神生財，文職求財，即含文才、開店服務之技術才華，亥、子兩旁侍候午火，再加上酉金生水，形成食神暗傷，代表長輩約束、相助（化解官煞），家教嚴，亥水在日支，代表妻之長輩助力多，子水在年支，亦有自己長輩助，以亥水較有力，維生之道，含括：煞印相生，藉官貴得財利、食神生財，候機會自己發揮，雙重兼顧。乙木時干，客戶朋友在遠方，卻受酉金暗傷，賴亥水助，天干無印，忌逢辛月，因財利事，有嘔氣不愉快事，內外帶來壓力，以前面庚午月者較凶，乃上半月庚金，帶來工作量加重，遲睡生虛火，且在夏天午月，虛火更大，地支午火食神跟著來，代表與官相抗，上半月內外壓力，下半月意氣用事，促使在辛月時，氣色更差，而遭意外之災。流年亦忌庚年庚辰月後，到丙戌月，謂之：交友不慎，虛情之合，流年官星，代表此事投資（財生官），能獲地位，卻為虛名虛位，在次年辛年，更加重壓力、責任，友誼反目，前庚年尚有虛情之合，尚見虛情假意，辛年無合之情，無情份可言，發生引發，則在辛年乙未月下旬已重，戊戌月中，地支亥子皆傷，天干乙木亦損，謂之：三殺出局，虛名虛位，後悔遲，一生中最怕庚、辛年，只要不牽涉官員、地位之投資，即能防患，依大運看，每逢庚、辛年，壬、癸大運皆未逢，亦無化解之功。庚、辛年月若就職，則須留意前述之：人事多亂，財利不均，防嘔氣情緒差，徒然造凶晦氣色。

此命造須留意者，乃午火食神暗傷，若流年、月逢寅卯，則午火復活，代表廣結近友，事業發揮，文才並茂，生財已見，乃戊土排列在午火之上，有直接受到保護之功。另一方面寅卯能加強午火，有與官相抗，衝勁十足之力。地支最怕的是：逢未、戌年、月、運，使得地支亥、子受傷，即一下子有幾位長輩事煩心，地支形成火炎，代表遲睡、熬夜，虛火上升在亥月引入徵兆期時。另一方面，酉金即刻上攻乙木，此未、戌年之流月引入後，逢遇庚、辛月，則外在因素，受友累亦見，謂之：禍不單行。皆因未、戌入命後，虛火上升，使肝臟所藏營養流失，降低解毒功能，體內充滿毒素，製造損財、不順之氣色，化解之法，須降火為主，可泡西洋參茶，降火補氣。找時間睡足。

未來大運戌土，從四十二歲己巳年己巳月後，到四十三歲乙亥年癸未月止，（其中四十八歲乃甲戌年之故，為流年延伸大運。）陽土剋陽水，燥土用事，流年先吉後凶，先在己巳年得財，（若時柱為甲申，則甲己合財，在己巳年己巳月即合夥，乙亥月終止時，拆夥上當。）其後庚午年四十三歲庚辰月後，虛情之合，伏禍已生，次年辛未年四十四歲，未月、戌戌月，皆有口難言，一片消沉，掛名之累，事情突變，與局勢有關，事業傾廢受累，後悔莫及。此戌運排拒印星，代表拒絕仙佛、聖賢之助，行事求財第一，亦主排拒長輩，遠離長輩，在己巳年戌月可見。一生之貴人在亥、子印星，排斥印星長輩時，即是將步入晦運時，因為斯時乙木受酉金暗傷，本來沒有。納戌財、拒亥子印星，亦主傾向物慾，遠離精神領域。每逢未、戌月下旬之庚、辛日為小嘔氣。降火為化解之道。又戌運中，須留意刑喪，尤其庚午、辛未年之戌月。此運之打擊甚大。從此不見，一踏水木，印星求知，又自不同。

天干喜丙、丁、戊、己年。丙、丁年為揚名吐氣，身兼數職，名利大豐收，戊、己年為大進財利，其中庚、辛月小損，且須留意未、戌月親人欠安。逢壬、癸年為求知，錢財未增，行事防上當在亥、子月，只利求知收穫。甲、乙年奪戊財，為廣結人緣，人事紮根，購物大口，錢財緊，投資則心有餘力不足，亦不宜。即論財，須看食神、正財這一組，論職位、官貴求利，則看偏官、印星這一組，界線劃分，莫混為一談。

地支喜寅、卯、巳、午年，為衝勁十足，名利雙收，申、酉年為官印相生，就職升官，但怕庚、辛剋乙木，謂之：失去客戶、朋友。受其累之意。逢辰、丑為長輩小事，在未、戌月，乃流年含水氣之故，尚不構成大妨礙，但忌逢未、戌年、運、月，是非多，長輩憂心臨。逢亥、子年，和印星壬、癸一樣，只利求知、就職，由於午火受制，代表行事生退志，判斷疏忽，求財多阻，但生活環境上較安逸，乃亥、子年、運，能降低八字腹內虛火。

過去多阻，目前三十七歲後壬運求知多，丙寅三十九歲庚寅月，新曆二月三日後，將由流年甲、乙，廣交遠友，轉入近友發展，丙寅、丁卯名利雙收。本命主目前為某報業副總經理。

(4)八字財星暗傷：

①意義何在：財星者，錢財也。亦代表物質享受、不動產、妻妾、部屬。八字之財星，無論正財或偏財，受比劫暗傷剋住，代表一生行事，在錢財上易受親友連累，常見來意不善，意在己財，非分意圖，以支借、對會、合夥、作保、掛名……為手段。平常即已常見，皆須防患交友不慎。若八字比劫旺，則奪財更厲害，本身廣人緣，交遊廣，心性上有搛妻之應，當然有些國家，因社會習性之故，此又非八字之能解釋，亦非斯國之福。一般論此為隱私，知悉即可，多談無益。財星暗傷，又主婚姻伏藏裂痕，若八字食、傷旺生財，則搛妻不會，婚姻亦

順。財多亦同。

②排列問題：比劫奪財，若財星在天干，則為明顯廣眾下之行為，大都為對會、合夥事業，財星在地支，則為私下支借、作保。若此比劫位列年、月，則代表親戚長輩連累，如兄姊之類，為命中註定，好像前世因果。若比劫在日時，則為平輩親友。財星若排列在年、月，此奪財連累，含括祖產、長輩給予之意；財星排列在日支，受比劫之剋，則意味妻之財、嫁粧受友倒閉，暗藏危機，財星在時柱受剋，則為自力發揮所賺，受親友連累，與少、中、老年劃分無關。

③助力問題：即看八字有無其他財星輔助。食傷生財。

④有化解：即指八字裡，有官星剋住比劫，使財星還原，但是對命局言，此制化重重，形成比劫暗傷，是福是禍仍未定，仍須看其他八字才知。另外在八字裡，有食、傷引化生財，則呈現食傷生財之維生之道，此轉化現象，為較佳之方式，化無情為有情，人事上之交往，亦會同樣如此，意味朋友交往，互相幫助。

⑤無化解：即八字無食傷生財，亦無官星剋制比劫，與前面相反。更差者，為加上印星生比劫之威，奪財加重，對於夫命言，謂之：夫與父母連合歉妻，在鄉下，有的老古板思想者，更認為妻娶還有，置家庭美滿、小孩親情思想變化於不顧，令人嘆息。財利上，此印生比劫，亦可謂為：長輩父母疼愛其他兄弟或姊妹，示令自己幫助他們錢財，也是連合陣線，此即加重奪財之實際情形，平常如此，逢印年、比劫年更是加重，只有逢比劫才有轉吉之兆。

⑥受行運、流年影響，產生力量之加減：和前述有化解，在歲運進入時，皆為同樣意義。財星暗傷，最喜歡逢食傷之大運、流年，會使八字財星，在突然之短期間恢復，即事業上會突然進一筆財，或意外之財，無論是遺產繼承，或撿到寶貝……都一樣，短暫食、傷月，有失物復得之情，但一來一往，在食傷走完時，短暫恢復原狀，財星暗傷，只是接下尚有財年延續，變化最大，則在官煞年之恢復暗傷。為錢財因緣聚散，空歡喜一場，印年、比劫年皆一樣，以比劫年最嚴重。但若八字有食傷，或大運為食傷，則比劫年為喜氣損財購物。

例一：乾造　民國二十七年閏七月十二日亥時

偏印戊　寅偏財
比肩庚　申比肩
日元庚　子傷官
正官丁　亥食神

二	辛	酉	七
十二	壬	戌	十七
二十二	癸	亥	二十七
三十二	甲	子	三十七
四十二	乙	丑	四十七
五十二	丙	寅	五十七
六十二	丁	卯	六十七
七十二	戊	辰	七十七

生於　立秋後二十八日四時辰。
大運於十一個月後上運。
每逢甲、己年小暑後二十八日交換。
虛歲二歲上運。

◎說明：

日元庚金，生初秋，比肩當令，八字財星寅木受申金暗傷，得亥、子水轉化，稍晚救寅木，乃因寅申沖近剋之故，謂之：親友交往，須留意錢財支借連累。因有亥、子之生木，故為食傷心甘情願之作用。又戊土印星坐寅，亦有隱伏印星暗傷之危，謂之，財助長輩，得申金制寅，寅木又取亥子相助，輾轉護持有情，丁火正官受亥水暗合剋住，代表衝勁十足，行事有鬥志，意志果決。

逢申、酉年，由於亥、子之生寅木，謂之：親友來意在財，不利支借、跟會，惜相助親人為心甘情願，情義所在。大忌丑運、辰運，減弱亥、子之力，寅木後繼無援，即刻受申金之剋，食、傷、財皆損，代表損財，親人之事憂心，不巧流年甲子、乙丑、及丙寅年之乙未月以前，皆財星入命剋戊土，在七十五年庚寅月癸未日中午，本日為除夕日，母逝世，此時乙丑年之丑土巳引入，再加重剋亥、子，（濕土照樣減弱水力，勿全看亥子丑會北水。）乙木財剋印戊土，即將走完，亦是最嚴重之時，逢財年都一樣，謂之：長輩事煩心，含欠安、損財。

天干有戊衛，大喜逢丙年丙申月後，及丁年入命，謂之催官貴。未來五十二歲己巳年，大運丙火用事，接連到五十七歲甲戌年，為文武雙兼，貴氣登峰造極，惜其中流年五十五歲壬申年及五十六歲癸酉年，水剋火，排拒官貴，謂之：身兼數職，與官相抗尤其在癸酉年壬戌、癸亥、甲子月等，與上司口舌，意見之爭，心生異動，須留意忍耐，異動非吉，乃壬申年尚有虛情之合，忍耐不會正面衝突，平日癸月皆須防意見之爭。此辛未年到丁丑年，國際逆流，地運大忌，景氣低迷，在中冊頂言已述及，此即是異動不利之因。服職中油，此丙運貴氣甚高，在逆流中擔負重責。寅運財利大吉，丁運雙官用事，戊土引化，從五十九歲丙子年丙申月後，即又擔負重責，及丁丑年。在六十二歲己卯年丙寅月後，到六十七歲甲申年，文貴登峰造極，卯運錦上添花，戊辰運十年，印星介入，修身養性，福澤深厚。縱觀一生，前面水木運，貢獻心力、智慧，後面木、火運擔負重責，貢獻更多，老運昌隆，財源廣進。戊辰運為修行之大豐收。丑運廣學習。

例二：坤造　民國六十六年十一月二十七日辰時

正印丁　**巳偏印**
正財癸　**丑劫財**
日元戊　**辰比肩**
偏印丙　**辰比肩**

生於　小寒後三時辰。
大運於九年九個月後上運。
每逢丁、壬年寒露之日交換。
虛歲十一歲上運。

十一	甲	寅	十六
二十一	乙	卯	二十六
三十一	丙	辰	三十六
四十一	丁	巳	四十六
五十一	戊	午	五十六
六十一	己	未	六十六
七十一	庚	申	七十六
八十一	辛	酉	八十六

◎說明：

日元戊土生小寒後三時辰，生於交節氣後三日內，大氣間充滿山川靈氣，將來踏入社會，有安享其成之應。命局印星左右護衛，干支皆有，應證在祖墳為：藏風蓄氣，護衛綿密，左右對稱，後面來龍有力，戊癸合財，以免印星受傷，制化皆宜。本命為稼穡格。類此專旺格，或八字已有印星者，其重點皆在：官印相生。雖然八字無官，仍須看為其維生之道。干支有印衛，逢甲、乙、寅、卯年、運來，不能視為破格，傳統誤比甚多，謂之：催官貴，盈喜氣，以天干甲、乙優於地支寅卯，乃因天干有癸水生官星，謂財官印齊全，升官理所當然。若地支逢寅、卯則一得一失，乃因左邊官印相生，右邊則剋傷比、劫，為雖然催官貴，卻謠言是非多，人事混亂，失情誼。但貴氣仍在，若類此稼穡格，生於地運二運或三運，踏入社會為四運，則從四運到六運共六十年，連貫催貴，時勢造英雄，貴氣不凡。生於六運末，接連以後七、八、九運，則貴氣在公職減弱許多，乃金水當運主其財之故，為異途行商發榮。

本命印星衛護有功，代表長輩管教嚴厲，護持照顧亦多，八字無官，形成內心倔強，反抗心強，行事不服輸，又八字無食、傷，行事專心，不喜揚名，全局重點在官印相生之維生之道，貴氣高，行運上，三十一歲前即走完官煞，求學過程中，即能磨練領導才華，前面走完，在未來之運程，則須逢甲年甲戌月後，及乙年、寅年、卯年，才能催貴，再更上一層樓。藉貴氣、地位得到財利，長輩輔助，為一生之求財走向。印星環衛，孝順父母，乃為因果必然現象。一生大忌逢癸年之甲子月，行車小心，有小災，若無丙火則災大矣！福澤深厚之命，皆因印衛，長上有積德，若父母無德，則此命幼年坎坷更多。若生於父母有事業之家，則輔助父母，居功甚偉。固執心重，直性之命，做事不轉彎，皆因無食傷之故。壽命亦甚長，乃耗神少之故，愈老彌昌，尤其七十一歲後，金水入命，事業更吉，財源更茂。婚嫁則在卯運，二十六歲到三十一歲間，尤其甲申年二十八歲甲戌月。流年逢戊、己年，戊年在丁巳月後，己年在丁卯月後，交友來意在財，不利支借、合夥。未來大運戊運五十一歲到五十六歲，為戊癸合財，合夥大忌，須防錢財受困，為先吉後凶之運，前面四年尚吉，後面壬子年須急流勇退，冬生火熄，一片寒凍受困。此戊運尚有合之情，己運六十一歲到六十六歲，癸水受剋，為強迫中獎，親友交往，錢財支借、對會、合夥，在六十二、六十三歲身受困，於六十四歲庚辰月後，才逐漸轉吉，防患則從六十一歲到六十三歲。

一生逢凶極少，乃印星之衛，逢庚、辛年揚名吐氣，身兼數職，申、酉年一樣，但在冬天亥、子月，有長輩事煩心，乃金生水剋火之故。逢庚、辛年又為進財助長輩，壬年支借長輩加重，癸年之庚申月後，到寒冬，皆為長輩事連累再加重，轉吉須在次年甲年之甲戌月（十月）後，防親戚長輩連累，庚、辛為欠安多，在辛年後，即須防患住宅有不良異動，尤其住宅後面空缺，促使空氣強烈對流，吹散室內物品、牆壁之人氣、元氣，使得吾人元氣對流，補充不斷，永遠無法達到飽和，住後半年耗元氣，即接連損財、晦氣色，災疾不斷，後面空缺主內亂、生女、親人連累，側面空缺原理一樣，為受友連累，皆不得不慎，更須當做普通常識。詳情述於

「陰陽宅部份」，逢亥、子年及亥子月，亦為長輩事多煩心、欠安。未運丑未沖去辛金，在六十六歲到七十一歲，須留意頭患，高血壓，尤其七十一歲丁卯年冬十一月。過此則為人瑞百壽，平日須多廣積善功，則福祿壽一生皆備。八字缺金──食、傷，平日坐多，少運動，多吃蔬菜，可助新陳代謝，振盪按摩器，除了勿振頭部散財外，有幫助運動之功。

(5)八字官星暗傷：

①意義何在：官者，管也。代表上司、政府官員、內外壓力、工作量加重、熬夜遲睡……。八字官星受暗傷，即受食傷之剋制，謂之：本性不願受人約束，反抗心強，作事自有主見，亦等於八字無官之淡薄官貴地位，但心性上，常有衝激，易生意見之爭，意氣用事，其中官星暗傷，為食神剋制，則紛爭降低，若傷官剋住，則為衝突常見，心性亦較偏激。官星為女命之夫星，夫星暗傷，代表婚姻伏藏危機，除非有財星主，及其他官星助，失和原因，與心性脾氣有關，同樣傷官剋官較嚴重，食神制官之婚姻八字，則有受夫欺負，委屈滿懷之情，最後受不了而離異。一般若八字無印星來牽制食、傷者，情況較嚴重，亦即八字官星受暗傷，仍須配合化與否來決定。基本上官星暗傷，代表個性上不願認輸，反抗心甚強，行事自有主見，此情影響考運、事業之鬥志，求學與官星有密切關係，謂之：看意志力、鬥志。官星太多無食傷制，或印星引化，學歷皆不會太高，若又

比劫多，廣人緣更分心，食傷多又主多才多藝，亦即看任何一件事，八字須皆看。

②排列問題：官星若在月干支、時干、日支，此位置近剋日元而約束，月支為當令，力量甚大，以月支及日支直剋更有力；排列上以年干及時干之官星暗傷，所顯示之事情激動較嚴重，乃天干形於外，顯露發生之故，其次月干。若地支官星暗傷，則意氣用事、紛爭，皆為私下行為，非如天干之大眾下行為，強烈爭面子，事情甚少鬧大。官星暗傷，排列在年、月柱，平常易因長輩事生爭議、抱不平，日支為妻事或夫事，時柱則為自己或下屬、晚輩事。若依年、月、日、時柱，劃分少、中、老年，則未必如此簡單，仍以大運順逆吉凶為主。

③助力問題：即看八字有無其他官星助，財星生。

④有化解：即指八字裡，有印星制住食傷，當然近制有力，遠隔無力，但仍須看。此謂之：長輩家教約束，道德約束。另有一種為財星生官在一邊，另一邊為食傷制官，亦有稍化解，或財星在食傷之旁邊或上、下，亦有稍化解之力，但差印星仍多。若只財星助官又無印，代表錢財助小人。

⑤無化解：即無印、財化解。更糟者，食傷多，更易意氣用事，有比劫助食傷，謂之：常替人出力抱不平，惹來麻煩、口舌，吃虧常在己，講義氣，事後多埋怨，別人抽腿。

⑥受行運、流年影響，產生力量之加減：將前面代入即是，逢印星年，長輩約束，

及多看書，心性陶治，改變最多，少意氣用事。財年月須防作證人。官年月無印主意外之災。食傷年加重意氣用事。比劫年一樣。變化最多，乃在印星年，個性收斂，改變最多，行運逢遇，皆能逐漸變化氣質，即使大運走完印星，亦有改善心性之作用，潛移默化之功。流年功少，走完又恢復。

例：坤造　民國六十八年一月十四日巳時

劫財己　未劫財
傷印丙　寅偏官
日元戊　申食神
正印丁　巳偏印

生於　立春後五日八時辰。
大運於八年十月後上運。
每逢丁、壬年立春後十五日交換。
虛歲九歲上運。

九	丁	卯	十四
十九	戊	辰	二十四
二十九	己	巳	三十四
三十九	庚	午	四十四
四十九	辛	未	五十四
五十九	壬	申	六十四
六十九	癸	酉	七十四
七十九	甲	戌	八十四

◎說明：

日元戊土，生於初者，寅木偏官當令，天干印星雙衛，又有己未在年柱護印，可謂護衛綿密，祖墳藏風蓄氣，龍虎均勻，地支巳申牽制申金，巳申合住，使申金不能沖寅，制化皆宜，若以傳統看六沖大於六合，則此處玄妙即不能了解，整體性言，八字無財，煞印相生為重，力量又大，逢甲、乙年錦上添花，甲年須甲戌月，催貴可期。但申金暗中窺伺沖寅，難免隱伏危機，八字無缺點，一生貴氣登峰造極，有兩個階段，其一：巳運三十四歲壬辰年到三十八歲丙申年。其二：在午運四十四歲壬運年到四十八歲丁未年。以午運最高。此巳、午火使煞印相生更純，若逢巳年一樣，小升遷，巳、午入命，亦代表長輩關懷。貴人長輩多助。

印星環衛，父母關心，家教嚴，夫妻皆貴，又主孝順父母，手足有情，乃因己未護印，連帶亦護化官煞貴氣。逢庚、辛運，即三十九歲到四十三歲，及四十九歲到五十四歲，為身兼數職，名利雙收。流年庚、辛年一樣。其中由於大運交界，在三十九歲春，及四十九歲春，貴氣職位有變通，變化甚大，其中三十九歲之異動，乃因三十八歲八月間（申月），與官相抗，與上司違和仄意氣用事。異動更增財旺。四十九歲之異動，乃為另有發展，沒有外在因素。

一生忌逢申、酉年之申、酉月（秋八月、九月），為與官相抗，須防口舌、意見之爭，與上司失和，排斥地位，異動不利，乃因以後有亥、子之水年，損傷火氣，形成寒凍之象，此刻、子年為長輩事煩心，飲食在申月後到寒冬，皆常不定時，促使胃腸積風吃不下，抵抗力減弱易感冒，胃腸積鬱，營養失調，婦科不順，只要空腹過久，先喝開水，即能舒暢胃腸而防患改善。每年申、酉月下旬，亦主小口舌，由於地支未土作用，有抱不平，替人出力之情，乃未土比劫親友也。平常辰、戌、丑、未年運，為廣人緣，大利研究，心得多，乃能增食神之力。逢丙、丁、巳、午印星年，長輩多助，求知豐收。又逢甲、乙、寅、卯年，寅卯年在寅月後，乙年在甲申月後，甲年在甲戌月後，謂之：催官貴有閒言、謠言失人和，乃因資歷問題，職位尚有他人爭取，且資歷深，但人事背景不夠，結果他人落空，自己得權，引來謠言是非，令人嘔氣在心。由於己未之故，一生競爭表現機會多。此己未在年柱，又代表年齡較大之長輩兄或姊姊。八字無財，一生行事光明磊落，又具備管理才華，過人智慧，長輩助多，又有孝心，所謂：百善孝為先，萬惡淫為首。諸多優點聚集，且學有專精，當然倍受器重。

由於一生重點非行商之才，乃煞印相生，管理之才，行事循法理、規章。在求學上之配合，必文武雙兼，以企管系最佳，又煞印相生，又主軍警界揚名，由於助力最多在丙、丁、巳火等印星長輩，故未來走向，必會配合其父母，未必煞印相生，即代表軍警界，但一生貴氣不凡，倒為肯定之事，一般除非特殊情形，類此皆為公家武職之貴。

天干逢壬年壬寅月後，為丁壬合財，己土止財，代表進財但有朋友，年齡較者來支借或對會、合夥，在壬年庚戌、辛亥月（十、十一月），引發損財。逢癸年庚申、辛酉月多是非口舌，壬戌月、癸亥月後，長輩事多煩心、欠安。累積四個月之不良氣色，憂鬱、嘔氣生毒素，促使癸年之甲子月有意外之災，發生之日在申日，尤其甲申日。壬、癸年之不如意，須注意住宅側面空缺，後面空缺，吃飯未定時。卻轉吉須在次年甲年之甲戌月（十月）後，才能平步青雲。

12.八字內六神太多之含義解說

(1)八字印星太多：本來這一項，應列在「八字已有六神」中說明，後來思及，於此另文補述，不再舉例說明。所謂八字六神太多，即指該六神在八字裡，數量佔三個以上，不分干支，此太多之意義，與一般不同，即會無形中，構成相對受剋之六神力量減弱，或流年進來時，遭遇到八字內旺神之無形抵抗，意義說明於後。

八字印星太多，干支層見者，力量更大，會無形中牽制食、傷之力，即代表：長輩約束、管教嚴厲，及長輩言行，影響一生。而再逢印星年、月時，約束力更加強，此一收緊狀況，在逢遇食、傷年時，即會形成與印星抗拒作用，即食、傷與官相抗，與長輩、父母有思想分歧，意見之爭，但仍無法獲得自由，只是積極爭取，造因而已，仍須在財年入命時，（大運財星一樣。）才能抗拒長輩，獲得充分自由，即財破印。奈一般皆因約束習慣，本性保守、忍讓，終於在財年之官煞月見損財而後悔，而當財年走完時，又完全恢復，長輩約束、衛護及孝順之生活習慣。

(2)八字比、劫太多：即干支層見比劫，至少三顆以上，才會構成力量優勢。比劫太多，即代表：親友常來往，常來意在財，支借、作保、對會……等，易常受親友之連累損財，亦因比劫多，廣結人緣，重情惜義之故。亦即比劫太多，無形中即減弱八字財星之力，又財為父、妻妾，故一般比劫多會奪財，稱父緣薄、歉妻，即此因，不過未必皆然，看父母仍須配合印星之損傷，才更正確。看歉妻，仍須看官煞約束，心性如何，敢與不敢的問題。

逢比、劫年來，加重八字比劫之力，等於加重親友來意在財，當然若本來比劫已旺，又財星暗傷，則大好人一個，常常散財，幫助比劫親友，情形為最大者。

(3)八字食、傷太多：食神、傷官本來即代表：言行、智慧。若八字食、傷在三顆以上，則平常有話藏不住，不說出來會難過，又為命中註定，食神太旺，傷官不在天干者，言詞溫文，不易得罪他人，文筆斯文，考慮細密，廣泛且深遠，為文示人，文章著作傳世；若相反地，食、傷不見者，比較容易隱藏，不願出名之故。又若傷官在月支，或透出無制，則心性激烈，言詞剛強烈性，富挑戰性，一生若有著作積德，亦會因口業樹敵而減損，一般所見，參選議員者，以此傷官透出有力，或居月者，佔大多數。著作文章上，此傷官有力者，（除非月支，其他地支則不會。）皆善於筆伐，有寺廟武神，如：玄天上帝、郭聖王等之威，依其心性，將來在靈界的修為上，大都類似此。乃光氣仍沾有紅光之故；一般類此剛強心性者，奉拜此仙佛，皆能在心性上，有硬收硬之約束力，信服得五體投地；讀者有緣抽籤即知，詩文都單刀直入，沒有文神之點到為止讓您去猜猜看。

(4)八字財星太多：若八字干支財星，在三顆以上，則無形中會減弱印星之力，即代表：常見財助長輩，及長輩親緣薄。一般皆謂：財多身弱。當然逢財年來，不論八字有無印星，其一樣皆會減弱，有形或無形之印星力量，皆代表：長輩事煩心，進財助長輩；只是劃分輕重而已。同樣的情形，八字財星太多，就會在無形中傷到印星，代表：長輩事常煩心，即進財助長輩，或交給長輩。知此原則，下一步即能依「日元斷流年」了，人生論斷起伏，就是如此簡單。

(5)八字官星太多：若八字干支官煞，在三顆以上，則無形中，會減弱比、劫之力，即代表：常易受親友之連累，帶來麻煩壓力。人事上比較易受人排斥、排拒，易處於孤立。吾人逢遇官煞年、月時，即是論斷受友累，小人侵害，失人和，內外壓力多，工作量加重。乃官煞增多，且剋比劫之故。同樣情形官煞在八字裡太多，則無形中，亦會侵害有形或無形之比劫，使失人和、失友誼，受到排拒、孤立，且帶來內外壓力，（此有形即指八字有比劫。無形即八字無比劫。）由上論述即知，解釋體會上，須有一點想像力，劃分力量，等於無中生有，知其生剋，有形及無形之變化，等於八字有比劫如何，無該六神又如何，深入體會，再來就是下篇的「知日元斷流年」。

13. 知日元斷流年之實例解說

民國七十四年十一月各人運勢

以八字生辰推算未來，乃吾中華歷代賢者智慧之結晶，於人生旅途順逆中，可作為一種借鏡參考，但非示人過度迷信，因影響命運起伏的因素，不是在八字生辰，而是在中冊「如何改變命運」文中所述，八字只是一個代號而已，並不能左右命運。以下所述月日為新曆。

由生辰之日元，即能知悉人事上之變化，此為余之另一發現，余曾於七十四年十月起，每月之月初附近，刊載於「台南一週」，以供讀者參考，將來有空的話，余預備專文撰述，以日元各五行為主，加上類此例之敘述，共寫六本書，以便利益方便之參考，人事上之變化起伏，了然在心，以達人手一本，知命、造命非空談。讀者可先觀看，研究本書所記數例，於流月、流年、流月、流日逼進法，及六神運用上，當能有所體會。

(1)逢交節氣前後三天，本月為立冬、小雪，即五日到十日，及二十日到二十五日。大家需留意壓力大，脾氣較差，有虛火須多吃水果退火。老年人需注意身體。及本月天氣在台灣不穩定，防感冒及胃腸之患，少吃甜食。住宅太大及向北者，須注意室溫。

(2)大型工廠，須留意公用系統之故障，為人為疏忽，尤其八、九、十、十九、二十、二十一、二十九、三十日等。

(3)生於亥子丑寅月者，須留意吃飯未定時，積風吃不下，營養失調，抵抗力減弱，易生感冒、胃腸之患，及婦女有婦科不順之慮。飯前先喝開水即可，生於巳午未月者，及常熬夜、遲睡者，須留意虛火上升，易口乾、口臭、胸口煩悶，尤其八日後，防發炎、腎患、婦科。須多吃水果、退火物，或偶爾泡西洋參茶，降火補氣，少吃燥食。多做仰臥起坐，使自然睡正面，因腹部收縮，而加強分泌會陰穴之陰電，以調和安定神經。

(4)以下所指：上半月為二日到十五日。下半月為十九日到十二月三日。本月為十一月二日到十二六日。

(5)日元甲、乙木者：自七十三年甲子年甲戌月十月以來，這一年多，廣結人緣，遠友多助，人事紮根，只利磨練、研究，財利吉須明、後年。上半月多才多藝、才華顯現，可獲名氣；急性者防意見之爭。下半月逢貴人廣學習；行事有挫折感，須謹言慎行，防言多有失、疏忽。

(6)日元丙、丁火者：這一年來學習、發展併行，尚須磨練兩年，則利吉須在七十七年四月丙辰月後，大利研究有成，則須七十五年五月十二日後，接連到七十六年十一月底。七十五年則利吉，七十六年則不利，乃因七十四年乙丑之丑土作用，術語為：傷官生財。上半月遠友廣來往；家中購物多。下半月防失人和，內外嘔氣事多。本月及下個月，工作量加重、上級壓力、遲睡多，須多降火及防水電故障。

(7)日元戊、己土者：這一年來承受甚多的精神、錢財壓力，好處別人拿去，思變動之心，凡事須忍，只利就職者；明年五月後漸吉。上個月財緊，本月貴人多助較緩和。上半月增廣見聞，長輩關懷，行事較順心。下半月防內外帶來求財、利益之挫折。

(8)日元庚、辛金者：這一年來求財心切，長輩事煩心，到七十五年七月前仍一樣，謂之：求財助長輩。於八月後較吉，大吉則須明年二月到七月。本月須行車小心，尤其十一日到十五日，乃近來常遲睡、熬夜生黑氣，及情緒欠佳所影響，須多吃水果，熬夜勿空腹。上半月阻力煩心多，下半月智慧解疑難。

(9)日元壬、癸水者：這一年來忙碌、身兼數職，行事揚名，小挫折難免，四、五、八、九月生退志皆多餘，皆為明、後年鴻圖大展之紮根。上個月財來財去，心中多不平。本上半月名利雙收，清者自清。下半月廣來往，購新物，侵害利益之情漸生，有突生節枝。

(10)冬天亥子丑寅月生者，下半月行事防有志難伸，憂鬱之情緒，使氣色不佳，於事無補，須心情放開朗，以免生毒素晦氣色。多吃水果、開水，多做運動，自能改善。

民國七十四年十二月各人運勢

(1)逢交節氣前三天，本月為大雪、冬至，即四日到十日，及十九 到二十五日。大家需留意壓力大、脾氣較差，有虛火須多吃水果退火。老年人需注意身體。本月欲開市、嫁娶、破土、動土、安葬、搬家……等之大吉日，為八、九、二十二、二十三、二十四日，與農民曆所書無關，乃交節氣後三天內，大地間充滿山川靈氣，好的開始，成功的一半。

(2)大型工廠，須留意公用支援系統故障，為自然因素，平常疏於保護，尤其十四、十五、十九、二十、二十六、二十七日等。

(3)生於亥子丑寅月者，上月及本月，皆須留意吃飯未定時，積風胃腸積鬱，飯前先喝開水即可。本月同上月一樣，行事仍需防有志難伸，消沉的情緒，製造毒素，使氣色不良，於事無補，須心情放開朗，多吃水果、運動，看笑劇電影，自能改善，凡事由心造。

(4)以下所指：上半月為四日到十六日。下半月為十四日到三十日。本月為十二月四日到七十五年一月五日。

(5)日元甲、乙木者：上半月心得收穫頗多，學以致用，付出心神，得見代價，可獲小利。其中七、八日防小驚，水電故障，及十七、十八日皆為嘔氣小凶日。下半月近貴人賢能，求知收穫多，尤其十九、二十日。為虛心求教受益之月。

(6)日元丙、丁火者：本月多是非，防口舌意氣用事。上半月心中憤憤不平，怒火中燒，失人和，尤其十、十三日，於事無補，反而帶來下半月更多的是非，有失情誼。凡事多忍耐，多降火之月。一月三日後自然壓解除。此下半月嘔氣事特別多，生理上的壓力，相對地帶來人事上之壓力，少吃番石榴、補藥丸，及動物胃腸類、煙酒、燥食等。

(7)日元戊、己土者：本月仍欲吉未吉，錢財壓力仍多，為財來財去之月。上半月遠友助，廣來往。下半月須留意文書、支票之疏忽，及長輩間多意見之爭，長輩身體，其事憂心。其中十七、十八、二十九、三十、三十一日等，行事較不順。

(8)日元庚、辛金者：上半月行事言多有失，得寶貴經驗，長輩約束言行，洩氣損名譽之月，防判斷失誤，文書、支票防疏忽。下半月忙碌，恢復信心，身兼數職；急性者須防口舌、意氣用事。此上半月長輩事掛懷為大事。

(9)日元壬、癸水者：上半月留意在求財過程中，帶來阻力挫折，近友因財添增心中壓力，尤其十、十三日，且遲睡多，須多降虛火，及留意口舌。下半月會因上半月的額外透支，錢財更緊。本月須防小人，來意在財，家居注意安全；朋友廣來往，雖有投資機會，仍須等候明年二月。

民國七十五年一月各人運勢

(1)二月九日為農曆初一，巧逢星期日，清晨零時零分，開大門放鞭炮，除舊歲迎新年，為傳統習俗。上午六時整，小工廠象徵性之開工大吉，謂之：六六大順，搶盡先機。下午一點亦可，謂之：得第一。若擇日開工取初四或初五，農民曆之吉日（但未必正確），則已慢別人四、五天了。謂之：好的開始，成功之一半。

(2)本月欲開市、嫁娶、破土、動土、安葬、搬家……等之大吉日，為十九、二十、二十一日等，接近月圓，元宵節，謂之：雨水之後靈氣旺，月圓人常圓，萬家燈火照前程。其次為：五、六、七日。但因近歲末，除非急在過年前辦，否則宜勿用。

(3)生於冬天，亥子丑寅月者，從月三日後，將逐漸否極泰來，將過去六年之逆境掃除，五月十三日後更見喜氣。

(4)以下所指：上半月為三日到十四日，下半月為十五日到三月二日。本月為二月三日到三月八日。

(5)日元甲、乙木者：本月工作量加重，遲睡、熬夜機會多，尤其五、六、九、十、十

五、十六、二十一、二十二日等。朋友廣來往，事業發展，由遠轉近，邀約合夥可行，五月十三日後，獲利可見，此後有四年大吉大利。本月須多吃降火物，留意二十一、二十二日有意見之爭，皆因遲睡引虛火。

(6)日元丙、丁火者：本月留意長輩事擔心，尤其十二日；上半月財利尚順，下半月行事有挫折感、上當感，心生退志，求知上進心加強，長輩關懷，求知由遠轉近，打消甚多念頭，觀念改變，維持到明年九月。七、八、二十七、二十八日，行車小驚。為本月凶日，行事較不如意。

(7)日元戊、己土者：上半月衝勁十足，劫在必得，惜言多有失，下半月帶來更多意料不到之事，內外壓力多，心中悶悶不樂，上半月宜謹言慎行，勿言之過早。下半月工作量加重，責任加重，此後權貴多、錢財平。不利異動。二十四日防水電故障。十九、二十日行車小心，及三月一、二日小驚。

(8)日元庚、辛金者：本月及下個月，為近四年來，在個人事業發展上，所付出之心神，得到成果之時，總算沒有白費心力。上半月朋友廣來往，投資大吉，下半月長輩事多憂心，進財助長輩。心願欲了仍待三月二十九日。

(9)日元壬、癸水者：本月愈動愈吉。上半月行事防判斷疏忽，文書、支票小心，生退志皆多餘。轉眼忙碌沖淡一切，揚名馳譽，身兼數職；下半月十九、二十日，謹言慎行，能力不及之處勿言，二十一、二十二日多洩氣，過去一年多，辛苦耕耘，欲吉未吉，三月十一日後，將見收成。

民國七十五年三月各人運勢

(1)本月為辛卯月，為流年乙丑之乙木更換期，在社會上及世界各地，會有許多令人意想不到之事發生。各人事業上、工作上，皆屬於激生變動期，以上半月為進行階段，整個月在三月二十四日，達到最高峰，以心驚愕及異動變換職位者居多。經過此一更動後，人事更易，人盡其才，後浪推前浪，配合景氣發展，工商業將逐漸展現新希望。

(2)本月欲開市、嫁娶、破土、動土、搬家……等之大吉日，為六、七、八、二十一、二十二、二十三日等，乃驚蟄、春分之節氣後三天內，大地間充滿山川靈氣，配合天、地、人三者，為一個新的開始。靜坐、練氣功者，以這六天之清晨獲益最多。整個月以二十二、二十三巧合為星期六、日，喜氣最多，亦最熱鬧。嫁娶擇上午十一時起，為雙雙對對之意。

(3)以下所指：上半月為二月二十五日到三月八日，下半月為三月十一日到三月二十四日。本月為二月二十五日到四月七日。

(4)日元甲、乙木者：和上個月相差無幾，工作壓力仍在，遲睡仍多，加上友人廣來往，亦是影響因素之一，想早睡都不能，欲解除內外壓力，須在二十四日。由於廣交友，從中獲益寶貴知識、經驗，生上進求知心，萌生日在三月八、九、十、十九、二十、二十一日等，從三月二十九日後，到六月八日止，將有更多學習之良機，為再進修。

⑸日元丙、丁火者：本月突然之驚愕嚇一跳，感觸最深，心中壓力，久久不平衡，為心中衝激月，尤其前述甲、乙木所指之八、九……日等，行車小心二十九、三十日。四月四、五日防口舌。上半月求財心強，下半月行事有挫折退志，及激生求知心更強烈，收穫體會亦較多。九、十日驚愕及水電防故障。小虛驚多之月。二十九日後兩個月求知遲睡多。

⑹日元戊、己土者：上半月與官相抗，心生怒意，工作上防口舌、意氣用事，愈動愈差，乃情緒差及近年來常遲睡，虛火增體內毒素晦氣色之故，降火為要。上半月口舌。下半月壓力更大，求財心切反引凶，五月一日後見太平。

⑺日元庚、辛金者：總算付出心力，有初步成就，上半月可見，且友人廣來往，智慧顯現，揚名機會多，尤其青年節後。下半月進財肋長輩，到七月仍見長輩事憂心。

⑻日元壬、癸水者：和上個月一樣，心中反覆不定，一邊心生退志，一邊責任所繫，忙碌不已，身不由己，幸此退志已漸受忙碌沖淡，到二十四日完全消除。上半月求知小收穫，累積經驗，防言多有失，洩氣日在五日到八日。下半月後，今、明兩年，工作忙碌，名利雙收，身兼數職，過去一年多來之努力，沒有白費，能力得受器重、肯定。

變格與正格之論斷

格局分：(1)正格。(2)變格。

變格包含：

(1)專旺局。(2)兩神相生格。(3)化氣格。(4)從格。（另有相成格，以正格看。）

正格含：

(1)食神生財格。(2)傷官生財格。(3)食、傷洩秀格。(4)食神制煞格。(5)傷官制官格。(6)財官相生格。(7)官印相生格。(8)煞印相生格。(9)比、劫奪財格。

一般格局名稱雜多。事實上，有名則名之，無名則不名，依命局聚氣命名即可。論斷流年、流月發生何事，無論正格或變格皆一樣，同樣代入六神解釋，以前面所述之：「如何正確迅速論斷八字」配合論斷。「正格」與「變格」之差別，乃正格之八字較複雜性，當然亦有八字極單純的，但變格則不一樣，須八字裡以單純性存在，才能列為變格。

正格：以比劫、食神、傷官、財星等，一氣相生，食傷生財，為行商之命。以財官印相生，為貴氣或就職之徵。

變格：則以專旺局、兩神相生格，貴氣較高，以就職公、私機構發揮為主，乃因身旺較安逸，有印衛，貴人長輩助力多，能使流年形成官印相生格。化氣格及從格多勞洩秀，以智慧、行商發揮為主，能使流年形成：食、傷生財之維生之道。整體應用上，只要前面：調候的論斷及六神論斷法，能活用自如，裡面實例論斷，能仔細觀看研讀，則不分正格、變格，皆能了然在心，至於少部份特殊之處，如配合地運用神當令，則須參看書後：三元九運用神表。差異之處，文中亦述及，其他詳細論斷，皆千篇一律，限於篇幅，只做簡述；舉一反三，相信讀者必能很快有成。

1. 專旺格之實例解說

專旺格分為：

⑴曲直仁壽格。（簡稱曲直格）　⑵炎上格。　⑶稼穡格。　⑷從革格。（或謂金鋼格）　⑸潤下格。

◎說明：

• 專旺局之共同點：乃八字有官星剋入，沒有受到制化，（即有食、傷剋去官星。）則不入專旺格。（若有印星引化，仍以正格看。）月支必須為日元之比肩或劫財才是。

- 若八字裡有印星衛護日元，（須分干支，天干為天干事，地支為地支事，若天干沒有，地支有，則化解乃事後之事。）則逢流年、大運官星時，反而更吉，官印相生，貴氣更上一層樓，不能以破格論凶，一丈差九尺，亦即和一般正格論斷一樣，不分彼此。謂之：貴人多助，升官掌權。但假若天干無印星，如前述分開看，逢天干官煞攻入，稱破格，代表小人入命，意外之災、損財、失職。若地支有印，乃貴人暗助化解，為事後之事。反過來說，地支無印，亦怕歲、運、月逢地支官煞攻入，小人暗傷，皆見是非反目，若天干有印引化，乃事後之事。
- 比較特殊的是，天干或地支有印衛，逢官煞年、月攻入時，依左、右入命，若地支或天干有比、劫，謂之：催貴生遙言，地位可得，人事多是非。若無比、劫則無此競爭對象，失和減輕，此情在專旺格較多，已述於：「六神論斷法」之第六項。乃因其本身月支即在比、劫。
- 八字裡以不參雜官星，及財星（或有剋住），有印星及食、傷洩秀，並逢地運當元，則格局最高。印星以干支皆有者較高，乃保護周密，乃保護周密，長輩助力多之故；以印星雖有，卻排列在時柱，格局最低，乃印星失位，長輩助力少之故，凡事靠自己，成功多艱辛。
- 專旺格由於八字無官，或受制，形成心性上：行事淡薄權柄，不會執著權貴。月支為比、劫，一生行事廣結人緣，交遊廣闊。逢地支官煞年，減損比劫之力，有失人和，生謠言是非之應。

⑴曲直仁壽格（簡稱曲直格）

①日元為甲、乙木者，月支須寅、卯方是。

②由於專旺格，八字無官，或只一顆虛浮又受制，形成心性：行事淡薄官貴。月支比劫星，平常生活上或事業上，常廣結人緣，交遊廣闊。此為共同心性。

③命中財星，或具備了食、傷、財，逢遇比、劫年奪財，或印星年剋制食、傷，使八字錢財力量減少，失去平衡，皆有影響，事業遇挫折，代入「六神論斷法」等解說，完全一樣，變格與正格之論斷，亦離不開六神及流年、流月、流日逼進法。

又干支亦有缺少印星衛護者，食、傷亦有保護之功，但比較艱辛。乃印星主貴人助，長輩衛護，及無形仙佛、神明助。食、傷主自力行為，靠智慧、反應排除疑難，凡事靠自己，當然艱辛數倍，逢官煞年、月、運剋入時，有意外之災，小人侵害之應，（劃分天干及地支），若有印星衛護則不會，最多虛驚。食、傷回制，代表有小心注意，可惜還是有疏忽時，一般官煞月之災，皆在財日，使食傷生財，財又生官煞攻入日元，此時食、傷即是疏忽時。其他炎上格、金鋼格、潤下格、稼穡格等，皆一樣，不再重複。

例(1)：乾造　民國四十一年二月五日子時

正印壬　辰正財
正印壬　寅劫財
日元乙　巳傷官
傷官丙　子偏印

生於　立春二十四日十時辰。
大運於二年後上運。
每逢甲、己年立春後二十四日交換。
虛歲三歲上運。

三	癸	卯	八
十三	甲	辰	十八
二十三	乙	巳	二十八
三十三	丙	午	三十八
四十三	丁	未	四十八
五十三	戊	申	五十八
六十三	己	酉	六十八
七十三	庚	戌	七十八

(運五)(火丁)
(運六)(火丁)
(運七)(水癸)
(運八)(金辛)
(運九)(木乙)

◎說明：

大運下面所書，為配合三元九運表，及當令主用神，請看書後表格說明。日元乙木，傷官吐秀干支皆有，智慧過人，存在揚名之機，本剛強之性，受壬水、子水之牽制，謂之：傷官暗傷，家教森嚴，孝順父母，與長輩緣近。一生行事貴人明暗助多，無形靈界同。財星暗藏在年支，受寅木剋去，寅中丙火轉化，有雙壬約束，命格清純，干支有印衛，秀氣又透藏，大喜逢干支官煞年、運。惜財星暗傷，父緣較薄，若無子水，則巳火化解寅木，可助辰土，卻難兩全其美，奈何！若無傷官干支排列近衛日元，則財星損滅，此傷官生財，又土為妻、賢助。一方面維生之道，存在行商之：食、傷生財。另一方面，官印相生，又具備印星，配合大運申運五十八歲到六十三歲，酉、庚運六十八歲到八十歲，謂之：遲來的貴氣登峰造極。斯時地運在八運，辛金當令，正是時勢造英雄，貴氣不凡。觀之前面行運，從六十五年丙辰年丙申月後，二十五歲流年引入火氣，連接二十八歲，共有二十三年之火運，巳、丙、午、丁等，秀氣高透，寒濕氣不見，亦未傷到八字印星，一氣呵成。只是其中在壬戌年三十一歲、癸亥年三十二歲，壬申年四十一歲、癸酉年四十二歲，皆在申月後，到子月，金水之氣傷害大運及命格火氣，謂之：疏忽上當，損財受累，只剩求知。一個特點即是，辰土賴丙、巳火保護，一旦流年干支水來侵害丙、巳時，則八字之寅木即立刻失去約束之力，發生寅木剋辰土之情，代表辰土妻之事煩心、損財、上當、心中頹喪，皆因八字火熄，一片寒凍消沉，情緒低落。即食傷、財星，其力量強弱關係，本來即是相對。由此亦可知，此八字裡暗傷之重要性，觀察之眼光，若不銳利些，就容易疏忽。此傷官暗傷，代表心性溫和、忍讓，傷官之性轉入潛伏，即外柔內剛，此忍讓之性，卻得到更多的寅木友誼。專旺格之八字，本來即廣結人緣，對於大運再走比劫運時，只剩行商之友助，若求學讀書，即形成不利讀書之交遊廣闊，行事求學分心之故。八字財星有制格局高，本命主現任職某青商會，職位高，以行商貿易為主。

•甲、乙之年、運：比劫入命，廣結人緣，不利讀書，加強了傷官之力，交友分心，興趣廣泛，多才多藝。大利行商，客戶增加，謂之鴻圖大展。個性會趨向更堅毅，管教子女嚴。遠方發展事業加重，遠近漸馳譽。

• 丙、丁年、運：食、傷入命，秀氣更高，一片照暖，名利雙收，登峰造極，才華橫溢。於該行業、生活環境上，得享盛名，身兼數職，驛馬奔行，朝氣蓬勃，暖氣加強之故；相對八字寅木交往洩秀，遲睡常見，忙碌應酬之故。

• 戊、己年、運：財星入命，依右為傷官生財，財源廣進，依左言，戊土剋壬，雖進財，但長輩事煩心，須付出錢財，乃壬水印星主長輩，雙壬亦主姐姐。謂之：進財但助長輩，及長輩防欠安。

• 庚、辛年、運：官煞入命，左有雙壬衛護，右有丙火回制，保護周密，官印相生，催貴升官。

• 壬、癸年、運：印星入命，丙火受傷，使辰土錢財相對減弱，巳火亦減力，謂之：家運不順，大利求學、求知，心性較安定，無奔放（丙火）之心，行事更慈悲心，更祥和，為求知、獲新知、遇賢能、近仙佛之時。印星主吸收知識。

• 寅、卯年、運：比、劫入命，辰財受制，為投資購物之刻，喜氣損財。但若八字無食、傷火，則為不良之投資，交友來意在財，支借受累。又若此火亦受傷，譬如：流年寅、卯，若不巧大運在壬、癸、亥、子等，則為上當損財，其餘和甲、乙木相同。但行商對象為近距離之加重，為本市、本國為主，地支之故。若甲、乙則為遠方外縣市、國外。

• 巳、午年、運：食、傷入命，身兼數職，辰財得火生，財源更旺，若巧逢亥、子年則反逆阻，發生申月到子月。以後半年內為事情隱伏及餘事期。

• 申、酉年、運：官星入命，右有子水護，官印相生，催貴加重責任、權柄，申金為文貴，酉金為武貴，又主幕僚，地支之故。左則不煞，得辰財生申、酉金，來砍伐寅木，代表損友誼，知火氣減弱，催貴但有些許謠言是非，不如意之插曲，每年申、酉月下旬一樣，其次則為辰、戌、丑、未月之下旬申、酉日，為小小是非。此申、酉金官煞引入，為工作忙碌，遲睡、熬夜加重，使虛火上升生毒素，降低解毒功能（肝），製造事情不順之晦氣色，體力透支、內外壓力，影響心情沉悶，加重製造毒素氣色，使是非生，氣數難逃。化解之法，降火補氣，可偶爾三、五天泡西洋參茶喝，食物少吃燥食物，煙酒同。另外申年申月前，驛馬催行，注意住宅有不良異動，住新宅人氣受吸，損氣色一樣。此申、酉年月後，減弱火氣胃腸之患，於丑年丑月引發，若癸丑年則延伸到第二年甲年引發，乃丙火亦受制癸水之故，積因尚未結束。寅木損力，逢甲、酉又主肝、眼之患，次筋脈。在亥、子月又主胃腸。一般胃腸皆以戌月、丑月較差，前面申、酉月，亥、子月種因，當金、水走完，恢復火氣時，即是復原正常引發時。

• 亥、子年、運：巳火受制，火氣減弱，同壬、癸水之年、運，但皆忌次年之寅、卯月剋辰土，使火、土皆傷，謂之：只利求知，行事防長輩約束言行，判斷疏忽，文書、支票有誤，行事生退志心，壬、癸年運亦同。

• 辰、戌、丑、未年、運：傷官生財更吉，但子水受制，長輩事付出心力錢財，並有分開、遠行之促。

此曲直格，依此判斷，其他專旺格、變格都一樣，舉一反三，學以致用，天機在握。論流年、大運時，須劃分清楚，即大運加入八字，形成我自己這一邊。流年之來去交接，代表對方，外來因素，藉本例將流年、流月逼進法，較複雜的丑年、寅年交接及連貫論斷，依各日元五行說明如下：（以七十四年乙丑年、七十五年丙寅年為例）

• 日元甲、乙木者：從七十五年一月丑月後，到七月止，財利豐收，付出心血有初步代價，進財利，但留意此半夫內長輩多煩心（財剋印之故），另外從二月寅月後，到八月止，將另有投資求財之良機，形成財來有大用途，數目不少，（乃寅木比劫剋財）依流年看，丙寅年用事，此項投資大吉，從五月一日後，（引入巳月）將逐漸忙碌回收，接連到七十六年十一月底（亥月引入壬水），一氣呵成，名利雙收。若本年為甲寅年，則未必為吉，乃皆奪財投資，不像丙寅年，尚有丙火食、傷在做，即食傷生財之故，若八字有類似丙火輔助者，則不忌甲寅年，但錢財比丙寅年少很多。即此丑、寅連在一起的丙寅年上半年，論斷為：進財投資。事業由遠轉近，乃乙丑年之乙木轉入，由丙寅年之寅木代替之故。（地支為近。）

• 日元丙、丁火者：七十五年丙寅年，從一月起丑土引入，行事衝勁十足，忙碌機會多，求財心切，奈二月寅木引入後，形成三心兩意，眾說紛紜，長輩約束，行事猶豫不決，不知所措，求知心強，（即一邊丑土發揮，一邊大杙求知，意見不一。）須待巳月引入時，即五月一日後，木生火，火生丑土，才能把握方向。最後收穫在求知，亦即在親身體會中（丑土）學習（寅木），乃因後面尚有卯年求知連貫，對於此七十三年甲子年、七十四年丑年、七十五年丙寅年、七十六年丁卯年，謂之：甲、乙年求知、發展在遠方，但從寅年寅月後，即轉變思維行動，學習求知在近方，想出國留學者，從寅年寅月後，會打消許多念頭，出乎意料之外。

• 日元戊、己土者：七十五年丙寅年一月丑土引入時，有大力投資之情，連貫到七月，數目龐大，（乃丑土比、劫奪財，減弱八字錢財之力。）由於接下為丙寅、丁卯年，乃官印用事，沒有財星，故知從二月後，即丙寅年寅月，有催貴之誘，謂之：此七十五年七月前，投資以財換地位、名位，壓力甚大，（因寅木官煞為壓力，丙火又須在丙申才引入。引動亦須在巳、午月。）故除非大運在壬、癸、亥、子，否則投資不利，只利就職者升官而已。若流年為壬寅年，則尚可考慮投資，且八字地支須有巳、午引化此寅木官煞。

• 日元庚、辛金者：七十五年丙寅年一月丑土引入時，到七月，謂之：貴人多助，求知收穫多。寅月二月後，財來卻會減弱八字印星之力，財剋印，為進財助長輩，長輩事煩心，從寅月到申月連貫，以前甲子、乙丑年當秋天後甲、乙木引入流月時即有。故謂：一邊求知、一邊又求財。有貴人暗助，進財助長輩。即丑、寅加起來論即是，不是寅木剋去丑土，將丑土不論就有誤了！

• 日元壬、癸水者：七十五年丙寅年一月引入乙丑年之丑土時，謂之：責任加重，職責變遷，內外壓力大，工作忙碌，擔負重責。當二月引入寅木時，為食、傷作用，謂之：與官相抗，名利雙收，即生排斥丑土官貴心，再加上丙寅年之庚寅月、辛卯月，此庚、辛金上半月，為乙丑年之乙木催止，生退志心，食傷年來，謂：身兼數職，一片忙碌，名利雙收，當食、傷將結束停止之月，謂之：生退志心，有挫折、求知心，想休息一段日子再談，很累。過去甲子、乙丑年，由於含括水氣，減弱八字之火——財星、利益，等於過去所付出，皆不見實質利益、升官等，故在乙木將完之庚、辛月會有退志感，在乙年之庚辰、辛巳、甲申、乙酉月等金月，止甲木發揮，也是同樣情形，甲申、乙酉月之事，又謂之：上半月發揮才華，下半月想求知，有退志心，由於流年食、傷用事皆連貫，共有四年，故知此退志皆多餘，為過渡時期。而此乙丑年之戊子、己丑月官煞壓力，在乙木發揮才華時帶來，又謂之：委曲求全月。因為接下寅木引入時忙碌已漸沖淡，只是丑土壓力仍在，須在丙寅年之巳月後，才會逐漸看到升官、獲財之實質利益，總言之：前面甲子年甲戌月後，接乙丑年，到七十五年癸巳月前，都是為此丙寅年升官、發財在鋪路，丁卯年謂之：錦上添花。

例(2)：乾造　道光三年正月初五日卯時（李鴻章）

偏印癸　未偏財
劫財甲　寅劫財
日元乙　亥正印
偏財己　卯比肩

三	癸	丑	八	（八運辛金）
十三	壬	子	十八	
二十三	辛	亥	二十八	（九運乙木）
三十三	庚	戌	三十八	
四十三	己	酉	四十八	（一運甲木）
五十三	戊	申	五十八	
六十三	丁	未	六十八	（二運庚金）
七十三	丙	午	七十八	

◎說明：

干支有印衛護，不忌官星，反吉，惜己土、未土生官煞剋木，催貴多吃虧，依左、右觀之即知，左為：官印相生。右為土生金剋木。

配合行運及三元九運當令，知皆合乎時運，時勢造英雄。

以寅中丙火生土，（即傷官生財）為聚氣所在，惜亥水合寅，寅中丙火有暗損，濕氣太重，妨礙心境。

逢甲之甲戌月損己土，次年乙年之寅、卯月損未土，雙殺，（甲木走至乙年庚辰月方止）及乙年酉月損己土，丙年之寅、卯月損未土，八字失去平衡，損財、家中多挫折。卒於辛丑年，七十九歲。午運入命，轉引寅、卯木使生火，再生未土，剋制亥印醫藥無效排斥時。

不入曲直格

(1)不入曲直格，共同特點為，月令比、劫當令，日元不弱，有官星庚、辛或申、酉於命局，形成破格。以正格論斷。仍以八字平衡點，維生之道，聚氣所在，配合流年、流月逼進法分析，代入十天干、十二地支，分上下、左右，以求出八字喜用，即同樣以「六神論斷法」、「調候論斷法」應用之。

(2)尚有一共同特點，即逢丙、丁傷庚、辛，或巳、午年月傷申、酉時，官星受制，謂之：與官相抗，行事見爭議。

例①
辛亥
庚寅
甲寅
癸酉

例②
乙酉
戊寅
甲寅
甲子

例③
甲子
丙寅
甲子
壬申

例④
庚寅
己卯
甲寅
己巳

例⑤
庚午
己卯
甲子
辛未

例⑥
甲戌
丁卯
甲申
甲子

例⑦
庚寅
戊寅
甲申
丙寅

例⑧
乙酉
己卯
乙酉
己卯

例⑨
癸酉
甲寅
乙巳
庚辰

例⑩
庚午
戊寅
乙巳
丙子

例⑪
壬申
癸卯
乙酉
己卯

例⑫
癸卯
乙卯
乙卯
辛巳

◎說明：

以上十二個例子，八字皆官煞無食、傷近制，雖然似例五、十二，官煞坐食、傷，只是牽制而已，此項牽制，已使曲直格不純。

天干有印衛護者，計有例一、三、九、十一、十二，逢庚、辛歲運則不忌，地支有印者，逢申、酉歲運亦不忌。但須明辨者，即如前所述，印星排列在年、月或日支，則長輩衛護有力，成就較高，若此印星排列在時干支，則長輩助力少，詳情於前皆述。若官煞過重者，約束太過，亦妨礙將來成就，乃鬥志問題。

⑵炎上格

①日元為丙、丁火者，月支須巳、午火方是。

②有官星剋破，則不入格。若有制者，仍是炎上格。

③財星有制，或不見財星。並有印星於干支衛護日元，有食、傷洩秀但不多，只一顆或兩顆，（謂之：少分心。）此種格局最高，受眾人擁護，（此眾人即月支之比劫為主力。）當然須配合三元九運表，才能顯示時勢造英雄。（有食、傷一、二顆最佳）

例(1)：乾造　民國前三年三月十八日午時

食神己　酉偏財
食神己　巳劫財
日元丁　卯偏印
劫財丙　午比肩

生於　立夏後一日。
大運於四個月後上運。
每逢甲、己年白露後一日交換。
虛歲一歲上運。

一	戊	辰	六
十一	丁		
二十一	丙	卯	十六
三十一	乙	寅	二十六
四十一	甲	丑	三十六
五十一	癸	子	四十六
六十一	壬	亥	五十六
七十一	辛	戌	六十六
八十一	庚	酉	七十六
		申	八十六

(運七)(運六)(運五)(運四)(　運三)
(水癸)(火丁)(丁丙)(火丙)(　水壬)

◎說明：（為配合地運排列，稍調整大運排列。）

本造為蔣經國先生之命造。財星受巳火牽制，雙己吐秀，才華橫溢，比劫當令通根，和藹可親，眾民擁戴。觀此造，可與「稼穡格」蔣介石之命造參看，即知富貴類似，且日元一丁、一己，合乎近六十年來之地運，正是時勢造偉人。茲記錄蔣經國先生，一生之重大經歷，供讀者參考。

民國十四年乙丑年（十七歲）十月十九日留學俄國。

民國二十六年丁丑年（二十九歲）四月留學回國。

民國二十七年戊寅年（三十歲）在督兵處處長。
民國二十八年己卯年（三十一歲）任江西省贛縣縣長。
民國三十九年庚寅年（四十二歲），政府遷台後，任國防部總政戰部主任。
民國四十一年壬辰年（四十四歲）十月三十一日，救國團成立出任主任，同年兼任輔導會主任委員。
民國五十三年甲辰年（五十六歲）三月，出任國防部副部長。
民國五十四年乙巳年（五十七歲）一月升部長。
民國五十八年己酉年（六十一歲）四月，出任行政院副院長。
民國六十一年壬子年（六十四歲）五月二十六日正式組閣，任行政院院長。
民國六十四年乙卯年（六十七年）清明節父逝。
民國六十七年戊午年（七十歲）三月二十一日（農曆二月十三日），當選為第六任總統。
民國六十八年己未年（七十一歲）子月攝護腺開刀。
其間一共五次訪美。1.民國四十二年癸巳年（四十五歲）。2.民國五十二年癸卯年（五十五）歲九月。3.民國五十四年乙巳年（五十七歲）。4.民國五十八年己酉年（六十一歲）四月。5.民國五十九年庚戌年（六十二歲）四月十八日。

例⑵：乾造　光緒二十三年四月二十七日酉時

劫財丁　酉正財
正印乙　巳比肩
日元丙　戌食神
劫財丁　酉正財
生於　立夏後二十二日十時辰。
大運於七年七個月十日後上運。
每逢甲、己年小寒後三日交換。
虛歲八歲年底上運。

八	甲辰	十三
十八	癸卯	二十三
二十八	壬寅	三十三
三十八	辛丑	四十三
四十八	庚子	五十三
五十八	己亥	六十三
六十八	戊戌	七十三
七十八	丁酉	八十三

◎說明：

此命造為前軍事委員會，調查統計局局長戴笠命運。生前從事諜報工作。十九歲結婚。二十一歲得子。

六歲壬寅年，戊土受剋，食神受制，有口難言，喪父。

壬運三十一歲丁卯年，知遇於蔣介石，主持情報工作。謂之：煞印相生催官貴。

民國二十五年丙子年，主子在西安蒙難，其深入救難被捕；後來張學良將之釋放。

民國二十八年己卯年（四十三歲），元配毛夫人逝世。乃八字食神受制，卯木生巳火傷酉金——財星，妻事心之故。

民國三十五年丙戌年（五十歲），三月十七日，飛機撞山失事而瘁。乙木受庚金大運牽制，壬癸月即刻攻入，重點在乙木。

不入炎上格

例(1)	例(2)	例(3)	例(4)	例(5)
乙酉	丙子	丙子	壬子	乙卯
壬午	甲午	甲午	乙巳	壬午
丁卯	丁酉	丙子	丙午	丙子
丙午	癸卯	乙未	壬辰	丙申

例(6)	例(7)	例(8)	例(9)	例(10)
庚午	癸酉	壬戌	庚午	壬辰
壬午	戊午	乙巳	辛巳	乙巳
丙寅	丁未	丁丑	丁卯	丁巳
庚寅	甲辰	乙巳	癸卯	癸卯

◎說明：

炎上格或不入炎上格，由於生於巳、午月之炎夏，故論斷上，特別要留意「調候的論斷」，及「出生地、發展地之配合」，由於地支火炎多，故形成生活習慣上，常遲睡、熬夜，使體內虛火旺，腎、泌尿系統欠安，皆乃因此而累積。不入炎上格，逢戊、己、未、戌之食、傷歲運，謂之：與官相抗；皆須留意行事意氣用事，言多有失，失情誼。只要少熬夜，房事節制，即能改善防患。

(3)稼穡格

①日元為戊、己土者，月支須生於辰、戌、丑、未月方是。

②有官星剋破，則不入格。艾有制者，仍是稼穡格。

③財星有制，或不見財星。並有印星於干支衛護日元，有一、二顆食、傷洩秀，此種格局最高，受月支比、劫眾人擁戴，當然須要配合三元九運表。

例(1)：乾造　光緒十三年九月十五日午時

偏印丁　亥正財
傷官庚　戌劫財
日元己　巳正印
傷官庚　午偏印

生於　寒露後二十二日六時辰。
大運於七年六個月後上運。
每逢乙、庚年清明後二十二日交換。
虛歲九歲上運。

九	己			
十九	戊	酉	十四	二運（庚金）
二十九	丁	申	二十四	
三十九	丙	未	三十四	三運（壬水）
四十九	乙	午	四十四	
五十九	甲	巳	五十四	四運（丙火）
六十九	癸	辰	六十四	五運（丙火）
七十九	壬	卯	七十四	
八十九	辛	寅	八十四	六運（丁火）
		丑	九十四	七運（癸水）

◎說明：（為配合地運說明，稍調整大運排列。）

本命造為蔣介石之命造。亥水財星有制，雙庚洩秀，干支印星衛護，力量團聚，貴人多助。

逢甲、乙歲、運催貴，登峰造極。乙運時，民國二十六年丁丑年（五十一歲），對日抗戰，領導全國。甲運民國三十四年乙酉年（五十九歲），日本投降。乃乙木受乙庚全之約束，甲運則陽剛之氣不同，唯甲運一來一去，形成一未平一波起，亦謂之：因緣聚散。在甲運末，民國三十八年己丑年（六十三歲），國民政府轉進遷台，此為甲運將走完。步入辰運氣加重之故。凡炎上格或稼穡格，由於衛護皆木火或火土，格局清純者，皆不宜濕氣之年來影響。於民國六十四年清明節乙卯年（八十九歲）寅運末逝世。

例(2)：坤造　民國六十六年十一月二十七日辰時

正印丁　巳偏印
正財癸　丑劫財
日元戊　辰比肩
偏印丙　辰比肩

生於　小寒後三時辰。
大運於九年八個月二十日後上運。
每逢丁、壬年白露後二十日交換。
虛歲十一歲上運。

十一	甲	寅	十六	（七運）（癸水）
二十一	乙	卯	二十六	
三十一	丙	辰	三十六	（八運）（辛金）
四十一	丁	巳	四十六	
五十一	戊	午	五十六	（九運）（乙木）
六十一	己	未	六十六	
七十一	庚	申	七十六	（一運）（甲木）
八十一	辛	酉	八十六	

◎說明：

本造已列於前「八字財星暗傷」。比較特殊的是，八字食、傷不見，暗藏在丑中，秀氣內蘊。同樣干支印星衛護，家教嚴，貴人多助。八字不見食、傷，當流年、月逢遇時，仍須謂與官相抗，幼年反抗心強，亦受責備時，亦因此督促嚴厲，將來在社會上的成就不凡，奉公守法，孝順父母。踏入社會，逢食、傷年月，為揚名，留意口舌。

本稼穡格，生於寒冬，干支有火溫暖，但八字水氣頗重，形成貴氣方面，非公職人員，轉入行商異途發榮；由於印衛有力，長輩多助，故若其父母、長輩成就愈高，其亦相對提升財利富貴，此乃八字印星衛護左右之故。

不入稼穡格

例①
丙寅
戊戌
戊戌
壬戌

例②
丙戌
辛丑
己亥
乙亥

例③
己丑
甲戌
己丑
癸酉

例④
戊寅
己未
戊辰
癸丑

例⑤
戊辰
己未
戊寅
壬子

例⑩	例⑨	例⑦	例⑦	例⑥
己卯	丙戌	癸卯	辛未	癸亥
甲戌	戊戌	己未	戊戌	丙辰
戊戌	己未	己亥	戊寅	戊寅
戊午	丙寅	癸酉	己未	甲寅

◎說明：

不入稼穡格，其必有官星破格，若如例⑶甲己合化土，但時干癸水生木，使甲木還原，則又以破格看。此部份若官煞甲、乙、寅、卯木等，沒有印星引化，則無形中八字之比劫，受到暗傷，暗伏常受親友連累之危機，論斷同「六神論斷法」。官煞未引化即是小人。若有印星，則官印相生或煞印相生，具備貴氣。

此類八字比、劫多，一生中廣結人緣，交遊廣闊，為特殊必有之情，類似例子，在前面「八字已有官星」之丙戌年生命造，即有詳述。本來在六神裡面，對日元構成威脅最多的即是：官煞，有印引化，屬於貴人助，較溫和性之化解，若取食、傷秀氣、智慧來制官煞，此與官相抗，處事情形就比較強烈性，有抗拒心存在。稼穡格，須生於辰、戌、丑、未月才是，與不入稼穡格皆一樣，生於土月者，乃寒冬之際，判斷上仍須考慮到，調候之原則，等於和炎上格一樣，「調侯的論斷」，及「六神的論斷」皆須包含在內。

(4)從革格（即金鋼格）

①日元為庚、辛金者，月支須生於申、酉月才是。

②有官星丙、丁、巳、午剋破，則不入格。若有制者，仍是從革格。

③財星有制，或不見財星。並有印星於干支衛護日元，有一、二顆食、傷洩秀，（太多分心。）此種格局最高，受月支比、劫眾人擁護，當然須配合三元九運表。

例(1)：乾造　民國四十一年七月二十四日亥時

傷官壬　辰正印
傷印己　酉劫財
日元辛　酉劫財
偏印己　亥傷官

生於　白露後四日十時辰。
大運於八年七個月十日後上運。
每逢丙、辛年清明後十五日交換。
虛歲十歲上運。

十	庚	戌	十五	(六運)(丁火)
二十	辛	亥	二十五	
三十	壬	子	三十五	(七運)(癸水)
四十	癸	丑	四十五	
五十	甲	寅	五十五	(八運)(辛金)
六十	乙	卯	六十五	
七十	丙	辰	七十五	(九運)(乙木)
八十	丁	巳	八十五	

◎說明：

本命造之論斷，請參考「八字無食、傷」之例子，有相似之處。本命造干支有印星衛護，逢丙、丁、巳、午之年運皆吉，不能以破格論，在此地運六運之際，成就有限，乃人生紮根期，觀之行運金、水，皆秀氣發揮，五十歲後的財運二十年，登逢造極，對修行者言，須留意此二十年內，易受物質時代影響，迷失原性，得幸於後，走丙、丁、巳火等官煞運來約束，官印相生催貴登峰造極，將心性收斂，恢復原來。

命格傷官通根吐秀，印星衛護牽制，使減弱奔於之心，代表家教嚴，外柔內剛，劫財在支，一生行商客戶、朋友，以近處為主，假若本命造少、中年運，走火運，則催貴情形又不同。縱觀一生大運，即走水、木，食、傷生財，註定異途行商發榮，與前面炎上格、稼穡格，看大運官煞配合即知。亦即八字之基本型態，尚不一定即能看出一個人，將來欲公職或行商致富之路線，會受到行運之影響，尤其少、中年運，似此造貴氣在後，前面已發財致富，至丙運開始，除非平日積功德，藉重祖墳催財延續，此丙運後，將傾蕩所有。而從八字原性看，孝心重，心地善良，有慈善心腸，貴人明暗助，只要不節外生枝，相信天必佑之，須留意者，傷官雖暫時受制，亦有受解開時，即甲、乙年之甲、乙月，防口舌，造口業，忌乙年之國曆一、十一月，為損財。少、中運，尤其壬子、癸運，配合流年及目前七運癸水主運，秀氣高透，若將心得著作，則積功更多，未來因緣成熟時，祖墳得到地理，欲催發富貴皆不難。平生稍損功業者，乃為口德、口業，少言多做，莫樹敵人，則成就不凡，否則心境中帶有排斥，傲心之紅光，於未來之靈界修為，皆會大打折扣，多為他人設想，祥和處事，憑此八字過人之智慧，最高之最高靈界仙佛，也不過如此，並無特別之處，原因差別，乃在傲心生紅光之問題，設若此八字裡有官煞一個就好，最好丙火合日元，則約束加重，未來即能輕易達到靈界之最高境界。

例(2)：乾造　民國四十二年七月三十日卯時

食神癸　巳正官
劫財庚　申劫財
日元辛　酉比肩
比肩辛　卯偏財
生於　立秋後三十日。
大運於十年後上運。
每逢戊、癸年立秋後三十日交換。
虛歲十一歲上運。

十一　己　未　十六　（六運丁火）
二十一　戊　午　二十六
三十一　丁　巳　三十六　（七運癸水）
四十一　丙　辰　四十六
五十一　乙　卯　五十六　（八運辛金）
六十一　甲　寅　六十六
七十一　癸　丑　七十六　（九運乙木）
八十一　壬　子　八十六

◎說明：

本造為某高中畢業。巳申合化水，官星有制化，卯酉沖財，格局清晰，惜八字無印衛護，忌逢丁年，（丙年尚有合之情。）丙午、丁未月。逢丁有災，但因兩邊有庚、辛朋友先擋住，結果每逢丁月有災時，皆有較倒楣之朋友，在旁邊受到意外之災，而其只受虛驚，故余嘗戲稱，結交此類八字之朋友倒楣，兩人之災一起自己受，一般此朋友，日元大都為庚、辛金，才會形成物以類聚。以前丁未年十五歲，在丁未月盲腸開刀。其個人意外之災較少，在壬年之己酉月酉日，右邊卯財及天干癸水受制之故，稱：花錢消災，小災而已。

由於八字財星暗傷，又干支比、劫重重，從六十八年己未年二十七歲之養雞投資開始，接連申、酉月引入，及庚申年（二十八歲）、辛酉年（二十九歲），皆比劫奪財年，地支財暗傷，暗地損財，皆於申月到次年卯月，在七十一年壬戌年癸卯三月二十日以前，交友來意在財，賭博輸了十萬元左右，一直到三月二十日後，卯酉沖止，才逐漸平順。但此段期間，股票等投資亦不順。縱觀一生，須五十一歲步入財運及食、傷運，中、晚年大吉大利，只是八字無印，此大運之秀運，徒增財旺，在修行上及未來靈界修為，無絲毫助益，反而使八字卯財有力，更生迷失之心，論此短暫一生之財運者，修行交白卷，一切唯有憑藉機緣，否則輪迴常在！

不入從革格（金鋼格）

例①	例②	例③	例④	例⑤
庚午	丁丑	丁未	丙寅	丁亥
乙酉	戊申	戊申	丙申	己酉
庚午	庚午	辛丑	庚寅	庚戌
壬午	己卯	己丑	丙戌	庚辰

例⑥
丙子
丁酉
庚子
戊子

例⑦
丁丑
己酉
辛酉
戊戌

例⑧
丙子
丁酉
庚戌
己卯

例⑨
戊午
辛酉
辛丑
癸巳

例⑩
己酉
癸酉
庚寅
壬午

◎說明：

此不入從革格者，月支皆為比、劫，廣結人緣，一生事業發展皆在近處，本市或本國，親長（如兄、姊）助力多，個性上以例一、四、六、八等，官煞共有兩個以上，此約束力加強，使本性上，趨向保守，若無印星引化者，一生之行事小人多，類此只能在事業上，配合較單純、保守之心性，以就職或開店、他人求我、技術服務之現金交易為主。另外官星只一個者，個性上就比較容易激動，尤其排列在天干者，丁火即是，若日元辛金，則丙火有合住、約束力。

論斷上，生於申、酉月，不用顧慮冬、夏調候之因素，心性上屬於較平穩狀態。其他論斷，和「六神論斷法」一樣。比較重要的是，若八字無財星，則不怕逢遇比、劫年，像例六即是，反而更佳。若八字有財，須配合大運或八字，看有無食、傷近護財，則不忌逢比、劫年，謂之：喜氣損財。（如購不動產、嫁娶花費等。）

(5)潤下格

①日元為壬、癸水者，月支須生於亥、子月方是。

②有官星戊、己、戌、未剋破，則不入格。若有制者，仍是潤下格。有丑、辰者，仍算入格，乃濕土之故。

③潤下格，乃生於寒冬之命，八字若無火星來調候，則命格成就較低甚多，火為其財，亦為溫暖，使生機勃勃之原動力，無火即無財，一片寒凍，衝勁不足；有火氣，則水勢溶解奔流，一生奔波遠方，離祖成家立業。無火氣者，大運若逢火，謂之：進財大吉，家運興盛，一片朝氣，但大運走完，則財來財去，因緣聚散，恢復本來，回到故居。有印星於干支衛護，及食、傷一、二顆洩秀，格局較高。月支比、劫眾人多助，當然須配合三元九運表。一般潤下格，八字若無財，富貴皆較低，以行商致富者居多，乃須火氣之故，可是財星火氣一多，又受錢財分心，除非如民初之軍閥，時代較亂時，因富而生貴，此又是時勢、地運造富貴。原因乃若缺火之八字，其心性上必傾向寒凍、保守，動勁少，一生之成就致富，大運助時，為較溫和性之發財，如購房地產之漲價，勾心鬥角而致富，則不可能。

例(1)乾造　民國三十六年十月十八日夜子時

偏財丁　亥劫財
偏印辛　亥劫財
日元癸　丑偏官
傷官甲　子比肩

生於　立冬後二十二日四時辰。
大運於七年五個月十日後上運。
每逢乙、庚年立夏後二日交換。
虛歲九歲上運。

九	庚	戌	十四
十九	己	酉	二十四
二十九	戊	申	三十四
三十九	丁	未	四十四
四十九	丙	午	五十四
五十九	乙	巳	六十四
六十九	甲	辰	七十四
七十九	癸	卯	八十四

(運五)(丁丙)　(運六)(火丁)　(運七)(水癸)　(運八)(金辛)　(運九)(木乙)

◎說明：

本命造，一生常奔波外鄉，曾居住在阿拉伯、金門……，余常戲稱，類此命造，生亥、子月，八字有木火溫暖融解者，為華僑之命。當流年、流月、大運走木、火時，即有奔波遠方之情，逢未、戌年、月、運，則有返鄉之催促，當然以戌土及戌運有力且長久，曾算過一位外國人，一樣論每年戌月想家，皆完全相同。此木、火之年，尤其甲年在巳、午月即引生火氣。（乃癸年催止，由寒凍轉活力。）

此亥月之亥中甲木為濕木，燃火較難，甲、丁分開，甲木坐子水，難免又加重濕氣，丁火燈燭之光，力微又坐亥水，財源不旺，觀之少年運，走土金，金生水旺，加重寒凍，奔波之火年，皆難有成就，印星暗傷，親緣薄。此官煞運，帶來壓力，印星運則生水剋火，減弱物質享受，從七十五年丙寅年春後，將配合大運丁火，此後一路木火，大器晚成。其中未運止水，奔波停止，木火運增強八字火氣，解凍迎朝陽，奔波名利雙收，一生見識廣博。辰運濕氣有阻，七十四歲到七十九歲，留意身體。流年逢庚、辛只利求知，壬癸交友來意在財。

對於修行者言，此大運木火，名利雙收，遲來之福，亦係前面大運印星求知、奔波歷練而得，此木火生財利，須留意心境傾向物質慾望，執著看不開，對未來在靈界修為，沒有絲毫幫助，反致沉淪，藉此財利，多積德貢獻社會，心存人溺己溺之佛心，則不會受大運木火影響，排斥印星——靈界因緣，而沉淪物質世界。此即木火相生，剋八字辛金之故。

例(2)：乾造　清同治十一年十月二十二日辰時

劫財壬　申正印
偏印辛　亥劫財
日元癸　酉偏印
正財丙　辰正官

生於　立冬後十四日十一時辰。
大運於四年十個月二十日後上運。
每逢丁、壬年寒露後五日交換。
虛歲六歲上運。

六	壬	子	十一
十六	癸	丑	二十一
二十六	甲	寅	三十一
三十六	乙	卯	四十一
四十六	丙	辰	五十一
五十六	丁	巳	六十一
六十六	戊	午	七十一
七十六	己	未	八十一

(一運)(甲木)　(二運)(庚金)　(三運)(壬水)　(四運)(丙火)　(五運)(丙丁)

◎說明：

本命造為朱啟鈐先生之命造。民初歷任內務總長、交通總長、國務總理。民國五年戊午年（四十七歲），洪憲帝制失敗，遭通緝，從此退出政治。

八字印星衛護有力，干支皆有，貴人多助，八字不見食、傷分心，少年運二十六歲後，二十年時光，走甲寅、乙卯，秀氣智慧顯現，初運走水運，吃苦不少，皆因八字財星受制，物質享受減少，由此可知，一個大人物之成功不易，皆吃盡苦頭，歷練心志，才有成功之日；八字印厚，心地慈善，丙辛合財，淡薄名利，平易迎人；假若此八字中運走戊、己，則成就事業又不同，但土剋水，失友誼，又為美中不足之處。

不入潤下格

例①
己卯
丙子
壬辰
丙午

例②
己丑
乙亥
癸亥
乙卯

例③
乙卯
丁亥
壬戌
癸卯

例④
戊寅
癸亥
癸亥
癸亥

例⑤
己巳
乙亥
壬午
甲辰

例⑥
壬戌
辛亥
壬午
丙午

例⑦
丙辰
己亥
癸丑
甲寅

例⑧
辛巳
己亥
壬戌
甲辰

例⑨
辛巳
己亥
癸巳
辛酉

例⑩
甲戌
丙子
壬午
丁未

◎說明：

此不入潤下格之例，判斷時，皆須考慮到「調候的論斷」、「六神論斷法」。逢壬、癸年廣結人緣，來意在財，不利支借、跟會、合夥，發生在癸年戊午、己未月止壬水，為友誼中斷反目時，庚申、辛酉月後，到次年甲年戊辰、己巳月一樣，失人和，亦謂之：出力不討好。此壬、癸年之損財寒凍，種因在前庚、辛年，累積而來，忌逢金、水年、運。又若似例一，財旺通根，忌壬子、壬申年，但不忌壬戌年，為大發財利，乃財星未全受傷之故。

2.兩神相生格之實例解說

兩神相生格分為五種：

(1)木火相生格。(2)土金相生格。(3)金水相生格。(4)水木相生格。(5)火木相生格。

兩神相生格又可分為兩類：

(1)月支為印星。不見官煞來剋破，亦不見財星剋印，或有制之，皆可入格。以命格含印星、比、劫、食、傷者，格局最高。

(2)月支為食神、傷官。亦不見官煞來剋破，有財星順洩者大吉，有印星近制食、傷，為長上約束言行，家教嚴。

(1)木火相生格

例①：乾造　民國三十三年二月十日未時

正印甲　申正財
劫財丙　寅正印
日元丁　卯偏印
比肩丁　未食神

生於　立春後二十八日四時辰。
大運於五個月二十日後上運。
每逢甲、己年立秋後十八日交換。
虛歲一歲上運。

一	丁	卯	六
十一	戊	辰	十六
二十一	己	巳	二十六
三十一	庚	午	三十六
四十一	辛	未	四十六
五十一	壬	申	五十六
六十一	癸	酉	六十六

(運八)(運七)(運六)(運五)
(金辛)(水癸)(火丁)(丁丙)

◎說明：

本命主畢業於某大學化學系。木火相生格，惜寅申沖損，財星有礙格局。巳運合住申金，命格轉清，任職於某國中管理組長。巳運走完，又恢復八字印星暗傷寅申沖，在庚運乙卯年（三十二歲）離職，任職某化纖廠之聚合課副課長。財運入命，八字有比、劫衛護，故離職就薪水較高者。

民國六十六年丁巳年（三十四歲），升課長，又得子，乃流年巳火約束申金之故，藉流年使命格清純。

民國六十八年己未年（三十六歲）秋，大運步入午運，舊廠長離職，另有高就，斯時即升為工務處之副處長。乃午火剋盡申金之故，唯未年申、酉月後，已漸引入庚申年之申金。故尚待未來流月相助。

民國六十九年庚申年（三十七歲）戊寅月，木火連成一氣，沖去申金，升副理兼廠長，三級跳，員工約七百餘人，才華能力得受器重肯定。此庚申年秋後申金沖寅，但大運吉流年阻，謂之：財剋印，進財助長輩，為喜氣損財，該年妹出嫁，張羅頗多。由八字本身財剋印，即知平日孝心。

民國七十一年壬戌年（三十九歲），壬寅、癸卯月，此時辛酉年之辛金仍走，命中天干木火皆傷，由於地運逢怨，自六十九年到七十四年的連貫不景氣，此春月間，倍受上司指責，心中頗憂。次年癸亥年（四十歲），此兩年皆於下半年申月後，接連中入金、水，一片寒凍消沉，官煞上級壓力日重，且巳水年剋傷大運午火，註定一生貴氣之最高峰在午運。未來之壬、癸運雖催貴，卻減損火氣，亦非十全十美，似此大運吉，流年不利，皆為過渡時機，擔負重任，奈天難從願，景氣不振，徒呼奈何。董事會計議甚久，終於在民國七十三年（四十一歲）甲子年之丙寅月，以四億元台幣，由關係企業承購，此後在新改組之公司，仍擔任要職，但已降為處長，以大運午火觀之，當延至甲子年秋，卻受流年水來制火，提早落職。經內部一番整頓後，加上產品價錢漸高，此丙寅年春止，已獲益不少。誠時運配合事在人為，集思廣益，開創了新公司之新機運。

以前其曾多次論命於余，此午運終了變化，及公司命運，為了顧及當事人之心理影響，只對某些人言及，正是氣數難逃，共處約九年差三個月，從試車到改組，思來亦恍如昨日之事，令人不勝唏噓，人生苦短，不修通中、督脈，具備佛體，又尚待何時呢？假若余不因為改組後，工作負荷量過重，皮膚過敏，亦不會找到記載於：中冊「如何改變命運」之解毒酒，亦不會在改組半年後離職，並教授八字第二、三期，共結下三期之師生緣，尚有許許多多的變化，及靈界因緣……，皆於離職後，到目前這一年八個月中發生，損財氣色之所產生原理，進財氣色之原理，生理與命運之關係……等等，一言難盡，此心得皆敘述在中、下冊，讀者觀之即知。

例②：乾造　民國三十三年二月十日辰時

正印甲　申正財
劫財丙　寅正印
日元丁　卯偏印
正印甲　辰傷官

生於立春後二十八日。
大運於六個月二十日後上運。
每逢甲、己年白露後十八日交換。
虛歲一歲上運。

一	丁卯	六
十一	戊辰	十六
二十一	己巳	二十六
三十一	庚午	三十六
四十一	辛未	四十六
五十一	壬申	五十六
六十一	癸酉	六十六
七十一	甲戌	七十六

(五運)(丙丁)　(六運)(丁火)　(七運)(癸水)　(八運)(辛金)

◎說明：

本命造，與例①相差四個時辰，同樣木火相生格，卻有部份不同。本命主畢業於某大學建築系。同樣在巳運任教職於國中，於後踏入建築界就職。在午運自營，任建築師。同為食、傷洩秀，才華橫溢，本命主身材較壯碩，前例①則中等身材戴眼鏡，本造則沒有。一食神文質彬彬，此傷官較剛毅。在午運之壬戌、癸亥年同遭挫折。

例①與例②最大之差別，乃燥、濕之分別，由此可知，木火相生或稼穡格、炎上格皆一樣，以燥性之格局貴氣最高；濕氣愈重，反而傾向異途行商發榮，及貴氣相差甚多，例①住台南，例②則住新營，同屬南部炎熱之氣候。配合參看即知辰、丑濕土與未或戌土燥性之差別。

不入木火相生格

例①	例②	例③	例④	例⑤
癸酉	乙酉	己巳	庚寅	乙酉
甲寅	己卯	丁卯	己卯	己卯
丙午	丁丑	丁巳	丁未	丁酉
癸巳	丁未	庚子	辛亥	丙午

◎說明：

以上五例，其中例②、⑤，乃財星破印之故，卯酉沖，卯木損傷厲害，前面兩例，乃寅中丙火尚有回制之力，故以假入格狀態觀之，此卯木單純易損，相差甚多，若以寅、卯之力相比，當然寅木強壯有力，不能以初春木嫩看，此木嫩事實上乃大樹上剛發芽之比喻，要和大樹一起看，不要只看剛發芽之葉子，此項解釋：初春木嫩，誤了甚多事情之判斷。無論木火相生格，或不入格，論斷錢財累積，仍看食、傷、財星，但比較特殊者，乃貴氣之看法，與眾不同，木火相生之氣勢；又有一例：民國十三年一月十六日辰時生，八字：甲寅、丙寅、丁卯、甲辰。為某企業家，大工廠之負責人，木火相生格，格局甚高，且配合地運。論斷人生變化，請看「六神論斷法」，寅月生者，須考慮調候。

(2)土金相生格

例①：乾造　民國五十九年三月二十五日辰時

比肩庚	**戌偏印**	三	辛	巳	八
比肩庚	**辰偏印**	十三	壬	午	十八
日元庚	**辰偏印**	二十三	癸	未	二十八
比肩庚	**辰偏印**	三十三	甲	申	三十八

生於　清明後二十四日九時辰。

大運於一年十一個月二十日後上運。

每逢丁、壬年清明後十五日交換。

虛歲三歲上運。

四十三	乙	酉	四十八
五十三	丙	戌	五十八
六十三	丁	亥	六十八
七十三	戊	子	七十八

◎說明：

本命主為啞巴，事實上此種原因形成，甚多因素，並非生於本日、時者，皆同樣如此。有靈界因果關係，有陰陽宅之弊，非只八字生辰所能解釋。唯一能看者，即八字不見食、傷，只藏於辰中癸水，土厚重重，氣機不暢。此古法：天元一氣卻未必吉。忌逢天干丙、丁年、月有災。地支亦忌逢寅、卯，財來傷印，地支或天干，皆無官衛印，很易受傷。又逢戌年之戌月後，到次年未月止，此辰戌沖損，亦主印星長輩事煩心。類似生來有疾者，皆須自己細察，有無損德之事，一般皆與業障因果有關，多行善積德，且迴向宿世冤結，自能化解。

例②：乾造　民國元年六月二十九日酉時

正財壬	子偏財	十	己	酉	十五
劫財戊	申傷官	二十	庚	戌	二十五
日元己	未比肩	三十	辛	亥	三十五
偏財癸	酉食神	四十	壬	子	四十五
		五十	癸	丑	五十五
		六十	甲	寅	六十五
		七十	乙	卯	七十五
		八十	丙	辰	八十五

生於　辛秋後三日五時辰。
大運於九年二個月二十日後上運。
每逢丙、辛年寒露後二十三日交換。
虛歲十歲上運。

◎說明：

本例為另一種之土金相生格。事實上，變格之重點，乃以月令有力為主，有專旺格、相生格、化氣格等，都以月支當令為主力，從格為棄自己從他人。此月支當令有力，親長、貴人之助亦多。此類相生格，事實上以食、傷生財為主，配合適當，富命皆必然。與「六神論斷法」並無差異，天干、地支無印衛，干逢甲、乙年、運大忌，為水生木剋土，代表受親長之累（戊土），損財官符，在甲年之甲戌月後，及乙年甲申月後半年內，若大運巧合在壬、癸年為甲、乙運，則壬、癸年即發生，此亦主妻累。亦忌逢寅、卯年、運，失人和。又忌逢戊、己年之未、戌，交友來意在財，不利合夥、支借。乃八字之財皆傷。縱觀一生，先成後敗，先富後貧，逆在甲寅、乙卯運。又假若天干有食、傷庚、辛，仍舊有損。

不入土金相生格

例①	例②	例③	例④	例⑤
己未	丁亥	己卯	丙申	戊子
甲戌	庚戌	丁丑	戊戌	己未
辛亥	庚寅	庚午	辛丑	辛丑
癸巳	丁亥	己卯	乙未	丁酉

◎說明：

以上皆因官煞破格。例①本來巳亥沖去有制，卻戊土剋制亥水，使巳火無傷，甲己合化土，卻又癸水生甲木使財剋印。此不入土金相生格，與「六神論斷法」相同，論錢財須看食、傷、財這一組的力量增減。逢未、戌月，剋減命中有形或無形之食傷，（即八字地支若無食、傷，謂之無形之食、傷。）皆謂：行事洩氣，判斷疏忽，有口難言，及長輩約束言行，難過中得到寶貴經驗，辰、丑月則得到寶貴知識，但無精神不快之事，逢癸水傷丁，壬水傷丙，為與官相抗，須防言多有失，意見之爭；亦忌戊土之月，為外來事物之判斷疏忽、上當，洩氣月，逢己土則得寶費知識，精神愉快，乃濕土之故。依六神論斷，人生起伏順逆，不過如此而已。其他若牽涉到陰陽宅或靈界因果報應問題，則又非單純八字所能解釋，只知算八字生辰，欲解析全部人生，碰壁失算乃必然之事。

(3)金水相生格

例①：乾造　民國三十九年八月三日亥時

偏印庚　**寅食神**
傷官乙　**酉正印**
日元壬　**子劫財**
正印辛　**亥比肩**

生於　白露後六日四時辰。
大運於八年一個月十日後上運。
每逢年、癸年寒露後十六日交換。
虛歲九歲上運。

九	丙戌	十四
十九	丁亥	二十四
二十九	戊子	三十四
三十九	己丑	四十四
四十九	庚寅	五十四
五十九	辛卯	六十四
六十九	壬辰	七十四
七十九	癸巳	八十四

◎說明：

本命主畢業於藝專。八字無財，秀氣生財為主，唯八字無官有倔強之一面，卻食、傷受制，印厚有力，貴人長輩多助，家教嚴厲，傷官乙木合化，形成外柔內剛，似此心性，加上八字無財，一生中所走事業之路線，當以幕後工作為主，偶爾在丙、丁年由幕後到幕前，卻也短暫時光。財星不足，一生求財皆點點滴滴累積，勞碌命、子水客戶在支，故未來一生之發展，單純之一生就職，乃不可能之事，必另有事業文市發展。論斷事業，此客戶比劫看法，甚為重要。此命只能就職或文市開店，技術服務，乃心性約束之故。若是武市、則傾蕩所有，非善於競爭之命，以心性配合，若只顧取何五行之事業，則走錯難免。

例②：乾造　民國十年八月六日酉時

偏印辛	酉偏印
正財丙	申正印
日元癸	酉偏印
偏印辛	酉偏印

生於　立秋後三十日三時辰。
大運於十年一個月後上運。
每逢丙、辛年寒露之交換。
虛歲十一歲上運。

十一	乙	未	十六
二十一	甲	午	二十六
三十一	癸	巳	三十六
四十一	壬	辰	四十六
五十一	辛	卯	五十六
六十一	庚	寅	六十六
七十一	己	丑	七十六
八十一	戊	子	八十六

◎說明：

日元癸水，八字印厚重重，丙辛又合化水，無宣洩之食、傷。少年午運時，地支印星受傷，一個午火揍四個印星，無官護印，此午運父母雙亡，一般有的人，同樣生辰，卻未必父母雙亡，無緣分開乃必然，有的人父母離異分開，亦有的人，若巧逢戰亂亦會，大體上若論巳、午運，家裡是長輩有發生大事，催因緣聚散，則錯不了！日元旺無依，入僧之命，宜乎貧僧。流年逢壬、癸年來或大運，照樣論交友來意在財，受友之累損財。在辛年辛卯月後，則為丙辛合財，亦主錢財支借伏禍。逢丁年、月及午年月，皆主長輩有事。變格或一般正格，仍需要八字有秀氣食、傷，則氣機流通，行事較圓融，缺少食、傷，固執性就比較重。由上可知，事實上要看一個八字容易，只在一生一剋中取，看其他各字衛護情況如何。沒有衛護之字，再多的助力也無用。

不入金水相生格

例①
戊戌
庚申
癸酉
庚申

例②
丙戌
丁酉
癸巳
戊午

例③
丙辰
丁酉
壬戌
壬寅

例④
庚午
乙酉
壬午
丁未

◎說明：

以上之例②、④，八字印星皆有損傷，其中巳酉合勿看作半三合金，其合金實際上，須丑土存在才行，仍以五行生剋為主，千萬勿搞錯。此八字印星暗傷，終其一失已註定，長輩事多煩心，為其身體或錢財憂心，當然亦午、巳年運來，加重剋印。此印星暗傷，由於求知之代號為印星，逢亥、子年月，則印星復活加強，亦主求知期。若八字印旺，重重包圍，則又須在食、傷洩秀，才能引動更佳之求知良機，學習皆實用性質。以上四個命例，以例①格局最純，官印相生，貴氣高，藉官貴得財利，以就職為主，由於八字無財，理財皆非所長，故若欲獨當一面之經營，則必出問題，首先財務方面，就會常跑三點半，不能管理財務，只能掌理工廠內部之管理，曾見過類此命造多人，但不同的是有比、劫，此客戶之存在，才形成行商之原動力，八字無財，偏偏投資又不知節制，錢財事務處理，又感情意氣用事，真是傷腦筋。

(4)水木相生格

例①：乾造　民國十三年十一月十五日子時

比肩甲　子正印
食神丙　子正印
日元甲　子正印
比肩甲　子正印

生於　大雪後三日四時辰。
大運於九年二個月二十日後上運。
每逢甲、己年立春後二十三日交換。
虛歲十一歲上運。

十一	丁	丑	十六
二十一	戊	寅	二十六
三十一	己	卯	三十六
四十一	庚	辰	四十六
五十一	辛	巳	五十六
六十一	壬	午	六十六
七十一	癸	未	七十六
八十一	甲	申	八十六

◎說明：

日元甲木，生於寒冬，命局水木相生，有丙照暖，雙甲燃丙，水氣溶解奔流，註定一生奔波外鄉，須逢未、戌年月才思鄉而歸。本命造若無丙火，則一片寒凍，身旺無依，雙甲護丙，逢申、酉歲、運催貴尚吉，逢庚、辛歲、運剋甲，主受親友連累，煞印相生，故主虛名虛位，掛名之累，地支印星引化，長輩解圍，乃事後之事，此即干支相隔之故。逢壬；癸年、月，謂之：食神受制，有口難言，以財換經驗，一片寒凍消沉。逢庚、辛月主失人和，反目口舌，乃雙甲受剋之故，在未、戌月又傷子水，謂之：孤立無援，八字水、木皆傷，若以身旺論看，則此中變化又不知矣！論此命須「六神」「調候」雙重考慮，更須留意奔流木火年之驛馬。

例②：乾造　清光緒八年一月十五日寅時

比肩壬　午正財
比肩壬　寅食神
日元壬　寅食神
比肩壬　寅食神

生於　立春後二十八日。
大運於七個月十日後上運。
每逢丁、壬年寒露後八日交換。
虛歲一歲上運。

一	癸卯	六
十一	甲辰	十六
二十一	乙巳	二十六
三十一	丙午	三十六
四十一	丁未	四十六
五十一	戊申	五十六
六十一	己酉	六十六
七十一	庚戌	七十六

◎說明：

本命主為張宗昌將軍。為另一種之水木相生格。天干皆壬水虛浮，沒有絲毫衛護之力，地支全部木火，食傷生財，寅午又合財，日元無根；看本命造，一看即知，大忌逢戊、己年、月、運，一個土揍四個壬水，尤其戊土侵害更大，官煞入命，無印衛護，皆主意外之災。戊運遭仇殺，命中註定，氣數難逃，此唯有平日廣積功德，勿種下業障冤結，積德迴向宿世冤結，助印善書亦可，自能化解。天干逢丙、丁年、運，大吉大利，巳、午、寅、卯皆吉，由此例之大運觀之即知，大運走向一路木火，集財富於一身，富命是真，貴氣則因時代局勢混亂，因財得貴。此富貴一完，步入未、戊運即阻前程，誠福澤先花完。又丙、丁年之戊、己月，或每年戊、己月皆主意外之災。丙、丁年之土月，乃因財、色生是非。逢未、戌月也是多是非。乃無印引化，寅木回剋，仍逆在巳、午日。

不入水木相生格

例①

偏官辛	酉偏官
偏財己	亥正印
日元乙	酉偏官
比肩乙	酉偏官

例②

食神丁	巳傷官
正印壬	子偏印
日元乙	巳傷官
正財戊	寅劫財

◎說明：

不入水木相生格，其一為官煞破格，其二為財破印。例①為煞印相生，維生之道，以煞印相生，藉就職武貴得財利為主，金水旺，火氣不見，更減弱衝勁，類此官煞排列，余曾見過多位，日支、時支之兩個官煞，直接牽制了日元，約束心性，其次天干官星合住日元者，皆形成在心性上，較一般人，守於理法，與幼年常受驚嚇有關。天干逢辛月有災，庚、辛月又主利益爭端失情誼，行商大凶，天干乙木遠方客戶不見，事業挫折。此乙木主東方之客戶，可作參考。亥水之衛有力，一般父母皆有長壽之應。

例②木火皆旺，寅木客戶在支近距離，壬子溶解奔流，食神在外，傷官在內，外柔內剛，逢戊、己月傷壬，未、戌月傷子，主長輩有事。兩例配合，一保守，二活躍，其一生之成就又不同，保守之命，行事謹慎守成，活躍火旺奔流者，一生奔波看的多，歷練多，衝勁十足，見識廣博，行事積極，成功快。

(4)火土相生格

例①：乾造　民國三十七年五月六日午時

比肩戊　子正財

比肩戊　午正印

日元戊　辰比肩

比肩戊　午正印

生於　芒種後六日四時辰。

大運於八年四個月十日後上運。

每逢丙、辛年寒露後十六日交換。

虛歲九歲上運。

九	己	未	十四
十九	庚	申	二十四
二十九	辛	酉	三十四
三十九	壬	戌	四十四
四十九	癸	亥	五十四
五十九	甲	子	六十四
六十九	乙	丑	七十四
七十九	丙	寅	八十四

◎說明：

本命主畢業於高雄工專化工科。日元戊土，子午沖損，午中己土及居月，故以假火土相生格論。八字無食、傷，行事擇善固執，心性耿直，沒有圓滑心機，常於無心之際，言詞刺激到化人而不知，受人作弄排拒。一般八字無食、傷者，逢食、傷之年月，雖然八字無官，仍照樣要論，與官相抗，防口舌。其心臟有疾，常心悸甚快，身材高壯。本來服務於中油煉油廠，於民國六十四年乙卯年（二十八歲）乙酉月，申中油轉入私人企業，在化纖廠任聚合課主管，共處亦近九年。六十八年己未年（三十二歲）未土剋子水，使火土相生轉純，（此時六運火當令，故皆火土者，貴氣較高。）升任聚合課副課長，七十年辛酉年壬辰月落職，降為品管股長，乃食傷作用。七十一年午月再任品管副課長。

例②：乾造　民國二十三年五月二十五日申時

偏官甲　**戌比肩**
食神庚　**午正印**
日元戊　**寅偏官**
食神庚　**申食神**

生於　芒種後三十日。
大運於六個月後上運。
每逢甲、己年小寒之日交換。
虛歲一歲上運。

一	辛未	六
十一	壬申	十六
二十一	癸酉	二十六
三十一	甲戌	三十六
四十一	乙亥	四十六
五十一	丙子	五十六
六十一	丁丑	六十六
七十一	戊寅	七十六

◎說明：

八字無水，只藏申中壬水，腹內虛火旺，生活習慣常遲睡，須防患腎、肝火旺之疾，積久發炎。天干甲木及地支寅木，偏官皆受制，潛伏反抗之激因，食神通根有力，形成外表文質彬彬，內心倔強，好勝心強，有競爭心，貴氣聚集。曾議長，去過美國留學。此八字無財，加上火炎抗官，一生行事衝勁雖足，卻易財來財去，寅午戌三合火，事實上只是火星力量增強而已，沒有化火之理。寅申近沖，巳傷損寅木，皆形成與官相抗，生堅毅鬥志之源，宜乎出來競選，皆有潛在抗官不服輸之意識。食神通根有力，文才並茂，智慧過人，溫和中帶剛毅。逢庚、辛、申、酉歲月，加重與官相抗，仍謂：意見之爭，心生異動。逢亥、子月，雖有戌土衛午印，但仍減損其午火之力，仍謂：長輩事多煩心，進財助長輩，勿以印星有衛稱無事，只是事情較輕而已。

不入火土相生格

例①

食神庚　寅偏官
傷官辛　巳偏印
日元戊　午正印
偏財壬　戌比肩

例②

偏印丙　午正印
偏官甲　午正印
日元戊　申食神
偏印丙　辰比肩

◎說明：

此日元戊、己土者，火土相生，生於炎夏巳、午月，論斷上須考慮到調候原則，當逢未、戌年月引入時，地支腹內，一片火炎，代表虛火上升，體內毒素增加，解毒功能降低，生成損財氣色，又主發炎，由於此水氣為財星，故相形比較之下，此熬夜、遲睡、住宅太熱、房事過多、多食燥性食物等，多種原因，促成之虛火上升，及損財現象，比其他日元五行就較嚴重直接。詳情請看：調候的論斷。又算準了也沒有用，若不知活用，找出原理以求化解防患，算知了皆多餘。逢丙、丁、巳、午年、月入命，牽制或減弱食、傷之力，一方面八字火氣增加，一方面有口難言，行事遇挫折、退志，判斷疏忽，長輩約束，皆須留意嘔氣口舌，只有增加凶晦氣色。一般巳、午月生，身體方面皆須多喝開水，以增加腎臟之新陳代謝，以免體液濃度增高。干支各有印星衛護，則不忌官煞入命之年，謂之：催貴升官。

3.從格之實例解說

從格可分為四種：

⑴從財格。⑵從官煞格。⑶從兒格。⑷從勢格。

◎說明：

所謂從格：就是日元孤立無助，必須拋棄自己，去順從他人。

也就是說：日元失令，出生之月支，不是印星或比、劫，而且八字裡面不見比、劫、印星等，來生助日元。假使有一顆助星（比、劫或印星），亦須受到克制，且須陽剋去陽或陰，或陰剋去陰，（若陰剋去陽星，則難以盡棄，不以從格論。須論用神無力，非假從，似此類型之八字，其命格皆極差。）才能算是從格。又假若八字裡面，若有二顆生、助星，即任何比、劫、印都可，則不管其是否受到牽制、剋住，都須以正格看，用神無力，類此命造之人，不在少數，誠世間苦命人何其多。此處必須留意，世俗一般皆以從格看，差誤甚大，經余累積求證，花費不少時間。此篇讀者，宜細看體會，修正甚多。

從格真者：並不一定大富大貴，古人命造，則有牽就事實，及奉承之意味存在。依余經驗，一般常就職於公職一段時間，再另途行商，依運程改變。

從格的維生之道，主要依賴食神、傷官及財星，四種格局裡，以從官煞格之財氣最少，與心性較保守有關。又從官煞格，若八字官煞一大堆，沒有財星，則一生貴氣微乎其微，曾見一從官煞格：乾造民國三十七年二月二十八日午時生，八字為：戊子、丙辰、壬戌、丙午。目前為某縣市之刑事組長。亦見過許多從官煞格，結果八字微或欠缺，歹命人甚多。由此可知，財者養生、致富之源，任何正格、變格，其一生聚財、貴氣情況，皆離不開六神之論斷，與吾人生活周圍息息相關，只是看讀者，是否能加以活用，代入生活習慣而已。

從格：八字若沒有財星，逢印星入命之年，損減八字食、傷為忌。踏入社會謂之：損財上當吃虧，有口難言，以財換經驗，親人欠安。但是須注意的是：幼年讀書之期反吉，印星即是求知。又若幼年大運即走印星，牽制食、傷，必見刑喪。（少、中年一樣。）主要在讀書大吉，不能以印星在初運即論凶，求知、求學仍須印星。至於老年運走印星，印星主吃藥，牽制食、傷，主失去抗拒信心，藉印星醫藥、醫生保護，此老運則有引發宿疾，催促壽終之變。

從格：八字有財星，沒有食神、傷官，則逢印星之年，沒有引動激引之力，不會有大事，但須留意藏支是否損傷。須比、劫之年月引入，奪取財星時，才會造成大損財，來意不善，意在己財之事。幼年廣結人緣，不利讀書多分心。

從格：若男命逢流年來傷害妻星——財星時，食、傷亦同，亦主妻事煩心。若女命逢流年食、傷來損害夫星——官星時，主夫君有事煩心。更嚴重者，乃若逢大運造成，如男命大運逢比、劫，（財星沒有衛護之食傷），女命大運逢食、傷，（官星沒有衛護）則夫妻分別受傷，夫妻有兩地而居之促，離異或刑喪之徵兆。

總之：從格之看法，走印星、比、劫歲運為凶，但求學時期走印星，讀書反吉，卻有刑喪之應。讀書突飛猛進。除此之外，仍舊依照流年、流月、流日逼進法，配合「調候的論斷」、「六神的論斷」。

⑴從兒格

①八字不見印星、比肩、劫財，或只有一顆，但受到剋住。或兩顆以上，不分干支，皆不是，須以正格者。

②月支為食神、傷官。不見官星或力微，食傷佔大多數。

例①：乾造民國五十年三月九日戌時

正財辛　丑傷官
偏官壬　辰食神
日元丙　戌食神
食神戊　戌食神

生於清明後十八日六時辰。
大運於六年二個月後上運。
每逢丁、壬年芒種後十八日交換。
虛歲七歲上運。

七	辛	卯	十二
十七	庚	寅	二十二
二十七	己	丑	三十二
三十七	戊	子	四十二
四十七	丁	亥	五十二
五十七	丙	戌	六十二
六十七	乙	酉	七十二
七十七	甲	申	八十二

◎說明：

日元丙火，八字食、傷有力，且食神制煞，顯示智慧過人，衝勁十足，好勝心強。走卯、寅運，讀書大吉，畢業於某大學化系，民國七十二年癸亥年（二十三歲）考上某大學研究所，目前仍就讀上進中，依流年甲子、乙丑、丙寅、丁卯年配合連貫，求知當一直到七十六年二十七歲丁卯年己酉月止，以後大運步入己丑、戊子，配合流年戊辰年等四年土金，為名利雙收，身兼數職之時。逢木年只剩求知，不利求財。不幸在民國六十三年甲寅年（十四歲），父癌症逝世，大運在卯運。又於寅運時，民國七十二年（二十三歲），母胰臟癌逝世，在乙卯月，且先胃出血，寢室內氣為：坐山地風升。踏入社會後，走甲、乙、寅、卯年之甲、乙、寅、卯月，皆須防患上掌損財，食、傷受制，代表行事判斷疏忽，心生退志。民國七十四年乙丑年戊寅、己卯月為上當月。七十五年丙寅年財利尚吉，乃乙丑年丑土之作用。七十六年丁卯則凶。

例②：乾造　民國二十二年七月三十日酉時

正財癸　酉傷官
傷官辛　酉傷官
日元戊　子正財
傷官辛　酉傷官

生於　白露後十一日四時辰。
大運於三年九個月十日後上運。
每逢丁、壬年芒種後二十一日交換。
虛歲五歲上運。

五	庚	申	十
十五	己	未	二十
二十五	戊	午	三十
三十五	丁	巳	四十
四十五	丙	辰	五十
五十五	乙	卯	六十
六十五	甲	寅	七十
七十五	癸	丑	八十

◎說明：

日元戊土，八字不見印星、比、劫，聚氣在傷官生財，本來任教職，後來轉入行商發展。傷官通根，不見官星約束，一生行事，個性剛強，主觀意識重，無形中與人交往隔閡多，得罪他人亦不少，由於從格無印衛護，逢遇官煞之甲、乙、寅、卯年月時，亦會內外帶來許多壓力，須防失和口舌，及小孩事多憂心。每逢辰、戌、丑、未年之引入月令，即丑年為丑月後，未年為未月後半年內，八字錢財減少，為投資、購不動產之時。傷官護財，大富之命，只是在辰運甲子年甲戌月後，接連二十三年之官煞年、運，將逐漸有種外來及內在之約束、考驗，亦是磨練心性之時，若未能容忍一切，看開一切，則口舌是非會增多，且帶來更多的官煞壓力，及意外之災。若須經歷此一磨練，才能看開一切執著及心性祥和更慈悲，則已付出代價。忌逢丙午、丁未月年月，丁、壬年丙午月一樣。

不入從兒格

例①
乙酉
庚辰
丁卯
己酉

例②
甲午
庚午
乙卯
丙戌

例③
丙子
乙未
丙午
戊子

例④
乙亥
丁亥
辛丑
己亥

例⑤
乙酉
己酉
丁酉
庚子

例(6)
戊子
甲寅
壬戌
庚戌

例(7)
癸未
己未
丙戌
辛卯

例(8)
甲戌
辛未
丙申
癸巳

例(9)
壬子
戊申
己未
癸酉

例(10)
丙子
戊戌
丁亥
辛亥

◎說明：

由以上諸例，讀者會發現，類此例子，在一般傳統之判斷，皆已以從格論。可是卻偏偏須以正格看，才能了解其起伏。各例用神微弱無力，一點點比、劫、印，最怕再逢遇到官煞年剋去比、劫，亦忌財破印，更忌比、劫、印，全部受傷，三殺或雙殺出局，以六神論斷法看；類此命例者，一生皆勞碌命，乃日元生助少之故，而且見過甚多此類型者不少，命運多坎坷，誠苦命人不少，以例⑩言，每逢壬、癸年、月大凶，損財、官符，從辛年支借伏禍開始，乃丙辛合財之故。

(2)從財格

①八字不見印星、比、劫。或只有一顆，但受到剋住。或具有兩顆以上則不是，須以正格看。

②月支為財星，八字聚氣有力在財星。

例①：乾造　民國三十八年閏七月十二日丑時

食神	己	丑 食神
正官	壬	申 正財
日元	丁	酉 偏財
偏財	辛	丑 食神

生於立秋後二十六日十時辰。

大運於八年十一個月十日後上運。

每逢戊、癸年立秋後七日交換。

虛歲戊、癸年立秋後七日交換。

十	辛	未	十五
二十	庚	午	二十五
三十	己	巳	三十五
四十	戊	辰	四十五
五十	丁	卯	五十五
六十	丙	寅	六十五
七十	乙	丑	七十五
八十	甲	子	八十五

◎說明：

日元丁火，八字食神生財，衛財有力，丁壬合住，官星牽制，代表行事溫文保守，智慧過人，文章才華。其為公務員，由於聚氣在食神生財，故最後亦走上行商之途，只是心性溫和，一生之發展，以文市、投資性房地產為主。食神護財，氣聚在財，主妻個性剛強，一生得妻助成功最多。又若天干己土換為戊土傷官，則心性又轉剛強，家庭是非增多。

此從財格，或從兒格、從官煞格、從勢格等，假若流年、流月逢遇官煞，一般傳統皆以為無事，事實上無論正格或變格，若歲運逢官煞，除非干支有印衛，（須天干對照天干，地支對照地支。）否則一概皆論為：內外帶來壓力，口舌是非，官符、行車有災，皆分別會發生。就職、行商，又加上工作上之壓力加重。另家庭失和，以第一個月較重，第二個官煞已習慣。藉本例突然想到而補充之。由此亦可見官煞之可怕，難怪古人皆謂刑剋，誠經驗之談。又官煞之侵害，以天干較明顯嚴重，凡公開性，公眾所見之行為，讓很多人知道的。而地支之官煞，代表內心潛在之壓力，及逢小偷、丟掉東西之私下行為，亦少人知。論命看久了，拿到命造，一個直覺的觀念，即是先找小人——官煞，有無制化，看多了即能體會這句話，每次逢遇自己命官煞月，皆會自然在無形中，遲睡、熬夜，小孩之事煩心，內外壓力多，虛火旺等，皆須降火消除壓力。至於其他方面，先依流月逼進法代入，找剋八字已有之六神，看其何時該組六神，會全部受傷，到最後只要知道日元何者，即能知道發生何事。譬如：在乙年之戊寅、己卯月，此時甲木流年尚走，干支木星剋入，任何日元丙、丁火者，皆會發生行事疏忽，言多有失，挫折退志，上當之情，乃八字干支食、傷皆會受傷之故。

例②：乾造　民國二十五年二月十六日子時

偏官丙　子傷官
劫財辛　卯正財
日元庚　寅偏財
偏官丙　子傷官

生於　驚蟄後二日十時辰。
大運於九年一個月十日後上運。
每逢乙、庚年清明後十三日交換。
虛歲十歲上運。

十	壬辰	十五
二十	癸巳	二十五
三十	甲午	三十五
四十	乙未	四十五
五十	丙申	五十五
六十	丁酉	六十五
七十	戊戌	七十五
八十	己亥	八十五

◎說明：

日元庚金，天干辛金輔助，受雙丙合住，以從財格論。民國六十六年丁巳年（四十二歲）辛亥月病逝，一般謂逢丁年使格局更清純，豈知官煞對於任何從格言，事實上仍以不順、壓力論。一般據余累積領會，凡日元庚、辛金者，在丙月很少有意外之災，除非丙午月，個性剛強者，都在第一個官煞月，發生意外之災，個性溫和者，則延到第二個月，此庚、辛日元，大都在丁月。本命忌逢丁月。而每逢巳、午月，內外亦會帶來許多不如意事。又忌逢歲運土、金（地支）併臨，例：未年申、酉月。或未運申、酉年，則八字財星，失去衛護作用，損財大矣！若大運不是土星，則逢遇申、酉年，為喜氣投資、購不動產，每年申、酉月旅遊花費多。像此類型命造，財星有衛都為大富之命，但卻於四十二歲即逝世，吾思可能有損德之事，遭靈界減福。

不入從財格

例①

丙 庚 庚 己
戌 寅 午 卯

例②

戊 壬 甲 庚
子 戌 申 午

例③

戊 乙 乙 丁
戌 丑 未 丑

例④

丁 庚 甲 丁
丑 戌 午 卯

例⑤

丁 壬 庚 乙
亥 寅 寅 酉

例⑥

戊 乙 庚 己
子 卯 寅 卯

例⑦

壬 乙 癸 丁
辰 巳 亥 巳

例⑧

癸 甲 庚 己
未 寅 申 卯

◎說明：

不入從財格者，逢遇流年財來破印，主長輩有事。逢官煞來剋比劫，主受親友累。只要干支有兩個印星或比、劫以上，皆以正格論，只是日元較弱而已。論斷皆一樣，只是從財格或不入從財格，財源豐厚，一生致富皆可期，但官煞最好沒有，以免形成財生官煞，錢財供給小人。又順此一提，各種五行日元，比較特別的為日元壬、癸水，在中冊「流日逼進法」，曾述及癸日為凶參半日，乃先火、土再金水（流時），而癸年則為吉凶參半年，先火土月再金水月，亦為日元壬、癸水之損財、反目年。

⑶從官煞格

①八字不見印星、比劫。或只有一顆，但受到剋住。或兩顆以上則不是，須以正格看。

②月支為官煞，八字官煞氣勢較旺而多。

③八字若沒有財星，則格局最低，一生成就低微不足道，乃官煞過重，須承受甚多之內外壓力、重擔等。逢遇官煞月，照樣有事，行車有災、口舌、官符，同樣併臨，干支官煞皆一樣，任何從格皆一樣。只有正格或其他變格，有印引化，才沒有事，有食、傷回制一樣有事，較輕而已。

例①：乾造　民國三十四年五月二十一日午時

正財乙　酉劫財
食神壬　午正官
日元庚　午正官
食神壬　午正官

生於　芒種後二十四日一時辰。
大運於八年十月後上運。
每逢戊、癸年小暑後四日交換。
虛歲九歲上運。

九	辛	巳	十四
十九	庚	辰	二十四
二十九	己	卯	三十四
三十九	戊	寅	四十四
四十九	丁	丑	五十四
五十九	丙	子	六十四
六十九	乙	亥	七十四
七十九	甲	戌	八十四

◎說明：

本命主過去曾任職於某大婦產科醫院，為副院長，目前自營。由八字食神生財，可見富命已具，再加上大運卯、寅木，為登峰造極。假若此八字無乙木，則富命相差一大截，單是三個午火官星約束，就心性束縛，欠缺鬥志。民國六十五年丙辰年（三十二歲）妻產厄亡故，又於後娶妻之妹，仍在七十二年癸亥年（三十九歲）庚申月離婚，誠食、傷作用，行事衝動。本命亦忌逢丁年、丙年，其中丁年丁壬一合，有約束減弱相剋之功。但在未來丁運，四十九歲到五十四歲間，其中甲戌年甲戌月後，到乙亥年，尤其丁丑月、丁亥月，此甲、乙年之作用，轉化了雙壬之回制約束，促使丁火大運攻入，在丁丑月、丁亥月，分別有大災，唯有平日多積德，才能化險為夷，此中歲運，財官併臨，主損財又官符，事情非同小可，原因之一，乃大運寅木突然轉入丁火，錢財突減，謂之：損財之兆。又每逢亥、子年之亥、子月，亦主口舌，逢巳、午月內外壓力，此類判斷與「六神論斷法」一樣。只是婚變個中原因，本例卻值得讀者探討，與大運、幼年時期，有潛在因素。又逢庚、辛年引入庚月後，八字之財受損，交友來意在財，支借、合夥不利，庚年尚見虛情，有借有還，辛年則有去無回，尤其戊戌、己亥月，謂之：水木這一組（食神、財星），全部三殺出局。又假若乙木和壬水月干換一下，則一生聚財又不同矣！據余累積經驗得知，逢此種損財年，唯有購置不動產，才能化解，且須量力而為，乃同樣損財之故。

例②：坤造　民國前三年八月八日巳時生

正財己　酉正官
正印癸　酉正官
日元甲　申偏官
正財己　巳食神

生於　白露後十二日九時辰。
大運於五年十一個月二十日後上運。
每逢乙、庚年白露後二日交換。
虛歲七歲上運。

七	甲	戌	十二
十七	乙	亥	二十二
二十七	丙	子	三十二
三十七	丁	丑	四十二
四十七	戊	寅	五十二
五十七	己	卯	六十二
六十七	庚	辰	七十二
七十七	辛	巳	八十二

◎說明：

日元甲木，官煞有力，有癸水引化，卻受雙巳牽制，不能不棄己從官煞。亦因此官煞重，促成在成長過程中，常受驚嚇，而養成保守、忍讓之心性。印星暗傷，孝心頗重。夫星為主，在寅運民國五十一年壬寅年（五十四歲），木生巳火剋金，夫星受傷，不幸夫病亡。於後在民國六十四年乙卯年（六十七歲）身體病發，在次年丙辰年逝世，辰土解開巳火之約束，形成官煞攻入，且大運庚金用事，由此可見，命局之約束當解開時之不同凡響，又連續甲寅、乙卯年等剋土，使癸水印星復活，亦代表醫藥入命，本來土剋水為排斥醫藥，此時即無法拒絕，且大運卯木，及庚金等，皆有共同之含意存在，即使八字之癸水醫藥、醫生，在生活周圍裡出現，此乃判斷壽命之法。逢戊、己年，照樣論長輩事煩心。不能以從格即論無事，皆離不開「六神論斷法」。

不入從官煞格

例①
戊申
庚申
甲寅
癸酉

例②
乙酉
癸未
壬辰
甲辰

例③
癸酉
甲子
丁未
壬子

例④
戊子
戊午
壬申
丁未

例⑤
丁亥
丁未
癸丑
丙辰

例⑥
丁亥
丁未
壬寅
庚戌

例⑦
丁亥
辛亥
丙申
丙申

例⑧
辛酉
庚寅
己酉
乙丑

◎說明：

以上諸例可見，雖然日元助力不多，但仍以正格看，如例⑤，亥水輔助，未土陰支不能盡剋，忌逢巳、午年之未、戌月，以戌月最嚴重，謂之：受親人連累。又假若八字裡有官煞，即使為從格，在逢遇印年，使轉化為官印相生時，不能一遇印年即論凶，此情較特殊，如例①，天干逢壬、癸年有利無弊。又如例④也是一樣，逢庚、辛年皆為救星，設若此例是從格也一樣，逢引化之印年，解除工作、生活壓力，能有安逸之生活，及求知之環境。

(4)從勢格

①八字不見印星、比、劫星。或只有一顆，但受到剋住。或兩顆以上則不是，無論是否完全受剋皆一樣，以正格論。

②月支為食神、傷官、官煞、財星。命局食神、傷官、財星、官煞等，氣勢相當。

例①：乾造　民國四十三年九月二十八日寅時

傷官甲　午偏財
傷官甲　戌正官
日元癸　丑偏官
傷官甲　寅傷官

生於　寒露後十五日。
大運於五年二十日後上運。
每逢甲、己年立冬後五日交換。
虛歲六歲上運。

六	乙亥	十一
十六	丙子	二十一
二十六	丁丑	三十一
三十六	戊寅	四十一
四十六	己卯	五十一
五十六	庚辰	六十一
六十六	辛巳	七十一

◎說明：

日元癸水，官星當令，不見比、劫、印星來助，傷官有力，官煞亦重，財亦不弱，以從勢格看。在民國六十九年庚申年庚辰月後（二十七歲），及七十年辛酉年（二十八歲），尤其申、酉月，八字之傷官全部受傷，結果求財上當，以財換經驗，而且此兩年傷官受制，有口難言，祖母病重甚危。類此命造，每逢庚、辛月即為判斷疏忽，得寶貴經驗，行事挫折退志，逢甲、酉月一樣。傷官有力，若非官煞當令約束，則心性奔放無收，一生樹敵必多。然雖然如此，此傷官通根，一生中配合財星，皆有一番大成就。其父母為某鄉鎮之大財主，土地甚廣，由命造之財氣雄偉即知。又逢遇亥、子、丑年仍忌，（丑年乃子年之延伸）八字財星受傷，為保護不夠固密之故，若午火與丑土對換，則一生之成就大富，又非只居一鄉鎮而已，乃寅木護財之功，可見此排列之重要性，同樣的三合財，成就卻天地之別。

例②：乾造　民國三十五年八月二日巳時

食神丙　戌偏財
食神丙　申偏官
日元甲　戌偏財
正財己　巳食神

生於　立秋後二十日。
大運於三年九個月後上運。
每逢乙、庚年立夏後二十日交換。
虛歲五歲上運。

五	丁	酉	十
十五	戊	戌	二十
二十五	己	亥	三十
三十五	庚	子	四十
四十五	辛	丑	五十
五十五	壬	寅	六十
六十五	癸	卯	七十

◎說明：

日元甲木，生於初秋，八字食神、財星、官星三者之力，旗鼓相當，天干秀氣高透，食神生財，受官星當令之影響，個性更溫和，就職及行商文市終一生。忌逢壬、癸、亥、子年運來，謂之：行事上當，判斷有誤，親人欠安，有貴及投資機會，只利就職，不利行商，乃煞印相生之故，即逢此水年，引化官煞，就職為吉，有更多之學習又發展之機會，不能曰凶，但行商因減弱食神生財之力，且丙火食神受制主上當疏忽。亦忌逢庚、辛歲、運，主有災，及承擔重責，內外壓力，嘔氣事多，行車有災，不能因為從勢格，或其他格，逢遇印、比、劫年運即凶，逢遇官煞年、月即吉，事實上除非有印星，否則任何格局，逢遇官灰，皆會在工作上、生活環境上，帶來甚多不如意之事。算多了此類命造，及親身體會，即可知悉逢遇官煞年、月時，不論有無印星引化，或食傷制化，皆會有壓力甚大之事發生，天干遇之有災驚，及遲睡、熬夜常見，正是氣數難逃。更進一步，尋出如何化解之道，以減輕壓力，若欲全部排除此五行氣數，實際上甚難。又本命造須留意，若逢甲寅、乙卯、甲子、乙丑、甲申、乙酉年等，八字錢財減弱，投資不利。若在流年或大運有配合食、傷、財，或其八字有食、傷護財，內外之分，例如月干丙火換戊、己土，流年如：甲辰、乙巳、甲戌、甲午、乙未年等，或大運在巳、午、丙、丁運衛財，則知道甲、乙、寅、卯年，引進投資之事，大利投資有收穫，丙寅、丁卯年一樣吉。

不入從勢格

例①
甲戌
丙寅
癸亥
己未

例②
丁巳
庚戌
乙酉
壬午

例③
甲戌
丁丑
壬寅
壬寅

例④
辛巳
乙未
甲申
丙寅

例⑤
丙子
丙申
甲戌
丁卯

例⑥
丁亥
庚戌
丁亥
辛亥

例⑦
己丑
癸酉
丙寅
壬辰

◎說明：

從格與否，實際上與正格之論斷相同，依六神論斷法看，若不入從格者，其日元亦生助少，力量薄弱，一生多勞，誠為命中註定；依其聚氣所在，知一生走向方針，如例⑤，食、傷高透，為代表秀氣高透，文才並茂，文武雙兼，加上煞印相生，食、傷生財，聚集富貴在一生，只是子水若一受傷，逢未、戌歲月等，則卯木雖卯雖卯戌合化火，卻已經隱伏暗受申金之制，即友人暗累之情。又若卯　木沒有，戌土換成寅木，則子水一受剋，寅木亦間接受剋，寅木居日支妻宮，代表受妻（或夫）之兄弟連累，引官符。

(5)不入從格綜合論斷補充

例①：乾造　民國四十三年七月八日巳時

比肩甲　午傷官
正官辛　未正財
日元甲　午傷官
正財己　巳食神

生於　小暑後二十九日五時辰。
大運於八個月後上運。
每逢乙、庚年驚蟄後二十九日上運。
虛歲二歲上運。

二	壬	申	七
十二	癸	酉	十七
二十二	甲	戌	二十七
三十二	乙	亥	三十七
四十二	丙	子	四十七
五十二	丁	丑	五十七
六十二	戊	寅	六十七
七十二	己	卯	七十七

◎說明：

本命主畢業於某高中，身材壯健。假若辛金換為庚金，則以從格看，一般論未為木庫，實際上依余經驗，以燥土看即可，其他水庫一樣，以干支五行看其生剋最正確。書本例想起一簡略性之論斷參考天干如下：

•甲木：怕逢己土，（即已年、月，從己巳月到乙亥月。）又怕庚、辛金之歲月。即甲木怕逢己、庚、辛。次申、酉年月。及戊年之庚申、辛酉月，小官符。

•乙木：怕逢庚、辛歲月。次申、酉年月。及戊、己年庚、辛月，小官符。

•丙火：怕逢辛、壬、癸歲月。（辛年合住，種因期。）次亥、子年、月。

•丁火：怕逢壬、癸年、月，以壬年含虛情，癸年見反目無情。次亥、子年月。

•戊土：怕逢甲、乙年、月。尤其甲木。次寅、卯年月。

•己土：怕逢甲、乙年、月。尤其乙木。次寅、卯年月。

•庚金：怕逢丙、丁年、月。尤其丁火。乃第二年、月累積較嚴重，次巳、午年月。

•辛金：怕逢丁年、月。次巳、午年月。

•壬水：怕逢戊、己年、月。尤其戊土。次未、戌年月。

•癸水：怕逢戊、己年、月。尤其己土。次未、戌年月。

地支如下：

•寅木：怕逢甲、酉年、月。於未年申、酉月後種因。次怕庚、辛年月。申年為筋脈、意外之災，酉年為肝疾、眼疾。

- 卯木：怕逢申、酉年、月。於未年申、酉月後種因。次怕庚、辛年月。申年為筋脈、意外之災，年、月為左，日支為中間，時為右，天干為外表皮肉之傷，地支為內臟。以錢財言，酉年乃第二年，比第一年還嚴重，為累積造成。依流月延伸到戌年卯月或午月，才暫告一段落。
- 辰土：怕逢戌、未年月剋去辰中癸水，日元為庚、辛金者之所忌。亦忌逢寅、卯、甲、乙年月，依六神看。
- 巳火：怕逢甲、酉之申、亥、子月。亦怕亥、子年、月。次怕壬、癸年之申、酉、亥、子月。
- 午火：怕逢申、酉年之申、酉、亥、子月，亦怕亥、子年、月，次怕壬、癸年之申、酉、亥、子月。
- 未土：怕逢寅、卯年、月。次怕甲、乙年月，尤其乙年之寅、卯月。若日元冬生，則怕亥、子月。及申、酉、亥、子年之申、酉、亥、子、丑月。
- 申金：怕逢巳、午年、月。（若八字巳有巳，則亦怕寅、卯年月。）次怕丁年之巳、午月，種因在丙年之丙申月後。
- 酉金：怕逢巳、午年、月。（若八字巳有巳、午，則亦怕寅、卯年月。）次怕丁年之巳、午月，種因在丙年之內申月後。
- 戌土：怕逢寅、卯年、月。次怕逢甲、乙年月。（甲、乙月之上旬寅、卯日。）

•亥水：怕逢未、戌年月，尤其戌土；次巳月之下旬未、戌日。午月之下旬未、戌日。又怕戊、己年月。（戊、己月怕上旬之未、戌日。此為流月加重日。）

•子水：怕逢未、戌年月。尤其未土。次巳、午月之下旬未、戌日。又怕戊、己年月。（戊、己有怕上旬之未；戌日，亦為流日加重日。）

•丑土：怕逢寅、卯年、月。次甲、乙年月。若日元夏天生，則怕未、戌年、月，剋去水氣。以乙年之寅、卯月最怕。為干支併臨相剋。在寅、卯年之甲、乙月（須寅到酉月，流年進行期內。）也是一樣。

本造日元甲木，一生最怕己、庚、辛年月。在民國六十八年己未年己巳月（二十六歲），與摯友合夥理髮業，結果乙亥月剋去己年，流年催止時，友人攜公款四十萬元潛逃，甲己合財，使甲木化土，即使甲木坐子水亦有損傷。由此損財四十萬後，接連到七十四年底止，財務負債累累，禍不單行。六十九年庚申年庚辰月（二十七歲），與人口舌打鬥，持刀火拚，此一年仍受親友連累倒會不少。七十年辛酉年（二十八歲）一樣損財，己亥月，引入印星，為了父親之事，與人口舌，結果遭人在背後暗傷三刀，（乃巳、午、午火共三個受傷之故。）又於七十一年壬戌年己酉月（二十九歲），遭一友人騙走三萬元，流年壬戌、流年壬戌、癸亥年，皆於壬年引入壬寅月後，有新發展、新投資，同上冊官符作證養鰻者一樣，壬戌年壬寅月開茶葉行，在戊申月想改行養狗，結果做了又賠本，次年癸亥年（三十歲），戊午、己未月又思更動，（乃排斥壬水印星之故，流年之止，心生異動。）求橫財，結果在丁巳月賭博，與官相抗，贏了十多萬，誰知所拿的是空頭支票，於後壬戌月、癸亥月又另有發展，擺夜市地攤。甲子年七十三（三十一歲）戊辰、己巳月催止時，又思變動，此後在甲子年壬申月後，在其大哥處協助救人，兄長開業外科醫院。步入流年甲木比劫，為廣結人緣之階段，人事上之歷練，協助醫務，常半夜協助救人，亦算是造功補過期，七十四年乙丑年（三十二歲），在庚辰、辛巳月催止甲木時，由於醫院生意清淡，自覺內心過意不去，恐增力哥開銷，不得不藉口離去，由八字亦可見辛金剋甲木，為頗講義氣之八字，於後壬午月後，生意較佳，需要幫忙，又回來醫院幫忙。於此壬午、癸未月引入印星，亦明生另途發展之思，遂於甲申月計劃，乙酉月遠赴菲律賓，找發展之途，誠乙丑年之乙木，為遠友相助，遠方發展投資，一點都不錯，唯乙酉月坐官煞，壓力仍多，配合大運乙木，未來遠方求財，皆因此而紮根，又甲申、乙酉月，減弱八字財星之力，友人相助，又投資理髮業，奈從己未年二十六歲以來，歷練庚申、辛酉、壬戌、癸亥、甲子、乙丑年等，水氣太重，甲、乙年空有投資之良機，卻受水氣牽制八字食、傷之困，形成只見投資，不見收成，謂之：印星為以財換經驗，歷練改變。諸路皆不通，而事實上，吾人之成功，亦是因此磨練嘗試而得來。今年丙寅年（三十三歲），由於庚寅月之作用，減弱財氣，有大力投資之情，而在乙丑年引入乙木為遠友助，求遠方己土之財，己丑月引入丑土時，加重求財心切，由於寅木近友助投資後，在五月一日己火引入時，在癸巳月五月中，將逐漸轉吉，配合流年丙火在八月丙申月之作為。

從此到七十六年丁卯年（三十四歲）十一月止，名利雙收，大力投資，配合大運乙木遠友助，可謂之：遠近發展。只是此丙、丁作用，在丁卯年辛亥月（十一月）底，有催止改變之情，轉入思横財之途，七十七年戊辰年（三十五歲）從甲寅、乙卯月之春月投資，及丙辰月後到甲子月之發展，求財得利，一帆風順。但其中庚申、辛酉月，謂之：進財之期，節外生枝，須防小官符，及意外之災，皆因財而起。七十八年己巳年（三十六歲）巳己月到乙亥月，為合夥到拆夥，過去六十八年己未年之事，歷史重演，得幸流年巳火作用，尚有撈本。七十九年庚午年（三十七歲）庚辰月口舌一樣，（註：其每逢庚月都有小口舌之爭，乃八字火氣旺，辛金剋甲木，常為親友出力，打抱不平之故，親友有事皆找他，正是好人難做。）除此口舌外，尚有對會損財之應，大運乙木催止，遠方事業、友人須因緣聚散，有不良之收場，乃因接下大運亥水用事，會牽制巳、午火，最慢在庚午年申、酉、亥、子月可見，此後感慨萬千，錢財因緣聚散，財來財去，從三十七歲到八十六年（四十四歲）流年配合大運亥水連貫，印星作用，心性收斂為祥和，潛心求知學習，近仙佛、聖賢，此段期間，智慧大開，求知收穫最多，但財氣未增，凡事須守，逢壬申、癸酉年皆同前一樣，（即壬戌、癸亥年），未來子運四十七歲到五十二歲春，仍為廣求知之時，若此亥、子運學習五術，當有很大收穫，只是八字印星不見，偏重於複雜性之八字生辰推算，收穫不多，最大收穫在地理風水之簡捷性者，及修行佛法、道法上。

例②：乾造　民國三十六年二月八日卯時

正印丁　亥偏財
偏財壬　寅偏官
日元戊　寅偏官
正官乙　卯正官

生於　立春後二十三日三時辰。
大運於七年九個月後上運。
每逢甲、己年立冬後二十三日交換。
虛歲八歲上運。

八	辛丑	十三
十八	庚子	二十三
二十八	己亥	三十三
三十八	戊戌	四十三
四十八	丁酉	五十三
五十八	丙申	六十三
六十八	乙未	七十三
七十八	甲午	八十三

例③：乾造　民國三十二年八月十八日卯時

正財癸　未劫財
傷官辛　酉傷官
日元戊　寅偏官
正官乙　卯正官

生於　白露後八日四時辰。
大運於二年九個月十日後上運。
虛歲三歲上運。

三	庚申	八
十三	己未	十八
二十三	戊午	二十八
三十三	丁巳	三十八
四十三	丙辰	四十八
五十三	乙卯	五十八
七十三	癸丑	七十八

例④：乾造　民國三十七年八月十九日亥時

劫財戊　子偏財
食神辛　酉食神
日元己　酉食神
偏官乙　亥正財

生於　白露後十三日十時辰。
大運於五年七個月後上運。
每逢甲、己年清明後十四日交換。
虛歲七歲上運。

七	壬	戌	十二
十七	癸	亥	二十二
二十七	甲	子	三十二
三十七	乙	丑	四十二
四十七	丙	寅	五十二
五十七	丁	卯	六十二
六十七	戊	辰	七十二
七十七	己	巳	八十二

◎說明：

以上三例，與余同事，在某化纖廠工作，同處多年，茲分別記錄其過去發生之事實，以供參考。例②：丁壬合化木，反增丁火之旺，雙寅所藏丙火為根氣，不入從格。五十七年戊申年（二十二歲）沖去寅中丙火印星，此年母親逝世。六十九年庚申年（三十四歲）甲申月間，父親又病逝。畢業某大學研究所，電子碩士。本來在公家機構服務，六十三年（二十八歲）離職就化纖廠，到西德受訓，以專門負責聚合控制室之電腦部門，及全廠電子系統為主，為人溫和有禮，心寬體胖，六十六年任化纖廠公用處副處長，至改組皆不變。六十九年庚申年在庚辰月，金生水剋火，膀胱發炎、尿血。過去癸丑年六十二年（二十七歲）冬甲子月，丁火全熄，引管道滯塞，無法消化脂肪所致。在庚申、辛酉年申、酉月，心生異動，乃與官相抗之作用，余斯時知悉景氣不振，勸其勿動，結果由於大運亥水之引化生木，妻之勸止，及考慮甚多，才未異動，乃因異動到別家，在景氣不振時，差不了多少，甚至更不利。於後壬戌、癸亥年，水來傷丁火，加重水生木剋土，妻欠安，工作上之不安壓力，皆內、外可見。七十三丙寅月公司改組，仍未有大改變，只是甲子、乙丑年官煞壓力，促使心中感受不同，亦因此公司新當局，嚴厲整頓，管束過緊，使得從試車到改組，奉公守法之元老，承受不了皮膚過敏、壓力而離職他就者，幾乎佔了三分之二。目前大運戊運剋壬，使丁火有力復原，配合流年丙寅年，在癸巳月後，將連貫到七十九年庚午年子月止，一氣呵成，凡事如意，印星入命，學習收穫頗多，貴人多助，皆不在話下。本命造忌逢庚、辛年、月生壬水，使丁火還原。亦相對與官相抗，由於本性保守，故口舌不會，嘔氣在心難免。又忌壬、癸年、月，尤其癸水傷丁，使八字木氣攻入。逢戊、己、丙、丁皆吉。甲、乙則有壓力。藉官貴就職終其一生，為本命造之特性，亦是保守心性者，必須如此才不致一生波濤浮沉不定。

例③：任職某化纖廠之假燃課長，乃八字官星有制之故，未土為本，寅中丙火為源。一生之貴氣，皆因大運午火二十九歲後，接丁、己、丙火等，到四十九歲冬止，共有四十九歲冬止，共有二十年時光，官煞引化，官印引化，官印相生，亦武亦文，在丙運終了時，即四十九歲這一年，則貴氣因緣聚散，從此前途多坎坷有變，乃大運乙卯，甲寅官煞剋入，無印引化之故，傷官回制皆仍存在危機，在財月、日即是轉化攻入時。此一命造與一命類似：乾造　民國四十一年一月十八日未時生。八字為：壬辰、壬寅、己丑、辛未。虛歲八歲上運，每逢甲、己年驚蟄後十八日交換，從甲子年七十三年（三十三歲）丙寅月後，大運步入巳火，目前職務為領班，某工專畢業，從三十三歲後，接連巳、丙、午、丁火運等，到五十二歲丑月止，共二十年之輝煌時期，官印相生，可預期將能步步高昇，大吉在丙、丁、巳、午年年。且此二十年求知收穫多，智慧大開，近賢、親仙佛，又為必然之事。只是從五十二歲癸未年冬後，將貴氣因緣聚散，事業上有極大之不良異動，此後大運走入土金，代表貴氣沒有，但行商發財。又每逢申、酉年月須防口舌，及不良之求變，徒增嘔氣，乃因寅申沖，與官相抗之故。

本命主丙午年二十四歲結婚得財，庚申年（三十八歲）、辛酉年（三十九歲），一樣與官相抗，與上不和調職到技術處當課長。

例④：為某商專畢業，任某化纖廠之財務課長，在六十六年丁巳年（三十歲）升遷，乃八字官星有制，又得流年印星引化，形成官印相生之故，由上諸例，顯示一個共同點，即：物以類聚，配合大企業，資金十多億，即：物以類聚，配合大企業，資金十多億，喜用皆喜丙、丁火，配合官印相生，合乎地運丁火主運，火土相生格之戊子年生，品管副課長，也是一樣，惜命中無印，貴人不明，庚申年（三十三歲）、辛酉年（三十四歲）與官相抗，與上司相處多爭議，為人斯文，身材瘦瘦的；癸亥年庚申月離職，另有高就，正是掌理財務者，有先見之明，諸多同事，於公司頂讓改組後，謂余斷準公司何時關門，其實斷準又有什麼用呢！氣數難逃，思來令人感慨萬千！此論斷在六十九年庚申年間即提及。此整體性之景氣低迷，非人力所能抗拒。

例⑤：乾造　民國四十三年四月十五日巳時

傷官甲　午偏財
偏官己　巳正財
日元癸　酉偏印
偏財丁　巳正財

生於　立夏後十一日。
大運於六年八個月二十日後上運。
每逢丙、辛年立春後一日交換。
虛歲八歲上運。

八	庚午	十三
十八	辛未	二十三
二十八	壬申	三十三
三十八	癸酉	四十三
四十八	甲戌	五十三
五十八	乙亥	六十三
六十八	丙子	七十三
七十八	丁丑	八十三

◎說明：

日元癸水，生於夏天，酉金在支生身，巳酉雙合，虛情之合，若巳、午對換易位，則午火去酉金，必從格。印星暗傷，一生孝心重，常為長輩事煩心。官星有制，炎夏無水命清，鬥志高、不服輸，此意志促使大學畢業，此乃看學歷高低之一法，即宮星有制。由於八字火炎，炎上格一樣，巳、午月生之火土相生格亦同，易常熬夜、遲睡，累積腎火、肝火皆旺，斷疾病為腎臟、泌尿系統之患，及肝炎。民國六十四年乙卯年酉月，檢查尿蛋白、血尿，丙辰年（二十三歲）在家休養。六十六年丁巳年（二十四歲），入民航局服務，己未年（二十六歲）當導遊，官星入命，上級壓力，與上失和。其中戊午年（二十五歲）戊午月庚申日剋甲木，官煞入命，發生車禍，入院住一星期，（一般戊、己月皆有災。）七十一年壬戌年（二十九歲）未月離職，在港商服務，任經理。

例⑥：乾造　民國四十年七月二十五日午時

食神辛　卯偏官
正印丙　申傷官
日元己　亥正財
傷官庚　午偏印
生於　立秋後十八日九時辰。
大運於六年三個月後上運。
每逢丁、壬年立冬後十八日交換。
虛歲七歲上運。

七	乙未	十二
十七	甲午	二十二
二十七	癸巳	三十二
三十七	壬辰	四十二
四十七	辛卯	五十二
五十七	庚寅	六十二
六十七	己丑	七十二
七十七	戊子	八十二

◎說明：

日元己土，傷官當令，又透食、傷，個性倔強己見。卯木偏官又受制，形成與官相抗，丙辛合化水，庚金又無制，賴午火上剋，卻又受金水之連生牽制，可謂之：制化重重，喜丙、午生助，卻受合化或牽制，藉卯木生午火，卻又受申合住約束。高中畢業，一生最佳在巳、午運。類此心性上都有偏激之傾向，六十七年戊午年（二十八歲），得父產土地四十萬元。六十八年己未年最佳，此乃午運接流年火土皆吉，奈六十九年庚申年庚辰月甲寅日腎結石，甲申月與官相抗，與上司不和，異動離職，此時歲、運皆金、水剋入，且離職之前，又找上司大吵一頓，離職後，經營塑膠代工，虧累又倒會，類此一生只有逢遇火、土年、運才吉，觀之大運巳、午吉，寅、卯運亦可催貴。中年金、水多坎坷，起伏不定。以外表形象來看，又瘦又高，行走如雀躍，正是呈現心境、運程，終其一生浮沉不定之兆。

4.化氣格之實例解說

化氣格分為五種：

⑴丙辛化水格。　⑵甲己化土格。　⑶戊癸化格格。　⑷乙庚金格。　⑸丁壬化木格。

◎說明：

化氣格主要在天干五合，以日元為主，觀其合化。又化氣格，合化與否之原則，同中冊「基礎理論分析」一樣，皆已有詳細說明。須地支有合化之旺神，並透出天干，八字沒有剋破化氣之五行方入格。

化氣之旺神，須居月支有力，或生旺神者方入格。

化氣格之看法，並非化神一字還原有凶禍，其看法也是和一般之原則一樣，看命局維生之道，八字平衡點，聚氣所在，即依「調候的論斷」及「六神論論斷法」論吉凶。

一般而言，所指的化神一字還原，即指八字日元之偏官剋入神禍。但事實上，假使其命局存在有「印星」衛護，則非凶反吉，而論斷發生何事，仍以五行生剋變化之「六神論斷法」，配合流年、流月、流日逼進法，代入活用即是。是故，不能死守原則，以為化神還原即有禍，任何八字皆有其維生之道，皆有其穩定平衡之力量—一八字平衡點，亦必有其聚氣所在。

化氣格，依天干十個字區分，共有十組。

化氣得真者，未必富貴之造，假化之人，亦未必出身寒微，依命局聚氣，大運而論。

(1)丙、辛化水格

①日元為丙火或辛金，側旁有辛金或丙火，並合化水，（不能合化不算）且命局干支水氣很旺，沒有燥土戊、未、戌來擾亂破格。亦沒有丁火於側，剋破辛金，或於命局形成阻礙。若燥土側有水混，或濕土則入格，不論破格。

②月支須生、助化神者方是，即生於申、酉、亥、子、辰、丑月者。

③日元丙火者，逢丁為比劫奪則，逢壬、癸歲運須有甲、乙木引化，否則官煞入命有禍。日元辛金者逢丁須有戊、己衛，逢壬、癸謂之：秀氣高透，食、傷生財。

揚名吐氣，身兼數職，名利雙收，不能以傳統論破格。即仍舊依「六神論斷法」看，與一般看法同，並無特別之處。

例①：乾造　清太宗（天聰）命造

傷官壬	**辰正印**	壬子
比肩辛	**亥傷官**	癸丑
日元辛	**亥傷官**	甲寅
正官丙	**申劫財**	乙卯
		丙辰
		丁巳
		戊午

◎說明：

化氣有力，傷官通根，才華橫溢。其未入關，統一蒙古，清朝基業，於其奠基。化氣格，不見財星，知一生智慧顯現，名氣為主，思想新穎，走在時代先端，開創新機，一生辛勞，聚氣所在，為創天下之命，八字無財，但有比劫及傷官氣勢，故不能謂：淡薄錢財。反而更執著，重視名利，乃傷官競爭性，無忍讓、退讓心。大運走水木順洩大吉，初運秀氣高透，少年運大享福澤。又寅、卯運，財來剋印，有劫財衛護反吉。忌逢丁火剋入，無己印引化，巳、午火年，有辰不忌，但剋申，代表競爭催貴。逢戊、戌、未入命。秀氣有阻，家中親人有事。逢庚、辛、申、酉歲，比劫多助，使傷官更旺，眾人擁護，才華更顯。

本命局一個問題，即是傷官當令又通根，個性剛強，一生難免樹敵過多，與例二又是天淵之別。類此化水格，日元須辛金，若生於地運五運或一運，則謂之：時勢造英雄。一運出生者，在地運三、四運時，名傳千古，創下豐功偉業。五運出生者，須化氣溫和者，才能配合之癸水主運，同樣會創下一番大事業。又一運出生者，配三運之壬水主運，則須允文允武，食、傷雙兼，才能有最高之成就。

例②：乾造　民國四十二年三月十七日巳時

食神	癸	巳正官
正官	丙	辰正印
日元	辛	亥傷官
食神	癸	巳正官

生於　清明後二十五日。

大運於八年四個月後上運。

每逢丙、辛年立秋後二十五日交換。

虛歲九歲上運。

九	乙卯	十四
十九	甲寅	二十四
二十九	癸丑	三十四
三十九	壬子	四十四
四十九	辛亥	五十四
五十九	庚戌	六十四
六十九	己酉	七十四
七十九	戊申	八十四

◎說明：

日元辛金，生於辰月，丙辛合化水，且雙癸高透，秀氣有力，巳亥沖，又巳火生辰，皆有引化，八字不見比、劫、財；食神在外，傷官在內，又與官相抗，顯示文質彬彬，外柔內剛；文才並茂，配合行運金、水，尤其壬、癸運，秀氣發揮，文章才華，著作傳世，若癸巳時易為壬辰時，則一生恃才傲物，個性剛強，又與地運六不配合。同此命造生辰者，一在基隆，此在南部，卻料想不到，生於基隆者，在七十二年癸亥年時逝世，誠天地間，影響吾人者甚多，只單純之八字，欲剖析全部，乃不可能之事。

本命造畢業於某工專，民國六十四年乙卯年（二十三歲）乙酉月引入婚嫁，次年丙辰年（二十四歲）甲午月結婚。六十六年（二十五歲）丁巳年，天干乏印引化，丁未月已促損財之事，但未造成重大損失，在壬子月止丁時，損財上當。戊午年（二十六歲），秀氣阻，戊癸化火剋金，感冒接連，此年印星入命，充實知識，但燥土收穫不多。六十八年己未年（二十七歲）濕土生金，逢貴人，獲新知，但非大力發揮之刻，蓋秀氣有阻，收穫在丙寅、丁卯、戊辰、己巳月。又此印星兩年入命止食、傷，生活上、工作環境較安逸，少運動，有較多時間看書，結果己未年己巳月血壓升高，輕微高血壓。接下六十九年庚申年（二十八歲）、七十年辛酉年（二十九歲），比劫入命，廣結人緣，謂之：大利研究，運程轉順。七十一年壬戌年（三十歲），大運癸水入命，秀氣高透，揚名必然，文章才華，必見傳千古之作，尤其下半年辛亥、壬子、癸丑月。又於庚戌月，引入戌土後，次年癸亥年丁巳月剋辛金，戌土沖辰止亥，天干之己護，所經營之服飾店遭大火，幸損失輕微，店面為承租，又發生大火時，有貴人助，幫忙搬東西，才免於損害。此壬戌、癸亥年，配合大運癸水，謂之：身兼數職，名利雙收。癸亥年為先凶後吉年，吉在庚申月後，尤其壬戌月起，引入秀氣。逢此壬、癸年有利無弊，應以「六神論斷法」看。若日元丙火，則須有甲、乙衛，才無礙。前於民國六十一年壬子年（二十歲），亦名氣高透，任學校升旗指揮隊伍，及柔道社社長，田徑隊隊長，文武雙全，癸丑年任班代表。甲寅年（二十二歲）、乙卯年（二十三歲）預官服役。由上資料可知，所有判斷，與正格並未差異，只是在命格中較不同而已，食、傷吐秀，一生多勞，辰印為後援，代表有形貴人長輩，及無形靈界仙佛多助，孝順心重，心性保守溫和，柔中帶剛；八字聚氣在食、傷吐氣揚名，及智慧才華。唯今日物質時代，類此八字無財，一生辛勞求財，欲求改變命運，唯有多累積功德，尤其藉此命格秀氣，文章才華，將智慧發揮，並著作傳世，因緣成熟時，自能在祖墳上，得富貴福地，催發富貴，否則空有才華智慧，若私心自用，亦無良善之因果相報，註定一生勞碌，財來財去。目前歷甲子年（三十二歲）、乙丑年（三十三歲），到丙寅年（三十四歲）辛卯月、甲午、乙未月，財來入命，食、傷生財，謂之：名利雙收，大吉大利，研究大豐收。接下丑運再求知，以戊辰、己巳年收穫求知多，以便庚午、辛未年再學以致用，壬申、癸酉年，配合壬運，及連貫甲戌、乙亥年等，同前述一樣，但壬水作用，名氣深遠，名傳四海，登峰造極。接下子、辛、亥、庚運皆吉。戌運、戊運阻，生退志心，壽卜八十四歲丙辰年甲午月。

不入丙、辛化水格

例①	例②	例③	例④
甲子	癸未	丁丑	癸巳
辛未	乙丑	辛亥	丙辰
丙申	辛未	丙辰	辛卯
己亥	丙申	己亥	戊戌

◎說明：

以上四例，化氣之水氣不足，無法顯示化氣格之特性，一般比較，化氣格，丙辛化水格，聚氣在水，當以日元辛金而言，若日元丙火，則官煞重，無印引化，此化氣並非好事，而且日元丙火，亦不能拋棄原有，迷失自己，仍以丙火看，日元無化之理。此化氣格之日元整理，只有辛金及壬水，才是真正化氣、秀氣；日元辛金合丙，為官星約束，心性傾向保守，守於理性，若生於丙辰月，或其他辰、戌、丑、未月，則印衛心慈，於精神世界，未來靈界，皆會有較高之靈性修行境界。又日元為壬水，合丁化木，為合財，此秀氣則傾向物慾行為，若無印星衛護，則未來的靈性成就，將交白卷，空有才華、秀氣，只有造成生生世世之輪迴。即化氣事實上，主要重點在秀氣，故此化氣格，事實上，乃只在說明，日元辛金之化氣格為主。不入化氣格，判斷上皆一樣，依「六神論斷法」看。逢官煞年、月入命，須有印衛，才能免於難。否則辛金見丁皆有災。

(2)甲、己化土格

①日元為甲木或己土，側旁有己土或甲木，並合化土，（不能合化不算）命局干支，土星很旺，沒有乙、寅、卯來破格，（甲木須合化）若有制化則入格。

②月令須生於：辰、戌、丑、未月者方是。（又日元甲木者，無庚破；日元己土者，須無乙木破。）

③逢遇官煞年、月入命，若有印衛反吉，不能論破格為凶。

例①：乾造　民國十二年九月十九日巳時

正印癸　亥偏印
偏印壬　戌偏財
日元甲　巳食神
正財己　巳食神

生於　寒露後十八日八時辰。

大運於六年二個月二十日後上運。

七	辛酉	十二
十七	庚申	二十二
二十七	己未	三十二
三十七	戊午	四十二
四十七	丁巳	五十二
五十七	丙辰	六十二

每逢甲、己年小寒後八日交換。

虛歲七歲上運。

六十七　乙　卯　七十二

七十七　甲　寅　八十二

◎說明：

日元甲木，甲己合財，甲木日元無化之理，己土正財本為財，生於戌月，地支食神衛財，富命已註定，八字無官，淡薄官貴；全局以印星干支衛護為主，長輩庇蔭。逢庚、辛、申、酉運為催貴，此印星又已具備另一種維生之道，即官印相生。且大運初運庚申、辛酉，為歷練管理才華之時。己未、戊運傷印，長輩多事憂心，有祖產池塘數甲，在六十六年丁巳年（五十五歲），配合大運巳火，土地暴漲致富，誠八字偏財即是橫財，突然發的財。

忌逢戊、己年之庚、辛月，謂之小官符。又忌戊、己、未、戌傷印，逢丙、丁、巳、午皆大吉大利。逢甲、乙、寅、卯年運，須配合流年干支有火，才能在比劫奪財之投資上，有所收穫，若甲子、乙丑、甲寅、乙卯年則忌。另外逢亥、子年、月，謂之：失算，生退志心，事逢挫折，以財換經驗，親人欠安，有口難言，（食傷代表言行，受剋當然有口難言。）一生聚財，以午、丁、巳、丙運最佳，次辰、未運，但難十全十美，乃傷印之故。

例②：乾造　民國十二年六月七日午時

正印癸　亥偏印
正財己　未正財
日元甲　午傷官
傷官庚　午傷官

生於　小暑後十二日。
大運於四年後上運。
每逢丁、壬年小暑後十二日上運。
虛歲五歲上運。

五	戊	午	十二
十五	丁	巳	二十二
二十五	丙	辰	三十二
三十五	乙	卯	四十二
四十五	甲	寅	五十二
五十五	癸	丑	六十二
六十五	壬	子	七十二
七十五	辛	亥	八十二

◎說明：

本命家貧，出養異性。一般謂：化氣不成，孤兒異性。可是卻不一定。或謂庚金破格。事實上，乃八字印星暗傷，財星當令有力，已註定父母緣薄，再加上行運戌午、丁巳，皆火土旺鄉，加重癸亥印星之傷損，親長衛護不足，排斥不見。累積愈多，自能體會，看來看去，還是在「六神論斷法」及「調候的論斷」裡面轉，人生就是如此，離不開六神，只是須看讀者，是否能活用六神，將六神代入生活習慣應用而已，再加上流年、流月逼進法熟練，則知因果關係，來龍去脈——因緣聚散。

命局印星暗傷，一生中常見長輩事煩心，此出養異性之長輩，則為養父母，若逢甲寅、乙卯歲運，剋財使印復原，則又有生父母見面出現之機會，斯時印星亦主生父母。逢庚、辛、申、酉年，財官印齊全，又解開財印之剋，代表催貴發財，貴人多助，富貴雙全；逢亥、子年、月，行事判斷疏忽，文書、支票有誤，損財上當，長輩約束言行。

不入甲、己化土格

例①	例②	例③	例④
戊寅	壬申	丁丑	乙亥
戊午	甲辰	乙巳	辛巳
己亥	己未	甲子	甲申
甲子	甲子	己巳	己巳

◎說明：

甲己合化土，日元己土者，甲己合住，據余累積經驗，若八字有官合者，皆較守於理法，乃官星約束之故，計有日元：乙、丁、己、辛、癸等。此甲己合住，官星約束，甲木未化為土，形成一生行事小人多，就職上司多苛刻於己，在社會上易受人欺負，亦易上當。逢庚、辛年月與官相抗，為意見之爭、見口舌，由於甲己合住，故口舌減輕。尤其例二，雙甲約束，更使心性趨向保守。逢丙、丁、巳、午年運催貴升官，貴人助，只是基本上，貴氣已差別人，已有官印相生者一大截。日元甲木者，甲己合財，依余經驗，合財並未代表皆貪財，若命局有亥、子來剋食、傷，為心性約束，父母管教嚴，守於道德倫理、孝心，皆比較不敢胡作非為。逢庚、辛官煞來，謂之：財挾官相欺。男命為：因財生禍引官符，又受妻、小孩之累。女命則為夫累。

(3)戊、癸化火格

①日元為戊土或癸水，側旁有癸水或戊土，並合化火，（不能合化不算，即依中冊之基礎理論分析看。）命局干支，火氣很旺，沒有壬、亥、子來破格，（癸水須合化）亦沒有甲、乙木於側剋戊土，若有制化側入格。（即日元戊土者，命局無甲、乙木剋破；日元癸水，無己土剋破。）

②月支須生助化神旺氣者方是，即生於：寅、卯、巳、午月者。

③逢遇官煞年、月入命，若有印衛反吉，不能論破格為凶。

例：乾造　民國五年四月二十日未時

偏印丙	**辰比肩**
正財癸	**巳偏印**
日元戊	**午正印**
劫財己	**未劫財**

生於　立夏後十五日四時辰。

大運於五年三個月十日後上運。

六	甲	午	十一
十六	乙	未	二十一
二十六	丙	申	三十一
三十六	丁	酉	四十一
四十六	戊	戌	五十一
五十六	己	亥	六十一

每逢丙、辛年立秋後二十五日交換。　六十六　庚　子　七十一

虛歲六歲上運。　七十六　辛　丑　八十一

◎說明：

日元戊土，戊癸合化火，亦可看成火土相生格。余在中冊之基礎理論分析，即已述及，即無論合化與否，其本來之六神含意仍須看，本命造一片火土，癸水調候，卻戊癸合化火，但在民國四十七年戊戌年（四十三歲）丙辰月，產業遭回祿之災，可付之一炬，此奪財之故，又依流年看，戊戌年之戊土，本來須在戊午月才引入，可是本造不同，因命局已有己土，（若有戊土一樣）故須提前在丙辰月，引入丙火後，即火生土剋水，此點必須留意，在流月逼進法之應用上，尚有此特殊處。

由於干支有印星衛護，故歲、運逢甲、乙、寅、卯，為催貴發展，但有謠言是非，引閒言，乃八字比、劫受剋之故。逢庚、辛年、運尚吉，為名利雙收，進財助長輩，逢申、酉年之亥、水月，則為長輩欠安，其事煩心，乃土生申酉金，又金生亥子月，亥子水又剋火。忌逢戊、己年之未、戌月。尤其戊戌、己未年，八字干支水氣——財星皆傷。論疾病，首重調候，地支火炎，常遲睡、熬夜，須留意腎、肝火旺，累積腎臟、泌尿系統之患，及肝患。防患之法，詳細於「調候的論斷」。又據余經驗，生於夏天火炎者，最好在炎熱地帶長大，未來事業，則在寒冷地帶發展，一方面身體亦安康，肝、腎小疾而已，另一方面氣候降火，配合八字常遲睡、熬夜之性，收穫皆多，乃氣候使心平氣和，判斷更正確細密。

不入戊、癸化火格

例①	例②	例③	例④
丙戌	壬申	庚辰	辛亥
丁酉	癸丑	壬午	癸巳
癸巳	戊寅	戊子	戊戌
戊午	丁巳	癸亥	甲寅

◎說明：

戊癸化火格，此日元癸水，和其他的乙、丁、己、辛一樣，官星戊土約束，有合化則尚見情意，沒有合化，則代表虛情之合，平常交往之人，或上司，皆常見不利於己，企圖不良，言行苛刻，住宅附近亦會有太吵之情，正是官煞常在，欺負上門，此形成之因，乃因官星合日元，行事不如意，易憂鬱在心，未積數日，就會無形中，在肉體生理上，造成壓力，由生理上之壓力，再帶來人事上、財利上的壓力，及不如意事，故防患須心情放開朗，勿自己製造煩惱，工作太緊忙碌，則須用運動，使全身放鬆，或運動器材之美麗機，來振盪放鬆亦可，但勿置頭、頸部，以免精神恍惚及散財。有印星衛，逢官煞入命之年，為催貴。其他論斷，仍以「調候」、「六神」之論斷原則看，並配合流月逼進法、流年逼進法。

(4)乙、庚化金格

①日元為乙木或庚金，側旁有庚金或乙木，並合化金，（不能合化不算，依中冊之基礎理論分析看。）命局干支，金氣很旺，沒有丙、丁、巳、午來破格，若有制化則入格。（即日元庚金者，無丙、丁破金。日元乙木者，無辛金剋破者，才能入格。）

②月令須生於：申、酉、辰、丑、戌、未月，生助化神旺氣者方是。

③逢官煞年、月入命，若有印衛反吉，不能論破格為凶。

例：乾造　民國二十四年三月二十七日未時

比肩乙　**亥正印**
正官庚　**辰正財**
日元乙　**亥正印**
偏印癸　**未偏財**

生於　清明後二十三日六時辰。
大運於七年十個月後上運。
每逢戊、癸年立春後二十三日交換。
虛歲九歲上運。

九	己	卯	十四
十九	戊	寅	二十四
二十九	丁	丑	三十四
三十九	丙	子	四十四
四十九	乙	亥	五十四
五十九	甲	戌	六十四
六十九	癸	酉	七十四
七十九	壬	申	八十四

◎說明：

日元乙木，乙庚合住，日元乙木無化之理，千萬勿弄錯。印星干支皆衛，官印相生，加上財生官，使得貴氣所需之：財星印齊全，且一氣相生，又財星當令，財旺身弱，富貴雙全。惜財無食、傷護之，故一生以貴居多。本命主為一銀行之分行經理。一生流年大喜巳、午年，若逢丙、丁歲運，則與官相抗，且受乙木親人之影響，即木生火剋金，行事意氣用事，與上司口舌，生異動之心。事實上，如前所言，聚氣在貴，一生當依人作嫁，就職最佳。又本命造若無亥印，則長輩護衛不足，成就亦減弱甚多。

以行商言，乙木客戶在天干遠方，卻乙庚合而不化，有受親友暗累之危機存在，全部八字，財官有力，藉印星為轉化之源，逢丙、丁抗官，尚有癸印回制，即尚不至意氣用事，說辭職即辭職，仍會為親人著想（癸水），且有癸印長輩反對，促其打消念頭，此類命造，若其印星長輩成就，或無形靈界仙佛境界愈高，則其一生之成就亦相對愈高，乃因重點在印星之故；同樣印星為用，基本上之助力就不同，如父母長輩，已有一番事業，或社會背景，則其踏入社會之基準點，就高人一等。若無形高靈界仙佛或元靈，道行愈高，則在平常之智慧顯現上，就會因功力加持，而使才思敏捷；在五術；玄學之研究，亦會突破連連。不是因為其個人智慧多高之故，而是仙佛加持之功，因為吾人受肉體之限制，終究靈魂體氣脈之能量有限，仙佛則不一樣，同樣的身高，卻全部是充滿靈氣。

不入乙、庚化金格

例①

偏官丙　子傷官
正財乙　未正印
日元庚　戌偏印
正印己　卯正財

例②

偏印戊　辰偏印
正財乙　丑正印
日元庚　申比肩
偏官丙　戌偏印

◎說明：

此兩命例，皆日元為庚金，乙庚合住，旁邊之印星就免除危機，但在未來流年逢甲、乙入命時，照樣財破印，謂之長輩有事煩心，其中乙年在甲申、乙酉月後，不能謂：乙庚合就不傷印星；事實上仍同過去上冊所言，每一個地方都要放；也等於是此下冊「六神論斷法」所述之：力量的增加或減少，即凡財年來，八字有形或無形之印星，皆會減弱力量，代表長輩印星有事煩心，只是乙木受庚合較輕，甲木則無合之情較嚴重而已，又此「無形之印星」，即指八字無印而言，知悉這一點，更易明瞭六神之運用日如，而且說起來更簡單，到最後等於「知日元斷流年」。此兩例逢甲、乙傷害印星，已存在之官煞，即乘虛而入。而任何八字，不管日元為何，衛護又如何，每逢財年之官煞月，皆會有損財及意外之災。乃財剋印，而官煞月即攻入之故。由此可知，吾人在一生中，並無十全十美之事，即使再小心，逢此財年官煞月，照樣有災。

⑸丁、壬化木格

①日元為丁火或壬水，側旁有壬水或丁火，並合化木，（不能合化不算，依中冊之基礎理論分析看。）命局干支，木氣很量，沒有庚、辛、申、酉來破格，若有制化則入格。（又日元丁火者，命局無癸水剋丁。日元壬水者，命局無戊、己來剋破。）

②月支須生助化神旺氣者，即月支為：寅、卯、亥、子月者方是。

③逢官煞年、月入命，若有印衛反吉，不能以破格論凶。

例：乾造　民國十三年二月十日子時

食神甲　子劫財
正財丁　卯傷官
日元壬　辰偏官
偏印庚　子劫財

生於　驚蟄後七日十時辰。
大運於七年五個月二十日後上運。
每逢丙、辛年立秋後二十八日交換。
虛歲八歲上運。

八	戊辰	十三
十八	己巳	二十三
二十八	庚午	三十三
三十八	辛未	四十三
四十八	壬申	五十三
五十八	癸酉	六十三
六十八	甲戌	七十三
七十八	乙亥	八十三

◎說明：

日元壬水，丁壬合化木，但丁火更旺，八字食、傷護財，衝勁十足，富命已具，為氣聚所在，天干印星受剋，且排列在時，代表先財後印，執著錢財甚重，與月支傷官強烈競爭心性有關。子水在地支兩側，每年未、戌月攻入，受親友之累，及見口舌反目引官符，也是卯木傷官回制之作用。似此命造，容易激動，一生樹敵甚多，又因講義氣，亦常受親友連累，逢丙、丁年、月進財利，為左邊食神生財，右邊財剋傷印星，代表進財助親友，此庚金排在年、月為長輩，排在時柱，則代表年齡比自己小之長輩，如：師父、老師、叔叔、姑姑等。

前已述及，所有化氣格，此丁壬合化木，本為極佳之化氣，秀氣發揮，卻受合財之影響，促使增加物慾思想執著，當累積心性固型時，欲修改則難矣！生生世世之輪迴，皆因此養成習慣，造成看不開的。除此秀氣外，其他整理起來，此化氣格，共可分成兩種，即合官及合財。心性上，合官者，計有日元：乙、丁、己、辛、癸，為趨向精神領域，乃因有官約束，即能返觀自己，惕勵自己，無形中注重精神道德修為。合財者，計有日元：甲、丙、戊、庚、壬，為趨向物質慾望，對外發展，為剋出；前面合官，為剋入、剋出又與三元地理之納卦法同樣名稱。在靈性修行上，早一步開悟的，大都為日元陰干者。而在財利成就上，早一步有成就的，大都為日元陽干者。

例①
己丑
壬申
丁酉
辛丑

例②
戊寅
丁巳
壬戌
庚丑

例③
壬辰
丁未
丁丑
庚戌

例④
壬戌
丁未
壬辰
辛丑

◎說明：

以上諸例，若仔細觀之，似乎為從格，可是實際上，只例一為從格，其他為正格，以例二言，丁火熔庚金，仍須丙火才能去庚，丁火燭光，其力不足，但很特殊的，即是庚金為喜，逢丙年丙申月入命後，一般大都在丁年丙午、丁未月後，半年內，才損財嚴重，此與丙年之丙火剛中凶象進來，須走至丁年才走完。在命局八字上，仍舊須依陽剋陽、陰剋陽，及陽能剋去陰，陰不能剋盡陽看。例三之丁壬合，壬水坐辰而化木，即無傷丁之害，故論正格，但一逢庚、辛、壬、癸年月，則接連四個月或四年，連貫損財，受親長累，正是一發不可收拾，本來無事變有事，無害之壬變有害，謂之：暗伏危機。例四則官煞甚多，一生行事多小人，人事上較難如意，假若無天干壬水，亦謂之：無形之比劫受暗傷。即官煞重，會阻礙比、劫進來，故八字官煞多之人，易人事上受人排斥。印星多之人，易常受長輩約束。比劫多之人，易常錢財受友累，為友出錢。財星多之人，易常財助長輩。食、傷多之人，易常替人出力、忙碌服務。

綜合論斷說明

1.疾病論斷補述

⑴食神、傷官代表運動、勞碌、付出心力。八字不見食、傷，為生活習慣少運動、欠缺意志力，即一感冒即吃藥，當然有印星者吃更多。

⑵印星代表醫藥，救治之醫生、貴人、神明、仙佛；八字無印星，代表生病時，不太喜歡找醫生看，只顧自己買成藥服用，或不吃藥，用食物、其他物理方法治療。一般逢遇印星之年，服藥必多，此乃牽制命局食、傷，或使食、傷力量減弱，謂之：工作環境、生活形態較安逸，缺少運動之機會，加上吃飯及甜食會生痰，無形中使氣血滯，抵抗力減弱，易患感冒及其他毛病。食、傷受制，亦謂之：有口難言，退志、失去信心等。

⑶若全身氣脈打通，則命中多一無形之食、傷，以中脈打通，力量最大。詳情請看中冊「修行部份」。

⑷八字傷官太旺，脾氣暴躁者，須論斷為：胃腸、肝患。致病之因乃：怒則傷肝，肝火旺才會發怒；又由於心情不暢，生氣時會全身緊張，加上虛火，愈想愈睡不著，吃亦吃不下，皆使胃酸分泌過多，積久侵蝕胃腸管壁，須據此論斷胃腸之患。又使肝火虛旺，肝臟之患，原因有：食物常吃燥食性，如：煙、酒、動物胃腸、紅糖、羊肉、動物之血、龍眼、荔枝等，尤其夏天炎熱時，及番石榴少吃。生活習慣：常熬夜、遲睡、房事頻繁，洩元氣，虛火生慾火。工作、住宅環境、溫度太高，住宅夏天太熱，牆壁或天花板，受太陽直照。睡眠習慣性，須睡側面才睡得著，使會陰穴之陰電分泌少，不足安定神經，須做仰臥起坐改善，促使陰電分泌增強，即能改為睡正面，否則亦須每日以意念升降會陰穴－陰竅，約七十二次，以便練精化氣，生涼涼之陰電，安定神經。其他則房事節制，補品勿吃太多。（含中藥及西藥補肝之綜合維他命群及礦物質。）生活正常，住宅室內，勿鎢絲燈之美術燈太多，無形中使室溫升高，及空氣中水份減少，生煩燥之空氣。飲食多吃降虛火物。如此即能根治克服。另外尚有一項影響心性，先天之體質問題，脈逆比別人小，易受外來之刺激，產生加壓而生煩躁，如：吃番石榴，少量可助筋骨、止瀉作用，吃多連吃一個星期，馬上引來懊惱事，來借錢、煩躁壓力生口舌……，乃因番石榴有歛血之作用，吃多由於收歛作用，使全身產生壓力，由生理上的壓力，相對帶來人事上之壓力，錢財上之壓力，其他補藥含過多之歛氣藥，亦有相同之情形，（補藥若缺乏歛氣藥，效果則差很多。）此歛氣、歛血等於加壓，皆須適量，行中補之道，依余

實驗，每五至七天吃一次，不會有副作用，天天吃，一星期到半個月內，即會帶來不如意事。補藥比斂血物較少壓力，當然吃多一樣。此斂血、斂氣、束氣血物，只要查中醫之藥物書即有。普通食物斂血，以番石榴威力最大，其他斂氣血物，尚有醋、蚵……等。而社會風行之食物，則影響整體性之氣色，譬如：六十九年風行老人茶，茶葉吃少量，可清除胃腸雜質，吃多尤其生茶葉（即未經過炒的。）會使胃腸管壁更薄，積久傷胃腸，亦會消除進財氣色，使財運減弱。目前從七十三年以來，引入木、火之年，風行：健康醋，有斂氣之作用，提神等，斂氣使過去五、六年之氣候冷熱不定，及金、水年帶來大富大貴凶年，體質元氣不足等，此有收斂氣之作用，元氣漸足，漸使財運轉吉，（但亦不能過量，若稀釋過者較無礙。有斂氣仍須補氣，即每約七天吃一錢西洋參或人參，有助元氣之效。元氣愈足，配合適度新陳代謝——夫妻房事，促使生成進財氣色，進財更多。）由此可知，集體性食物、氣候、水質，影響集體性之命運，平常皆須具備有相當之普通常識，才不會人云亦云，以自己的身體當實驗品，此點和修行一樣，對人體結構，生理解剖學，氣脈原理等，皆須研讀。

(5)凡生病之人，其抵抗必減，感冒之患，又為必然之事，並非辛金之專利。每逢過年，家中有嘉慶，必糖菓、甜食吃較多，無形中促進胃酸分泌過量，而帶來感冒。乃因胃酸PH值，1.5到1.8，正常體液濃度為：PH值7.3左右，生病時PH值降到7.2，由此可知，不知原理，防不勝防，感冒之前兆，則為吐酸水，即是甜食已吃太多，皆須趕快多喝開水，中和體液酸鹼性，或吃一顆胃乳片，中和胃酸。由八字看，神經質、急性者，亦必胃酸分泌會過多，這也是生女多，原因之一，亦是判斷子息男女之原理根據。

(6)凡疾病必凶月種因，吉月引發，與損財類似，又於接連凶年種因、種病因，轉吉年交接時引發，求醫治療，這也是有些人不明白，何以吉月會生病之故。同損財一樣，剛開始流年、流月種因損財，不會感覺錢財壓力，而流年、流月交接，要轉好時，乃為嚴重之時，亦為錢財壓力最大、最痛苦時，而且一般除非藉重祖墳好地理相助，在流年轉好之際，也不是一下子就大發財，解除所有難關，而是漸漸轉好，漸漸從頭紮根而已，況且過去數年累積之晦暗氣色，體內深入骨髓之毒素，亦不是一朝一夕，可馬上轉變過來的。

(7)從八字論疾病，尚有極限，乃牽涉到無形醫學，陰靈因果報復問題，中脈打通者，全身氣脈會較常人強，陰電會分泌較多，基本上已能以氣感應氣－即陰靈之氣，一般人無法感覺出陰靈之存在，乃因體質問題，脾氣急躁，虛火旺者，就無感應之體質；而體內陰電分泌太多，則有發冷之狀，欲實驗很簡單，只要坐著閉目，升降會陰穴約五百次，配合觀想脊椎骨，自然會有一股涼意，循脊椎骨而上，此即是道家所述云：練精化氣；守腦中央之玄關，謂之：以陰電會陽電。陰電分泌過量，講話會有發抖，冬天蓋被仍會發冷，一般服食過量之蜂王乳，會傷胃腸，其亦有促進自動分泌陰電之功效，而使會陰穴自動跳動。（會陰穴在肛門與性器官之中間）。

若須上台演講者，此體質問題，講話發抖形成困擾，只要以鎢絲燈六十W，對正印堂一尺照射，閉目緩慢深呼吸，觀想由全身毛細孔吸進來，做五到十分鐘，您會發覺，講演有力，思潮如湧，且藉此電離子，促進新陳代謝，可減消陰電。但連續照射七天後，由於熱溫，會有鼻子過於乾燥，流鼻血之副作用，及肝火上升。若由於冬天室內太冷，或夏天吹冷氣，使寒氣滲透到骨髓內，形成風濕症、關節炎，痠麻無力者，可連做三天，可除寒氣。受陰靈侵擾者，此法亦可逼出，在太陽下接收陽氣一樣。一般有的人，神經質較重，乃因其陰電分泌較多，異於常人之故。當然感應乃基本而已，脈道打通，使看得到、聽得到，才是最直接。無論中西醫，若未能在無形醫學上、靈學上有成就，則一生研究醫學，只能在有形醫學上轉圈子而已，仍舊會遭遇到，偶爾讚譽，及偶爾洩氣毀譽之情。研究中醫者，雖知脈道之運行，若無籍重儀器或修成透視，以察脈道之滯塞，器官損壞之程度，及陰靈居內之作崇等，只能查及外表之現象判斷而已，尚包含猜測之成分。此情如同，身為一位地理師，沒有靈界助，或修成靈視、透視，則只能查及巒頭外圍，加上紙上作業三卦理而已，穴場下面，範圍一尺半直徑之圓形太極暈——地氣聚結終點，須挖深幾尺幾寸，是否偏離等，皆難以得知；挖破太極，即挖破深咖啡色之太極暈，使地氣外洩，造成整片數甲、數公里之地氣散失，嚴重影響他人，損陰德等皆不知。又已得地氣、地穴，又立向以當元卦運、旺氣加強拉聚，（如：目前為七運，下卦七運卦。）將前後左右之地氣，快速拉過來，使在此地氣、地脈上之他墳、宅居，馬上出事，地氣全收，速發速敗，皆因損陰德而不知，鄉鎮市民，請教神明一察即知，當然有馬上破解之法。靈界下卦，則顧慮深遠，如：目前為七運下元，靈界則用剛過去之六運本卦，最多動爻後，取動爻後之七運卦。亦即如同平常之為人處事，要顧慮到他人之利益，不要只顧自己私益，如此才能富貴連綿。至於地欠破散，若功力足的話，可以手掌心加壓封平，就怕您功力不足，地氣擴散，看也看不到，除非您已修成天眼。

(8)論斷疾病準確，於事無補，這也是余自上冊出書以來，痛下苦心，歷經三年研究，而延誤出書之原因，總算大功告成，提出供讀者參考，願能更利益眾生；有甚多讀者來函、來電詢及，何時出書下冊，且一再逛書局，常失望而歸，於此一併道歉，敬祈原諒！本來要出書下冊而已，結果愈寫愈多，加上修行部份寫不完，且考慮到由初學者入門之課本稀少，遂整理由淺而深入判斷，加上上冊，共成三本。將來有空的話，余預定再寫六本書，用兩年的時間，乃以日元為主，配合各流年、流月、流日論斷，事實上，只要知道日元，即能知道目前發生之人事變化。此種論斷，余已於七十四年十一月起，每個月初左右刊載在「台南一週」。而吾人一生，影響財運、身體的，最大為陰陽宅風水，到最後地理風水，又不得不學，真正的名師又何在呢？積德不足，無法學到真訣，光是課本錢，花起來就很嚇人，沒有靈助，照樣無法登峰造極；學到了真訣，積德不夠，私心太重，亦照樣眾生平等，無法得到好地理，即使得到，也會馬上陰德花完。學地理，最保險的方式，為吾人找地，靈界仙佛點地、立向則萬無一失，但非假乩。

例一：頭部、高血壓之患。

乾造　民國十四年十一月二十五日子時

正官乙　丑劫財
劫財己　丑劫財
日元戊　戌比肩
偏財壬　子正財

生於　小寒後二日七時辰。
大運於十個月十日後上運。
每逢丙、辛年立冬後十二日交換。

二	戊	子	七
十二	丁	亥	十七
二十二	丙	戌	二十七
三十二	乙	酉	三十七
四十二	甲	申	四十七
五十二	癸	未	五十七
六十二	壬	午	六十七

◎說明：

本命主為香港華僑，於七十二年國慶日，回到國內，參加慶典活動，順道來寒舍。斯時大運未土用事，八字不見食、傷，暗藏在丑、戌中，丑未沖去，人元一點食、傷皆消失，整個臉部發脹，雙腳冰冷，一望而知，有高血壓之患，有腦中風之慮。當未運走完時，值七十五年丙寅年亥月，八字丑、戌中辛金復活，有恢復想運動、物理治療之念，此時有生命之慮，全賴丙寅、丁卯年之印星，故延到丁卯年癸丑月末。食、傷受損，為高血壓，少運動、血濁之應。

防患之法：平日少吃肉食，多吃蔬菜、纖維素之水果，幫助消化。中脈打通，可解除氣血上沖之壓力。及平常多運動：洗澡用晒乾之絲瓜刷洗身體，可幫助血液循環。（青草店或售碗盤之雜貨店購。）運動以腹部運動，成效最多，吸脹呼縮法，或仰臥起坐。或運動器材行之振盪全身的美體機也可以，但勿振動頭部二分鐘以上，以免散財，精神不易集中。

財運方面：最怕未、戌、戊、己歲、運，除非大運在金，謂之：比、劫奪財。七十一年壬戌年庚戌月，引入戌土剋去子水、丑中癸水財星等，接連丑、辰、午、未月加重，投資付出，尤其癸亥年的戊午、己未月，加上大運又在未運，更減弱八字之財，皆形成有去無回，愈陷愈深，皆因寒冬出生，逢此壬、癸人加重寒凍，求財心切（財年），反受財困，水生乙木攻入，連帶以後流年甲子、乙丑年，皆在秋、冬甲、乙月攻入，月柱及八字比、劫受剋，官煞攻入，無印引化，謂之：財星壬子，挾官相威，倍受親人連累，損財犯官符，甲、乙月禍不單行，意外之災，欲吉須丙寅年癸巳月下旬後漸吉，引入火氣轉化八字官煞，為期兩年丙寅、丁卯年，謂之催貴有轉吉，近六十八年以來，引入寒凍，家運、事業走下坡，此時才能重新發展。唯身體卻存在一大問題，防患全靠決心。

例二：急性脾氣生胃腸、肝患

乾造　民國二十二年七月三十日酉時

正財癸　酉傷官
傷官辛　酉傷官
日元戊　子正財
傷官辛　酉傷官
生於　白露後十一日三時辰。
大運於三年九個月後上運。
每逢丁、壬年芒種後十一日交換。

五	庚申	十
十五	己未	二十
二十五	戊午	三十
三十五	丁巳	四十
四十五	丙辰	五十
五十五	乙卯	六十
六十五	甲寅	七十

◎說明：

本命為從格，從兒格。勿以為戊土氣虛，論為胃腸之患，抓住原因，才能改變氣數。

傷官太旺，生財、衛財有力，為一富命。命格清純，仗義直言，口直心快，打抱不平，就職逢之會拍桌子，加上八字無官，怒目相向時，不顧法律問題，疾病激因，皆因爭辯而起，凡事由心造，修心養性為日平之需，以免火氣大，縱然修成佛體、星光體，仍舊使光氣顏色，停留在紅光階段，永遠無法到達最高之最高靈界，可由最根本之佛經、善書上觀起，徹底改善心性，常常默念「成佛之原理及方法」（中冊）所述之：凡事看開不執著……等。及平常多留意，保持臉上微笑狀，即能迅速收效。財運方面，在從格部份談及。本命主脾氣急性，行事主觀意識較強，體質肝火旺，急性造成胃酸分泌過多，侵蝕胃腸管壁，在五十五年丙午年胃患住院，印星醫藥牽制，亦主從格之上當，但大利求知；類此只要修放鬆打通氣脈法，即能消除及防患。

例三：夏天出生的疾病。

坤造　民國四十四年五月九日辰時

正財乙　未正印
食神壬　午正官
日元庚　申比肩
比肩庚　辰偏印

生於　芒種後二十一日六時辰。
大運於三年三個月二十日後上運。
每逢戊、癸年寒露十一日交換。

四	癸	未	九
十四	甲	申	十九
二十四	乙	酉	二十九
三十四	丙	戌	三十九
四十四	丁	亥	四十九
五十四	戊	子	五十九
六十四	己	丑	六十九

◎說明：

本例，須參看前面「調候的論斷」之理論，以配合活用。炎夏出生者，忌逢未、戌年、月，尤其戌年之戌月，使地支、臟腑火炎，為虛火上升，睡眠失眠之狀，與任何日元，逢遇官煞月，必遲睡、熬夜，睡眠不正常一樣，但此巳、午、未月生者，尤其巳、午月生，則為基本體質之不同。若官煞月過後，則漸恢復體質正常。若巳、午、未月生者，則須申、酉、亥、子年，才能因生活習慣之正常，而引發宿疾。似此例，外觀壬水調候似無病，其實體內虛火旺，雖然官煞重當令，卻也顯見急躁之性，外緣佳，於內急躁佔權。逢七十一年壬戌年庚戌月，引入戌土，剋入申中壬水，辰中癸水，製造突發之事，為了壬、癸食、傷兒女之事煩心失眠，在辛亥月引入亥水之微兆期時即十月三十一日丁亥引發虛火上升，庚戌月種因，辛亥月、壬子月引發卵巢發炎，並口乾、口臭。以右邊及中央發炎較嚴重，乃申、辰之故。

同樣的火、土剋水，配合大運、流年，而知輕重。若為小孩，則論斷膀胱無力，大人論腎臟、泌尿系統、婦女病等，而致病的原因，同樣都是體內虛火上升，肝臟解毒功能降低，體內充滿毒素，故論腎患，亦須連肝臟同論。其他尚有一坤命，民國四十五年生，八字為：丙申、甲午、壬午、丁未。同樣辛亥月引發，口乾、口臭，泌尿有血絲。也有一女命，生於民國十三年，八字為：甲子、庚午、丙戌、甲午。牙齒流血，體內虛火上升，次年亥年未月，胸口煩悶燥熱，照X光沒毛病（心臟）；像此種男女例子甚多，全身虛火上升，燥熱不舒服，胸口煩悶，眼睛乾澀，口乾、口臭、嘴破等。此種病狀，中醫診斷立知，西醫則看不出來，X光、斷層掃瞄也看不出來，除非他是中國人，才知道此乃虛火、發炎現象，故最多只開消炎之處方，高單位的維他命C片能收速效，加上眼藥水消炎，但C片不能常吃，以免體液高濃度現象積久生結石。其他防患方法，皆已在前述及。假若中、西醫在治療上，能配合參考本文，知其致病之原因，即能配合生活習慣與藥物，雙管齊下。否則藥物降火、消炎，卻住宅太熱或熬夜，使虛火上升，永遠無法治療，縱然名醫也會損譽的。

例四：冬天出生的論斷。

乾造　民國二十一年十二月十二日子時

劫財壬　申正印
比肩癸　丑偏官
日元癸　酉偏印
劫財壬　子比肩

生於　小寒後十一時辰。
大運於九年六個月十日後上運。
每逢丁、壬年小暑後十一日交換。
虛歲十一歲小暑後十一日上運。

十一	甲寅	十六
二十一	乙卯	二十六
三十一	丙辰	三十六
四十一	丁巳	四十六
五十一	戊午	五十六
六十一	己未	六十六
七十一	庚申	七十六
八十一	辛酉	八十六

◎說明：

本命主生於寒冬，八字缺少木、火。官煞又當令，形成保守、穩重之心性，出生、成長於台南市郊，畢業於商職，踏入社會，皆在其父之營造廠、漁塭協助經營，由於八字一片寒凍，無財、無食、傷，行事較固執心重，以保護自己；於前面大運甲寅、乙卯，食、傷用事，配合心性，食、傷揚名，為學校之田徑選手，參加短跑及鉛球，又練國術、柔道等多項運動，外表身材壯碩。同樣的食、傷大運，若心性不同，大運排列在少年、中年、老年，則論斷揚名吐氣、名利雙收一樣程度上及習俗上則有不同。對於身體上，照樣會忙碌，及廣泛運動。心性溫和者，會呈現行事較積極，較慢性者，會增加衝勁；個性剛強急躁者，則帶來口舌、是非，行事不顧一切，現實、鐵面無情，皆因食、傷入命與官相抗，平日因忙碌，使體內虛火上升之故。同樣本命造之人，若生在北部，往南部居住發展，則發揮最高。其次為生於南部，住在南部者；再其次為生於北部，在北部發揮者，最後為生於南部住北部發展者。皆因體質問題，保守之性，須氣候火氣來增加衝勁。此情已述於「調候的論斷」。

似此八字缺少，而大運補足，形成因緣聚散，若財星則謂：財來財去。少年的食、傷運，因運動而造就強健身體，當食、傷運走完，從三十一歲後，除非遇到食、傷年，甲、乙、寅、卯年等，皆會在生活上，減少甚多運動之機會，八字又無暗藏食、傷，論斷疾病，首先就要考慮到：防患少運動，坐欠形成腰閃、坐骨神經痛，尤其室內寒冷又常赤腳，使寒氣蓄積在少運動的腰部。最後論斷因腰部受傷，（少年時期運動不慎亦有關。）而缺少更多運動機會，將來須防患：頭部、高血壓之患。平日防患之方法，請看例一。八字無食、傷，以冬天生者，寒凍最厲害。

財運方面，在五十六年丁未年，大運在丙火用事，（看大運除非看合化與否，須看干支，否則皆須分開各管五年。）家產分四兄弟，其得一份漁塭約一甲。以後戊申年後，接連到六十二年癸丑年，皆走金、水年，加上大運辰土水庫，更加重一片寒凍之象，苦心借貸經營漁塭，以養育、教育四女二男，勉強過日，交入丁運四十一歲，流年尚在壬子、癸丑年，水來火熄，大運丁火無用武之地，但已因子女讀書之成就漸寬心，一直到甲寅年六十三年四十三歲，從寅月起，漸增火氣，但因癸丑年之癸水尚須走到己巳月，且此甲寅年漸裕，亦因其兒子畢業，減少學費之支出，此甲寅年為順吉之年。接下乙卯年因近市區，漁塭地售價四百萬元，誠丁火、乙木通明，又購郊區漁塭三甲，計一百五十萬元，此三甲地，又於六十八年己未年出售六百萬元，加上其他房地產，因社會繁榮而漲價，此時資產共計約一千萬元左右。其中大運丁火偏財，轉入大運巳火正財，巳申合而不化，火氣丙火更加強威力。流年戊午年四十七歲，雖然戊癸合化火，但前面中冊基礎理論，余即已提到戊土加強，戊土仍須看，此年火生土剋水，天支無印化解，財挾官相威，財代表妻，官代表壓力，其妻即例五，戊午年不良於行，四處就醫，且其丈人逝世在戊午月，可謂禍不單行，八字即是妻事帶來煩心事。己未年四十八歲，也是財官攻入，大運吉，流年官煞壓力，為喜氣損財，分別在戊午、己未年嫁女兒，由於未年申、酉月後，引入下面申、酉年之申、酉金造因期，從己年四十八歲申、酉月後，大運巳火漸減力量，接連四十九歲庚申、五十歲辛酉年，印星入命，親戚長輩常交往，加上巳申合，巳酉合財，印來合財，謂之：親戚來意不善，意在己財，前來支借，八字無食、傷，知此支借，非出於心甘情願，有勉強性質，此兩年金年又生八字之水剋大運之火財星，皆損於申月後寒冬最多，此親戚長輩為妻之兄長，來借錢竟然是為了賭博用，巧立名目欺騙老實人，且每次皆利用喝酒對談之交往，促其失去戒備心，轉眼之間，傾蕩其手六、七百萬，包含了會錢、其他投資等。假若本命主於四十八歲己未年售漁塭後，能再購入漁塭，則同樣損財，卻結果不同，今日人心不古，則利忘義者多得是。論命余若見他人之凶年，都勸其人在將凶之前，購不動產，則可化解，不會錢財露白。

接下戊運官星攻入，天干壬、癸皆傷，從五十一歲壬戌年戊申月起，戊運合癸化火，但戊土仍在，火土相生，帶來官星壓力錢財壓力，五十一歲壬戌年、五十二歲癸亥年、五十三歲甲子年，水來熄火，水年比、劫廣結人緣，同樣謂之：來意不善、意在忌財，各於戊、己月反目引發，如壬戌年的戊申、己酉月。癸亥年的戊午、己未月。甲子年的戊辰、己巳月，有錢變沒錢，天天為借貸還債，房屋利息奔波。甲子年乙亥月因其父又逝世，一片寒凍，乙丑年仍不順，乃因子水尚走之故。但從甲年甲月以來，諸事則呈現轉變為吉，依過去從己未年壬申月，到乙丑年己丑月止，可謂：接連金、水，甲、乙木之年，參雜水氣，故稱欲吉未吉，從七十一年以來，共四年，欲脫售房屋、土地，只有丙、丁、巳、午月才有可能進財，部份脫售，大部份卻夾住，為利息所苦，皆因大運戊土雖化火，官煞之壓力卻不能不看之故。

從七十五年丙寅年五十五歲庚寅月起，將引入木、火之氣，尤其癸巳月五月，木火通明，配合下半年之丙申月引入丙火，將轉逆為順，乙丑年之丑土有印引化不忌，丙寅年謂之：重振旗鼓，展現新機，亦是此時地運七運主運，但為大富大貴之吉年，景氣完全復甦可期，接連丙寅年五十五歲、丁卯年五十六歲，由木火流年，配合五十六歲夏天，大運午火用事，地支財官印齊全，火運溫暖，官星大運壓力不見，壓力解除，可預見的是，此丙寅、丁卯年喜氣洋洋。依照大運午火之走向，為一生財星之最後一運，到六十一歲壬申年丁未月止。斯時亦將歷史重演，且更甚於從前，謂之：命中有時終會有，命中無時，因緣一到，形成緣生緣滅，恢復原狀。由此可知，八字命局為一個基準點，受到大運、流年之加入，促使增加減少，造成佛教所說的：緣生緣滅。七十七年戊辰年五十七歲，大運在午火，和戊午年十年前一樣，而且加重濕氣，官煞帶來壓力，子女事、妻事煩心，戊午年為女兒之夫還賭債十萬元，妻欠安不良於行，全身瘀血腫脹，又嫁女兒，此五十七歲為子女、妻事煩心為必然，只是八字難以指明何種事情，此即看刑剋之一法。此戊辰年濕氣重，有損火氣，在己未月七月行事須小心。任何八字，凡逢遇干或支之官煞月，無論有無印星保護，食、傷回剋，皆須論內外壓力增加，嘔氣事多，不良情緒，生不良之氣色，使氣數難逃。接著七十八年己巳年五十八歲，財官入命，亦沾喜氣；逢此戊、己年、月，皆會形成土剋水，比、劫受傷失情誼，口舌是非，及錢財壓力支出。大運吉，流年不順，亦參雜喜氣損財。七十九年庚午年五十九歲，為流年火之終止，庚金於天干尚無大礙，為運吉、歲吉，財喜臨門，亦為一生中，錢財登峰造極，若六十九年庚申年，則因地支申金引入金、水，直接損傷火氣則又不同。從庚午年丁亥月後，損止午火，從此將逐漸真正步入金、水年，促使寒凍。關鍵在庚午年，引入庚金，從四月庚辰月起，親友廣來往，錢財交往，有借有還，尚見連絡感情，以逐漸消除戒心為主。八十年辛未年，加強印星親戚交往，從壬辰月四月，癸巳月五月，增加水氣來奪財、支借。乙未月七月，引入未土，官貴、地位誘惑，掛名連累將來，八月丙申月後，引入壬申、癸酉年之金、水，從此錢財又傾洩而出，註定了大運午火將終，換上六十一歲壬申年之大運己運，錢財因緣聚散，突發事件，虛名虛位，不只恢復了八字本無財，且又加上官星壓力，身受掛名之累。除非再逢遇丙、丁、巳、午年，為短暫進財。本命主為余一近親長輩之命，故其事耳聞甚詳。過去從六十八年己未年申月後，運程將走下坡之際，先購地建屋，於六十九年庚申年四十九歲，上半年搬入新居，舊宅三合院拆掉，新屋後面空缺，高四樓，住在三樓，後面空缺，代表受自己人、熟識之人連累，樓梯在右側，樓上門路皆以右側為主，分男左女右，應驗了女主人親戚之累，大門向西方，雖合外氣當運亦無用，（此左、右側，乃以坐在屋內，面向屋外而分左右。即以坐山為主。）由於新屋，使得室內之人氣從頭紮根，其母剛住進去半年，即受不了，高血壓病倒；一般輕者，為剛購入新又厚的棉被，蓋上一天到七天，倒楣、欠安接連而來，乃元氣平衡，被吸在棉被之故，同新屋一樣、睡地上一樣，人氣對流補充；住新屋皆須在三年內，每七吃一點人參補氣。後面空缺或側面空缺，使室內人氣受到對流吹散，永遠無法達到飽和，元氣消耗，氣色不繼，損財、欠安為必然。過去如此，以後辛未年一樣會如此，住宅先不良異動，再引入霉氣。使八字算準，氣數難逃。

例五：不良於行

坤造　民國二十一年五月十日子時

正印壬　申正官
傷官丙　午食神
日元乙　巳傷官
傷官丙　子偏印

生於　芒種後六日九時辰。
大運於二年三個月後上運。
每逢甲、己年白露後六日交換。
虛歲三歲白露後六日上運。

三	乙巳	八
十三	甲辰	十八
二十三	癸卯	二十八
三十三	壬寅	三十八
四十三	辛丑	四十八
五十三	庚子	五十八
六十三	己亥	六十八
七十三	戊戌	七十八

◎說明：

本例為例四之妻。八字無比、劫，知行事喜獨來獨往，朋友知己不多，加上食、傷有力，有印星制食、傷，代表長輩約束，家教嚴，由於傷官外露，雖受牽制，仍有剛強之個性，又加上申金正官暗傷，受到午火牽制，謂之：與官相抗，再加重剛強之個性，日元助力少，全看壬、子水，調候生身。由八字看出心性之倔強，尚有受到在家排行之影響，無論八字個性如何急躁脾氣，若似本例為長女之命，由於長輩關愛呵護較多，及多幫忙做事家，故從成長階段，即有甚多磨練忍讓弟妹之機會，積久養成忍讓之性，縱使八字夫星暗傷，有婚變之催促，亦須考慮及此，尚會言歸於好的。一般若排行老二（分開男女算。）其個性上都會比較剛強，最令父母頭痛的，也是老二，反抗心較大，即前面有大哥，其為二弟。或前面有大姊，其為二姊，中間沒有交錯男生或女生。

食、傷旺有力，疼愛子女有加，回報必然，官星力微，勞碌助夫，八字無財與夫君一樣，逢戊、己年，如六十七夫戊午年、六十八年己未年，大運辛金用事，財星入命，進財必然，卻土剋水，依左右入命，右邊傷官生財，左邊傷官生財但剋壬水，謂之進財助長輩，親人欠安，父親病逝在戊午年。此戊午年，歷經未、戌月，八字之水皆傷，一片炎燥，氣機不流通，全身浮腫，瘀血不暢，腎水受剋之故。四處奔走醫治無效，瘀血滯礙，乃經一國術館之師父，以手法拍出，配合傷藥貼患處，不用服藥而癒；亦曾有多人類似此情，因少年運動傷害或碰傷，未用藥洗治療，結果瘀血下沉，積久愈大，壓在神經上而疼痛不能走，在坐骨神經或其他部位，照X光只見點狀黑點，以為骨刺，結果不是，乃瘀血，經手法拍打，引出瘀血使擴散，配合貼藥膏，幾次即癒，免除西醫開刀之苦，幸對症下藥，未造成諸多後遺症，謂之：不經一事，不長一智。此症狀非中年人以上之專利，亦有年輕人如此。此家：瑞裕國術館，在台南縣新營市太子路三十二號，郭瑞明先生癒人無數，藉此一角讓讀者多一貴人；余與其非親非故，無代為宣傳之必要。過去曾有讀者，拿不良於行，手足萎縮之命造，與余研究，當時示其帶患者往該處治療，結果很快即痊癒；依余所知，郭先生只要一看病患，一按即能使瘀血部位顯示出來，若不是瘀血所造成的神經痛、關節炎、打傷等，亦會言明，或另請醫生，對症治療。

七十一年壬戌年庚戌月後，到癸亥年五十二歲己未月止，大運在丑，流年戌土用事，歲運皆土，八字干支印星全傷，在癸亥年戊午月母逝。平常論八字，只要印星受剋，即是代表長輩有事煩心，只是分輕重而已。此歲、運攻入，當然嚴重。而在壬、癸年，使八字食、傷受制，有口難言，謂之以財換經驗、上當，結果接連被倒會，皆親密親友。假若流年為壬寅、癸卯年，則減輕矣！但不能因為下面有寅、卯木，誤為水生木，可化解凶危，照樣有事，小上當而已。假若逢午月，剋去申金，謂之與官相抗多口舌。算來算去，連進財年也會剋印星，帶來長輩事煩心，吉年亦有不如意事，凶年更不用說，有時候細心體會，令人深深覺得，做人並無十全十美，永恆美好之事，再不看開執著，修通中脈，並多積功德，貢獻社會，朝夕時光不留情，轉眼老年將至，人生空白，雙眼一閉，留在墳地，或當好兄弟拜拜，後悔皆遲。

前面例三，逢戌年戌月，剋去八字食、傷，地支火炎，為子女事煩心，在戌月失眠；本例在下半月，尤其丙戌日，剋傷印星，為長輩事煩心。平常每逢戊、己、未、戌月皆一樣，但事情較小，地支火炎，謂之：失眠，睡眠不正常，使腹內皆火，虛火上升。本命逢天干庚、辛金，為官印相生，金水足，更心平氣和。甲、乙年則平順漸吉。逢干支水年，如壬、癸、亥、子年，使八字食、傷力量減弱，相對八字無形之錢財減少，不能謂吉；若以傳統之分強弱者言，日元弱，逢印星之年當吉，助日元之故，這下子判斷皆錯；論財運如何，須看八字裡面，食、傷、財之力量如何，受到流年之影響，力量是增加或減少而定，簡單地說：任何八字，只要逢遇食、傷、財年，必為進財量增加時，只是分別其是否積存下來而已。逢比、劫年，一樣會錢財緊，只是分喜氣或霉氣花費之不同。逢印星年財減為必然。乃印制食、傷。比、劫奪財之故。

本命怕燥土，例四一樣，謂之：夫妻同命，流年吉凶相同保長久，同甘共苦。七十三年甲子、七十四年乙丑年，加上水氣，形成欲吉未吉。同樣從丙寅年五十五歲庚金大運，木火通明，食、傷生財，五十五、五十六歲財源廣進，充滿喜氣，大運庚金官印相生，富費雙全。只是此運走完，接下子、亥、燥土等，又將形成難以兩全其美。整體性言，水運利於調養身體，戊、戌運不利腎臟，尤其亥運走完，引入戊土，恢復八字之燥性，在七十五歲丙戌年己亥月為忌。平常皆須多喝開水護腎臟。

2. 個性心術、品性之論斷

(1)論心性，須知天干形於外，容易引動，受外來因素刺激而改變，激發其性，且為公眾下行為，故事情發生，看起來較嚴重。地支藏於內，事情發生為私下行為，亦為潛伏性，較不易引動。

(2)本文只要對「調候的論斷」及「六神論斷法」，有詳細研讀了解，則在論斷上，皆可謂：駕輕就熟。

(3)逢遇食、傷年，與官相抗，心性必激引抗拒，易生口舌，但以官星在天干者論之。若官星藏地支，則較不易激怒。若官星只有一個且居年或時干，則心性剛強，此為激因，易受流月食、傷剋去見口舌。依余累積經驗，若天支有兩個官星，沒有受制則心性較易忍耐，但逢食、傷年，與官相抗，照樣與有地位者、或上司生口舌爭論，就職催異動之心。

(4)傷官性傲、剛強，通根有力，沒有牽制者，（即印星或財星順洩。）脾氣倔強，敢怒敢言，打抱不平，易見爭端，明露在天干者為外剛，天干不見，藏於地支者，為外柔內剛。但居月令（月支）須同天干論，乃月支當令用事，力量甚大之故，言行都會較積極，唯有藏支者較會忍耐，不易意氣用事。亦即論斷心性，須先看八字官星力量，以知其約束力，知傷官以察其傲氣。此兩項列為優先，再配合參看其他六神，事實上，論斷任何一件事，整個八字之六神都有影響，都須參看。只是分其主、客而已。

(5)寒冬出生，火熄者為陰森、心性有不正之憂。食、傷受剋，（即印星牽制）謂之：長輩約束言行。相者為：判斷失誤，又主來考試；洩氣沒面子，又主事見爭辯。

(6)炎夏巳、午、未月生，尤其巳、午月，命中八字水星不見，又無官約束，只支有辰、申、丑等水氣，易生桃色引禍風波，詳上冊「桃花」。比劫受流年官煞剋制，不分流年吉凶，必有謠言是非，失和之情發生，命中有反擊之食、傷，必見爭鬥，傷官旺，脾氣不好者，是非更大。

例①：乾造　清光緒十九年十一月十九日辰時

偏官癸	巳劫財
正印甲	子偏官
日元丁	酉偏官
正印甲	辰傷官

八	癸	亥	十三
十八	壬	戌	二十三
二十八	辛	酉	三十三
三十八	庚	申	四十三
四十八	己	未	五十三
五十八	戊	午	六十三
六十八	丁	巳	七十三
七十八	丙	辰	八十三

生於大雪後十九日二時辰。

大運於六年四個月後二十日後上運。

每逢乙、庚年立夏後九日交換。

虛歲八歲上運。

◎說明：

本命造為毛澤東之命造。八字聚氣在煞印相生，雙甲護丁，巳火暖局，助力不少，難怪有許多能幹之人跟著他，如周恩來之類。

命格陰氣沉沉，缺點在巳火受癸水及子水牽制，濕氣太重，加上大運初、少年運金、水，為塑造心性偏激、陰森，若支有火、燥土多一個，或天干有丙、丁火則火氣足，心性改善更多。

例②：乾造三十五年八月二十九日辰時。

正官丙	戌正印	六	戊	戌	十一
偏官丁	酉比肩	十六	己	亥	二十一
日元辛	丑偏印	二十六	庚	子	三十一
傷官壬	辰正印	三十六	辛	丑	四十一

例③：乾造三十六年十月十六日酉時。

偏官丁	亥傷官	八	庚	戌	十三
比肩辛	亥傷官	十八	己	酉	二十三
日元辛	亥傷官	二十八	戊	申	三十三
偏官丁	酉比肩	三十八	丁	未	四十三

例④：乾造四十二年七月三十日卯時。

食神癸	巳正官	十一	己	未	十六
劫財庚	申劫財	二十一	戊	午	二十六
日元辛	酉比肩	三十一	丁	巳	三十六
比肩辛	卯偏財	四十一	丙	辰	四十六

例⑤：乾造四十四年三月二十八日申時。

偏財乙	未偏印	六	己	卯	十一
劫財庚	辰正印	十六	戊	寅	二十一
日元辛	亥傷官	二十六	丁	丑	三十一
正官丙	申劫財	三十六	丙	子	四十一

◎說明：

此四個命造，日元皆為辛金，在癸亥年七十二年，下半年壬戌、癸亥月，同為與官相抗年、月。

例二、三、兩造口舌衝突極嚴重，欲動干支。例二更常見逞能，替人擺平，七十四年己丑月，即七十五年丙寅年新曆一月，競選市議員落選。唯有例四及例五，口舌不明顯，乃例四官星化水，且在地支不明顯之故。例五則為官星合住，此官星沒有受傷，又化為壬水，心性約束，亦不見口舌，但假若庚金換為壬，則同樣見口舌矣！

亦有官星居月支者，癸亥年壬戌、癸亥、甲子月，與官相抗，亦見口舌，誠激因大小之反應，月支如同天干易激。

例⑥：乾造　民國二十一年五月十九日卯時

偏官壬　申偏官
劫財丙　午傷官
日元甲　寅比肩
傷官丁　卯劫財

六	丁	未	十一
十六	戊	申	二十一
二十六	己	酉	三十一
三十六	庚	戌	四十一
四十六	辛	亥	五十一

◎說明：

本命造為某地黑社會頭子。

傷官當令，又透食，丁火無制，敢言敢做，比、劫藏支，兄弟盤踞，有班底。官星受制，與官相抗，勇氣十足，大運申、酉金傷木，傷官回剋，激發其性，口舌、爭鬥，皆為人生刀劍歷史，步入亥運，目前行事收斂，改變甚多。卻在乙丑年五十四歲冬，發現身染大腸癌。

一般只要八字比、劫，受流年、流月官煞剋住，即代表有失和、口舌之情。比例傷官之性，爆發事端，當然更嚴重。每年申、酉月見口舌。申、酉年之申、酉月大衝突，一生財來財去，皆因八字無財，傷官義氣用事，支借、幫助弟兄所致。又逢辰、戌、丑、未月之下旬申、酉日小口舌。

例⑦：乾造　民國四十三年三月十七日子時

劫財甲	**午食神**	七	己	巳	十二
正財戊	**辰正財**	十七	庚	午	二十二
日元乙	**巳傷官**	二十七	辛	未	三十二
傷官丙	**子偏印**	三十七	壬	申	四十二

◎說明：

八字無官，傷官透出，有子水約束，又受巳火中之戊土影響。謂之：外柔內剛，隱藏激因。

六十七年戊午年（二十五歲），六十八年己未年（二十六歲），皆於午月發生口舌，邀人單挑，左、右側臉上，皆有擦傷，若在庚午月，則左邊臉上較嚴重，乃甲木在左之故。（即年、月為左，日支為中間，時為右邊，天干為皮肉之傷，地支為內傷。）其他逢每年之午月，也有口舌。

此午火使子水沖去，天干丙火傷官無制，脾氣爆發。

例⑧：乾造　民國三十九年一月十一日亥時

正印庚	寅傷官	三	己	卯	八
正官戊	寅傷官	十三	庚	辰	十八
日元癸	巳正財	二十三	辛	巳	二十八
比肩癸	亥劫財	三十三	壬	午	三十八

◎說明：

八字傷官當令，共有兩個在支，官星透出戊癸合化火，亦有庚金印星引化，衛護日元。脾氣倔強，恃才傲物，為某大學法律系畢業，能言善辯，抱不平，皆已成習慣。

六十九年庚申年（三十一歲），七十年辛酉年（三十二歲），大運在巳火，流年印星入命，六十九年庚申年（三十一歲），七十年辛酉年（三十二歲），大運在巳火，流年印星入命，代表生活上有長輩常交往，來約束言行，金剋木，在申、酉月間，傷害寅木，使生退志，有口難言，此兩年傷官受阻，在長輩親戚家就職，倍受責難，發生口舌，在家亦受長輩指責，有志難伸。類此每年之申、酉月，皆有意見之爭，行事言多有失，判斷疏忽，洩氣沒面子，心生退志，思再上進求知之心，乃印星流月來，即代表引入求知之事。

3. 意見之爭打架之論斷

論斷任何一件事，事實上與每個六神皆有關連，論此意見之爭、打架，也是一樣，本篇及個性心術、品性之論斷，和賭博之命等三篇，皆有共同含義，本來即不分，本文之目的，乃多舉例及區分，讓讀者多些實例參考。

⑴由印星看口舌、意見之爭。

例①：乾造四十五年三月十二日酉時。

正印丙	申傷官	五	癸	巳	十
正財壬	辰劫財	十五	甲	午	二十
日元己	未比肩	二十五	乙	未	三十
偏財癸	酉食神	三十五	丙	申	四十

例②：乾造五十三年十二月十二日戌時。

偏官甲	辰比肩	八	戊	寅	十三
正印丁	丑劫財	十八	己	卯	二十三
日元戊	辰比肩	二十八	庚	辰	三十三
偏財壬	戌比肩	三十八	辛	巳	四十三

◎說明：

例一命造，印星只有一個，透出天干，又受壬、癸水剋去，加上初運癸水，此謂之：八字印星暗傷，排斥長輩。為長子，父親管教甚嚴，結果反抗心愈強，謂之：與長輩緣薄。財星剋印，財助長輩，受長輩連累，結果經營工廠，受長輩叔叔搧動利用，倒人貸款，產品廉價賣與長輩，連累父親，登報欲脫離父子關係。在二十五歲乙運引入時，丙火復活，父親相助，維持不久，壬戌年春後，印星又損。父子反目。其父脾氣急躁，曾多次揍他。印星受剋在外，父子口舌，親人皆知。若地支有印星，則不會如此，地支無印，亦形成遠離父母，在家待不住之性，（地支為近處）加上幼年十歲前癸運，亦為甚不良之家庭教育。本命主，只有小學畢業，六十九年、七十年倒債數百萬，犯票據法。

例②命造，丁火印星亦在天干，丁壬合，虛情之合，暗損丁火，但得甲木之生助，結果在乙丑年（二十二歲）壬午月與母親已漸生摩擦，鬧意見，癸未月雖有甲木衛，仍損減丁火印星，與母親意見之爭，離家出走，在下旬癸水走完之解除日回來。一般與父母緣薄，多意見之爭者，有：⑴八字無印星。⑵地支無印星。⑶天干有印星受暗傷。亦因此排拒，不見現象，婚後形成遠離父母之情，亦是潛意識爭自由之念來帶動，男女皆同。

(2)由比、看口舌、意見之爭。

例：乾造三十三年十一月二十二日寅時

甲申		二	丁	丑	七
丙子		十二	戊	寅	十七
甲戌		二十二	己	卯	二十七
丙寅		三十二	庚	辰	三十七

①每逢庚、辛、申、酉月見口舌、爭鬥。

②從庚運六十四年乙卯年（三十二歲）踏入黑社會是非。比劫受剋，丙火回制反擊，主口舌爭鬥，若無丙火則主受友累，損財失友誼。加上丙、丁火則揍打起來，左側受傷，乃甲木之故，年、月為左。

(3)由食、傷看口舌、意見之爭。

例①：乾造四十五年一月十日酉時。

偏印丙	申食神	五	辛	卯	十
食神庚	寅偏官	十五	壬	辰	二十
日元戊	午正印	二十五	癸	巳	三十
傷官辛	酉傷官	三十五	甲	午	四十

例②：乾造四十年三月十六日未時

比肩辛　卯偏財　六　辛　卯　十一
傷官壬　辰正印　十六　庚　寅　二十一
日元辛　卯偏財　二十六　己　丑　三十一
偏財乙　未偏印　三十六　戊　子　四十一

◎說明：

兩個命例，傷官透出皆無制，恃才傲物，傲氣頗重，個性倔強，以例一與官相抗再加重。平時爭議皆常見。

例①之心性，剛烈霸道，傷官通根，再加上與官相抗，就職寺，常與上司爭論，拍桌子常見，引為上司頭痛人物，若身為老板者，僱此型命造，包準頭痛。類此就職，替人出力，爭取利益，與公司抗衡，結果最後諸事皆自己承擔，後悔埋怨在心。就職地位皆不高，乃考績有污點，此種心性，一生就職，沒有任何成就地位可言，但行商則為風雲人物，愈慢步入行商，浪費時光更多，逢申、酉月與上司口舌加重。丙、丁、巳、午月為長輩約束，意見之爭。

例二傷官吐秀，八字無官，意見之爭，較不會無理取鬧，前者重面子，爭一口氣。此則傷官生財，替部屬爭取。傷官作用，脾氣倔強，亦主易生口舌爭議。在庚申、辛酉年，比劫加強食、傷之力，在申、酉月與上司發生口舌。

⑷由財星看口舌、意見之爭。

癸巳		十	辛	酉	十五
壬戌		二十	庚	申	二十五
戊午		三十	己	未	三十五
戊午		四十	戊	午	四十五

①財星虛浮，坐下無力且受土剋暗傷，加上比劫當令，隱伏欺妻，剋財好賭。

②在七十一年壬戌年壬寅月後，揍打妻子，未來燥土運接連，財損家庭失和，皆將相繼而來，一生只利在辛酉、庚申運。此命喜寅、卯及金年。忌甲、乙年。在七十三年甲子年（三十二歲），突然與母親發生意見欠爭、隔閡，（財受暗傷，父已於壬子年逝世。）一連數天生嘔氣不講話，因財生是非，流年子水在亥月引入破印，排拒長輩，加上流年、流月引入甲、乙木官煞壓力，流月乙、亥接起來，即是錢財帶來壓力與長輩失和，值七十三年亥月。

(5)由官星看口舌、意見之爭。

例①：乾造三十三年五月三日卯時。

偏官甲	申食神	六	辛	未	十一
食神庚	午正印	十六	壬	申	二十一
日元戊	午正印	二十六	癸	酉	三十一
正官乙	卯正官	三十六	甲	戌	四十一

例②：乾造四十二年二月五日亥時

偏財癸	巳正印	五	甲	寅	十
偏官乙	卯偏官	十五	癸	丑	二十
日元己	巳正印	二十五	壬	子	三十
偏官乙	亥正財	三十五	辛	亥	四十

◎說明：

此兩個命造，例一為某校教務主任，在庚申、辛酉年與上司校長發生口舌，意見之爭，例二也同時見口舌。與官相抗，心生異動之心，誠知日元即可斷流年。兩造欲升官，尚待七十五年丙寅年丙申月。

4.賭博之命

例①

癸巳
庚申
辛酉
辛卯

例②

戊寅
庚申
辛卯
己丑

例③

丙申
丁酉
癸巳
癸丑

例④

戊子
甲寅
壬戌
庚戌

例⑤

己巳
丙寅
甲辰
戊辰

例⑥	例⑦	例⑧	例⑨	例⑩
甲午	壬申	丁亥	乙亥	己未
辛未	丙午	己酉	戊寅	癸酉
甲午	甲寅	庚戌	癸亥	丙戌
己巳	丁卯	庚辰	壬戌	壬辰

◎說明：

從例一到例五，皆八字財星為喜，且受比、劫近剋，有財利引誘，朋友交往來意在財，佔侵之意，相邀賭博。

例六到例十，皆為八字個性剛強，官星有制，即膽氣足，敢與法律相抗，似此命造打架、嫖賭皆敢。

亦即凡有與官相抗積因者，傷官透出無制或居月者，其行事殺氣必重，此為激因。若八字無官約束者，未必好賭，偶爾好友喜樂卻也可見。唯有官星合住日元者，較拘於法律約束，甚少去玩碰，八字官煞重者，也是一樣，乃官者，管也，約束也。

5.意外之災的論斷

(1)吾人一生之行事，無論事業抉擇，讀書科系參考，婚姻幸福，人際關係，口舌、意外之災……等等，每一件事的發生，都與心性剛柔有密切關係，從小家庭教育、學校教育，影響了一生心性、個性之固型，決定了一生任何事發生之趨向，由此可知，前面論斷心性諸例之重要性。

(2)個性剛強，脾氣急躁，若加上夏天巳、午月生，則火氣更大，種因得果，付出什麼，相對亦會得到什麼，一生中之意外之災，特別多，亦比較嚴重，其壽皆不長。

(3)相反地，個性溫和者，則一生之意外之災甚少，發生之時，皆大都在食、傷年之官煞月較嚴重，乃流年與官相抗，激生怒意所致。一生災劫少，其壽亦皆長。此又為影響壽命之主因，並不是常吃什麼寶貴食物。意外之災，若情緒常憂鬱、消沉為被撞傷；常發脾氣為撞人，生理現象與人事對應。

當吾人生火時，其體內必虛火旺，使得毒氣浮現上聚，終於製造損財、意外之災的氣色，使氣數難逃。熬夜為緊張也是一樣，當放鬆舒緩時，也就是出事時。由此可知，何以家和萬事興，及脾氣不好者，開刀之厄多於他人，也是因果關係所致。知道原理，則吾人欲趨吉避凶，讓人生平靜無風波，平安走完人生旅途，亦才能隨心所欲，否則空談造命、改運皆屬騙人之事。降火，生活習慣正常，心性素養皆為根本。

◎意外之災情形，歸納判斷有三：

(1)逢天干比、劫之月的天干星日為虛驚，天干為皮肉之傷，地支為筋脈、臟腑之內傷，年、月為左側，日支為中間，時為右邊，以本來即有官煞攻入，無化解者最嚴重，謂之：走避不及。

⑵逢八字之食、傷、財，在流月裡，全部受剋去，見意外之災。（若只剋財，食、傷尚在，則不會，乃尚有注意之故。另八字寅木，逢申年申月傷筋脈，有亥、子水衛者，在未年申、酉月發生，即雙殺出局。）又任何八字逢官煞月（天干），皆有虛驚或意外之災，財年官煞月皆見損財。

⑶以下脾氣急躁者才會，個性溫和者不會，即流月走完第一個食、傷月後，（尤其食、傷年之食、傷月。）為與官相抗，見意外之災；由於與官相抗見口舌，心情不暢，造成如前述之凶晦毒素氣色，再於次月財月，心情緩和時，發生意外之災。又有八字傷官透出或居月支者，脾氣急躁，在印星月，長輩約束言行，意見之爭，情緒差，種下晦氣色，在印月走完，約束放鬆時次月之比劫月官星日，見意外之災。

例①：乾造　民國二十五年九月二十九日子時

丙子	八	庚子	十三
己亥	十八	辛丑	二十三
戊戌	二十八	壬寅	三十三
壬子	三十八	癸卯	四十三

①七十年（四十六歲）丁酉月甲寅日之夜，騎機車在大卡車後，突然前面卡車爆胎、煞車。致前面衝，傷在胸骨深陷，次日凌晨逝世。

②大運卯木攻入身體正中間臟腑，（戌土日支受剋）流年辛酉年，傷官作用，丙火熄掉，貴人無助，日元無力，一片寒凍，失神必然，逆在大運，流年雙雙夾攻，而在丙申月與官相抗，種下晦氣色，下酉月緩和時引發，符合前述第三項，假若非大運卯木剋入無解，帶來工作、精神壓力，則其災可避。由本例又可知一事，若地支剋入官煞，則主夜間出事，少人見到，亦符合了私下行為。

例②：乾造　民國四十三年七月二十四日子時

甲午	七	癸	酉	十二
壬申	十七	壬	申	二十三
庚戌	二十七	辛	未	三十二
丙子	三十七	庚	午	四十二

①六十六年丁巳年（二十四歲）丙午月甲辰日，騎機車撞上一老人，賠五萬元。

②八字官星有制，故於丙午月剋入發生，不會等到了未月，若個性溫和者，則在丁未月才見到意外之災，乃累積凶晦氣之故，此命則等不住，爆發口舌。又丙午月在甲日發生，乃因壬水回剋丙火攻入，須在甲日引化時，才會疏忽注意，謂之：輾轉剋入，金生水，水生木，木生火剋金。一般在每年丙月或丁月之甲辰、甲戌日發生，乃因地支亦牽制子水衛護。印年在丁月。此次意外之災，只傷皮表擦傷，乃天干作用，大運申金合流年巳火，使減弱天干丙、丁火之力。

例③：坤命四十四年生。

正財乙　未正印
食神壬　午正官
日元庚　申比肩
比肩庚　辰偏印

例④：坤命三十一年生。

偏官壬　午劫財
比肩丙　午劫財
日元丙　午劫財
正財辛　卯正官

例⑤：坤命三十一年生。

食神壬　午正官
正財乙　巳偏官
日元庚　申比肩
偏印戊　子傷官

◎說明：

以上三個八字，皆為炎夏出生，各於六十七年（戊午年）之戊午月戊午日，見意外之災，例三之左手被菜刀劃破縫三針，又在乙丑年之丁亥月手術開刀結紮；即炎夏生，此壬水受戊剋去時，知其人字火炎，配合流年地支午火，為獨特之事，又其他之戊月則沒有。官煞月有災，則為固定。

例⑥：乾造　民國四十二年七月三十日卯時

癸巳	十一	己	未	十六
庚申	二十一	戊	午	二十六
辛酉	三十一	丁	巳	三十六
辛卯	四十一	丙	辰	四十六

逢丁月見虛驚，如壬戌年（三十歲）丁未月，差一點受燙傷，有朋友擋住先受傷，乃庚辛衛護之故，結果朋友倒楣，一人承擔兩人之災劫。

六十六年丁巳年丁未月亦有災。忌逢戊申月，使水木皆傷，七十一年壬戌年戊申月癸酉日，車禍擦傷。

例⑦：乾造　民國四十年十月十日巳時

辛卯	十一	丁	酉	十六
戊戌	二十一	丙	申	二十六

壬子　三十一　乙　未　三十六
乙巳　四十一　甲　午　四十六

六十七年戊午年（二十八歲），炎夏引入官星，受友累，庚申月至壬戌月，到驚察局為友作證，癸亥月戊子日甲寅時，酒後車禍，腦震盪，幸無大礙。

此為官星入命，再於損財、剋財之月引發。一般而言，官煞月入命，即有意外之災，皆屬規則生，再依心性脾氣斷輕重。

6.貴人、求財之方位

本文乃補充「八字洩天機」上冊，貴人之實例，配合方向之探討。傳統之論法，於方位上，專取命喜用之方向，事實上並非皆如此意。以下所述為住宅配合求財之方位。

(1)住宅坐向：若日元為甲、乙木者，住宅宜住該市之市中心，偏北區之方向，大門向南方或西南方。亦即整個市，都為其食、傷生財方。取八字之財方最佳。再進一步劃分台灣省地界，又以住愈北部，則方愈多、愈旺，譬如：住在基隆，則財方廣及整個台灣省。若住在台南，則發展方向，集中在台南以南之所有地區。此為最佳狀況，一般若能含括整個市，即能有遠方發展之情。

(2)日元丙、丁火者，住宅宜住該市之東區，大門向西方或西北方或西南方皆可，皆為食、傷生財方，或財方，此乃西方為兌金，西南方為坤土，西北方為乾金。若東方為震木，東南方為巽木，北方為坎水，東北方為艮土，南方為離火，代入八字六神即知財星之方位，印證甚多；又假若日元丙、丁火者，住在該市之西區盡端，則求財發展減弱，讀者不妨多親身體會及統計即知。在保險公司服務者，亦很奇妙，依其居所之財方劃分轄區。此財方所包容之範圍大小，也是同樣八字生辰，卻財利未必盡同的原因之一。

(3)日元戊、己土者，住宅宜住該市之南區，大門向北方或西　方，皆為財方或食、傷生財方，而且包容了整個市，皆為客戶。

(4)日元庚、辛金者，住宅宜在該市之西區或西北區，大門向東方或東南方，則整個市都為本身之財方，都是事業發展之方向。

(5)日元壬、癸水者，住宅宜住在該市之北區，此北區當然須在市區範圍內之北方，有的偏離市中心，而在郊區之北區，則人氣不旺又不行，前面諸日元一樣，亦即皆以市區聚集範圍內來區分，偏離太遠，則人潮稀少，大門無法因人多聚集，而使虛空中山川靈氣加強凝聚，而迎氣納福；日元壬、癸水，住市中心之偏北區，大門向南方，則整個市都是自己之財方。

(6)大干支配合方位，命中八字為平日常見現象，流年所遇為一年之情，各依照其干支五行來分佈遠近及方向，地支為近距離，天干為外縣市以上遠距離，再受到八字內或流年之生剋，加遠其距離或減少其距離。此處只可看貴人及小人方位，如：日元丙、丁火，若喜寅、卯化官煞，逢寅、卯年，貴人在居住地之東方，不是大門的東方，以整個市來看，劃分東西南北，又寅、卯年為印星，亦主求知，只能謂：求知在近方，卻不能謂：求知在東方，如此則不準驗，一般配合上，若逢印年求知，方向乃在前面所述之八字財方才正確，亦即得到利益之方。簡述如下：

①寅、卯：為貴人或小人，在近處東方。本市。

甲、乙：為貴人或小人，在遠處東方。外縣市以上。

②巳、午：為貴人或小人，在近處南方。本市。

丙、丁：為貴人或小人，在遠處南方。外縣市以上。

③申、酉：為貴人或小人，在近處西方。本市。

庚、辛：為貴人或小人，在遠處西方。外縣市以上。

④亥、子：為貴人或小人，在近處北方。本市。

壬、癸：為貴人或小人，在遠處北方。外縣市以上。

⑤辰、戌、丑、未：為在住處四周，一公里以內。

戊、己：為在住處四周，一公里以上，整個市以內。

以上干支所述，適用於八字、大運、流年、流月、流日。來支借、連累之人，其居住地，與自己之關係，亦是依此原則參考，以流年為重，再參照流月，八字加減距離。例如：錢財之論斷，所述之錢財支借部份，三個例子，在庚申、辛酉年，來支借者，皆在其居住地方之西方，或偏西南方。此金年加強較明顯，即干支皆金。

最後剩下的一項，即是「調候的論斷」中所述之，依心性為發展、居住參考。

八字個性溫和者、慢性者，居住地，宜在南方炎熱地區，藉天氣較炎燥，使提升肝火，增加衝勁，配合本性溫和、善於思考之習性，調和心性，使體質中庸之道，行事適中，八字命格、行運，能更完全發揮，得到最高之利益。

八字個性急躁脾氣、急性者，居住地則相反，宜住在北方寒濕之地，藉天氣較寒冷，使減低因生活習慣所造成之過多肝火，使心境中和，因個性急躁者，其必常遲睡、熬夜，或常多喝酒、抽煙，女性則常吃動物胃腸類；及睡側面，住宅太熱，美術燈一大堆，或牆壁受太陽照曬太久，結婚者，房事過多等，由無形中之生活習性，促成虛火上升，居住地一改變到南方炎熱地帶時，馬上更增加體內肝火，消耗更多的肝臟營養，相對降低肝臟解毒功能，於全身充滿毒素，臉上浮現損財氣色，氣數難逃知此原理，則可趨吉避凶矣！

相對地，八字個性溫和、慢性者，若居住地，在北方寒濕之地區，則寒濕之天氣，更增加體內陰電之涼意，慢性少動之體質，更加重氣血循環之滯緩，因吃飯、飲食會生痰，由小累積，到降低新陳代謝，活力降低，成就減少，氣色代謝率亦低，當然影響財運，由此可知，無論體質，或為人處事，仍須依中庸之道而行。

例一：

癸　巳　①個性溫和，乃官煞重，食神在外之故。

丙　辰　②財方在東方及東南方。故宜住在該市西區或西北區，大門向東方或東南方。

辛　亥　③溫和個性，宜住南部，不利住北部寒地。
癸　巳

例二：
壬　辰　①八字無官，傷官透出有制，柔中帶剛，居住在南部或北部皆可，配合大運木
壬　寅　　火助傷官，以住北部最佳，若為女命，大運相反，則宜住南部。
乙　巳　②住宅宜在該市之市區北方，大門向南方或西南方。
丙　子

例三：
庚　寅　①食神生財，官星有制，又受卯木生巳火，申下約束，心性溫和，宜住南部。
戊　子　②住宅宜居住在該市之市區西方、西北區，大門向東或東南方，配合南部氣候
辛　巳　　宜向東南方，乃向東方太熱之故。
辛　卯

又以上所述為配合八字財方而論，此為擇居之參考，印證頗多；諸位讀者欲購屋，可依此原則做參考。此為基本固定後，再依住宅左、右、後方有衛護，前面勿高度超過自己，阻塞財路……等之「陽宅論斷法」所述配合，如此才算是趨吉避凶之確實有效方法。

7.錢財之論斷

錢財即：八字之財星。看錢財，必須配合看食神、傷官，亦即以維生之道：食、傷生財來觀察。並考慮其排列、生剋情形，詳情請看「六神論斷法」中，有關「八字之財星」部份，此處乃舉例說明，財星之衛護，為富命之基本要件，及錢財支借之看法。

例①：乾造　民國三十八年五月十九日丑時

傷官己	丑傷官	四	己	巳	九
偏財庚	午劫財	十四	戊	辰	十九
日元丙	子正官	二十四	丁	卯	二十九
傷官己	丑傷官	三十四	丙	寅	三十九

生於　芒種後八日十一時辰。　四十四　乙　丑　四十九
大運二年士一個月二十日後上運。　五十四　甲　子　五十九
每逢丁、壬年立夏後二十九日交換。　六十四　癸　亥　六十九
虛歲四歲上運。　七十四　壬　戌　七十九

例②：乾造　民國八年五月二十六日丑時

傷官己　未傷官
偏財庚　午劫財
日元丙　午劫財
傷官己　丑傷官

生於　芒種後十六日。
大運於五年四個月後上運。
每逢甲、己年寒露後十六日交換。
虛歲六歲上運。

六	己巳	十一
十六	戊辰	二十一
二十六	丁卯	三十一
三十六	丙寅	四十一
四十六	乙丑	五十一
五十六	甲子	六十一
六十六	癸亥	七十一
七十六	壬戌	八十一

例③：乾造　民國十八年五月四日午時

傷官己　巳比肩
偏財庚　午劫財
日元丙　戌食神
偏印甲　午劫財

生於　芒種後三日十一時辰。
大運於一年三個月二十日後上運。
每逢乙、庚年白露後二十四日交換。
虛産二歲上運。

二	己巳	七
十二	戊辰	十七
二十二	丁卯	二十七
三十二	丙寅	三十七
四十二	乙丑	四十七
五十二	甲子	五十七
六十二	癸亥	六十七
七十二	壬戌	七十七

◎說明：

以上三個命例，皆為某大企業家之命，均為中國人，其中例三為香港華僑，由富命排列可知，財星不用多，也不是需帶財庫，或三合財、會財方，只要財星居月干，其左、右即年、時干，有食、傷衛財，尤其一邊年為食、傷，另一邊時干為印星，則為所有富命格局最高者，乃因此排列，逢官煞入命，謂之：富貴雙全。此三例以第三最佳，即為此故，一、二兩例，則逢壬、癸年、月，會因財生禍，減損財力，謂之：美中不足。而且依余所知，在整個靈界裡，有類似第三項之仙佛並不多，乃福澤深厚，享盡榮華富貴，又能看開執著，修行成佛，難且不多矣！當仙佛乘願再來時，所誕生之生辰八字，和過去無量劫前，元靈成佛時之那世的八字，皆完全一樣，此亦係天律原則規定。

曾見過三合財之命造，財產約目前之七千多萬台幣。會財方，則有數億元。類此傷官生財者，則更多矣！欲傷其財，必須在甲、乙年之丙、丁月。謂之：判斷疏忽有誤，行事上當。又財年之官煞月，為任何命造之損財月。詳細探討，財星居月，有年干護財－食神、傷官，若再加上月支為食、傷衛護，則又是財氣之登峰造極，謂之：聚財，前無來者，後無古人。此三命例，月支為午火客戶，多少有牽制財星之力，例一、二尚有傷官轉化比劫，故若細細比較，三個命造，各有優點及缺點，聚財旗鼓相當。

例④：乾造　民國三十九年九月八日未時

偏財庚　寅偏印
比肩丙　戌食神
日元丙　戌食神
正印乙　未傷官
生於　寒露後九日四時辰。
大運於六年十一個月後上運。
每逢丁、壬年白露後九日交換。
虛歲八歲上運。

八	丁亥	十三
十八	戊子	二十三
二十八	己丑	三十三
三十八	庚寅	四十三
四十八	辛卯	五十三
五十八	壬辰	六十三
六十八	癸巳	七十三
七十八	甲午	八十三

例⑤：乾造　民國四十年七月二十七日巳時
比肩辛　卯偏財
正官丙　申劫財
日元辛　丑偏印
食神癸　巳正官
生於　立秋後二十日八時辰。
大運於六年十個月二十日後上運。
每逢戊、癸年小暑後十日交換。
虛歲八歲上運。

八	乙未	十三
十八	甲午	二十三
二十八	癸巳	三十三
三十八	壬辰	四十三
四十八	辛卯	五十三
五十八	庚寅	六十三
六十八	己丑	七十三
七十八	戊子	八十三

例⑥：乾造　民國三十九年十一月四日丑時

劫財庚	寅正財	十	己丑	十五
正印戊	子食神	二十	庚寅	二十五
日元辛	巳正官	三十	辛卯	三十五
偏印己	丑偏印	四十	壬辰	四十五
		五十	癸巳	五十五
		六十	甲午	六十五
		七十	乙未	七十五
		八十	丙申	八十五

生於　大雪後四日。
大運於八年五個月二十日後上運。
每逢甲、己年立夏後二十四日交換。
虛歲十歲上運。

◎說明：

此三個命造，皆同樣為錢財支借他人，引動之因素，為八字或流年之財星來合，有食、傷者，謂：心甘情願支借。無食、傷者，為十分勉強。配合大運在比、劫者，專門錢財借人者，即如同報上刊廣告之幾分利，或私下協定支借，賺取利息者，但都有用土地、房地抵押，則大運在比、劫居多。

例①在六十九年庚申年（三十一歲），及辛酉年（三十二歲），財星入命，乙庚合，從三十一歲庚辰月開始，及辛酉年之丙辛合財，錢財支借了，其岳丈及兄長、朋友，結果在壬戌年（三十三歲），庚戌、辛亥月諸逆引發，其中壬寅月後，官煞壓力，配合財星，已顯現內外壓力，三十一、三十二歲財來財去，母親住院花費，壬戌年寅月催貴升官，為品管課長，接連癸卯月後，所支借親人之財，皆愈來愈不妙，至庚戌、辛亥月時，其岳丈宣布倒閉，逝於癸丑月末，引入甲木之日。在此之前，庚戌月間，其岳丈趕快將一處房地，值四十萬元轉入其名，此若非大運在丑，配合壬戌年之引入戌土，這下子慘矣！此日元丙、丁火，最怕之壬年庚戌、辛亥月，誠共同害怕月。乃壬水流年剋入，縱有甲、乙衛護，或戊、己回制者，亦會在庚戌、辛亥月出事，損財、有災，禍不單行，此命造在辛亥月，亦出車禍。此三例支借者，配合庚申、辛酉年，均住在其家西南方。

例②八字之財，卯木暗合申金，隱伏親人交往，來意在財。同樣在六十九年庚申年（三十歲），甲申月後，卯申暗合，巳申又合化水，申金不化，有堂弟來向其支借約三萬元，由於巳火化水生財，故其為心甘情願支借，乃源於過去六十八年己未年，曾向其支借之回報，正是少欠人情債，以免人家常掛懷。於後章酉年繼續支借，理由為購屋需要，此年巳酉合無化，巳心存不願，但財星受剋，正是心不甘情不願之下支借；在壬戌年癸卯月乙卯日，流年酉金催止，流月引入財星，及八字卯木復原時，藉買機車之名義索回。

例③在庚申年（三十一歲），辛酉年（三十二歲），大運在辛金，為廣結四方之友時，八字寒氣重，火星有受損，影響心境，此兩年錢財借人，放利息，交友廣泛，結果到最後，別人之土地，讓他抵押了！向法院告訴，為壬戌月丙午月引入官境，與官交往，及催止比劫年，使八字寅木復活之故。其業西藥，常在法院購拍賣之房子。

8. 官祿之論斷

「官祿」即是官貴，無論是就職公家、私人機構，皆須具備的貴氣原則；即是維生之道的「官印相生格」，而貴氣之最高峰，即是財官印，一氣相生，且互相衛護，詳細判斷看法，請閱「六神論斷法」，有關「官星」之部份。

例①：乾造　民國三十三年一月二十二日辰時

正官甲　申傷官
正印丙　寅正官
日元己　酉食神
劫財戊　辰劫財

生於　立春後十日一時辰。
大運於六年六個二十日後上運。
每逢乙、庚年白露後之日交換。
虛歲七歲上運。

七	丁	卯	十二
十七	戊	辰	二十二
二十七	己	巳	三十二
三十七	庚	午	四十二
四十七	辛	未	五十二
五十七	壬	申	六十二
六十七	癸	酉	七十二
七十七	甲	戌	八十二

例②：乾造　民國二十一年四月十一日酉時

正官壬　申正財
偏印乙　巳劫財
日元丁　丑食神
食神己　酉偏財

生於　立夏後十日八時辰。
大運於六十個月後上運。
每逢甲、己年驚蟄後十日交換。
虛歲八歲上運。

八	丙	午	十三
十八	丁	未	二十三
二十八	戊	申	三十三
三十八	己	酉	四十三
四十八	庚	戌	五十三
五十八	辛	亥	六十三
六十八	壬	子	七十三
七十八	癸	丑	八十三

◎說明：

此二個命例，很明顯，具備官印相生，而且有比、劫，食、傷洩秀，客戶、朋友，及文章才華、官貴皆有。例一為某報業之副總經理，官印相生衛護有力，但地支食、傷制官，與官相抗，為貴氣之一阻，須賴大運巳運三十二歲到三十七歲，及午運四十二歲（四十三歲丙寅年庚寅月加強）到四十七歲，使官星免傷損，貴氣增強，登峰造極，該職位為七十三年之地位，此時丙寅年配合流年、大運相助，若推算伙誤，當於七十五年丙寅庚寅月間，有更上一層樓。每逢申、酉年，及每年之申、酉月，次庚、辛月，揚名吐氣，身兼數職，與官相抗，有口舌、爭辯之應。未來申、酉運為地位之阻，須防言多有失，有損職位。每年巳、午月，及丙、丁巳、午年、月，求知收穫多，但判斷有誤，洩氣月，須謹言慎行。

例②為官印相生，食神亦生財，秀氣可見，為同一公司服務，但例②為某市之報業分處主任，文質彬彬，外柔內剛。逢戊、己年、月剋壬，須防爭辯。甲、乙、寅、卯年月為防文書疏忽，行事有誤，心中嘔氣。壬年庚戌、辛亥月有災。五十七歲戊辰年後大吉。

例③：乾造　民國二十三年七月三日酉時

劫財甲	戌正財	十	癸酉	十五
正印壬	申正官	二十	甲戌	二十五
日元乙	卯比肩	三十	乙亥	三十五
比肩乙	酉偏官	四十	丙子	四十五
生於　立秋後四日二時辰。		五十	丁丑	五十五
大運於九年後上運。		六十	戊寅	六十五
每逢戊、癸年立秋後四日交換。		七十	己卯	七十五
虛歲十歲上運。		八十	庚辰	八十五

例④：乾造　民國三十三年八月二十四日卯時

正印甲	申正財	十一	乙亥	十六
正印甲	戌傷官	二十一	丙子	二十六

日元丁　未食神

偏官癸　卯偏印

生於　寒露後一日五時辰。

大運於九年六個月二十日後上運。

每逢甲、己清明後二十一日交換。

虛歲十一歲上運。

三十一	丁	丑	三十六
四十一	戊	寅	四十六
五十一	己	卯	五十六
六十一	庚	辰	六十六
七十一	辛	巳	七十六
八十一	壬	午	八十六

例⑤：乾造　民國二十五年十月八日酉時

劫財丙　子偏官

食神己　亥正官

日元丁　未食神

食神己　酉偏財

生於　立冬後十三日。

大運於四年八個月後上運。

每逢丙、辛年小暑後十三日交換。

虛歲六歲上運。

六	庚	子	十一
十六	辛	丑	二十一
二十六	壬	寅	三十一
三十六	癸	卯	四十一
四十六	甲	辰	五十一
五十六	乙	巳	六十一
六十六	丙	午	七十一
七十六	丁	未	八十一

◎說明：

例③為現任某立法委員，已連任數次，八字官煞齊全，又有財星生官，比、劫衛印，一生中廣結人緣，得道多助，尤其印星居月干，長輩父母蔭助，貴氣不凡，由於有比劫存在，故逢庚、辛年催貴時，會剋去比、劫，即競爭性質，催官貴卻失去友誼引謠言是非，在左、右論命中，即已提及。本命最怕：辛年戊戌、己亥月。及戊年庚申、辛酉月、己年庚午、辛未月，皆使得壬水無衛護，謂之：三殺出局。大運戊、己運中，每逢庚、辛月，意外之災就較重。未來運阻，壽卜庚運八十歲庚申月。

例④為曾任縣議員，前例（例③）較溫和性，例四則傷官當令，在競選上、議會上，言詞銳利，類此者余曾見過數例，惜目前戊運用事，戊癸合住七煞官威，有排斥作用，在七十四年底，競選鄉長落選。過去運程，從六十九年庚申年後，連貫金、水年，甲木受損，癸水乘虛而入，因財、色惹風波，損財不順，七十一年戌年壬寅月後，引入官星壓力、重責，奈亥月剋去甲木，使八字癸水，加上流年壬水併臨，身犯官符，因財、色而起，與其住宅風水，有密切關係，水勢直去，拉走地氣，於七十三年甲子年甲戌月，在異動寢室於較吉之位後，（仍未完成化解）於危難中，得官場好友相助，此後逐漸有轉安之趨勢，乙丑年加上大運戊土，都有引化官星之力，依八字看，官符當可化解，奈住宅因母無形中阻礙，只能示其在屋後，養魚小池注水，使地氣拉住，結果在注水後一個月，法院書記，莫名其妙，將保證金歸還，又於三個月後，差一點中大獎，假若其聽吾言，在屋前左側，築一水池蓄水，最好是開井灌水，則一切官符化解，錢財滾滾來矣！吾思可能已暗中，受靈界削減福澤。

例⑤為某市政府之顧問，觀其命造，官煞頗重，食神制化，日元孤立少助，心性保守、忍讓，一生貴氣在：寅、卯、甲、乙運，假官煞生權，當木運走完，則又一切恢復沒有矣！正是行運相助，貴氣因緣聚散。

例⑥：乾造　民國三十九年六月三十日卯時

比肩庚	**寅偏財**	十	乙酉	十五
偏財甲	**申比肩**	二十	丙戌	二十五
日元庚	**辰偏印**	三十	丁亥	三十五
正印己	**卯正財**	四十	戊子	四十五

生於　立秋後四日九時辰。　五十　己丑　五十五

大運於八年九個月十日後上運。　六十　庚寅　六十五

每逢甲、己年立夏後十四日交換。　七十　辛卯　七十五

虛歲十歲上運。　八十　壬辰　八十五

◎說明：

本命造為行商之命，八字干支皆見比、劫，一生廣結人緣，不見食、傷護財，卻干支比、劫奪財，此八字財星暗傷，呈現一生行事，常受親友之累，為人重情惜義，沒有食、傷之提防心。八字缺水－食、傷，又缺火－官星，行事淡薄官貴，不

善於管理才華，在丁運時，形成貴氣因緣聚散，謂之：權來貴去。從六十五年丙辰年（二十七歲）丙申月起，事業投資經營工廠，得父母、姊妹之助，父親曾任某市衛生局局長，丙辰、丁巳年接連戊午、己未年，皆為流年、大運之貴氣連貫，事業發展，豈料庚申年（三十一歲）、辛酉年（三十二歲），比劫奪財，錢財傾蕩，受友連累，在申、酉月中最嚴重，尤其三十二歲，若換為庚午年則尚吉，謂之：部份錢財投資。此六十八年到七十年，多位相者，皆謂其父母曰，可大力幫助。言談之下，其父母後語，溢於其表；壬戌年壬寅月，癸卯月損權，提早關門，丙午月官符，貴人助。

9. 名氣之論斷

本篇「名氣」，即是秀氣、揚名，在八字應用之代號即為：食神、傷官。詳情論斷及排列問題之看法，皆已敘述在「六神論斷法」，只要研讀卜中所述，有關「食神、傷官」之部份，則本文只是實之增加參考而已。無論是記者、明星、命相家、預言家……等等，凡與名氣有關之行業，八字食、傷不旺，或行運不助，則一生默默無名。當然依照食神為溫文秀氣、文筆才華，傷官為創新、衝勁、傲氣等，再分別天干為名氣高透，揚名四海，月支亦同，但偏向於國內之揚名，各地支亦同，但月支力量較力。

例①：乾造　民國三十七年五月十三日酉時

正財戊　子偏印
正財戊　午食神
日元乙　亥正印
比肩乙　酉偏官

生於　芒種後十三日七時辰。
大運於五年十一個月後上運。
每逢甲、己年立夏後十三日交換。
虛歲七歲上運。

七	己未	十二
十七	庚申	二十二
二十七	辛酉	三十二
三十七	壬戌	四十二
四十七	癸亥	五十二
五十七	甲子	六十二
六十七	乙丑	七十二

例②：乾造　民國三十九年十二月十九日卯時

偏財庚　申偏財
傷官己　丑傷官
日元丙　寅偏印
正財辛　卯正印

生於　小寒後十九日九時辰。
大運於三年二個月二十日後上運。
每逢甲、己年清明後旭交換。

五	庚寅	十
十五	辛卯	二十
二十五	壬辰	三十
三十五	癸巳	四十
四十五	甲午	五十
五十五	乙未	六十
六十五	丙申	七十

例③：坤造　民國三十四年四月十五日午時

比肩乙	酉偏官	四	壬	午	九
偏官辛	巳傷官	十四	癸	未	十九
日元乙	未偏財	二十四	甲	申	二十九
正印壬	午食神	三十四	乙	酉	三十九
		四十四	丙	戌	四十九
		五十四	丁	亥	五十九
		六十四	戊	子	六十九

生於　立夏後二十日三時辰。

大運於三年八個月後上運。

每逢戊、癸年小寒後二十日交換。

虛歲四歲上運。

◎說明：

以上三個例子，都是報社之記者，例⑴為某報社之副總經理，食神居月，雙印牽制，且煞印相生，重點在食神溫文秀氣，文章才華，由於月令當旺，故知揚名於國內，又食神溫和秀氣，有印星約束，使得為文撰述時，更合於輿論之公正，守於道德觀念，不會侵害他人利益，貴氣乃因煞印相生，由於八字乙木在干，故業務發展，以國內之各縣市為主。而且首重幕後協調溝通採訪等。而當流年、月，逢亥、子時，或申、酉月之亥、子日，皆為損害秀氣午火時，則須留意言多有失，判斷疏忽，文書有誤，謂之：食、傷受制，有口難言，亦主洩氣、沒面子，但得到寶貴經驗，亦為退志月。未來大運上，精益求精，亥運五十二歲到五十七歲，及子運六十二歲到六十七歲，求知收穫多，心性更於行事上穩重，其有慈善、慈悲心。

例②為某報之主任，曾任通訊組，現任出版組，八字傷官生財，且傷官居月柱，才華橫溢，為國內外揚名之命，由於冬生，八字火氣稍不足，未來運程，從七十三年甲子年，到七十六年丁卯年，印星入命連貫，皆為求知收穫期，工作較安逸，及七十五年丙寅年五月一日後，流月引入巳火，一直到七十六年丁卯年，比劫用事，為另一個層面，人事紮根期。在三十九歲後，配合大運巳火，名利雙收，身兼數職，巳運前段流年吉，後段壬申年後，則家中多阻，小人侵害，巳申合，加上八字申金，謂之：來意在財，不利支借。從辛未年辛卯月後，丙辛合財，即須開始防患，八字寅卯受損，故主親人欠安，親人支借連累，尤其妻之娘家。一生揚名大吉在戊、己、庚、辛年。及辰、戌、丑、未月。大忌甲、乙、寅、卯月，為判斷疏忽，也是秀氣有阻。

例③傷官居月，食、傷衛財富命，煞印相生，水在外，火在內，水火輝映，外貌秀麗，充滿智慧、衝勁，為某大報之記者，住在北部。此命例，由於生在夏天火炎，地支無水，故知生活習慣上常熬夜、遲睡，居住地配合，不宜住南部地區，乃氣候炎熱，徒增肝、腎之火，宜住北部寒冷地帶，藉重氣候降低肝、腎火，一方面可降火氣，文思可更敏捷，一方面身體狀況亦會稍吉。平常多吃降火之物，做仰臥起坐，使陰電分泌增多，安定神經，已婚者，房事節制，以免虛火更旺，住宅勿太熱，美術燈少裝……，皆為防患之法。每年之亥、子月，食傷受制，防言詞爭辯，判斷有誤，心生退志，只利虛心求教。及亥月注意身體腎、婦科，有發炎之現象，乃平日熬夜所致，加上戌月再加強種因之故。熬夜勿空腹，為基本上之消極防患。

例④：乾造　民國三十八年四月十八日子時

偏財己	丑偏財	四	戊	辰	九
偏財己	巳傷官	十四	丁	卯	十九
日元乙	巳傷官	二十四	丙	寅	二十九
傷官丙	子偏印	三十四	乙	丑	三十九
		四十四	甲	子	四十九
		五十四	癸	亥	五十九
		六十四	壬	戌	六十九
		七十四	辛	酉	七十九

生於　立夏後八日十時辰。
大運於二年十一個月十日後上運。
每逢丁、壬年清明後十九日交換。
虛歲四歲上運。

例⑤：乾造　民國三十六年十月十五日未時

正官丁	亥食神	八	庚	戌	十三
劫財辛	亥食神	十八	己	酉	二十三
日元庚	戌偏印	二十八	戊	申	三十三

傷官癸　未正印
生於　立冬後十八日十一時辰。
大運於六年三個月二十日後上運。
每逢甲、己年驚蟄後九日交換。
虛歲八歲上運。

三十八	丁未	四十三
四十八	丙午	五十三
五十八	乙巳	六十三
六十八	甲辰	七十三
七十八	癸卯	八十三

例⑥：乾造　民國三十六年一月二十三日申時

偏財丁　亥劫財
劫財壬　寅傷官
日元癸　亥劫財
正印庚　申正印
生於　立春後八日八時辰。
大運於二年十個月二十日後上運。
每逢甲、己年大雪後二十八日交換。
虛歲三歲上運。

三	辛丑	八
十三	庚子	十八
二十三	己亥	二十八
三十三	戊戌	三十八
四十三	丁酉	四十八
五十三	丙申	五十八
六十三	乙未	六十八
七十三	甲午	七十八

例⑦：乾造　民國四十二年一月二十日辰時

劫財壬　子比肩
比肩癸　卯食神
日元癸　未偏官
正財丙　辰正官

生於　驚蟄後二日一時辰。
大運於九年四個月二十日後上運。
每逢丙、辛年小暑後二十二日交換。
虛歲十歲上運。

十	甲辰	十五
二十	乙巳	二十五
三十	丙午	三十五
四十	丁未	四十五
五十	戊申	五十五
六十	己酉	六十五
七十	庚戌	七十五
八十	辛亥	八十五

例⑧：乾造　民國四十二年三月十七日巳時

食神癸　巳正官
正官丙　辰正印
日元辛　亥傷官
食神癸　巳正官

生於　清明後二十五日。
大運於八年四個月後上運。
每逢丙、辛年立秋後二十五日交換。

九	乙卯	十四
十九	甲寅	二十四
二十九	癸丑	三十四
三十九	壬子	四十四
四十九	辛亥	五十四
五十九	庚戌	六十四
六十九	己酉	七十四

虛歲九歲上運。

七十九　戊　申　八十四

◎說明：

以上五個例子（④～⑧）讀者必會發現，八字食、傷秀氣，與眾不同，且為命局聚氣所在，皆為有名之命相家、預言家、地理師，當然在台灣省，有高名氣、才華者尚多，就現有所知之資料，列出供讀者參考。

逢各命造之食、傷年、月，為秀氣更透時，例二生於冬天，逢壬、癸、亥、子年，沒有妨礙，乃食、傷本來即是開店服務性質，但與官相抗，丁火有損，不利於投資，具備貴氣地位、名位之事業，此即維生之逆中所述，謂之：此吉彼凶。例四之洩氣、爭論月為：壬、癸、亥、子月。例六及例七之判斷錯誤月、失算月，及例六之爭論月為：申、酉月，亦為退志月。例五及例八之洩氣、判斷錯誤月為戊月及未、戌月。亦為共同之退志月，但得到寶貴經驗，天干為遠方來，地支為近親友之失算此乃五行氣數，只能平常謹言慎行。

10. 讀書智慧、考運之論斷

學歷之高低，及教育程度若何，隨著國家之文明進步及教育制度，而有所不同，同一個生辰八字，在世界各國，並不一定具備相同之學歷，亦即須配合該國當時之文化水準，社會背景，思想制度，交通情況等等做參考。故本文之諸例，在各國未必皆適用，但可做高低學歷之研判參考。

學歷之高低，須經過層層之考試競爭，於命格上顯示，須具備堅強的意志力、競爭心。一般在大學畢業者，以命中官星有制居多，即官星一顆受食神、傷官近制，或在求學期之大運有食、傷制之。次為引化者，即有印星引化官星，而且官星不多只約一個而已，或最多兩個，排列皆不會太近日元，產生剋制、壓制作用。命局呈現此與官相抗，或官印相生，即代表不屈服於外來壓力，有奪鬥、不怕難、不服輸之心，求勝心強。

此食、傷制官，或官印相生，亦是顯示命中貴氣，亦符合了，在社會上就職位高低，地位高低，以學歷為憑藉參考。雖有的人倡言，學歷無用論，以實力才華為工商、企業界擇才之參考，但事實上，說歸說，那只是極少數人之殊榮，大多數仍以學歷文憑高低，為地位職稱之參考。剩下的就是：背景之比較，人情關說矣！而整體性言，當然多讀幾年書，多多少少，查起所需要之資料來，方便多了。又考上了大學，讀畢業了，並不代表在其他方面，能有過人之處，八字無印者，照樣踏入社會未幾年，會學非所用，異途求財發榮。但由於讀書之陶冶，增加心智之磨練開智慧，慎謀遠慮，大致上遠光能高出一般人，此指整體面言。

一般格局，印星居月支，而且干支有印衛護重重，或如專旺格，印星一大堆，一般至少佔三個以上者，由於印星長輩約束，故求學死背最多，欲理解性、活用性之求知期，則在食、傷、財年，如：工廠實際操作，或學命相五術等，須逢此食、傷、財年，才能學以致用，大開智慧。

八字印星三個以內者（含三個），逢印星之年，求知收穫多，逢財年剋印，則怠於讀書，排斥印星課本，不聽印星長輩話，於食、傷年時，即點滴種因，乃與官相抗，食、傷分心之故。（食、傷即揚名、身兼數職。）一般不論八字印星有幾個，每逢遇印星之年時，即是得到寶貴知識時，只是有用或無用之分而已，例：日元庚、辛金、逢戊、未、戌月，為得到寶貴知識，但乃洩氣得來，逢己、辰、丑月則不會，此乃燥土制八字食、傷之故，意含無情，濕土能生金，內含水氣－秀氣，尚見情意。為求教受益。又如：日元甲、乙木，生於冬天，逢壬，癸年為求知期，但使八字火熄，謂之：得到寶貴知識，但在痛苦環境中學習得到的。有的人，為向高傲之師父學習，常受漫罵所致，謂之：痛苦中學習。

一般研究五術者，日元較無助者居多數，逢印星之年、月、日，剋制命局食、傷，須留意判斷失誤，有人來考試，尤其對方（來客）八字無官者，或官星受制者，嘴硬最多。

讀書選擇科系，須依照八字心性做參考，八字心性溫和者，未來踏入社會之職業，以就職或文市、開店、技術服務為主，以單純之心性，配合較單純之行業，終其一生；若擠競爭生意為主者，必傾覆在旦夕；配合求學科系，能順應未來職業走向為主，以行醫之醫學院或醫專、藥專最佳，能發財又積德。若理工科就職工廠或教職亦可。個性剛強急躁之八字，未來事業以武市、經營發輝為主。若就職必不長久，乃易與上司口舌生異動，心性脾氣難改，常見如此，成就升遷有限。故以科系能配合未來經營事業者為主。

吾人求學成績好壞，與住宅、飲食有密切關係，當成績欲吉時，必書房小，易集中精神，喝牛奶助記憶力，桌上用二十或四十W之鎢絲燈，配合日光燈，以增加陽氣、電離子。成績欲差時，則書房愈大，其他兩項沒有。而書房之擺設例子，請看「陽宅論斷法」。算準求學起伏並無益，能知其影響之原理，才能改變命運。

例①：坤造　民國三十八年二月十五日子時

己丑	八	**戊辰**	十三
丁卯	十八	**己巳**	二十三
癸卯	二十八	**庚午**	三十三
壬子	三十八	**辛未**	四十三

①某大學國文系畢業，曾任國中教職，乃八字官星有制，意志堅強，好勝心支撐，終於考取，奈大運火土有加強官星之力，故未能考中更好之科系。

②八字無印，讀書皆死背，無法活用，踏入社會坐以應用，教職未幾即離職，八字無印，亦謂之：考試臨時抱佛腳，聰明過人，惜如此讀書根基不固，註定八字無印，就職不久，即學非所用，大運庚、辛、申、酉運所學，反而為一生走向之所需。

例②：乾造　民國三十五年一月二十六日亥時

丙戌	三	辛卯	八
庚寅	十三	壬辰	十八
壬申	二十三	癸巳	二十八
辛亥	三十三	甲午	三十八

①台大醫學系畢業，又留學日本，目前行醫，含外科、小兒科、胃腸科、內科。從小學讀書，即獲得第一，及任級長。

②官星戌土有制，印星父母衛護有功。

例③：乾造　民國四十年七月十一日卯時

辛卯	三	乙未	八
丙申	十三	甲午	十八
乙酉	二十三	癸巳	二十八
己卯	三十三	壬辰	三十八

①中原理工學院，化工系畢業。

②丙辛合化水，化解官煞之剋，配合大運午火，與官相抗生鬥志，若無午yjwj動，或大運在火，最多專科畢業。

例④：乾造　民國三十九年一月十一日亥時

庚寅	三	己	卯	八
戊寅	十三	庚	辰	十八
癸巳	二十三	辛	巳	二十八
癸亥	三十三	壬	午	三十八

①大學聯考失敗，服役後，再考取某私立大學法律系。

②乃大運辰土之阻，及考試接近年，丙午年到庚戌年，皆增加官星阻力。

例⑤：坤造　民國四十年十一月十七日戌時

辛卯	九	辛	丑	十四
庚子	十九	壬	寅	二十四
己丑	二十九	癸	卯	三十四
甲戌	三十九	甲	辰	四十四

①某大學紡織設計系畢業。

②官星有制，加上從考試年戊申到庚戌年皆增強與官相抗。八字無印，亦學非所用。

例⑥：乾造　民國四十二年五月十四日寅時

癸巳	七	丁巳	十二
戊午	十七	丙辰	二十二
丙午	二十七	乙卯	三十二
庚寅	三十七	甲寅	四十二

①畢業於淡江大學化工系。

②炎上格，六十一年壬子年，官煞攻入考不上，記憶力衰弱、頭痛，次年癸丑年考上，乃上半年流月走火土。

例⑦：乾造　民國三十九年三月七日巳時（以下為專科畢業）

庚寅	五	辛巳	十
庚辰	十五	壬午	二十
戊子	二十五	癸未	三十
丁巳	三十五	甲申	四十

①台北工專化工科畢業。

②官星制化未盡全力，賴大運午火引化。讀完再服兵役。

例⑧：乾造　民國四十年七月二十五日辰時

辛卯　八　乙未　十三
丙申　十八　甲午　二十三
己亥　二十八　癸巳　三十三
戊辰　三十八　壬辰　四十三

①台北工專五年制畢業。

②官星有制，卻亥水引化申金，又大運甲木帶來壓力，得丙火引化，故配置上尚吉，能考取最佳之工專。

例⑨：乾造　民國三十七年五月六日午時

戊子　九　己未　十四
戊午　十九　庚申　二十四
戊辰　二十九　辛酉　三十四
戊午　三十九　壬戌　四十四

①高雄工專五年制畢業。

②火土相生，八字無官，有鬥志。若八字無官，但財星太多，亦會在接連官煞月帶來阻力，成績差，故謂財多生官。

例⑩：乾造　民國四十二年九月二十七日午時

癸巳	十	辛酉	十五
壬戌	二十	庚申	二十五
戊午	三十	己未	三十五
戊午	四十	戊午	四十五

①南部某私立五專畢業。（工專）

②八字無官，但財星雙透，代表愛面子，財星為主，亦會暗生官。（即逢官煞年、月攻入。）

例⑪：乾造　民國三十八年九月十六日丑時

己丑	十一	癸酉	十六
甲戌	二十一	壬申	二十六
庚子	三十一	辛未	三十六
丁丑	四十一	庚午	四十六

①某私立五專畢業。（工專）

②官星丁火有引化，大運壬、癸與官相抗，利癸運，不利壬運丁壬合木；甲木得水生還原，轉生丁火亦稍阻之因。

例⑫：乾造　民國四十一年十一月十一日亥時（以下為高中畢業）

壬辰	四	癸丑	九
壬子	十四	甲寅	十九
丁未	二十四	乙卯	二十九
辛亥	三十四	丙辰	三十九

①高中畢業。（私立）

②從官煞格，官星當令，份量太多，未土失去阻水功能，水旺土崩，一片寒凍，大運印星助，不然學歷更低。

例⑬：乾造　民國四十六年六月一日寅時

丁酉	八	乙巳	十三
丙午	十八	甲辰	二十三
辛未	二十八	癸卯	三十三
庚寅	三十八	壬寅	四十三

①高中畢業。（私立）

②官煞剋制太過，印星未轉化，又受寅木之剋。大運財官相威，加重壓力，鬥志少，凡事忍讓之八字。

例⑭：乾造　民國四十三年三月十七日子時

甲午	七	己	巳	十二
戊辰	十七	庚	午	二十二
乙巳	二十七	辛	未	三十二
丙子	三十七	壬	申	四十二

①高中畢業後，考入軍校專修班服役。

②八字無官，天干無印，庚運有阻。又加上八字食、傷生財，多才多藝分心所致。

例⑮：乾造　民國四十夫九月二十日午時

辛卯	五	丁	酉	十
戊戌	十五	丙	申	二十
癸巳	二十五	乙	未	三十
戊午	三十五	甲	午	四十

①高中畢業。

②官煞太多，財星又助，印星無力，已註定鬥志沒有，輸人一截，長輩印星又衛護無力，大運酉、申有輔。

例⑯：乾造　民國四十一年六月八日丑時

壬	辰	四	戊	申	九
丁	未	十四	己	酉	十九
丙	子	二十四	庚	戌	二十九
己	丑	三十四	辛	亥	三十九

①高中畢業。

②丁壬合化木，以正格看，八字官星兩個，子水有制，壬水有化，奈食、傷太多分心，酉金考運生官煞壓力。

例⑰：乾造　民國四十二年七月三十日卯時

癸	巳	十一	己	未	十六
庚	申	二十一	戊	午	二十六
辛	酉	三十一	丁	巳	三十六
辛	卯	四十一	丙	辰	四十六

①高中畢業。

②巳申合化水，初、高中成績不錯，奈金鋼格元運不合，大運戊午皆阻，戊癸化火，巳火還原，引入官煞，已運一樣。

例⑱：乾造　民國四十三年七月二十四日子時

甲午	六	癸酉	十一
壬申	十六	甲戌	二十一
庚戌	二十六	乙亥	三十一
丙子	三十六	丙子	四十一

①高中畢業。

②丙火本有制，奈八字甲木又轉化壬水，加上大運甲木生官攻入，且午火本制化失宜。

（初中以下略之。）

11. 驛馬之論斷

所謂「驛馬」就是指：遷旅運，包含職業異動、住所變遷，及短暫來回之出差、出國旅遊等。傳統之看法，乃依：寅午戌馬在申，亥卯未馬在巳，巳酉丑馬在亥，申子辰馬在寅等為原則，對照月支來看，有的人則用日支來看變動驛馬。可是事實上，吾人之一生驛馬變動，沒有那麼容易看。

驛馬催行，實際上與六神有密切之關係，及月支有關，季節出生有關等。茲分別舉例說明如下：

冬天亥、子月出生者。

八字木火通明，形成月支冰水溶解，產生一股奔流，註定外鄉發展之命。八字冰寒水凍無火者，一生少異動，守故居祖業，與心性積極及慢性有關，八字日元合官者一樣。逢木、火年、運，催促異動，前者驛馬動得更遠，後者小異動而已，當木、火年運走完時，為八字恢復原狀，又催促大異動，出外者，即前者，逢未月小思鄉，戌月更想家，尤其巳、午年未、戌月，及未、戌年之未月、戌、丑月，皆為抵定中流，止水漂動，為回到家鄉時，配合大運看，若仍在木、火（干支一樣）運，則燥土流月走完，引入火氣時又會動，一般大都在巳、午月。若地支八字己有火，則提前在寅月，木生火使木水溶解。一般以木火併臨時動最遠。尤其甲年寅月到午月，及丑年寅月到午月，乃水年之終，八字火氣增強，欲恢復奔動時。

例①坤造　民國四十九年九月二十三日夜子時

正印庚	子比肩	三	丙	戌	八
偏財丁	亥劫財	十三	乙	酉	十八
日元癸	卯食神	二十三	甲	申	二十八

傷官甲　子比肩
生於　立冬後四日二時辰。
大運於一年四個月二十日後上運。
每逢丁、壬年驚蟄後二十四日交換。
虛歲三歲上運。

三十三	癸未	三十八
四十三	壬午	四十八
五十三	辛巳	五十八
六十三	庚辰	六十八
七十三	己卯	七十八

例②：乾造　民國三十八年十一月八日午時

劫財庚　寅正財
正官丙　子食神
日元辛　卯偏財
正財甲　午偏官
生於　大雪後十九日八時辰。
大運於三年三個月後上運。
每逢甲、己年驚蟄後十九日交換。
虛歲五歲上運。

五	丁丑	十
十五	戊寅	二十
二十五	己卯	三十
三十五	庚辰	四十
四十五	辛巳	五十
五十五	壬午	六十
六十五	癸未	七十
七十五	甲申	八十

◎說明：

例①及例②，皆生於寒冬亥、子月，八字同樣有木火，使水勢溶解，但二者心性上截然不同；例①，八字無官，食、傷秀氣有力，衝勁十足；例②，則八字食神洩秀，溫和有禮，財官頗重，官星又合住日元，約束心性。結果坤造，在七十三年甲子年庚午月，大運甲木用事，傷官作用，加重衝勁，在癸亥年之水氣流月催止時，此庚午月，驛馬奔行，八字火氣復活，從台灣到阿拉伯服務，任教員，乙丑年之午月仍有小異動。未來丙寅、丁卯年亦會再動。類似坤造者，有一男命：三十六年十月十八日夜子時生，八字為：丁亥、辛亥、癸丑、甲子。也曾去過阿拉伯，斯時異動為金門與台灣之異動，同樣傷官生財，丑土官星力微，濕氣增加。當初余推算此坤造時，藉此男命之經驗，謂曰：類似你之命造者，異動到阿拉伯，但不知你會動到何處，且最慢巳、午月間會動。結果其心中嚇一跳；在巳月末，午月芒種前異動。余因見其流月將引入壬申、癸酉月，為印星文書作用，且未來為甲子、乙丑、丙寅、丁卯年等，食、傷生財，揚名吐氣，故示其資料多帶些教材，以免要用找不到，結果她認為，那邊說資料皆有，不用帶，最後還是後悔未聽吾言，正合乎申、酉月，為食、傷受制，有口難言，判斷疏忽時，寄信家人，索寄資料。

例②，依八字看，木火通明，其勢必奔，卻於同時間，沒有多大變遷，也沒有出國，兩者比較，為解凍共同現象，但心性完全不同，官星合住，財官又旺，形成心性約束，保守個性，一生中奔動機會少，住台南，但畢業於北部某大學。服役時，只做幾個月之國民兵而已。

由上可知，看驛馬，生於寒冬有火暖局者，尚須看個性問題，一般以官星合住者，由於心性約束之故，故做事屬於保守派，若食、傷制官，或印星引化，才使保守心性，稍具伸縮，愈積極個性，一生本多奔波，配合季節異動更遠。

月支影響：月支為八字裡面，當令力量最大者，故此月支力量之增加，（即同一字之年）及月支力量減少，（即受剋）一字動，全部七字皆會受牽連，好像在地層之斷層地震一樣，此也是傳統之統計，申子辰馬在寅……之月支看驛馬，其基本原理，只是古人皆以統計歸納認定。茲分別以月支述之如下：（流年來去，須依流月逼進法看。）

子月生：在子年住所異動，次午年。（子年須亥月，到丑年之未月。午年則巳月到子月。）

午月生：在午年住所異動，次子年。

卯月生：在卯年住所異動，次酉年。

酉月生：在酉年住所異動，次卯年。

即同字及對沖年動。八字或大運，或流年有牽制、剋制此流年者，則謂之有阻，或看情形小動而已。例如：子月生，逢子年異動，但大運在未、戌則止，或流年為戊子年，則亦小阻有動。又如：午月生，逢午年動，但大運在亥、子運，則驛馬有阻。流年為壬午年亦有阻最多小動。

辰月生：在辰年之辰月到戌月動，尤其未月、戌月各動一次。

戌月生：在戌年之戌月到亥年未月動。

丑月生：在丑年之丑月到寅年未月動。但因有寅木阻礙，故一般動小，若大運在巳、午火，則驛馬住所動。尤其寅年巳、午月動，此亦是五行更易，社會變動最大時。

未月生：在未年之未月到丑月住所異動，尤其在戌、丑月。及癸年之未月住所異動。

以上所述月支，皆為大異動，住所變動，乃月支之力影響整估大局之故。以月支相同之年，變動最多最大。

寅、申月生：在寅、申年住所異動。（寅年為寅月到申月。申年為申月到次年寅月，尤其戌、丑月，加強時。）

巳、亥月生：在巳、亥年住所異動。（巳年為巳月到子月。亥年為亥月到次年未月。）

從八字之六神看驛馬：

八字無印星，及地支無印星：印星受暗傷。印旺逢財年。代表一生中，長輩少在旁邊，婚前在家待不住，婚後遠離父母，乃親緣薄，不願受父母約束之故，女命無印，又主與夫家父母難融洽。當印星年、運入命時，八字呈現長輩在側，印星走完時，又恢復原狀，此一來一去，形成了自己與長輩間之驛馬動。印星暗傷，則在比劫年剋財，使印星復活即催動，比、劫年走完時又須動。

例①：坤造　民國三十八年二月十五日子時

偏官己	丑偏官	
偏財丁	卯食神	
日元癸	卯食神	
劫財壬	子比肩	

六十九年、七十年庚申、辛酉年，引入印星，長輩介入小家庭，在壬戌年丙午月催止印星，排斥印星，家庭風波，離家出走。癸亥年庚申月離婚，此年庚申、辛酉月娘家助，酉月末，又從台南到台中住。

例②：乾造五十年三月九日戌時

正財	辛丑	傷官	七	辛	卯	十二
偏官	壬辰	食神	十七	庚	寅	二十二
日元	丙戌	食神	二十七	己	丑	三十二
食神	戊戌	食神	三十七	戊	子	四十二

八字無印，寅運求知，甲子年（二十四歲）甲後，及乙丑年之間，斷想出國留學，但馬上會在丙寅年（二十六歲）寅月後，打消念頭，在國內唸完文憑，果然如此，乃天干遠方求知，但大運力厚加上以後丙寅、丁卯年之故。

例③：乾造　民國四十一年七月二十四日亥時

壬辰	十	庚戌	十五
己酉	二十	辛亥	二十五
辛酉	三十	壬子	三十五
己亥	四十	癸丑	四十五

印星雙衛，八字無官約束，傷官有力。

逢甲年甲戌月後，及乙年，排斥印星約束，催促與長輩父母分開，求自由發展，丁月損財。在丙年辛卯後恢復原來。

逢日元之比、刼年，為廣結友人，若八字本已比、刼多，平常即廣結人緣，此比、刼年，尤其天干比刼，更是催促驛馬奔行，為事業遠方發展，奔波兩地。

逢食、傷年入命，謂之：與官相抗。須八字有官煞，則激因異動才大，任何一個八字皆一樣，在工作上、職業上，逢食、傷年，謂之：身兼數職，不願受上司約束，想自由發揮，與上司口舌，催促異動，有財星引化者，乃個性溫和、保守者，較不會動。個性溫和者，在食、傷年走完時，才催促異動，即很會忍耐。八字無官，但有印衛者，則提前一點點，在食、傷年末期。一般個性剛強者，在食、傷入命時，短短半年內即催異動，乃口舌忍不下這口氣。八字官煞重，或財官剋入者，心性更保守，逢此食、傷年，作用力少，異動機會不多，一生亦少異動。

例①：乾造　民國三十九年三月七日巳時

庚寅	八	辛	巳	十三
庚辰	十八	壬	午	二十三
戊子	二十八	癸	未	三十三
丁巳	三十八	甲	申	四十三

從六十四年乙卯（二十六歲）甲申月，引入官煞壓力，由台北到台南工作，到六十九年庚申年（三十一歲）甲申月，又由台南回台北工作。乃開始時，離開故居，帶來極多官煞壓力，食傷年與官相抗，有志難伸，才下定決心。

例②：乾造　民國三十年一月二十一日寅時

辛巳	五	己	丑	十
庚寅	十五	戊	子	二十
乙未	二十五	丁	亥	三十
戊寅	三十五	丙	戌	四十

乙庚合官約束，與上司融洽相處。

六十九年庚申年甲申、乙酉月間，寅申沖，內部人事紛爭，大運丙戌交接，七十年辛酉年丙申、丁酉月，流月與官相抗，流年申、酉失和，與上司摩擦，遂生異動。

逢財年、運入命，為求財心切之動，在財年之比、劫月，（干支皆同）為投資奔忙之時。若八字已有比、劫，則再提前在印星月令投資發展。又財年會帶來剋印，長輩事煩心，故亦主長輩事憂心奔忙。一般大都在財月旅遊多，若八字已有財星，則食、傷、財月皆多旅遊，乃因食、傷、財，即主享福澤，物質享受之意。（干支皆同，以財年財月，或食、傷年之財月最多。）若日元丙、丁火，須留意丑年在丑月引入，次年之庚、辛月多遠遊享受。

逢官年入命。此點對一般人影響甚大，在官煞年引入時，帶來工作、生活壓力，官煞走完時，有解除壓力之促，亦會催促異動。八字官煞已重者，對官灰年之流月引入較有重大改變，官煞走完時，變化有但不多，乃本性習慣壓力之故。若八字不見官星者，則官煞流年剛進來時，帶來責任、壓力，尚很新鮮嘗試，但歷經兩年或幾年官煞連貫後，本性之無官，不願受人約束，已生厭倦排斥之心，在官煞之流月走完時，必在住所或工作環境上有變遷，乃為解除工作、生活壓力而動，謂之：求生本能，亦是心中無官約束之念所生。

八字官星暗傷，逢食、傷年來與官相抗，會生排斥之念而異動。逢官煞年入命，及結束走完官煞時，心中本已八字官星暗傷，排斥官貴，此一來一去，皆形成生活上、工作上之大變遷，亦等於因緣聚散。

例①：乾造　民國三十九年九月八日未時

偏財庚　寅偏印
比肩丙　威食神
日元丙　戌食神
正印乙　未傷官
生於　寒露後九日五時辰。
大運於六年十一個月七日後上運。
每逢丁、壬年白露後十六日交換。
虛歲八歲上運。

八	丁	亥	十三
十八	戊	子	二十三
二十八	己	丑	三十三
三十八	庚	寅	四十三
四十八	辛	卯	五十三
五十八	壬	辰	六十三
六十八	癸	巳	七十三
七十八	甲	午	八十三

例②：乾造　民國四十三年三月二十八日卯時
偏印甲　午劫財
食神戊　辰食神
日元丙　辰食神
正財辛　卯正印
生於　清明後二十四日七時辰。
大運於二年二十日後上運。
每逢丙、辛年立夏後十四日交換。
虛歲三歲上運。

三	己	巳	八
十三	庚	午	十八
二十三	辛	未	二十八
三十三	壬	申	三十八
四十三	癸	酉	四十八
五十三	甲	戌	五十八
六十三	乙	亥	六十八
七十三	丙	子	七十八

◎說明：

此兩例皆八字無官，例①在七十二年癸亥年甲子月，催促官煞年步入後期階段，離職異動，由台南到印尼雅加達之化工廠服務，月薪約增加三倍，目前為六萬元台幣。此壬、癸年帶來內外壓力，比劫又受傷，人事紛亂，與副課長失和，（其為課長）加上公司搖搖欲墜，皆為催促奔行之因，從壬戌年壬寅月，到癸亥年甲子月，任課長之職，（本為副課長）。

例②在排列衛護上，天干就比較差，右邊逢壬、癸年、月，立見財官相欺，妻帶來口舌壓力，於七十一年壬戌年戊申月，催止壬水時即離職異動，開國中之補習班收入頗豐，亦月入有六萬元。

一般求職，在流年之看法，大都為財月下旬，引入未來官煞月之官星時，謂之：與官交往，即與上司、有地位者交往；亦顯示了就職時，內心壓力之表徵。此在一般推算時會用到，即求教者，問曰：何時可找到工作。不論其八字配置如何，依日元尋找天干或地支之：財月下旬，（即後面官煞月之輕微徵兆期開始。）將可找到工作。只是若景氣太差時，則又須配合八字印星長輩、貴人之助力，亦係講背景、關係了，平常景氣好時，印星助力也須參考。

又有八字官星暗傷之女命，如：坤造四十七年三月二十日午時，八字為：戊戌、丁巳、乙酉、壬午。從己未年之結婚，到壬戌年（二十五歲）丙午月催止流年辛酉官星，使八字恢復抗官，而離家出走二十天，到乙丑年壬午之離婚，連續流年金、水走完時，恢復官星（夫星）暗傷，婚變異動，乃命中潛在激因之引動。

其他吾人驛馬催行，異動之因素，尚有天災、人禍動亂，乃為整體性之命運，不動也得動，除非八字官煞重重約束，真的固執不異動。

12. 刑剋之論斷

所謂「刑剋」，即代表從八字及大運、流年上，可以看出，夫或妻、父母、親人、小孩、朋友有事，讓自己憂心。但八字有一個極限，就是無法指名道姓。此篇刑剋之論斷，事實一在「六神論斷法」中，已有詳細說明，本文之目的，乃多舉幾個實例，讓讀者多學以致用而已，詳細基礎說明，請閱「六神論斷法」。

例(1)：由自己看父母及妻子。

A例：乾夫三十七年四月十五日亥時。

比肩戊	子正財	十戊	午　十五
正印丁	巳偏印	二十己	未二十五
日元戊	申食神	三十庚	甲三十五
正財癸	亥偏財	四十辛	酉四十五

坤妻三十九年十一月二十七日卯時。

偏官庚	寅比肩	十一丁	亥　十六
偏財戊	子正印	二十一丙	戌二十六
日元甲	辰偏財	三十一乙	酉三十六
傷官丁	卯劫財	四十一甲	申四十六

B例：乾造三十六年二月八日卯時

正印丁	亥偏財	九	辛	丑	十四
偏財壬	寅偏官	十九	庚	子	二十四
日元戊	寅偏官	二十九	己	亥	三十四
正官乙	卯正官	三十九	戊	戌	四十四

◎說明：

AB兩例，皆於六十九年庚申年，七十年辛酉年，妻欠安。為食、傷生財剋印，同樣印星受傷，長輩事煩心，此兩年父皆欠安，食、傷作用，代表親自照顧關懷。

A例妻命可見，寅、卯木受剋，肝患住院。假若此兩造乾命，皆沒有癸、壬，則在庚、辛年即不會有那麼多憂心事，最多在壬、癸月小事而已，欲大事須在壬、癸年。

B例，丁壬合化木，賴寅中丙火印星為根。五十七年戊申年母逝，及六十九年庚申月父逝世，皆因寅申沖去寅中丙火之故，凡印星受剋，代表長輩欠安，其事煩憂，八字有財或大運有財，則轉轉相剋，即食、傷年生財剋印，或財年加重剋印，皆主此長輩為男性，是父親或祖父。一般若逢財年，直接指明長輩事，則錯不了，不論其為吉、凶年都一樣。

例(2)：由自己看妻子。

A例：乾夫三十年九月十八日子時。

傷官辛	巳偏印	十一丁	酉	十六
比肩戊	戌比肩	二十一丙	申	二十六
日元戊	午正印	三十一乙	未	三十六
偏財壬	子正財	四十一甲	午	四十六

坤妻二十九年一月十七日寅時

正財庚	辰傷官	七丁	丑	十二
傷官戊	寅正印	十七丙	子	二十二
日元丁	酉偏財	二十七乙	亥	三十二
正官壬	寅正印	三十七甲	戌	四十二

B例：乾造　四十四年六月四日巳時

劫財乙	未正財	六	壬	午	十一
正印癸	未正財	十六	辛	巳	二十一
日元甲	申偏官	二十六	庚	辰	三十一
正財己	巳食神	三十六	己	卯	四十一

◎說明：

A例：由男命可知，七十年立春後二十八日，大運步入甲木，命中財星（妻），挾命相欺，天干無印引化，因妻事項損財、引官符，於七十一年壬戌年，及七十二年癸亥年，更是加重其因。此命中地支之印星，貴人長輩幫忙，只是事後之情，由本例亦可知悉，天干歸天干之事，地支歸地支之事，再於發生事故後，遠助或近助，皆為後來之事，一般以為有印就好，不知天干為遠方發生之事，地支為近處發生之事。

由女命可知，八字重點在雙寅木，丁壬合化木，但每逢申、酉年申、酉月，就會引發受雙寅，近親友之連累，壬水合而不化，小人直攻而入，此時之合謂：虛情假意之合，勉強之至。申、酉入命，有辰土生財剋印，代表心甘情願，進財幫助親人，種因從己未年申、酉月開始。以後壬戌、癸亥年，大運轉入戌土，意氣用事，巳引入壬、癸官煞年，帶來官符，尤其壬年庚戌、辛亥月大凶。貴人相助，尚待甲年甲戌月後，完全無憂，則須戊辰年。

B例：從六十九年庚申年庚辰月以來，配合大運庚金，謂之：催貴，事業發展。奈從七十一年壬戌年、癸亥、甲子、乙丑年，接連水木年，（丑年須丑月才引入丑土，整年皆子年之連貫，走到未月，但從申月到子月，又餘氣重。）水木減弱八字火土之力，從七十三年甲戌月起，加重損財，到七十四年，受妻累被人倒了約五百萬元，而自己倒別人千萬元，又受其他人連累，負債不少。欲轉吉尚待丙寅年巳月後。

此乃因八字本來即已呈現，財星當令有力，妻脾氣倔強之徵，又加上坐下官星，謂之：財挾長相欺。巳申合住，與官相抗，心性敢為，又受妻影響，配合八字印星暗傷，故又主一生中，受妻之長輩連累損財最嚴重，此即是八字根本，潛伏之激因。

例(3)：由自己看丈夫。

A例：坤妻四十三年九月十一日寅時

偏印甲	午劫財	十一壬	申	十六
正官癸	酉正財	二十一辛	未	二十六
日元丙	申偏財	三十一庚	午	三十六
偏財庚	寅偏印	四十一己	巳	四十六

乾夫四十三年九月十二日寅時

正印甲	午比肩	十一甲	戌	十六
偏官癸	酉偏財	二十一乙	亥	二十六
日元丁	酉偏財	三十一丙	子	三十六
正官壬	寅正印	四十一丁	丑	三十六

B例：坤造　三十七年五月二日辰時

偏財戊	子正印	二丁	巳	七
偏財戊	午傷官	十二丙	辰	十七
日元甲	子正印	二十二乙	卯	二十七
偏財戊	辰偏財	三十二甲	寅	三十七

◎說明：

由自己看妻子，或看丈夫，有一個共同現象即是：當日元形成八字印星受傷時，（或本來即沒有印星）而在八字加上流年、大運，綜合起來，成為財官相偕，攻入日元時，即呈現先生或妻子之累。即財官併臨時。若有印星受傷，則仍要加上長輩之事憂心介入。整體八字言，只要任何一個八字，碰上財官年、月或大運、八字併齊時，如：財年官煞月。沒有一個是不損財、嘔氣的。比財年官煞月，正可謂為：

共同損財月，及共同意外之災、嘔氣月。共同吉凶摻半年，則為癸年。共同吉凶參半日，則為癸日。

A例，六十九年、七十年印星皆損，夫妻生日差一天，流年吉凶皆同，正是物以類聚，夫妻同命。此兩年八字呈現財官攻入。坤命，官星高透為肇因，財助官（夫），可知丈夫之事煩憂，錢財供應，有去無回，財生官之故，誠命中已冥冥註定，流年只是引發加重。夫命，則官煞小人環伺，同於亥、子月，火熄一片消沉。此後庚運仍多烏雲，負債受累仍要持續，接壬戌、癸亥年之申月到子月，八字比劫皆傷，與親長難和，難以做人皆可見，官煞帶來官符、壓力、孤立，甲子、乙丑年含水氣，欲吉未吉，但已有貴人助，丙寅年尚見財利緩和，乃乙丑年之丑土生財之故，丁卯年減弱八字食、傷、財之力量，錢財仍損於下半年之金水流月，（若有大運或八字，食、傷衛財，則不忌反吉。）欲完全雲開見日，則須戊辰年戊午月後。

B例：財星三透無衛，每逢庚、辛年，必財助夫，引入受累，在五十九年（庚戌年），財官併臨剋入，流年戌土亦去雙子，使日元孤立無助，一片消沉，若子水未受傷，則尚有貴人暗助，此孤立謂之：無助、消沉，想尋短見。該年，夫君犯票據法入牢。平均每逢庚、辛月，即有災，及利益侵害之事，（財星即：錢財、利益。）由此可知，論斷凶年，在一般人來講，官煞月佔有很大之份量。

例(4)：由自己看子女。

坤造　十九年一月六日丑時

偏財己　巳傷官
食神丁　丑偏財
日元乙　酉偏官
食神丁　丑偏財

一	戊	寅	六
十一	己	卯	十六
二十一	庚	辰	二十六
三十一	辛	巳	三十六
四十一	壬	午	四十六
五十一	癸	未	五十六

◎說明：

食、傷代表子女。但須配合官煞看，才正確，一般人若八字官煞重，即代表子女多、壓力多、負擔重之意，若八字無官，則子女少，亦即壓力少，負擔輕，較自由之意。故據余經驗所得，無論男女命，看子女，皆須和官煞配合看才正確。此點臨時想到，可作為看子女多寡之參考，配合「子息的論斷」看。

八字日元坐七煞，又有雙財滋生，註定一生擔負家庭重責，子女約共四位，論從勢格。食、傷調候，洩秀生財為吉，代表疼愛子女有加，缺食、傷者，一般皆較少專心照顧子女，請人代勞。七十二年癸亥年（五十四歲），下半年損傷火氣，兒女之事煩心，結果女兒生育，壬戌月兒子結婚，正是喜氣連連。只是一般若欲知悉，子女何事憂心，較困難，婚慶得孫之喜，本為吉，但流年卻減損火氣，正可謂為：

為錢財支出周轉而煩惱。若配合子女命造看，則判斷上更精確，亦減少用猜之失誤。

以下刑剋、刑喪簡示：

例⑤：坤造　民國二十二年五月二十二日戌時

劫財甲	戌正財	九	己	巳	十四
正官庚	午食神	十九	戊	辰	二十四
日元乙	亥正印	二十九	丁	卯	三十四
傷官丙	戌正財	三十九	丙	寅	四十四

◎夫妻常常失和，皆因乙庚合官，合而不化，丙火、午火，分別剋制夫星，謂之：奪權，虛情之合。

例⑥：坤造　民國二十七年二月二十三日子時

正財戊	寅劫財	七	甲	寅	十二
比肩乙	卯比肩	十七	癸	丑	二十二
日元乙	卯比肩	二十七	壬	子	三十二
傷官丙	子偏印	三十七	辛	亥	四十二

◎本例和例三之B類似。八字無官，為職業婦女。夫好賭風流，代夫還債甚久，逢

庚、辛、申、酉年、月為受夫累之時。

例⑦：乾造　民國二十三年十二月二十六日巳時

偏印甲	**戌食神**	三	戊	寅	八
劫財丁	**丑傷官**	十三	己	卯	十八
日元丙	**午劫財**	二十三	庚	辰	二十八
正官癸	**巳比肩**	三十三	辛	巳	三十八

◎初運寅、卯、父母相繼逝世，乃食、傷受制之故。為獨子。由此可見，算比劫幾個，兄弟即有幾個，未必準驗。同樣類似之八字，食、傷受剋，代表有口難言，催促刑喪，若財星或食、傷受剋，主享受福澤減少，家中有逆，卻未必其父母皆有刑喪，有的人為父母離異，故宜謂：家中親人欠安嚴重即可；況且，吾人若積德行善，亦能改善命運。

13.子息之論斷

影響生兒育女之因素，並不是在八字，影響之原因有多種，含：風水住宅問題、心性問題及生活習慣問題、胃腸功能、飲食影響等，各種因素，促使體質（尤其母體）之酸鹼性不同，體質（尤其母體）之酸鹼性不同，體質常維持在酸性重之情況下，主生女；體質傾向鹼性、中和之情況下，主生男。茲分別說明如下：

⑴住宅影響：住宅若後面五公尺以後，一片空缺，主生女。（或後面十公尺左右，有一棟房屋，但在後面，各房子圍成密閉性則生男。簡單地說，即室內外空氣對流勿太大，形成室內人氣之散失，吾人虛火上升，胃酸分泌過多，體液傾向酸性，乃為生女之主因。（正常體液，PH值為7.3。胃酸PH值為1.5到1.8。）又住宅上面無屋遮熱，房屋太熱，虛火上升，胃酸分泌過多，亦主生女。室內鎢絲燈之熱光太多，美術燈一樣，亦主生女。住宅東西向，或南北向，但有牆壁受太陽直曬，促使室內溫度高一樣。

⑵生活習慣：常熬夜、遲睡工作者，胃酸分泌會過多，主生女。工作場所，室溫常維持在高溫，亦主生女。

⑶飲食：常喜吃甜食，使胃酸分泌過多，及喜常吃動物胃腸類，使體內虛火旺，胃酸增多，皆主生女。

⑷心性影響：一般常生女者，妻命必呈現神經質較重，容易胡思亂想，製造生活緊張，導致睡眠不足，或常半夜起床，促使虛火上升，胃酸分泌過多，體質呈現傾向酸性，生女乃必然之事，手紋必多複雜。形成之原因，有些人為小家庭，先生又輪夜班工作，導致妻子夜長夢多，精神易緊張。亦有的人，為父母及先生，帶給了妻子壓力，無形中情緒憂鬱，帶來精神上、肉體上壓力，皆為胃酸分泌過

多，生女之主因。針對原因改善，即能改善。一般依其八字看，獲子之年，必於心性安定之年，生活習慣正常之年。

(5)日元較弱者，行印星或比、劫年得子，男女皆同，從格亦同。女命夏天生，須於水氣旺之年懷孕（月令同），如：申、酉、亥、子、庚、辛、壬、癸年。（辰、丑月須配合流年。）冬天生者，須火年孕，（月令同），如：寅、卯、巳、午、甲、乙、丙、丁年。一般須有已經歷一個金、水月令，或木、火月令，使體質調和，才懷孕。

(6)無子之命，其日元助力必少，加上大運失助。有些為靈界因果關係所形成，非只單純之八字所能洞悉。譬如：有的人，曾懷孕後墮胎，結果與胎兒陰靈結怨，常附於母體上，藉母體元氣漸漸成長，伺機報復，造成因果業障。皆須多積功德，或助印善書，迴向宿世冤結，以祈化解。

例(1)：乾夫三十九年二月二十七日亥時。坤妻四十年八月十一日申時。

食神庚	寅偏官	八辛	巳 十三	正官辛	卯劫財	十一戊	戌 十六
食神庚	辰比肩	十八壬	午二十三	傷官丁	酉正官	二十己	亥二十六
日元戊	寅偏官	二十八癸	未三十三	日元甲	寅比肩	三十一庚	子三十六
正財癸	亥偏財	三十八甲	申四十三	偏印壬	申偏官	四十一辛	丑四十六

◎說明：

六十四年己卯月。六十五年己亥月。各獲一女。六十九年己丑月剖腹產，得雙生女。

六十八年己未年丙寅月獲一男，乃於戊午年丁巳月後，女命與官相抗，增膽氣時受孕，男命為助元神之年。

例②：乾夫三十四年五月二十三丑時。　坤妻三十四年十二月二十五日丑時。

傷官乙	酉正印	十辛	巳十五	偏財乙	酉比肩	五庚	寅十
比肩壬	午正財	二十庚	辰二十五	偏印乙	丑偏印	十五辛	卯二十
日元壬	申偏印	三十己	卯三十五	日元辛	丑偏印	二十五壬	辰三十
正印辛	丑正官	四十戊	寅四十五	偏印己	丑偏印	三十五癸	巳四十

◎說明：

六十二年癸丑年辛酉月。六十三年丙子月各獲一女。六十六年丁巳年癸丑月獲一男，（乙巳月孕）。

妻命寒冬無火，容易神經質重，加上印衛重重，家教嚴，行事保守，陰氣太重，活動不足，逢丙辰年丙申月後，個性較好動，財運較順，心情開朗，又增強新陳化謝，使酸鹼中和，六十六年得子。

例③：乾夫四十二年七月三十日卯時。　坤妻四十六年七月二十二日卯時。

食神癸	巳正官	十一己	未	十六	偏官丁	酉比肩	八辛	亥	十三
劫財庚	申劫財	二十一戊	午	二十六	劫財庚	戌正印	十八壬	子	二十三
日元辛	酉比肩	三十一丁	巳	三十六	日元辛	酉比肩	二十八癸	丑	三十三
比肩辛	卯偏財	四十一丙	辰	四十六	比肩辛	卯偏財	三十八甲	寅	四十三

◎說明：

六十九年庚申年丙戌月，及七十一年壬戌年丁未月，各獲一女。七十四年乙丑年得一子。

女命官星獨透，易受激怒，行事急性，子運及流年金、水，加重與官相抗，肝火上升，就職多嘔氣，財年增官威約束心性。

例④：乾夫十三年六月十一日卯時。　坤妻十六年十二月二十一日卯時。

食神甲	子劫財	十壬	申	十五	正財丁	卯傷官	十甲	寅	十五
正印辛	未正官	二十癸	酉	二十五	劫財癸	丑正官	二十乙	卯	二十五
日元壬	辰偏官	三十甲	戌	三十五	日元壬	子劫財	三十丙	辰	三十五
劫財癸	卯傷官	四十乙	亥	四十五	劫財癸	卯傷官	四十丁	巳	四十五

◎說明：

三十八年（己丑年）丁丑月丁卯日生長女。四十二年（癸巳年）丁巳月丙戌日生次女。四十年（辛卯年）丙申月乙酉日生長男。四十三年（甲午年）甲戌月戊申日生次男。

由坤妻命造可知，喜水須火，缺一不可，可是寒氣太重，壓力不斷，生活緊張，製造胃酸，難怪連生四女，配合兩造，得男丁之年須在甲年戌月後孕，乙年生。甲、乙年剋去乾造己土，使癸水復活相助，坤妻則去戊助日元。

例⑥：乾夫二十九年六月七日辰時。

正官庚	辰正財	十甲	申	十五
正印癸	未偏財	二十乙	酉	二十五
日元乙	卯比肩	三十丙	戌	三十五
正官庚	辰正財	四十丁	亥	四十五

坤妻三十四年四月十九日卯時。

偏官乙	酉食神	三壬	午	八
食神辛	巳正印	十三癸	未	十八
日元己	亥正財	二十三甲	申	二十八
偏印丁	卯偏官	三十三乙	酉	三十八

◎說明：

五十六年辛亥月辛巳日生長女。五十九年庚辰月癸酉日生長男。六十年辛丑月辛酉日生次男。

由女命知夏天生，巳亥沖，酉金隔住，卯木又洩亥水，知生理結構，稍趨虛火較旺，若使亥水濕氣加強之時，即能更調和體液酸鹼性，男命夏天出生，亦有影響，地支水氣較弱，生男育女，兩夫妻命造配合看，以女命佔重要份量。頭胎生女，乃前面及生育之年為火、土年，使腹內（地支）虛火更旺，加重胃酸分泌，即八字逢流年、流月火土時，減弱八字水氣，增加燥熱，即代表該流年、流月，有常熬夜、遲睡之情。又五十九年生男，乃受五十八年己酉之酉金影響，前面戊申年之申金，為調理增水氣之年，而辛亥年，而辛亥年，則受孕之月，為濕氣重，壬辰、癸巳月，亦是催戌年戌土時。

由此可知，此生理胃腸因素，乃影響生男育女之主因，在生活習慣裡，無形中符合運程走向，知此原理，則論斷子息為生女或男，已多一項有科學根據之參考矣！如此八字之論斷，合乎醫學原理，壓機在握。一般服食中藥幫助生男丁，若知道此原則，配合藥物整治胃腸功能，及生活習正常，勿熬夜、遲睡，住宅改善勿太熱、太冷皆損腸胃，勿在生活上，有夜間或白天緊張之因素，常看喜劇片，早晚喝牛奶，中和胃酸，房事節制，勿使虛火上升，加重胃酸分泌，食物勿吃刺激傷腸胃者，少吃甜食，燥性食物，以免胃酸分泌過多，勿受憂鬱情緒影響，勿憤怒緊張，則胃酸分沕正常，神經系統安定，生男育女，隨心所欲，願大家皆能一切如願。

14. 婚姻之論斷

婚姻是否美滿，命局看法有三點，列之在後，本篇之看法，提供讀者在配婚上，有一新穎之概念，勿用只看年支的差三歲及六歲刑沖，即論斷婚配不佳，和夫宮或妻宮之日支，受沖剋，或夫星入墓、妻星入墓等，即直論不宜，壞人因緣，損德不少。

⑴看印星。女命若八字無印星，或天干有印星，但地支無印星，代表與長輩父母、丈夫之父母緣薄，婚前在家待不住，常與母親（或父親）生隔閡、鬧意見，不願受父母約束，有此潛伏因素故婚後都會遠嫁他方，先生之父母，思想亦較老古板，大都為鄉下人。婚前已多爭論，婚後同樣與先生之父母、兄弟姊妹等，合不來，催促小家庭分開，否則必生風波。婚姻波折多者，以此佔最大多數，乃與長輩介入關連，亦為導火線。

類此，其夫家，及自己娘家，必在住宅後方十公尺內空缺，兩家一樣，此空缺影響空氣強烈對流，使吾人元氣散失於牆壁上，積久虛火上升，肝火生怒火，進而形成內亂、失人和生口舌，家庭破裂，錢財亦受自己人連累，（後面空缺，代表自己人連累，沒靠山之意，亦主無貴人助。）而婚姻就在夫妻二人，光氣頻率、波長類似下，物以類聚，夫家從此口舌對象多一人，奈婚後，夫家團結一致，反攻擊妻子一人。

防患之道：即趕快改善住宅，後面蓋屋做屏障，此空缺又主生女。否則基本上女命，須有一技之長，或在就職工作，藉口搬出，組成小家庭，則可防患不順矣！但若父母未來又同住時，除非自己所住之屋，後面十公尺內空缺無屋屏障，（分各樓看，以寢室為主。）否則是不會有事的。又就職，一般看情形，有的夫家，卻示其辭職。

(2)看心性、個性：即指命格中官星約束之力量，及傷官言行之力量，是否奔放，亦即夫妻相處，本來即是個性相處，並非夫妻宮日支受沖所致，傳統上，大家都喜歡代入公式，不用思考，雖然方便卻有差誤。前面八字無印，乃長輩影響婚姻成敗，屢見不鮮，此則不是長輩之故，乃彼此心性、個性倔強，造成婚姻裂痕，故判斷上，須先了解前面：心性、個性、品性之實例論斷。配婚上，若夫妻皆個性剛強之命，則口舌常見，婚變待流年引發，防患上，須從降火、生活習慣、飲食等著手，皆述於前面意外之災論斷。

(3)看夫、妻星：即男命看妻星——財星及食、傷輔助之力。女命看夫星——官星及財星輔助之力。亦即看其對夫妻間潛在之意識觀念，此項配合大運看最明顯，尤其初運，乃幼年之家庭環境所見，種下之潛意識、家庭教育。

例①：乾夫三十四年五月二十一日午時。

正財乙	酉劫財	九	辛	巳	十四
食神壬	午正官	十九	庚	辰	二十四
日元庚	午正官	二十九	己	卯	三十四
食神壬	午正官	三十九	戊	寅	四十四

例②：坤妻三十八年二月十五日子時。

偏官己	丑偏官	八	戊	辰	十三
偏財丁	卯食神	十八	己	巳	二十三
日元癸	卯食神	二十八	庚	午	三十三
劫財壬	子比肩	三十八	辛	未	四十三

◎說明：

此兩命造為夫妻，在七十二年（癸亥年）甲子月辦妥離婚。六十五（丙辰年）夫命大運在己，該年喪妻，以後再娶妻妹，此妻造即是。夫妻皆畢業於大學，夫為婦產科醫生，月入頗豐，妻為國中教員，後來辭職。由此可見，學歷、知識之陶冶，有修心之功，卻仍無法避免婚姻挫折之變。

夫命：官星當令，三個午火約束，天干壬水生財，心性上守於理法，外緣頗佳，奈生於炎夏，腹內虛火旺，常熬夜工作，睡眠不足之故。加上乙木坐酉，財星暗傷，午火本制酉，午中己土卻作梗。此皆為小因素，最大的問題，在幼年期，前面庚、辛大運剋乙木，享受福澤減少，從六歲庚寅年後，即父母失和離異，從小在潛意識下，種下不良觀念，影響未來婚姻。

妻命，很不幸，前言三項，總含兩大項，八字無印，長輩父母助力少，官星暗傷生抗拒；八字食神溫和，外表亦形成一股靈秀之氣，只是鼻子太高太挺，雙顴低平，受夫欺凌，命相雙合，類此命造，若一旦辭職時，即是家庭風波時，乃念波不時地，夫妻互相碰撞，帶有紅光。嫁了醫生之夫，辭了職，欲安享清福，卻也未必能得福；一般人最喜歡嫁醫生，乃吃穿不愁，此例供大家參考，勿凡事只用錢財來衡量一切，中了物質時代，物慾之迷惑，婚姻抉擇，仍以心性、個性為首要。

例③：坤命三十七年生。

戊子　二　甲子　七
子丑　十二　癸亥　十七
丁酉　二十二　壬戌　二十七
甲辰　三十二　辛酉　三十七

例④：坤命四十五年生。

丙申　十　庚寅　十五
辛卯　二十　己丑　二十五
己亥　三十　戊子　三十五
戊戌　四十　丁亥　四十五

例⑤：坤命四十一年生。

壬辰		五	己	酉	十
庚戌		十五	戊	申	二十
庚子		二十五	丁	未	三十
丙子		三十五	丙	午	四十

◎說明：

以上三例，皆夫星——官星暗傷，註定婚姻有挫折。

例③在戊運戊午年離婚，財星有衛，為某大企業千金。例④在六十九年庚申年，婚姻挫折離婚。例⑤在壬戌年（七十一年）壬子月離婚，但大運相助，在甲子年（七十三年）又團聚合好。此三造以例五，夫星受傷較輕，故只流年壬、癸引入與官相抗，意氣用事，過後即恢復。例③則夫君犯桃花風流，其一直不能原諒，生有二字，例四可見，夫星當令，脾氣註定旗鼓相當，若非未、戌時生，則可化解。

例⑥：坤造三十三年八月一日未時。

比肩甲	申偏官	四	壬	申	九
正印癸	酉正官	十四	辛	未	十九
日元甲	申偏官	二十四	庚	午	二十九
正官辛	未正財	三十四	己	巳	三十九
		四十四	戊	辰	四十九

例⑦：乾造三十六年十月十六日酉時。

偏官丁	亥食神	八	庚	戌	十三
比肩辛	亥食神	十八	己	酉	二十三
日元辛	亥食神	二十八	戊	申	三十三
偏官丁	酉比肩	三十八	丁	未	四十三
		四十八	丙	午	五十三

◎說明：

例⑥：八字官煞太多，剋住日元太過，代表易受異性欺負失身，官煞在支，為夜間出事，本例有癸水引化，本來藉重申中壬水有根，卻受大運土、金影響，庚、辛大運之戊、己年出事，尤其庚、辛、申、酉月。假若大運和流年，勿土金併臨，則八字之官煞不會圍攻，受人輪流欺負，誠非命之過，乃運為主凶，蔭生之祖墳，納卦有問題，前面之案山有破損，才會婚姻不順，（案山即官星，亦即夫星。）後面眾墳奪氣，才形成斯應，不可不慎。很不幸戊、己運中，又有庚、辛年，一樣土金併臨，欲了脫此凶緣，則須待丁運。一生風波疊起，落入風塵，誠前世因果之故。

例⑦：七十二年（三十七歲）癸亥年離婚。但妻常回去探望孩子。八字傷官當令，又有三個，個性剛烈偏偏亥中甲木順生，雙丁為甲木之靠山，剋入日元，代表妻星－甲木暗藏有力，夫妻之脾氣，旗鼓相當，類此夫妻命造，發生口舌時，不是冷戰，也不是罵戰而已，乃大打出手，如同演武俠劇，令人嘆息，冤仇愈結愈深。

由此可知，若配婚一柔一剛，則忍讓無事矣！

15.情緣與婚期之論斷

(1)一般而言，情緣易看，婚期較不易看。常見術者曰：婚緣何時，不敢確定何年何月，實有其因，乃影響決定婚姻之因素甚多，如下：

①受到時勢影響。（如戰亂、天災……等不可抗拒之因素。）②奉父母之命。③奉子女之命。（先上車後補票）。④性慾需要。（食、色性也。）⑤讀書延誤。⑥生理缺憾，自卑感。⑦已嘗試過，不再好奇，不想結婚，受家庭束縛。⑧工作環境，交往機會多或少。⑨風俗習慣影響。⑩靈界因果關係等。

(2)男命看妻星──財星。其相對之力量。即食神、傷官及財星，皆須參看。逢此流年，尤其財星之年，（或命中有財、食傷，逢食、傷、財年皆包含。）謂之：（財）色相誘。佛門謂之：魔考──色考。亦即逢此有異性（女性）增多交往之機會。另外為流年來合住命中財星亦同。或命中財星受牽制，（即此劫剋住。）心存獨身思想，逢解開牽制時，（即逢食、傷年、運，或官煞之年、運。）八字財星出現，恢復原狀未再受傷，亦為出現妻星之人，及色誘之時，引動結婚。

此財星入命，或八字之財星、食傷力量增強時，無形中在生活上，物質享受會較好，肉食機會多，素食者則有因環境變動影響，無法持續素食，改為肉食之現象，此肉食增多，使得血濁加重，靈性漸頓，增加肉食之物性慾念，吃愈多，刺激愈重愈快，而終於無形中引動性慾傾向，帶動婚姻之誘導。此即為無形之氣數，受自己周圍環境、食物來影響，欲清心寡慾，卻受生理作用影響。

當然靈界仙佛之意，本來即不是示人模仿出家，意即開示吾人勿執著、看不開，此皆會形成業力，造成輪迴不止。而另一方面，仙佛之本意，乃希望人人婚姻美滿幸福，傳宗接代，讓諸多眾生，有轉世投胎及修行成佛之機會。否則人人若皆出家，後來之眾生，必將中斷。

(3)女命看夫星——官星。其相對之力量。即財星及官星，皆須參看。男女皆同，勿分正偏。逢此流年，尤其官星年，（或命有官，逢財、官之年皆包含。）及財年之官煞月。謂之：異性欺負。亦即逢此有異性（男性）交往增多之機會。另外流年合住命中官星亦同。或命中官星暗傷，即官星受食、傷約束、剋住，不想被異性侵入，即眼中無夫星存在，排拒夫星，心存獨身思想；而當逢解開其牽制之年時，（即逢財年，或食、傷年之財月，轉化使官星復活，逢印年也一樣。）乃為夫星－異性出現時，亦為受異性侵入生活中，欲引動結婚之時。又若八字無官而有財，（連暗藏皆無。）逢官煞月有婚緣，乃財生官剋入，或逢合財之年催促婚姻。

(4)至於獨身者，八字夫、妻星受制，或八字無夫、妻星，命中本已有獨身思想，若無大運，流年來引動，如：財、官年來，則不可能會拋棄其獨身思想。（男命含：

食、傷年之財月及財年。女命含：財年官煞月及官煞年月。）

(5)男命：財多身弱及財星弱者，婚姻大都較遲，食、傷旺者，性思想易早熟，常見早婚，（有無財星皆同。）目前遲婚約在二十八歲後。早婚配合兵役，約在二十四歲左右。隨著各國習俗、氣候影響而有不同，例如：同一個命造，婚期卻未必相同，但人生起伏，依「調候論斷法」及「六神論斷法」，配合流年、流月、流日逼進法論斷，必定相同；生於南部炎熱地區者，婚期必較早，乃虛火較旺，虛火生慾火之故。生於北方寒冷地區者，婚期必較晚，乃虛火降低，慾火、慾念減弱之故。知此原理，就會恍然大悟，難怪婚期最難抓之故了。余曾見過同樣生辰之命，其彼此兩人為同學關係，一住南部，一住北部，結果住南部者，已三年前結婚了，住北部者今年尚未婚，其對命理有興趣，卻百思不解，原理即在氣候因素。是故到目前為主，在論斷婚期上，甚至流年流月，有的命造很準，有的則有差距，花費了一段甚長時間研究，仍沒有完全百分之百的準驗度，後來知此地緣影響後，才知其原理。而且影響婚期的因素甚多，如前所述，此項婚期論斷欲精準，唯有求諸靈界仙佛了。

　女命：官多身弱，必早失身。若夫星暗傷者，必促早婚，（在解開牽制時，即前面所述。）來促使婚姻挫折、多變，無官星而傷官旺者同。

(6)凡巳、午、未月生者，尤其巳、午月，支局水氣不足者，無論男女皆有早婚現象，來促成體內虛火旺，一般引動在木、火、燥土年，（依流月逼進法推）女命食、傷為吉者更驗，（食、傷為子女催促誕生。）男命則色慾引動時。

例①：乾造　民國四十二年七月三十日卯時。

癸巳	十一	巳	未	十六
庚申	二十一	戊	午	二十六
辛酉	三十一	丁	巳	三十六
辛卯	四十一	丙	辰	四十六

八字財星暗傷。在六十九年庚申年，戊寅月丙子日結婚。大運在午火。卯酉沖，本來排拒婚姻管束，午運去酉，妻星出現，丁巳、戊午年情緣接連。可是己未年交往之妻，卻在該年才臨，一般看法為合財。可是事實上乃大運午火之作用。

例②：乾造　民國二十二年九月二十五日亥時。

癸酉	三	壬	戌	八
癸亥	十三	辛	酉	十八
壬午	二十三	庚	申	二十八
辛亥	三十三	己	未	三十八
	四十三	戊	午	四十八

未運，六十四年乙卯年（四十三歲）才結婚。

八字午火財星暗傷，雙亥剋入，加上大運少年運皆金，排拒妻星入命，逢未運止水，仍須甲寅、乙卯年來引化，使妻星復活，太太出現在生活中（八字裡）。

例③：乾夫四十二年一月二十六日丑時。　坤妻四十四年三月十七日申時。

食神癸	巳正官	二甲	寅　七	正財乙	未正印	十辛	巳　十五
偏財乙	卯偏財	十二癸	丑十七	比肩庚	辰偏印	二十壬	午二十五
日元辛	酉比肩	二十二壬	子二十七	日元庚	子傷官	三十癸	未三十五
偏印己	丑傷印	三十二辛	亥三十七	偏財甲	申比肩	四十甲	申四十五

◎說明：

六十九年庚申年訂婚。七十年辛酉年，己亥月甲辰日結婚。

本例為同事結婚。女命在丁巳、戊午年，多人追求，乃官煞入命，引生財官攻入之故。又本來在六十九年欲結婚，卻因女命父親逝世而延誤到次年。（父逝，乃因大運午火沖子，流年庚申剋去甲、乙，使八字之食、傷、財皆損，謂之：物質享受減少，家中有人出事，促刑喪，財為父。）

男命財多，行運又食、傷生財，引誘色慾、物慾。女命八字無官，大運走入官星攻入，（此午運若錯過不結婚，則未來須官、煞年，才有婚緣。）兩命皆顯示，有異性交往機會。

例④：乾夫四十一年六月八日丑時。　坤妻四十六年九月五日寅時。

偏官壬	辰食神	四戊	申　九	正財丁	酉正印	五辛	亥　十

劫財丁	未傷官	十四己	酉　十九
日元丙	子正官	二十四庚	戌二十九
傷官己	丑傷官	三十四辛	亥三十九

偏印庚	戌偏官	十五壬	子二十
日元壬	申偏印	二十五癸	丑三十
比肩壬	寅食神	三十五甲	寅四十

◎說明：

七十一年壬戌年，壬寅月丙子日結婚。

男命八字無財、無印，婚前、婚後，在家皆待不住，（無印作用，加上食、傷旺剋官，愛自由，不願受人約束，其脾氣不好。）逢財年為引動，六十九年、七十年皆有情緣、相親不斷，七十一年春為辛酉年之止。

女命為官星、夫星當令，註定擇夫個性強，有主見，但印星洩官，寅木亦虎視眈眈，使官星－夫星，由旺趨弱，逢甲、酉年去寅木食神，使排拒夫星之因素減弱，夫星加強出現，催促婚姻，其變化則在一增一減之中。乃申、酉年去寅存戌夫之故。

例⑤：乾夫四十一年六月五日巳時。

劫財壬	辰正官	五戊	申　十
偏財丁	未偏官	十五己	酉二十
日元癸	酉偏印	二十五庚	戌三十
偏財丁	巳正財	三十五辛	亥四十

坤妻四十八年七月十三日子時。

正印己	亥食神	九癸	酉　十四
食神壬	申比肩	十九甲	戌二十四
日元庚	午正官	二十九乙	亥三十四
偏官丙	子傷官	三十九丙	子四十四

◎說明：

六十八年己未年，戊辰月壬子日結婚。

男命為六十六年丁巳年，六十七年戊午年，財星——妻星入命，合財之年交往，六十八年己未年卻為儀式之時。

女命為丁巳、戊午年，夫星——官星入命年交往，戊午、己未年制食、傷，使夫星丙、午復活出現之時結婚。

例⑥：乾夫四十三年三月二十八日卯時。坤妻四十八年十一月五日辰時。

偏印甲	**午劫財**	三己	巳 八
食神戊	**辰食神**	十三庚	午 十八
日元丙	**辰食神**	二十三辛	未二十八
正財辛	**卯正印**	三十三壬	申三十八

正印己	**亥食神**	三丙	子 八
正財乙	**亥食神**	十三丁	丑 十八
日元庚	**申比肩**	二十三戊	寅二十八
比肩庚	**辰偏印**	三十三己	卯三十八

◎說明：

①六十九年庚申年，丙戌月壬午日結婚。認識約半年。

②男命在六十八年己未年，乙亥月間，差一點與一名女友去公證結婚，結果親人極力反對，正是傷官流年，意氣用事。庚申年男命合財，若無辛金，則於辛酉年婚。財年入命，妻宮為食神能生財，結婚時，妻嫁粧不少，外帶一棟房子。

③女命在合財之年，但官煞月婚，食神旺早婚，以早生育，照顧子女。

例⑦：乾夫四十一年十一月十二日寅時。坤妻四十六年十月十四日寅時。

偏財壬	辰比肩	四癸	丑	九	偏官丁	酉比肩	二壬	子	七
偏財壬	子正財	十四甲	寅	十九	比肩辛	亥食神	十一癸	丑	十七
日元戊	申食神	二十四乙	卯	二十九	日元辛	亥食神	二十二甲	寅	二十七
偏官甲	寅偏官	三十四丙	辰	三十九	劫財庚	寅正財	三十二乙	卯	三十七

◎說明：

六十六年丁巳年同居。六十九年庚申年，戊寅月甲子日結婚。

六十六年男命合財，化官煞，增火星，添勇氣。女命為官星——夫星入命又合支酉。傷官旺主早婚、早熟。六十九年為儀式而已。

例⑧：乾夫四十年七月二十五日辰時。坤妻四十四年十一月二十日亥時。

食神辛	卯偏官	八乙	未	十三	正官乙	未劫財	三己	丑	八
正印丙	申傷官	十八甲	午	二十三	比肩戊	子正財	十三庚	寅	十八
日元己	亥正財	二十八癸	巳	三十三	日元戊	辰比肩	二十三辛	卯	二十八
劫財戊	辰劫財	三十八壬	辰	四十三	正財癸	亥偏財	三十三壬	辰	三十八

◎說明：

六十九年庚申年，庚辰月認識，丁亥月庚子日結婚。

男命亥水妻星受辰礙住，於引入金星，化解辰、亥之阻時，妻星復活，出現在生活中（八字裡），丁月止庚金年之行，催促婚姻。

女命為合官之年、月，完全依照流月逼進法走。觀女命，須知其財官之力，官星雖弱，財星卻旺，但受土止，於引入金年通關，使財星增強，亦等於官星——夫星，力量增加，此為重點，合官事小。

16. 壽命之論斷

(1)看壽命須先了解：疾病、心性之論法。凡人壽命長短，必受脾氣心性及生活習慣、生理狀況所左右，受大運、流年引動影響，前述則為激因。

(2)知心性，了解其是否易口舌、激動而死於橫禍、意外之災。先看干支併臨凶年，次看大運。種因得果，脾氣急躁之人，其壽必不長，乃常虛火生怒火，製造體內毒素多，不僅常見意外之災的毒素氣色，且體內器官亦快損壞。脾氣溫和之人，其壽必長。又生理、心理少壓力之故，體內毒素少，器官使用年限增加。心性憂鬱之人，其壽亦必不長，乃憂鬱情緒，製造毒素侵害身體，降低使用年限之故。心情祥和喜悅之人，其壽必長，乃心中無壓力，喜悅分泌之內分泌，有助於放鬆情緒緊張，保持器官新陳代謝正常，提高使用年限。故心性祥和喜悅之人，其壽必長。

(3)依命中呈現之生活習慣，由「六神論斷法」詳看，便知身體是否有過度使用率。

(4)修打通氣脈及運動，使身體新陳代謝更旺，及生活習慣正常，勿常熬夜、遲睡，房事節制適中，住宅沒有弊病，飲食正常，多喝開水，少吃海鮮、脂肪，多吃蔬菜……皆能改變命運。

(5)論斷壽命，言者無心，聽者有意，非迫不得已，切勿言及壽命，以免造成當事者心理作用，失去論命之原意。況吾人若積德行善，得到靈界仙佛之助，皆能改變命運。作惡多端者，必遭天譴，減福減壽，故論斷壽命，只能作參考而已，受外在許多因素影響，並無百分之百的概率。逢遇意外之災、戰亂的集體氣數，亦會受到影響，以大富大貴之人，較少變遷，其流年吉凶影響大局，影響多數人之命運。

例①：乾造　民國四十二年十一月七日未時

偏官癸　巳劫財

正印甲　子偏官

日元丁　酉偏財

比肩丁　未食神

生於　大雪後四日十時辰。

大運於一年七個月十日後上運。

每逢乙、庚年小暑後十五日交換。

虛歲三歲上運。

三	癸	亥	八
十三	壬	戌	十八
二十三	辛	酉	二十八
三十三	庚	申	三十八
四十三	己	未	四十八
五十三	戊	午	五十八
六十三	丁	巳	六十八
七十三	丙	辰	七十八

◎說明：

七十一年壬戌年（三十歲），庚戌月車禍死亡。其母八字：十四年五月二十八日巳時生，乙丑、癸未、甲辰、己巳。

本命主讓我感觸最深，以前推算時，曾在命運上，指明七十一年庚戌月某日意外之災，且特別圈起來，結果氣數難逃，此事本已忘記了，後來在甲子年七十三年春，為其母新居參看吉凶，其母提及前程若何，看了其命造後，發覺在七十一年庚戌月下半月，十月十八日到三十日之際，有家中出事，睡眠不正常之情，使體內虛火上升，此話一說，才道出此段日子，兒子即本命主去世車禍之事，且命單註明清楚。當然聽聞此語後，心中感慨萬千，心想：這樣算了八字，不是等於沒算嗎？從斯時開始，已萌生算命倦意，開始到處查資料看書。尤其中、西醫書籍，痛下苦心研究，尋找何以氣數難逃之理，花費了半年時光，找出進財、損財及意外之災氣色，其形成之理，但仍有不足之處，再歷經修行體驗，終於在七十四年國曆八月間，完全知悉，人生起伏之理，即在乙丑年甲申月間，歷經數月體會實驗，了解生理因素影響人生元亨利貞之道理，載於中、下冊皆有，歷經千辛萬苦，難以言盡之阻力，喜悅雀躍、頹喪失志，反覆不斷，總算得以研究有成，了卻心中摯願，財、法渡眾生，所有研究心得，皆字字不漏，詳載於中、下冊，其中地理風水，除了最特殊、最稀少之大地精英——總統地，及超級巨富之地理，限於天機外，其餘心得皆有述之。讀者見此，亦勿心生貪意，此富貴最大地理，有高靈界仙佛呵護，且已為具有大陰德之大得去，誠積德行善為一切福澤之根本。

煞印相生，壬戌年壬寅月，引入傷丁，斯時流年辛酉尚走，甲木受辛酉年之辛金連剋，官符、消沉，於七十一年庚戌月，再去甲木，官煞壬水攻入，丁壬之合己虛情之合，又流月庚金生壬水流年，使壬水合亦不化，大運酉金熄火，發生在下旬己日，為甲木不見，火生土，土生金，金生水剋火。

例②：乾造　民國十七年六月十八日卯時

正財戊	**辰正財**	三	庚	申	八
偏財己	**未偏財**	十三	辛	酉	十八
日元乙	**亥正印**	二十三	壬	戌	二十八
偏財己	**卯比肩**	三十三	癸	亥	三十八
生於　小暑後二十六日六時辰。		四十三	甲	子	四十八
大運於一年七個月二十日後上運。		五十三	乙	丑	五十八
每逢乙、庚年驚蟄後十六日交換。		六十三	丙	寅	六十八

◎說明：

本命主逝於七十一年壬戌年（五十五歲），癸丑月乙卯日，肝腎疾併發。

住宅內氣寢室為坐山：地風升。七十年乙未月住宅煞氣，胃出血住院，六十九年、七十年受友累，女色侵害。

本命前走庚、辛運，已常見有災，若非亥水暗生，於申、酉運有險，而若非命中卯木，則逢戌必損。乙運制土，流年金、水，皆增亥水之力，謂之：吃藥。（印星為醫藥）唯據此判斷，須配合看其凶年，知其引發之年，方能掌握，同時須天干、地支皆引入、攻入，使失去平衡，而於排拒貴人、醫藥為其終。

例③：坤造六十八年一月十日午時

正財己　未正財
食神丙　寅比肩
日元甲　辰偏財
偏官庚　午傷官

生於　立春後一日九時辰。
大運於九年四個月後上運。
每逢戊、癸年芒種後二日交換。

十	丁	卯	十五
二十	戊	辰	二十五
三十	己	巳	三十五
四十	庚	午	四十五
五十	辛	未	五十五
六十	壬	申	六十五
七十	癸	酉	七十五

◎說明：

七十年辛酉年（三歲），戊戌月丙戌日發高燒昏迷，瘁於己亥月壬辰日。

命中無印，辰中癸水，氣機無力，受兩側寅、午所損耗，註定將來亦要父母緣薄，此即八字無印之作用，父母衛護不足，若本命生於七十一年壬戌年，則此庚申、辛酉年避過不會死；逢此兩年官煞年，小孩易受驚嚇失神，靈魄遊離，夜睡不安，累積抵抗力減弱，易感冒、發燒，積久體質更虛，此驚嚇含：父母管教太嚴，打罵太重受驚，此為一般主因，又逢喪家或參加喪事，沾上穢氣，使夜睡反覆，及入廟靈體受廟中兵卒陰靈感應，亦會夜睡不安，皆乃靈體已遊離狀態，以上只要在青草店購十元雞糞藤，煮沸泡入澡盆洗澡，最多三次（一天一次）保安康，大人受到火厄、車災驚嚇，致全身無力，感冒、夜睡不著，或參加喪事、家中刑喪，沾上穢氣，皆同樣使得靈魂體遊離，積久生弊，同樣有速效。此項亦是近三年來之發現，醫生束手之理。

例④：坤造　民國二十四年十月七日戌時

傷官乙　**亥比肩**

偏財丙　**戌偏官**

日元壬　**午正財**

偏印庚　**戌偏官**

生於　寒露後二十四日二時辰。

大運於一年十一個月二十日後上運。

每逢丁、壬年寒露後十四日交換。

三	丁	亥	八
十三	戊	子	十八
二十三	己	丑	二十八
三十三	庚	寅	三十八
四十三	辛	卯	四十八
五十三	壬	辰	五十八
六十三	癸	巳	六十八

◎說明：

六十金年丁巳年（四十三歲），子宮癌割除子宮，瘁於七十一年壬戌年（四十八歲），丙午月乙酉日。

命中用神無力，須庚受丙剋，欲亥助受戌阻，火土炎燥，官煞太重，一生須為家庭承擔重責壓力，比劫暗傷，庚金在時亦暗傷，平日貴人甚少，連累之親友多，剋洩交集，註定勞碌命，積勞生疾。再逢剋入金、水之火、燥土年，必見危險，若非大運辛金印星，出現貴人之助。六十六年丁巳年巳見禍端，謂之：庚、亥皆傷，戌月氣數難逃。似此命造，逢金運－印星（醫藥）制乙木（食傷運動），為整治吃藥之時，七十一年丙午月，則為流年辛酉年，及大運止印星，排拒醫藥無效之時。八字官煞當令，又財生之，印星化解無力，代表平日生活習慣，常勞碌過重，常熬夜、遲睡，工作習性亦同，（官煞即熬夜、遲睡、壓力）命有其兆，生活習慣在冥冥中配合，正是氣數難逃。

例⑤：乾造　民國前四年二月十日亥時

食神戊	申偏財	九	丙	辰	十四
正印乙	卯正印	十九	丁	巳	二十四
日元丙	寅偏印	二十九	戊	午	三十四
傷官己	亥偏官	三十九	己	未	四十四

生於　驚蟄後六日八時辰。
大運於七年十個月十日後上運。
每逢乙、庚年小寒後十七日交換。

四十九	庚	申	五十四
五十九	辛	酉	六十四
六十九	壬	戌	七十四

◎說明：

本命主，於七十三年甲子年（七十七歲），乙亥月壬戌日上午八點四十四分逝世。猝於高血壓。

本造食、傷吐秀，煞印相生，經營建築之營造廠，及漁塭事業，由八字可見，維生之道兩種都有，印星在支，慈善心腸，溫嚴雙備，唯一之弊，乃傷官露有制，但易恢復傷官怒火，官星只一藏支，亦易受未、戌年月剋去，與官相抗，故呈現在外，脾氣較倔強；此心性影響光氣顏色，若能看開執著，不生怒火，則紅光減，紫光生，欲達到最高之最高靈界，乃簡易之事，大運在後期，歷經申、酉剋去八字寅、卯，使亥水失制，為親人（子女）之事煩心，壬運官煞剋入，流年庚申、辛酉年再加重病情，在七十三年甲戌月，引入甲木醫藥時，及接乙亥月之乙木印星，此甲、乙連剋天干戊、己，使失去生存意志、信心，加上大運戊土去官煞，失去地位，皆為命終之引動。一般同一個八字，壽命未必盡同，與出生地、發展地、積德皆有關。

17. 談命名與命運，及改運制煞

「姓名」為吾人之代稱，依本累積經驗所得，除非命名甚不好聽，引人笑柄，左右吾人一生運程者，可說：微乎其微，每一種學術、五術，能延續不斷者，必有其特殊之處，任何一種五術有關之學術，能論斷流年、流月、流日者，為基本之原則，進一步能活用，代入生活習慣之作息者，亦才是能趨吉避凶之道。靈界仙佛命名，皆為採取音義為主，即有其時代之意義，此留名也。以前余學命名學時，論心性上，用三才生剋，尚有些許準驗參考之處，但無百分之百，以天格為長輩，人格為我，地格為部屬、晚輩（三十五歲），總格則為三十五歲後之部屬、晚輩，外格為朋友、平輩。如：三才五行為金土火，則土為人格，代表對長輩孝順，但有主見，乃土生金佔七分，火卻能剋金佔三分。子女孝順，管理得當。為脾氣較強之配置。若金水木，則為父母對自己甚關愛，謂之，父母供給（孝順）子女，自己又對子女、部屬好。若人格為火，三才為金火火，則代表為人逆上，與晚輩、部屬，平等看待，不擺架子。三才為金火水，則為因果循環，逆上、下屬亦逆上。即以其生剋參考，配合位置。一般余若命名，皆採三才一直相生向上為主。除非小孩命不好，則用相生向下，讓長輩、父母多關愛。至於數目字方面，準驗不多。以上所述，乃個人在命名學上，稍重視之處；一般人若命名，不注意劃數吉凶，為人命名，易受人恥笑，可是誰對誰錯尚未知。市面上命名書籍甚多，可作參考。若公司、行號命名，除了要注意音義，帶有衝勁暗示外，如：順達、日進……等，其他最重要的，乃地理問題，此乃影響之關鍵，誠玄學、山、醫、命、卜、相，若未能涉獵研究了解，欲洞悉人生起伏之理，皆難有大成。

「改運制煞」。只要了解：損財氣色及進財氣色，如何形成之理，及生理現象和人生起伏之關係，則命運天機在握，此皆詳述在中冊八字洩天機裡。天地間無奇不有，欺騙之玩意亦多，吾人若非喜愛研究五術，在一知半解下，即容易受騙，據余親身體會，吾人之命運氣數，事實上很難避免，唯一能改善命運的，即是積德行善，當因緣成熟時，祖墳得到富貴福地，藉其無限之地氣，改善吾人體質精、氣、神更聚集，修補吾人五官身體等，此才是唯一可行之法，但仍受八字命運起伏之影響，無法全部改善，使沒有損財年，其次為住宅吉，使命運更佳，除此之外，別無他途，仙佛之助人，也是憑藉此積德行善為根本，強求亦無益，此為天律之根源所在，也是天干間最公平之事。在社會上，有關此類損人利己，改運、騙人把戲之揭發書籍，伸張正義，令人佩服，讀者有興趣，可購來參考。了無居士著「現代人的八字」。

18.談警方破案法（軍方勝敵法）

本文之內容，並非說明警察朋友，如何去破案，此類案例，及破案方法，自有警察高階層著述講授，況且自從民國七十三年甲子年甲戌月以來，一清專案之實施，掃蕩黑社會，革新治安，亦是警察朋友立功升官之良機，當然心得案例最多，假若能將破案、辦案心得著作，依機密分級，並列為警界講授之課本，則積德大矣！亦是其個人未來官途升遷之最佳保障，利益未來警察朋友者更多，此亦算是積大功德，仙佛欲相助，此亦是根本原則。

本篇主要乃依個人在五術，玄學上之心得，知悉生理因素影響命運起伏之理，提供警界朋友作參考，讓我們的國家能夠更安定，及提升警察破案率，為衷心所盼。本文相同類似說明，已載於中冊，故本文亦可稱為：「生理現象影響命運起伏之原理」。茲分別說明房事影響如下：

(1)房事太過，約每天到三天內一次，消耗元氣，使氣色不繼，體內虛火上升，肝臟營養消耗減少，解毒功能降低，體內毒素增加，製造了損財，引入霉事之氣色，案情發生無頭公案，棘手之案子，不只是私人之損財而已，辦案時，發生不幸事件，有意外之災等。

(2)房事適中，約七天一次行房，此適中之房事，使促進全身氣血新陳代謝，製造了清新之氣色，但七天並不能使元氣飽足，故於行房後，三天內，可生成小的進財氣色，生理上，一個新的開始，同樣的，對應了人事上、財利上、破案上，一個新的開始，故於房事後三天內，（但須先至少節慾七天。）在辦案上，可偵破一件以上之普通案子。此案子為新發生或以前發生的，則不一定，能得到上級獎勵，謂之：進小財。配合三天內，吃點人參更增財氣。

(3)房事最佳情況者，約十天到半個月一次行房，此段期間，元氣蓄積飽和，在一次房事後三天內，會產生大進財之氣色，（此進財氣色之形成，即是新陳代謝所造成。）全身氣血之新陳代謝，製造了新的氣色，生理上一個新的開始，相對地在人事上、財利上、辦案上，帶來了一個美好的開始，房事一次後的三天內，會在很輕鬆的情況下，偵破了大案子，記功、獎勵、上報揚名，當然不用說。前面所述，每七天行房一次，所偵破之案子較辛苦。又超過半個月以上，才行房一次，同樣在三天內有案情佳音。但須留意異性交往機會，只要心正，則不忌桃花惹禍，誠財色同源。

(4)房事停頓三星期以上者，由於全身氣血新陳代謝之降低、滯緩，無形中在生理上，沒有帶動較大之新陳代謝，汰舊換新，沒有生成進財氣色，生理上形成壓力，相對地在人事上、財利上、案情上，帶來了更多的壓力，例如：有人來支借錢財，上級無緣無故給予壓力，突然在轄區內，發生重大案情，且很難破案無線索可尋，倍受上級責備督促，到最後官途升遷堪慮。

以上所述所行房，和手淫，新陳代謝率相同，但夫妻間之行房，有陰陽調和之功，手淫則有虛火上升之情。在行房後，吃好一點，能使氣色更佳，而且配合上，至少要有事做才行，如：看書皆可，以使剛新成之氣色，能產生聚集，發揮力量。至於夢遺，則代謝率雖有卻並不多，約只五分之一的代謝率而已。

其他生理影響：

(1)肉體、生理上的壓力，已知會帶來人事上、財利上、辦案上之壓力，故相同情形，影響此生理現象的，就有數點，即尚有情緒憂鬱、飲食、生活習慣、住宅、氣候等。此處所言，即與生活作息有關。例如：洗頭、洗澡等，警察朋友可親身體會，約五天或七天以上不洗頭，一般由於個人體質不同，季節不同影響，故於頭部發癢起算，接連幾天內，必會有一些讓您忙碌之事來，例如：夫妻失和吵架，告到警察局……，幾天未洗澡發癢一樣，此生理上，皮膚表面之新陳代謝受污垢滯塞，所形成發癢之生理壓力，相對在人事上、辦案上，也會帶來煩躁之事，命相家也是一樣，來算命的，有通緝犯、倒閉、倒會，離婚失和者……。

(2)飲食影響：食物較重要者，有歛氣、歛血之食物，吃過量天天吃，等於在氣、血上加壓，帶來生理上之壓力，中藥之補藥，若欠缺歛氣藥，則功效不顯；平常歛血之食物最大影響者為：番石榴。其能止瀉、壯筋骨，吃少量有利益。但吃過量則不行，據余實驗多次了解，番石榴若連續吃七天以上，每天吃一個就可以，馬上在生理上生成壓力，頭三天全身筋骨有力，三天後開始，愈吃脾氣愈不好，一天月吃三個一樣，此即生理加壓之故。連吃七天以上，馬上有人來借錢，案子發生重大刑案，人事上、案情上，與生理現象相對應，亦即等於：物以類聚。其他補藥丸、補藥酒、蚵、醋等皆同，不能天天吃，須有中斷才行。煙、酒、動物腸類吃太多一樣，會使體內虛火上升，帶來煩躁壓力，感應人事上之不如意，案子上之困擾。

(3)住宅影響：書房愈小，愈容易集中精神判斷，辦公研判案情思考一樣，乃腦波發射及回收，能量消耗多寡，影響體力支持之故，詳細住宅、辦公桌擺設，已述於「陽宅論斷法之實例。」此為影響判斷及官途升遷因素之一。

(4)上級政策實施：如七十三年十月一清專案之掃黑行動，及未來在民國八十三年新曆十月後之掃灰行動，忙碌緊張生活中，無形中在生理上造成壓力，或如：冬防演習等皆是，此緊張壓力，使全身肌肉收縮，累積七天以上，馬上有外來不如意事發生，工作的忙碌緊張，消除壓力之法，即是放鬆，外丹功運動亦可，就怕沒時間做，有一種最佳消除壓力之法，即是每天睡前，用「美體機」振盪全身五分鐘到十分鐘，但皮帶不要放在頸部或頭部超過一分鐘以上，以免散財及精神恍惚，一分鐘振動即可。此「美體」運動器材行售，每台約目前新台幣五千元左右。正是一緊一鬆催財來，一緊一鬆保安康，行中庸之道。

(5)睡眠習慣：生活中常熬夜、遲睡或住宅在夏天太熱、室內美術燈太多，使房子太熱，皆使得體內虛火上升，如前所言，體內充滿毒素，製造損財、不順之氣色。其他部份容易改善，就是熬夜現象，為命中氣數，難以改變，一般熬夜日，皆為官煞日，官煞壓力，帶來更多的工作量，而常熬夜、遲睡使得胃酸分泌過多，增加體液、體質之酸度，（正常體液PH值為7.3。生病感冒降為PH值7.2，胃酸PH值1.5到1.8，多吃甜食、糖菓，亦會加強分泌胃酸，使易感冒。）侵蝕骨髓，第二天全身酸痛無力，睡不飽，即是此因。防患改善之法，即是熬夜時，勿空腹，並渴牛奶、吃麵包，以中和胃酸，及多喝開水等。

(6)軍方勝敵法，原理亦相同，每一個人命運之起伏，事實上受此生理現象來左右，此起彼落，此吉彼凶，無法使月亮保持永遠都是圓的。願本文能使更多的人得到更多的利益，大家升官、平安，是所摯願。更願大家都發大財。

19.談手相、面相、體相

吾人論斷八字，有時候會碰到一些難題，即是生辰不準，或不知生辰之時，難免在論斷上形成困擾。一般以子、午、卯、酉時為長子時，事實上未必如此，譬如余為長子，卻生於巳時初五分，很多實例都一樣，余常用之法，則為配合手相或其他面相、體相參考，以手相最多，皆以看心性脾氣為確定之主力，再對照八字，逐一看吻合心性脾氣之時辰而定，其次再依過去流年、流月發生之事，印證看是否符合而求出，準驗度甚高，茲提供讀書作參考。至於在其他方面之手相、面相、體相看法，非三言兩語即能講完，這方面流傳之知識，及市場上書籍頗多，高人不少，讀者有興趣，多逛書局即能見到；在社會上之事業發展，及知人識人上，有輔助之功，亦可作為交往之參考。一般肉眼看氣色，乃為有形之氣色呈現，算準亦無益，氣色已現，甚至瀰漫整個臉部罩住，氣數已難逃，迅速降火補氣，（每三、五天浸西洋參茶一錢有速效，但勿常吃，每樣食物皆同，過量反生弊。）可以化解降低凶危。仙佛看氣色，則用天眼、佛眼，看吾人發出之光氣顏色，看流年則用靈力，右手食指由下往上一勾，在靈魂體之前面地下，抽出一本記事簿，清清楚楚，記載一生事情，及過去發生之事……。又有唇上，人中附近生痣，代表其人曾發生水厄，此痣為記號，點掉與否，皆不重要。

先談手相：

(1)事業線。由手掌中間附近，直上到達中指之線，皆為事業線。事業線若只到達感情線下面即止，代表為人處事，易感情用事，做事溫和、慎思、考慮周詳、較慢性，很多機會常錯失，成功較慢，但行事穩重。

若事業線衝過感情線，代表為人個性剛強，脾氣急躁，衝勁十足，常見口舌、爭執，就職多與上司生是非爭議。即事業線等於衝勁。紋路愈深愈明，力量愈大。八字顯示為：八字官星有制，或八字傷官當令，或傷官透出無制之脾氣不好現象看法。

(2)感情線。直而不斷，代表為人重感情，心地善良，感情專一，對親人皆同。若感情線斷斷續續，代表不會感情用事，行事較偏現實無情，情緣頗多。前者，八字個性較有情義、溫和。

(3)智慧線。又為理智線，一般若斷掌，即指此而言，斷掌之人，行事果決、堅毅，有決斷力、判斷力，個性不好者，即事業線衝過感情線，則一生會因口舌殺人出事，即斷掌等於殺性。男女皆同。但相反地，斷掌長在個性溫和者手上，即事業線止於感情線下方，（由掌緣到手指、為由下到上。成功線、事業線皆同。而感情線之開頭則在：食指到小指之方向。智慧線一樣。生命線則從大拇指及食指中間開始，到掌緣。婚姻線從無名指到小指之方向，但流年則取頂點為主。）則為一種輔助剛毅作用，在忍無可忍時，才會走極端，意氣用事動殺念，但事後即後悔。故在男、女而言，看斷掌須依個性看，女性手上有斷掌，若個性溫和，照樣無事，不會如世俗所言剋夫，反而能更助夫。

(4)十指頭之螺箕紋。一個大拇指等於四指，左右手一樣，其他各指左右手螺紋皆相同。即食指對照食指，中指對照中指……。最高格局為：四個指頭各為螺斗型，（即圓圈狀，無缺口，如錢板。）兩個大拇指各為畚箕型，（即有缺口朝下。）此螺紋文錢型，代表為人處事圓滑，善於人際關係之交際應對，精打細算，買東西很會殺價，賣東西會說謊。畚箕紋，代表權柄，管理才華，眼光遠大、心胸廣。以大拇指為重點。大拇指代表大體事，亦主對外處事原則，其他四指為對內及細微事。

①例如：大拇指兩個皆為畚箕型，代表其人買東西，不會出價，賣東西很老實，懷

胎期父母親心地善良，故出生之小孩，才會在大拇指，出現心胸廣大之畚箕紋，此即胎教作用。其他八指若皆螺斗型，則又為行商之才，即大處著眼，對外心胸廣大，對內（小指）節儉自己。

②又如：和前述相反，兩個大拇指皆螺紋，對外精打細算，買東西善殺價，賣東西抬價說謊話。其他反指頭，若皆畚箕紋，則對內小孩花費有疼愛心，捨得花。即大處對外，心地較窄，對內（小指）較寬厚。一般而言，一個拇指，等於四個其他小指之力，故似此屬於中庸之道。但兩例，形成強烈對比。對外讓人感受即不同。

③又若十個指頭，皆螺斗型，則一生行事精打細算，為人處事，人際關係較佳，善於應對，行商之才，就職思動。若兩個大拇指為螺斗型，則就職、行事斤斤計較，畚箕不會，若各半為中庸之道。

④若十個指頭，皆為畚箕型，則缺少圓圓的螺斗型，代表為人處事，直性，不圓滑，就職受人戲弄尚不知，行商直性不夠圓滑，維持不久即關門，除非開店、技術服務、就職一生。

亦即在八字上顯現的，若八字有食、傷愈或有力，螺紋愈多。八字無食、傷有貴氣，其手指頭畚箕亦必多。以大拇指掌握心性最精確。

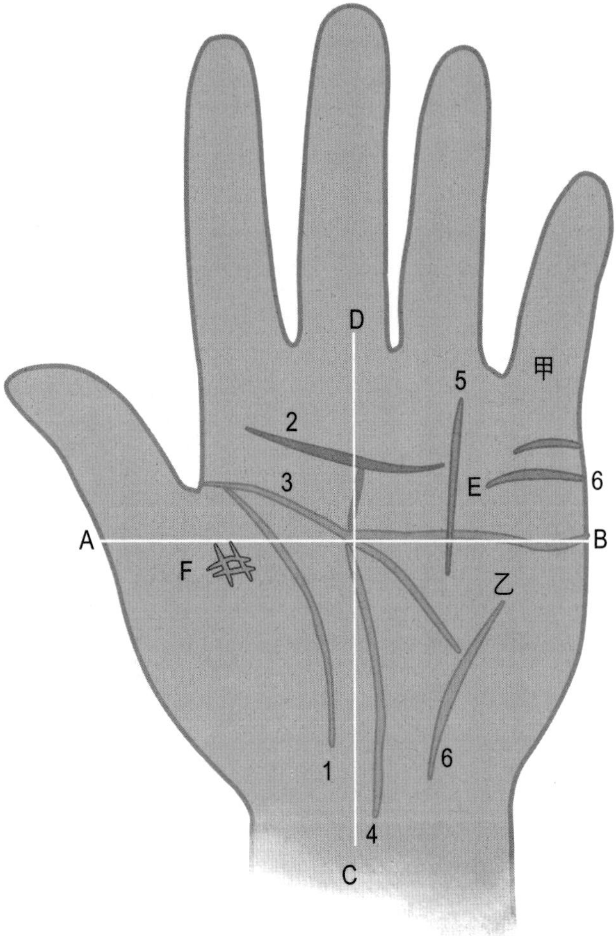

1：生命線。
2：感情線。
3：智慧線。
4：事業線。
5：成功線。
6：考證線。

⑴從A到B點，劃分生命線之一半，為四十歲，依此再分。

⑵從C到D點，劃分事業線之一半，為二十歲，再從上往D處劃分，約一公分有十年，依各人手掌大小而分，男女皆看左手。

⑶F區之井字為官印，兩條副生命線，有其他交錯形成，大格代表武官，服役為軍官，野戰部隊。細小之格，代表文官輔導長、幹事。若副生命線，只有一條，則主士官而已。若沒有副生命線，則為普通兵。

⑷手紋若整個手很複雜，大小紋路一大堆，代表人生歷練頗多，有很深之思考力。若整個手之紋，清潔溜溜，條條可數，代表人生歷練不多，為人樂觀，心中單純，尚須再歷練，亦代表所做之工作種類不多。智慧大開，已有細密分析力者，用腦甚多，才會生成複雜之手紋，與腦紋對稱。

⑸成功線不明之人。代表一生用腦機會少，為動體力之工作者。成功線甚明者，代表工作上皆用腦，文筆工作者，配合手指型秀直者更是，前面則手指精獷。事業線不明之人，代表衝勁不足，辦事拖泥帶水，拖拖拉拉，沒有鬥志，懶散成性，做事沒有信心，懶惰。

類此，可用每日左、右手指，各抓水桶或皮包，以中指、無名指、小指勾住，可訓練刺激腎上線，一月後事業線紋路漸生。以無名指、小指勾住重物，可刺激腦下垂體，一月後成功線漸生，可生智慧，前可刺激衝勁。長久以往，至紋路甚明時止，可改變人生命運。乃因吾人心性影響一頗巨，而心性又受分泌腺所左右，內分泌腺之發達或萎縮，影響命運甚大。當讀者深入此：上、中、下冊研究時，可發現掌中紋路，會愈來愈多，乃腦紋刻劃相對結果。

(6)婚姻線。取其頂點，如E點即是，甲、乙為兩端，此甲乙之距離上，中間即實歲二十八歲，再看E點距離多遠，乙為下，甲為上，距離約0.1公分約二歲，往乙這邊則減，往甲則加，論斷上有一、二年之差誤，但精確看多，可百分之百看其何年有情緣。婚姻線愈長，代表交往愈久，若約一公分長，交往三個月左右。但婚姻線並不代表婚期。又婚姻線若數條，則將手指彎下來握住，以B線為主，看各婚姻線之頂點如E點，與智慧線之距離，是否相同，若是相同，則即使婚姻線三條，亦代表情緣相差不到半年。至於子息放在甲區，由無名指往小指之方向看，大條直線一條為一男，小條直線（約一半長）為一女，可作參考，至於何年則難看，可論胎次參考。又右手之婚姻線，則看財運很準，同左手一樣看法，但甲、乙中間為二十九歲，左手則二十八歲皆實歲，可知其何時開始累積錢財，人生之起步有轉機，若右手之婚姻線，連到感情線，則左手代表其人過去有一位很要好之異性朋友，交往甚久，不結婚甚可惜。若手則代表，其非白手起家，有親長助其一生。

(7)考證紋。斷斷續續，代表求知、求學有中斷，若延伸甚長，常見看書充實知識。年限看法，同事業線。

關於面相、體相：

(1)個性剛強者，五官有數種情形，雙顴外張為先天個性。雙嘴唇厚亦是先天素。雙嘴唇邊無菱角，此乃常生氣之徵。即凡從五官、身體舉止上看，外張者，皆主侵犯性強，佔有慾高，物性重，脾氣不好，急性。眉毛上揚皆同。

(2)個性溫和者，皆會內縮，形成保守忍讓心性。其他略之。

(3)依五官分上、中、下停，配合三十歲前、六十歲前後整體運，很有準驗性。依身體劃分，頭部為三十歲前，身體部位為三十一歲到六十歲，雙腳為六十歲後，亦深具準確性。多運動全身、雙腳，幼年紮根，可改變命運。

20. 談八字與胎教

吾人八字之來源，最重要之影響因素有：懷胎期間之祖墳吉凶，及父母言行舉止，還有住宅。此三者影響最大。有一命造：坤造七十四年十二月午時出生。八字為：乙丑、己丑、壬戌、丙午。為從格。祖墳為公墓格局，向西方。余對其母親曰：你在這十個月懷胎期間，內外承受甚多壓力，有口難言，情緒低落。果然如此，正確答案，其先生則在旁邊苦笑，而奇妙的是，余有一位親戚，其小孩生辰皆相同，但為男孩；其脾氣不好，而此位先生脾氣亦不好；一般若觀此命造，即知母親承受了甚多之壓力，先生脾氣不好，在家裡母親甚多之委屈。

另外男命七十二年生：癸亥、甲子、庚午、己卯。結果其父母親在七十二年裡，行商發財，口舌與外人爭論多次，形成了小孩八字有不好之脾氣，應驗了胎教，將來亦要拍桌子之命。由此可知胎教影響之因素，不比祖墳差，這也是同一祖墳，但小孩不同命運、脾氣之結果。種因得果，此胎教期，不但不慎；若人人在懷胎期間，父母親多行善事，多親近廟寺、佛經、修心養性，則人人在出生後，有慈悲心腸，天下太平矣！又懷胎之期，若能多適度運動，及父母親，尤其父親打通氣脈，（因母親懷胎多不便。）則小孩之先天氣脈，旺於常人，智慧已超人一等矣！（打通氣脈原理及方法，載於中冊）

陰宅論斷法

1.總論

本篇及陽部份，乃補充上冊不足之處，包含上冊「命與陽宅部份」實例解答，須兩冊參看。學五術皆為連貫一體，互有補助作用，無論八字或地理風水之學習，若學不到真諦，花費錢財在學習及購書上、精神上，皆難以言計，以不正確之理論應用，無積德之功，反而讓世俗誤解。自古以來，真訣皆擇人而授，歷代相傳，乃怕所傳之人失德，未積陰德，反而造禍。今日萬法廣傳之際，各種術法，皆傾巢而出，對於眾生言，為一大機緣，機會難得，只得真偽皆有，令人目眩，尤其風水地理之真訣，未必會皆洩漏，乃因富貴大地本不多，有的墓地，數甲地，數十甲地，甚至余曾目睹數百甲地以上衛護，聚結而成之總統地，結穴上皆只有一尺半直徑，形成圓形之太極暈而已，試算福地有多少。在台灣有總統地，乃余將眼光放遠，發揮了無私心，不貪心所見，亦是因緣成熟時；學地理之讀者，若眼光局限於數百公尺範圍內之形巒頭，皆永遠無機緣見到，大自然之美景。由小而大之觀察，和看八字之流年一樣，看今年尚要看前後數年，甚至未來行運流年等，知其來龍去脈。堪輿地理，則須爬到最高的山看最清楚。

由此可知，學了地理，很難造福眾多之人，亦無法應世，人心本貪者不少，私心重者亦多，以余為例，爬山察地，以興趣居多，當余領悟到勘察總統地及目睹時，才總算有所止。而亦有一、兩次機會，找到大地理，想買卻買不到，最後積德成熟時，又逢祖父於七十三年乙亥逝世，卻得到更大更好的地理，非余強求，亦非余找到，立向另有高靈界仙佛轉世者，配合元靈所立，完全沒有我插手，想來以積德行善為標準，富貴大地，皆有靈界仙佛呵護，種因得果。而且逝世之人，亦須具備功德才行。以余祖父言，平日積德亦多，比較特殊的，乃逝世之前約兩年，有孫輩之母親逝世，無錢、無地可葬，祖父卻能將自己預留未來將用之墳地，免費讓予其母埋葬，宗族直系之親戚，卻袖手旁觀，私心甚重，令人感嘆；斯時祖父身體已差又危，又後來這處理葬祖父之福地，巧石地乃這位孫輩後來購買之地，感恩之回報；由此可知，積德行善，不求回報，偏偏冥冥中，回報就來，誠種因得果。

地理風水之巒頭結構，實際上和吾人之肢體一樣故稱陰陽學，山脈走勢，有團團圍繞，如同手、脫向內彎，只是隨便一雙手或腳，就有百公尺以上之長，分開左、右，皆各向內彎，泌尿系統在中間，（大部份為直脈），即為穴場，觀察人體，配合山、水走勢相同，即能找出穴場之山脈。（若山脈向外彎，則須往向內彎之方向找。）而依形觀察，胸部、腹部皆如同山之來龍，地氣結穴，必與後面來龍，有直脈承受蓄結之關係，即泌尿器官不會長到側面去，即使以傳統之看法，如乳穴或窩穴之變格地，須看後面來龍，以直脈力量最大，否則會將副穴誤為主穴，一般此種變格地，余曾眼見三處，側面皆有斷崖，須以傳統之正穴為輔，拉住地氣勿洩，再點正穴，承受後面來龍之直脈地氣；穴場上方為沙頁岩土質，即一層黏土、一層砂，厚度不一，藉黏土蓄溫度，砂土傳導溫度，配合土壤及天地交泰冷熱交換，在穴場蓄積溫度、地氣給予骨頭保溫及聚地氣能量，使吾人後代子孫，因骨能感應，傳送此高於吾人元氣，無數倍之地氣，幫助吾人精、氣、神更凝聚，故會先從五官上改變，力量大者眼神先收聚，雙眼浮腫，使眼睛剩下一瞇線。穴場上方之沙頁岩深淺不一，有挖深三尺多，亦有一、二尺多而已。有一簡便法：即在空場前面平地往後看，最近之山峰頂，（穴場在山脈盡頭，約剩一造作墳墓之距離處。）看約多高，（不是斜坡之長度。）若一個人的高度約一百五十公分，須挖深一尺，三個人的高度，則須深三尺；尺寸以台尺計算，一尺公約三台尺，剩下半尺挖近太極暈時，皆須緩緩挖，以免挖破太極洩地氣。當穴場上面沙頁岩全拿掉後，下面會有約一寸半（約五公分）之粉質土，余所見過為黃色較多，此精質土勿拿掉撥開看仍須蓋住，下面即有一尺半直徑圓形深咖啡色之太極暈，為連貫整片山脈之地氣聚結點。此時須暫時以數塊磚頭放在上面，安葬前才拿開，以免土水師挖其他地方，不慎挖破穴場。至於穴場周圍除草勿用火，以免擾及陰靈挨報復。

此點此看似簡單，其實困難，乃吾人沒有修成透視之故，一般吾人找地，大略上點地，再勞煩露界仙佛、神明點地，看須挖深幾尺幾寸、立何向，為較穩當之作法。而且靈界仙佛皆考慮深遠，顧及他人、他墳之利益。譬如立向，已得穴場之地，若再立合當元之卦，如：目前七運剛開始，立七運卦之卦運或旺氣，很快的拉盡周圍地氣，損及他人、他墳，雖催發富貴，卻跟著損德，馬上陰德花完；別人出事了，請教仙佛、神明一查，立即處理，地氣破壞，皆非長久之計。以余為例，祖墳立向，收六運之旺氣，坐山為澤火革二運卦，當初埋怨在心，原來有考慮到他人之利益，若我立向的話，則取坐山離為火一運卦，收七運旺氣，此皆後來才漸體會，來龍為山澤損，六十、九運雙收，若取一運之丟到一邊去。全部以點穴場最重要。至於下卦及動爻，有的人立向犯卦及父神之空亡，誤人不少，即分金線放在兩小卦（六十四卦謂小卦）之中間線上，稱兩卦雙收，其實什麼都沒有。亦有的放在爻與爻之中間線上，謂兩爻皆動，其實什麼也都沒有得到。立向分金，取動爻後之卦運及上卦合元運，皆有輔助之效，使卦運連線，發福更長。其他輔助者，當有自然形成之收峰，收水輔助。收峰之卦，上卦合元運，分上下元，收水取上卦不當運，如：下元為六、七、八、九運，收水取上卦一、二、三、四謂之零神。（原則為：一坤、二巽、三離、四兌、六艮、七坎、八震、九乾。）收峰取上卦六、七、八、九謂之正神。如：九☰☴姤八（天風姤）上面☰即上卦，☴為下卦。八為八運即卦運。九為旺運。至於坐山、出向和陽宅一樣，坐山看法和收水同，出向和收峰來龍同，卦運輔助力量最大。出向等於由外引氣來，皆須上卦和卦運皆逢元最佳，但亦有無法如此者。皆不逢元則不能用。

上述部份，本來余不敢洩漏，一直苦思甚長一段日子，只因部份錯誤觀念，甚多傳世，救人救到底，但願大家能廣積善功，先由陽宅部份實證地運，再運用於陰宅墓地，則萬無一失矣！至於上元一、二、三、四運，和下元之看法相反，卦運最好當運，收水及坐山上卦須六、七、八、九，收峰及出向來龍等，上卦須一、二、三、四。其中五運獨一局，納卦取前十年看上元，後十年看下元之取卦法，以上諸論，與當初余向地理恩師學習時，諸多不同，乃經過印證、修改過，整整花費六年多。五運看法，和陽宅內氣一樣。欲參考地理書籍有：瑞成書局之「地理辨正疏」。「秘傳水龍經」。「重鐫地理天機會元」尤其書後之玉髓（真）經。及竹林書局之「地理玄龍經」。

內水孔之位置，不只排洩水流而已，須以墓碑前之石桌，取其桌正中央為一點，對正外面遠處之外水口，即外面遠方低漥排水聚水處另一點，連成一線，在此線墓身明堂之圍磚上，挖排水之內水孔（內水口），謂之：將外面的財（水），調來桌子上放，內水口與外水口對應，不要管卦理見父母卦如何配；土地公則面向內水孔看護財（水），金爐之爐口朝向外側，不傷到即可。其他和目前傳統皆一樣，有的地理師磚塊砌成之寬、高皆須有「字」，皆小事矣！墓碑乃陰靈出入之門戶，墓身外圍為地界，未修通中脈或督脈光圈之陰靈，平常皆處於墓地，故前述除草勿用火。立向上，墓碑為主，墓碑這一邊的羅盤方位為坐山，前面、對面即是出向。二十四山為大卦，即如：東方為甲卯乙，東南方為辰巽巳，南方為丙午丁，西南方為未坤申，西方為庚酉辛，西北方為戌乾亥，北方為壬子癸，東北方為丑艮寅。甲山之對面出向必為庚向，故稱甲山庚向，其他：乙辛、丁癸、壬丙、丑未、坤艮、乾巽、辰戌、卯酉、子午一樣相對。六十四卦為小卦，亦稱玄空大卦，也是相對交媾，如：坐山為天地否，出向必為地天泰。坐山為地風升，出向必為天雷无妄。（☰☷否、☷☰泰、☷☴升、☰☳无妄。⚊為陽，⚋為陰，互為陰陽交媾。）一般稱：天地定位，山澤通氣，雷風相薄，水火不相射。及坐山上卦為天，則出向之上卦必為地。下卦為山，其必為澤，各爻形成陰陽不同。

上述部份皆易了解，上山察地，只要以人體結構配合，找出山盡頭，泌尿系統，即能找到正穴。尚有山龍之來龍下盤，則非易解，來龍之卦須當元，立於山頂向前面山頂下盤或在山與山中間處下盤，（前面指山盡頭這一邊。）俟羅盤指針與線重疊固定，我身體這一邊之卦為來龍的卦，傳統謂：對面羅盤之卦為水口，此倒是未必。每一個山與山之間皆須看，即一節一節看，尤其靠近穴場的三個山頂，共下盤兩節最重要，乃愈近影響愈大，後面愈遠或前面遠方，代表較遠的未來應驗，龍身斷了，乃地氣切斷，主槍斃橫死。穴場處傾斜而下六十度以上，謂之：為官下台，犯官落職；穴場對面之山（案山）有破損，主居官犯官符，其他四周皆須看有無不良物體射來；和陽宅一樣，以坐山論疾病，大卦大毛病，小卦小毛病，乃因坐山為收氣之故。研究三元地理風水，首重背記六十卦之卦運，動爻後之卦運及上卦，及二十四山各有何小卦，此為紙上作業，再來就是登山實證、實自，不能憑空想像。

水龍方面，在山上不一定要合大卦零正，愈大地，山龍當運，水龍大卦卻不當運，使其發福更悠遠，若山水同運，則發福亦不永矣！平地聚結以水為主，一般約一公尺寬以上之水，藉水能蓄溫聚氣作用，同樣的山龍有水衛，則發福更遠。都市聚結，皆以水為主，讀者翻開高雄、台南之地圖即知，以水當作手、腳，前後左右細看，即知泌尿系統即是鬧區位置，假若大水溝加蓋或阻塞，則地氣擴散，縣或市缺少一冬天蓄溫、夏天散熱之作用，使虛火上升，肝解毒功能降低，體內毒素加重，生成集體損財氣色，乃地氣漸散之作用，初則火厄連連，官符、區域性損財，積久數年到十餘年不定，則有人禍大傷亡之應，皆不得不慎，古有國師參考，今則不懂決定矣，巒頭水龍方面，水龍經言之甚詳，抄來抄去也差不了多少，理氣則留一手如下，以大卦為重，點穴為主。（代號為：一北方壬子癸，二西南宋坤申，三東方，四東南，六西北方，七西方，八東北方，九南方。）上元須向六、七、八、九。下元須向一、二、三、四；五運以一、二不能收，四、六催官，其他皆吉。加起來為十即正宮水，為催財，如七運向三東方，八運向二西南，九運向一北方。收水小卦，上卦一樣，如　水口☲☵未濟，上卦☲離三，七運即正宮水。八運催官水。若催官水，即七運向二西南方之水。八運向三東方之水。（即一六共宗水，二七同道火，三八為朋木，四九為友金。）一運為向六西北之水。六運為向一北方之水……。依余實證此兩者力量最大，且須有地氣之地理才行，至於合十五之桃花水，則未必見桃花，倒是雙水夾纏格，謂之：左擁右抱。一水兜抱則不會。

寫到此處，大致上已將地理陰宅之重點洩漏不遺，學會了，不見得就能得到富貴大地，催發富貴；願讀者能多廣積善功，使後代子孫富貴連綿，吾中華民族兒女，皆能傲視貢獻世界，永遠永遠消滅魔界轉世，毒害眾生之共產貪念思想，積德無私心，公開祖傳秘方，及玄學、五術、其他學術等秘訣，以免執著放不開形成輪迴，因緣成熟時，得到祖墳大地，催富催貴皆不難。至於讀者若有看不懂之處，乃慧根問題，須多看幾次及背記，多登山勘察，自能有所得，恕余不為客作福。

葬得太極暈之地理，清晨日出前外面大地涼冷，穴場溫度較高，地氣上升最旺，墓碑因受傳導會發熱，甚至比吾人皮膚還熱，日出後，地氣漸下降，尤其大白天，太陽愈照晒，墓碑相反愈涼冷，此乃地氣之聚散作用，亦是一種證明，至於墓碑變色，乃風化作用，每個都會，墓碑出油，純屬人為，即只有溫度可以證明一切，數十甲之地，才結穴一小塊，一尺半直徑之圓形太極暈而已，由此可知，福地福人居，真正的明師，乃只有嘆息照顧自己了！葬到正穴，於墓碑後，半尺內之土，溫度高，易受老鼠洞，也是一種參考之法乃老鼠較敏感，因有的地理，並無天心十道，夾耳之山可看，尤其窩穴之地最難點，余曾點一五十公尺寬之窩穴，點下後，離穴場兩尺，最高靈界仙佛一點，即指出太極暈正中央，余雙眼刻浮出三尺四寸，可見點地之難，妙的是太極暈上方之土，有老鼠挖洞，只怪自己自作聰明，移偏兩尺。吾人肉眼，沒有修成透視，只能觀察到外表而已，皆會存在誤差；有靈界助，則墳中有何異變，皆一清二楚，論斷起來，當然百分之百，且勝過任何一位地理師，此即由術入門，由學「法」收尾，術法皆要，缺一不可。

吾人屍骨之骨粉，吸收性最強，若土質為含鐵質重之紅色土，則經滲透作用，積久使骨頭發紅，有血絲含高鐵質，一般謂，是不錯，但不一定最佳，也不一定須變色才算吉：有的公墓，由於後面葬深，使地氣有損，或彼此阻塞在前，或在後奪氣，皆使得吉地變凶，誠為可惜；由於西風東傳，使某些人，淡視了老祖宗之寶貴經驗，排斥風水、命相之學，相對地亦使得，比較重視地風水，富貴之人士，增加了選擇吉地之機會，後代之富貴中斷，雖然自已積了陰德，又能怪誰呢？一切都是緣，強求皆無益。

2. 傳統卦理簡說

三元派之挨星下卦，依來龍之卦為主，配合收峰、收水等卦，決定坐山之卦應為何者，謂之：以四神配卦，即龍、山、向、水。其尋龍立向之法，共有十一種，即：①父母見子息。②子息見子息。③父母見父母。④子息見子息。⑤生入、剋入。⑥七星打劫。⑦卦運合十挨星訣。⑧顛倒挨星訣。⑨圓圖化方圓。⑩一卦純清訣。⑪三元不敗格局。

三合派則以三合四大局為主。諸多挨星法則，令人眼花目亂。事實上，地理風水最重要的，乃為點穴，葬到太極暈。若沒有得到地氣，縱然卦理配卦精深，也是沒有用。而得到地穴，又不能立當元之卦，譬如：目前七運，坐山取地水師七運卦，上卦助九運，馬上將四周地氣拉盡，損及該鄉鎮之百姓，及農作物，傷亡立見。靈界則取剛過去的六運卦或上卦收六運，才不會立損陰德，無福享用該地穴。已得太極暈之地，一般可取動爻後，上卦或卦運助當元之七運，力量已甚大。如坐山：澤火革動四爻，為水火既濟，上卦助七運，卦運助九運，高靈界仙佛皆知，不只是私人祖上傳承才會知道。對於沒有得到地氣之墳地，才會立向取當元之卦，即七運取卦運七運或出向上卦收七運之坎水，以元運綿長為重；知道此理，相信讀者已知學習重點所在，正是合乎了一句話：有法等於無法。還是積德行善，沒有私心最重要，因緣成熟時，祖墳自能得到富貴之大地。

3.山龍之看法

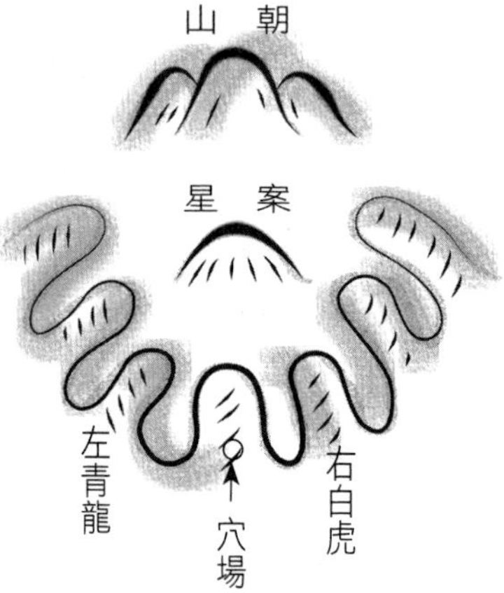

巒頭實例

乳穴

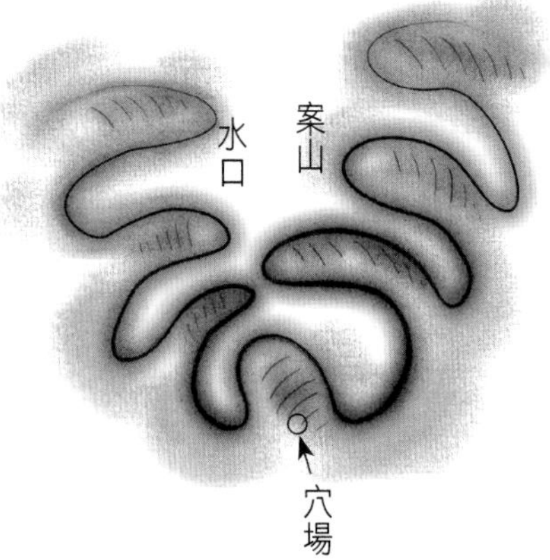

正格乳穴

窩穴：（女）

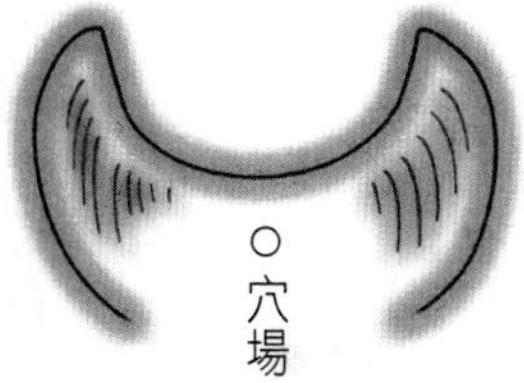

鉗穴：（女）

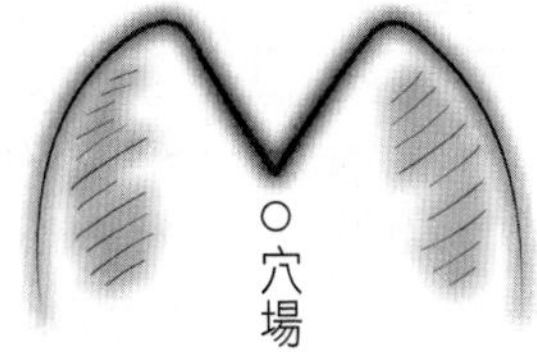

乳穴：（男）

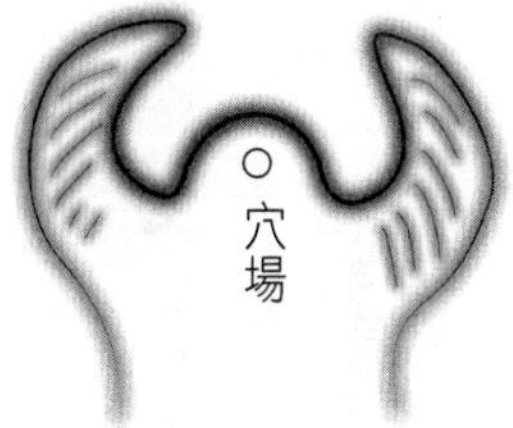

突穴：（男）

正格乳穴

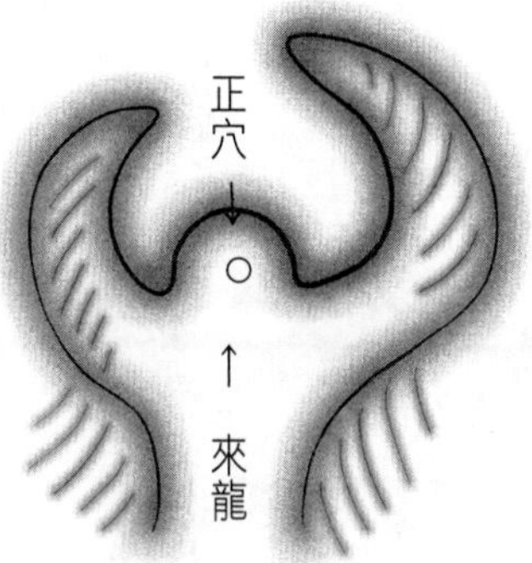

變格乳穴

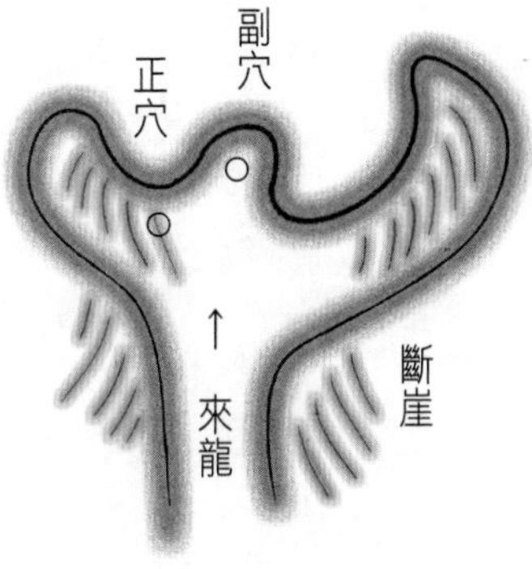

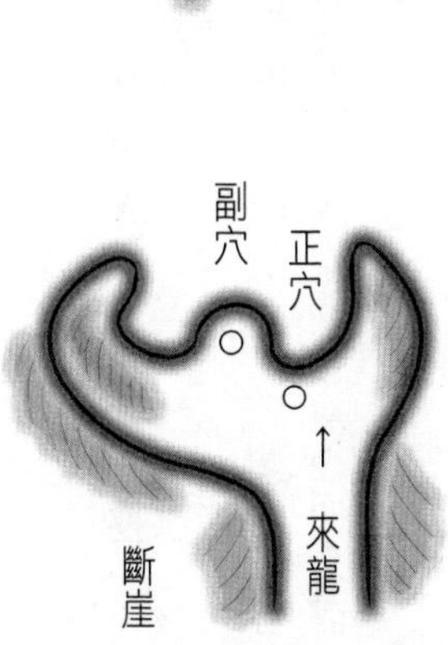

來龍下卦法：

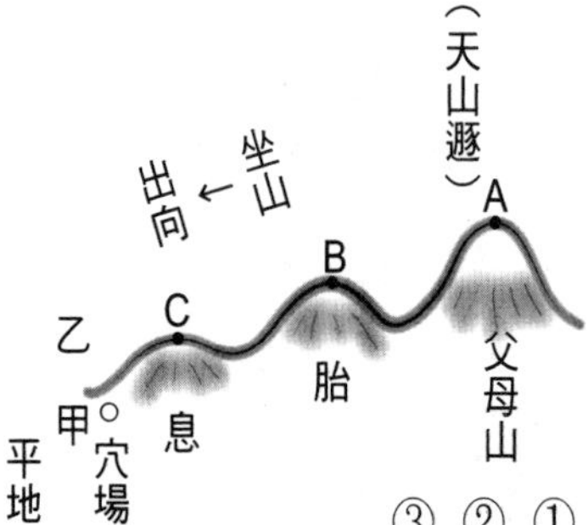

①A點向B點，A點之卦。為主來龍之卦。（A點處之山必最高）

②B點向C點，B點之卦。為次來龍之卦。

③甲、乙之高度為主，每一人高度（一百五十公分），穴場須挖深一尺，二人高，挖二尺。穴場在山之盡頭，正中間接連後面來龍之地氣。

4.羅盤使用法與些子法

羅盤：先轉動羅盤，使中間指針與小線重疊，才能看坐山、出向之卦。

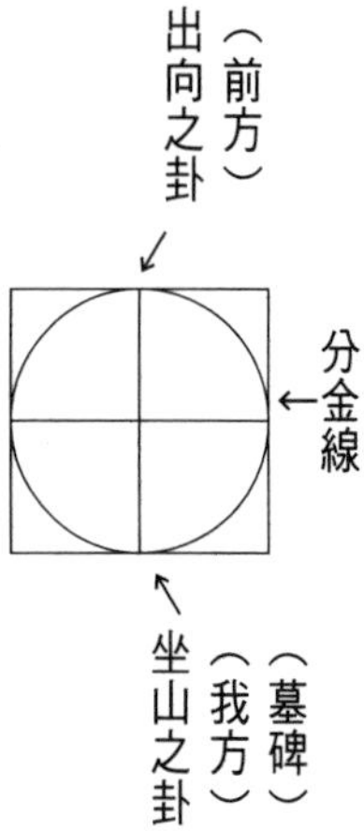

羅盤購：三元盤、含六十四卦、二十四山。

不是三合盤，甲子、丙子……等。

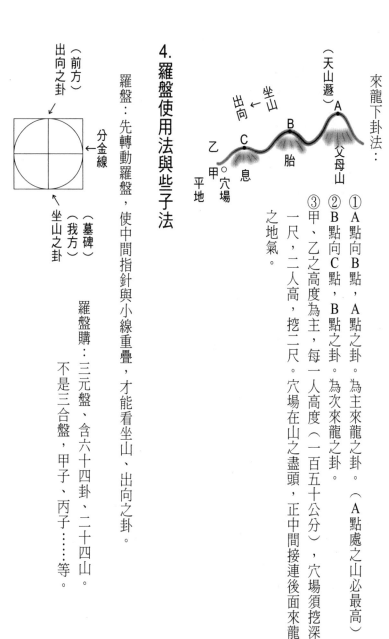

些子法：

即動爻，陽變陰，陰變陽。（以坐山之卦為主）

如：坐山：二 ☴☶ 漸七（風山漸）

出向：八 ☳☱ 歸妹七（雷澤歸妹）

本卦：已催助七運自庫。及出向正神，上卦旺氣八運借庫，共催助七、八運。下元七運取卦最佳。

動爻：坐山二 ☴☶ 漸（風山漸）

動初爻（即分金線在初爻）：二 ☴☲ 家人四。助二、四運。

動二爻（即分金線在二爻）：二 ☴☴ 巽一。助一、二運。

動三爻（即分金線在三爻）：二 ☴☷ 觀二。助二運。

動四爻（即分金線在四爻）：九 ☰☶ 遯四。助四、九運。

動五爻（即分金線在五爻）：六 ☶☶ 艮一。助一、六運。

動上爻（即分金線在六爻）：七 ☵☶ 蹇二。助二、七運。

◎動爻之原則，不一定動爻後為父母卦之一、九運。以合最近元運及催助卦運綿長為主。些子法：即是動爻。至於墓裡面放其他寶貝，最多安符令護墳，仍以穴場葬到太極暈為主。沒有葬到太極暈，放什麼東西，也沒有用。只能藉重最近之卦運下卦助。如：目前七運，坐山取風山漸七運卦。使拉聚四周，尤其前方山頭之地氣助。壽墳也是一樣，且力量薄弱，即使葬到正穴太極暈一樣，乃物體，指甲、頭髮稀少，不夠接收更多地氣，祖墳骨頭量多則可。

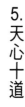

5.天心十道

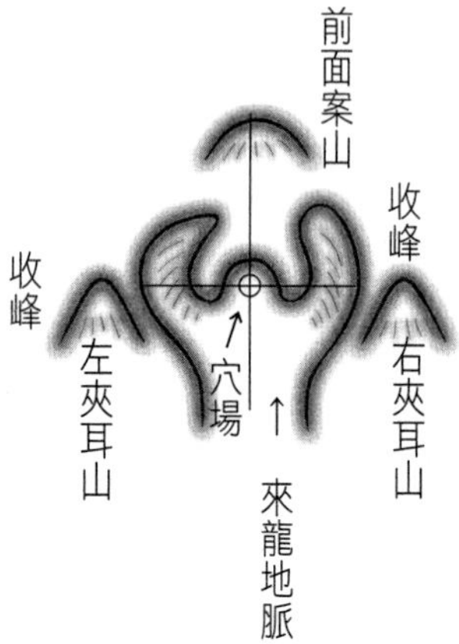

◎天心十道點穴，未必正確，有的地脈，由於地氣切斷，或後面有人葬深，切斷地氣之力，使地氣逐漸後移，肉眼難查，故靈界點地最穩當。

6.綜合卦運說明

坐山：一☷☵師七（地水師）酉山。動上爻六☶☵蒙二。（三水蒙）

出向：九☰☲同人七（天火同人）卯向。

來龍：九☰☶遯四（天山遯）酉。

收峰：八☳☰大壯二（雷天大壯）丙。

水口：三☲☱睽二（火澤睽）辰。

說明：（下元運立向法）

(1)卦運共有二、四、七運助。

(2)坐山助七運卦，動爻後，助二、六運。（以財為主）

(3) 出向助七、九運。（即助上卦旺氣的，共有出向、來龍、收峰等。）

(4)來龍助四、九運（由於卦運四運，下元六運有弊，謂之卦運零神，難以兩全，須用其他補助六運化解。此卦運與地運加起來十即是，如卦運三運，在地運七運為零正顛倒。卦運為八運卦，在地運二運為零正顛倒。目前七十三年立春，到九十三年立春，為地運七運。）來龍以助貴氣為主。

(5)收峰助二、八運。（卦運二運，在地運八運時為零正顛倒，但上卦收八運，有化解。收峰以富貴雙助為主。

(6)水口助：二運乃卦運。上卦合十為正官水催財，地運七運即是。八運為三八為朋木，催官水。（詳陽宅部份）故助二運最高峰，七運催財，八運催官。

綜合計算：共助二、四、五、六、七、八、九運。（其中五運，若有助四運，則前十年有助，若有助六運，則後十年有助，即五運各分開十年，分別以四、六運看。乃因其用神相同之故。）地本天然，無論來龍、收峰、收水，若大地穴場皆已固定，無法改變，立向、動爻神，也是輔助此三者之不及，使發福綿遠，若私心作祟，立卦圖助大房、二房、三房，皆反而使發福之元運縮短而已，故一般請神明、仙佛立向最公平，且顧慮深遠，不會在在吾人之私心，乃因天律、陰律森嚴之故。此三元法不易學，不普及，乃須背記六十四卦及動爻後之卦運私，故一般學歷較低者，除了下極大苦心背記外，欲精通皆須用查書。

7. 水龍之看法

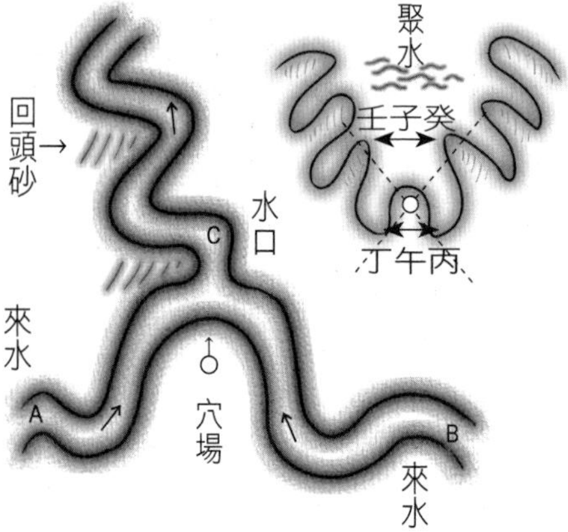

水龍巒頭實例：

坐南朝北。六運催官水。九運正宮水、催財。

來龍後面：丙午丁收清（一大卦）。

前面牛角：壬子癸收清（一大卦）。

後面無法收清束氣須修改。

「圓圈」為穴場，向水立向。坐山、出向之應用方法，與山龍一樣。

雙水夾纏格，左擁右抱，兄弟爭發展，求財方面行業相同，互相競爭，再言歸於好。來水、水口之卦輔助坐山、出向。

各巒頭請參考「秘傳水龍經」，以水星屈曲有情，直線無情忌用。以大卦零正為重。如：七運地運，向東方（三）為合十正宮水，主催財。在八運時催官水，三八為朋木，為催官。小卦零正，卦運當運逢元最佳，天卦即上卦須零神，如前文所述，和山龍收水一樣，於穴場各向A、B、C下盤，看對方之卦為何。至於坐山、出向也是同山龍，勿因前面有水而亂取。

點穴場方面，取近圓心為主。挖深尺寸，皆不會太多。若水溝高度（即深度）一人高，一百五十公分，則挖深一尺；總言之：肉眼有限，仍以靈界神明、仙佛助最穩當。前面之水，若S型九曲水，謂之直朝。前面之水，若圓型繞著，謂之橫過。大卦方向，若向一、三、七、九收直朝，及向二、四、六、八收橫過，皆主大貴中富。若相反，大卦方向，一、三、七、九收橫過，二、四、六、八方向之水為直朝，皆為大富中貴之地。

陽宅論斷法

今昔之陽宅建築，與過去古代皆不同，看法也不同，須修改的地方甚多，足足花了余六年多時光，點點滴滴校正、修改、研創，花費不少苦心，願讀書學會之後，多造福蒼生，廣積善功，勿執著於財利上，業餘或正業服務者，能潤金隨意，以慈悲佛心為本，是所至盼。本來真諦即無價，偏偏余皆以興趣為主，淡薄名利，所謂「司螢居士」者，司乃主司。螢乃螢火蟲，尚不夠普照世間，人生須再學習者甚多，學都學不完，對於我而言，過去如此，未來更是如此，何況高人輩出，埋名者更多，一點點微小之成就，並沒有值得驕傲之處，反而會滯塞余再求上進之心；嘆人生起伏變化多，此時輸彼時贏一司螢，故以此為名。近幾年景氣不振，來算命者，被倒會、工廠面臨倒閉者甚多，每每心中感傷，恨不得身邊有錢，一下子解決他的困難，可是談何容易，心有餘力不足；一個八字算起來，由過去到未來及防患改變，又說又變，又說又寫，應付一個人，花掉兩小時皆平常之事，連續一、兩人就頭脹了，耗神甚巨，潤金隨意，有的一百，有的二百或三百、五百皆有，曾連續一段時間，專拿一百元的，亦有見其落魄，不向其拿的，妻謂：似此算法會餓死。但仍心志不變；由於個人在研究五術上，純粹興趣為主，除了傾洩所知教授三期學生，及促其教授更多之學生外，以一人之應付眾人，力量甚多不夠，筆述著作心得，願能對讀者有所助益，更利益眾生，當然最好是，每個人自行研究最佳。目前余須再求精進，此後業餘命相服務皆有繼續，請讀者多來信連絡；在以後的未來，余若能在他方面研究上，有更好的成就心得，皆會再著作傳世，以利益更多的眾生。

1.河圖：

南
7
2
西　9　4(10　5)3　8　東
1
6
北

一六共宗水。

二七同道火。

三八為朋木。

四九為友金。

五十同途土。

2. 洛書：

4	9	2
3	5	7
8	1	6

載九履一。
二四為肩。
左三右七。
六八為足。

3. 先天八卦：

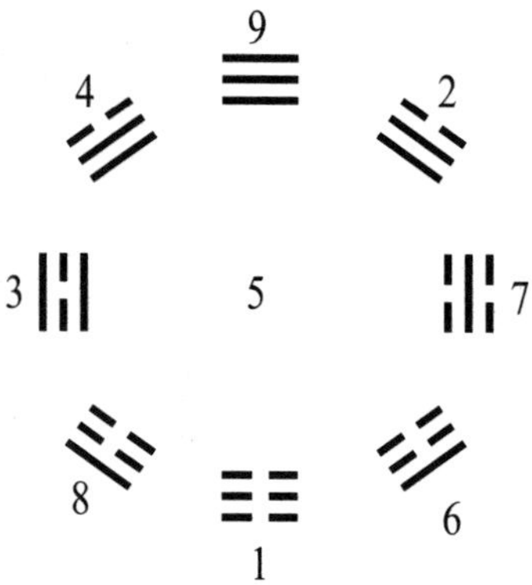

一坤
二巽
三離
四兌
六艮
七坎
八震
九乾

4.後天八卦：

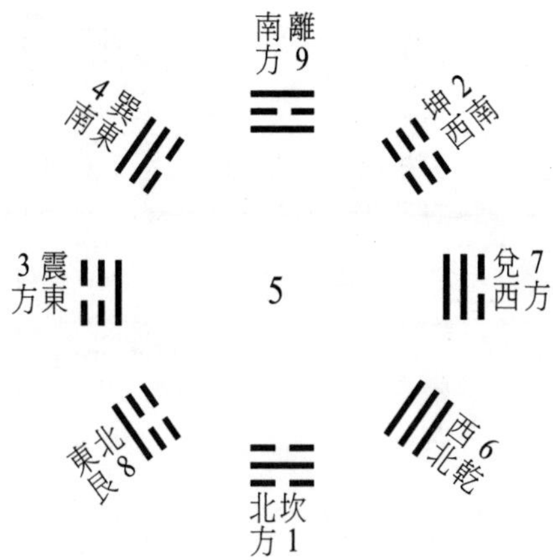

一白水。
二黑坤土。
三碧震木。
四綠巽木。
五黃土。
六白乾金。
七赤兌金。
八白艮土。
九紫離火。

5.爻神在羅盤之排法：

◎陽從左邊團團轉。

爻神由左到右排列

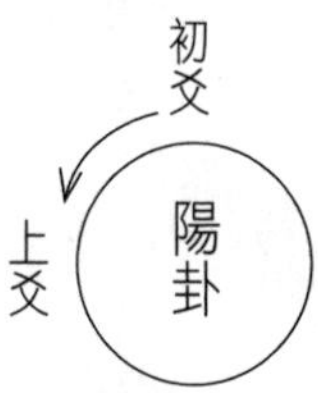

◎陰從右路轉相通。

爻神由右到左排列

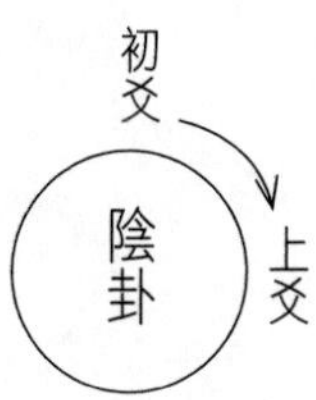

如：

上爻姤8運。（初爻→上爻）　初爻乾1運。（上爻→初爻）　上爻夬6運。（初爻→上爻）

凡卦運為：1、3、7、9運為陽。

凡卦運為：2、4、6、8運為陰。

其爻神之排列在羅盤上，必陽從左邊開始，陰從右邊開始，由初爻到上爻排列。

6.爻神讀法：

▬▬ 陽爻（9）

▬ ▬ 陰爻（6）

如：

乾為天

上卦（天卦）	上爻	——
	五爻	——
	四爻	——
下卦（地卦）	三爻	——
	二爻	——
	初爻	——

乾為天（易經讀法）

上九 ——
九五 ——
九四 ——
九三 ——
九二 ——
初九 ——

如：

坤為地（易經讀法）

上六 — —
六五 — —
六四 — —
六三 — —
六二 — —
初六 — —

7. 八卦名稱及代號：

乾三連☰（天）。乾為天䷀。乾為父。 乾為首。

坤六斷☷（地）。坤為地䷁。坤為母。 坤為腹。

兌上缺☱（澤）。兌為澤䷹。兌少女。 兌為口。

巽下斷☴（風）。巽為風䷸。巽長女。 巽為股。

坎中滿☵（水）。坎為水䷜。坎中男。 坎為耳。

離中虛☲（火）。離為火䷝。離中女。 離為目。

震仰盂☳（雷）。震為雷䷲。震長男。 震為足。

艮覆碗☶（山）。艮為山䷳。艮少男。 艮為手。

8. 後天八卦與二十四山及方位（大卦）：

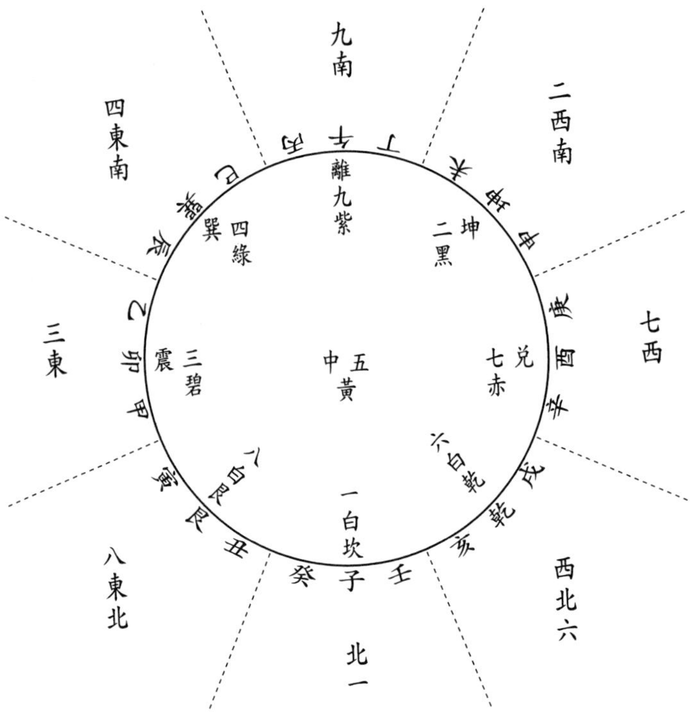
九南
二西南
七西
西北六
北一
八東北
三東
四東南
丙
午
丁
未
坤
申
庚
酉
辛
戌
乾
亥
壬
子
癸
丑
艮
寅
甲
卯
乙
辰
巽
巳
離九紫
坤二黑
兌七赤
六白乾
一白坎
八白艮
震三碧
巽四綠
中五黃

9.二十四山配合六十四卦：（背記）

每山（即每字）有二卦四爻。（每小卦有六爻）

如：

手：觀、比（2卦）、4爻 → 2卦4爻

子：剝（2爻）、坤（2卦）、復（2爻） → 2卦4爻

癸：頤（4爻）、屯、益（2卦） → 2卦4爻

豐：甲、離（2卦）、4爻 → 2卦4爻

卯：革（2爻）、同（2卦）、臨（2爻） → 2卦4爻

乙：損（4爻）、節、中（2卦） → 2卦4爻

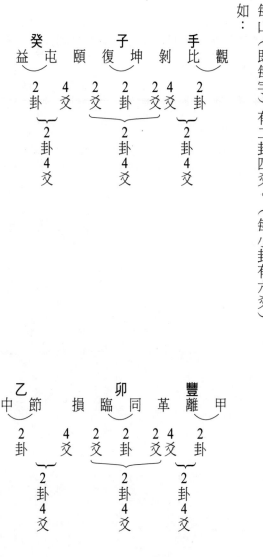

◎所謂八宮即：壬子癸、丑艮寅、甲卯乙、辰巽巳、丙午丁、未坤申、庚酉辛、戌乾亥。將二十四山分成八個方位。

背記法：

觀　震　豐　歸　壯　巽

壬　丑　甲　辰　丙　未

比　噬嗑　離　睽　有　井

剝　隨　革　兌　夬　蠱

坤　无妄　同　履　乾　升

子　艮　卯　巽　午　坤

復　明夷　臨　泰　姤　訟

頤　賁　損　大畜　大過　困

癸　寅　乙　巳　丁　申

屯　既濟　節　需　鼎　未

益　家人　中　小畜　恒　解

渙　漸

庚　戌

坎　蹇

蒙　艮

師　謙

酉　乾

遯　否

咸　萃

辛　亥

旅　晉

小過　豫

配合代號背記：

如：

觀 ☴☷ 觀（風地觀）

壬比 ☵☷ 比（水地比）

剝 ☶☷ 剝（山地剝）

壯 ☳☰ 大壯（雷天大壯）

丙有 ☲☰ 大有（火天大有）

夬 ☱☰ 夬（澤天夬）

10. 卦運：（背記）

土金土金水火木木

1運：坤乾艮兌坎離巽震。

2運：壯觀睽蹇革蒙妄升。

3運：需晉小過明夷訟頤大過。

4運：臨遯大畜萃屯鼎家解。

5運：中五獨一局。

6運：夬剝履謙豐渙嗑井。

7運：比有漸歸師同蠱隨。

8運：復姤賁困節旅小畜豫。

9運：泰否損咸既未益恆。

◎說明：

地理學共分三元九運，一、二、三、四運為上元運，六、七、八、九運為下元運，五運中五獨一局。每運有二十年，共一百八十年，循環一次，九運走完接一運。

卦運依此法背記，於卜卦上，可節省很多背記。

(1)如：每運之第一個字，皆為坤宮，為坤土。即：坤、壯、需、臨、夬、比、復泰。

(2)如：每運之第二個字，皆為乾宮，為乾金。即：乾、觀、晉、遯、剝、有、姤、否。

(3)又如二運之：壯觀、睽蹇、革蒙。

坐山若為：壯卦。　出向必為：觀卦。

坐山若為：睽卦。　出向必為：蹇卦。

坐山若為：革卦。　出向必為：蒙卦。

坐山：八 ☳☰ 大壯。二運　坐山：三 ☲☱ 睽二運。

坐向：二 ☴☷ 觀。　二運　出向：七 ☵☶ 蹇二運。

互相各爻為陰陽交媾，由初爻到上爻，一陰一陽，正好相反交媾。此為相對待。卦運皆必然相同。上卦（天卦）加起來皆等於十。（上卦依：一坤、二巽、三離、四兌、六艮、七坎、八震、九乾之先天八卦數目代入。）

11.方位代名稱（四獸）：

前朱雀。　後玄武（元武）。　左青龍。　右白虎。　中勾陳。

12. 地理學上之劃分（兩種）：

⑴巒頭：即龍、穴、砂、水。（以形象、貴器、衛護而言，看富貴窮通。）

⑵理氣：即（四神）龍、山、向、水。（以配卦理氣，以二十四山、六十四卦之卦運，及六十四卦之上卦旺氣，依元運、地運納氣，知興衰。）

地理學及稱為陰陽學，乃取其形象、衛護，如同人體構造。砂、水衛護如同手足，穴場如同泌尿系統、泌尿生殖器，必結穴於山之盡頭處附近，分陰陽結構。乳穴、突穴為男丁富貴之地，千丁萬口。窩穴、鉗穴為女命富貴之地。

13. 零神、正神訣：

正神：為取上卦當運、逢元運，配合卦運逢元。（應用在：出向、來龍、收峰等之六十四小卦。若大卦二十四山之零正，則以水龍為主。山龍則以來龍為主，水不當元無礙，以求發福更遠，互相補助。）零神：為上卦旺氣不當運。（無論正神或零神，以卦運當運最佳。若卦運先元，雖上卦逢元，亦有弊。上卦失元運，卦運當運也是一樣，美中不足；零神應用在：收水、坐山之六十四卦。）

14. 陽宅內、外氣：

內氣：大門以內，屋內之門路納氣，形體結構之巒頭，謂之內氣。門路為財路。

外氣：大門以外，所有他人之建築物、水溝、水池等。

15. 陽宅之內氣之下盤法：

原則：在門之中間（寢室），向對角線，最遠距離下盤，透明玻璃裝之鋁門一樣，在常開關出入之門中間下盤。有物體擋住，一樣以看得到之處，取最遠距離，乃最遠的地方，收氣最多。出向之卦，必須卦運及上卦皆吉，謂之：來氣要好，要當運。缺一不可。

圖一：

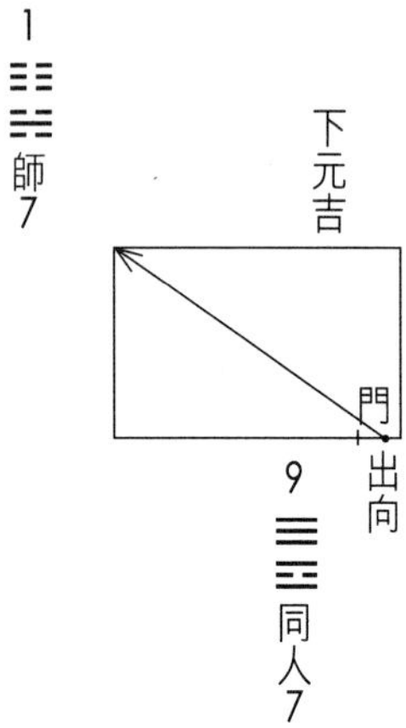

圖二：

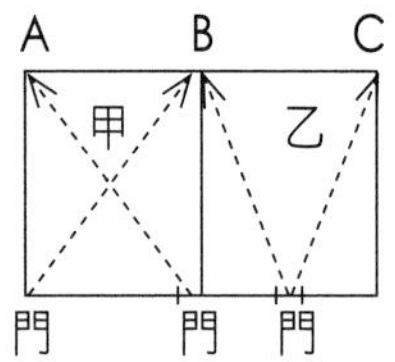

甲屋：

分別在各門下盤，假設對角線之距離皆同，則以床位之卦為主。

乙屋：

和甲屋一樣。

圖三：

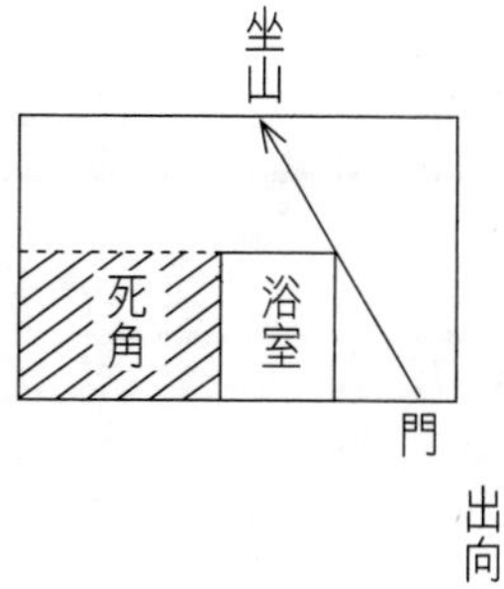

◎今日建築類此甚多，留一玄關走廊，死角甚多，謂之自阻財路，下盤論斷，照樣取最遠處（看得到）。死角之床位，斷神經質，腦神衰弱，疑神疑鬼。

16.陽宅內氣修改法：

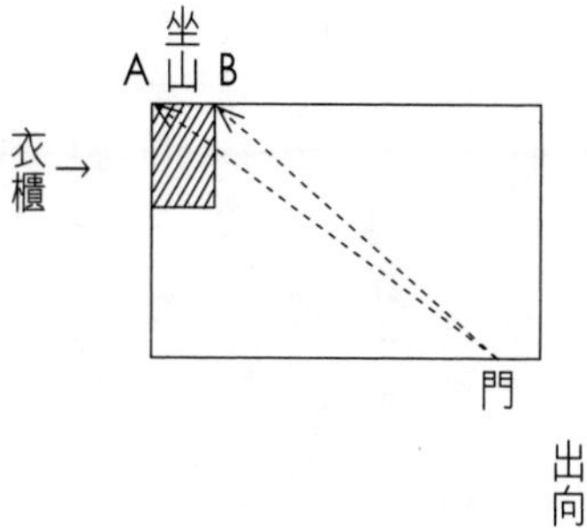

在門口下盤。向最遠距離取卦。

A點不當運。以衣櫃更改。

使B點當運之卦，成為取遠距離。

乙門為本來之門，A點兇，亦無卦可收。

另外釘門路，取甲門更改。

此法較麻煩。

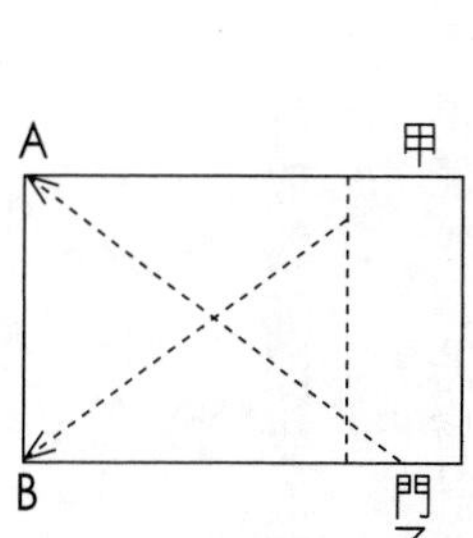

17. 陽宅內氣注意事項：

(1)床位之最遠距離之對角線位置最佳。

(2)頭部不能在門旁、窗下，會得鼻炎，感冒不斷、積久頭痛。

(3)床位正對面及側面，皆不能有鏡子，後方可以，以免睡醒時，全身放鬆之際，看到鏡中人影嚇一跳，積久製造緊張氣色，腦神經衰弱。疑神疑鬼住不下去。

(4)百貨公司，裝設鏡子，能反射物品，使貨品更暢銷，使貨品待不住。但若會計後面、側面鏡子，常常嚇一跳，待不住，老闆常招考會計。每半個月貨品換位一次，能馬上使貨品賣出。

(5)辦公桌，後面皆須有牆壁屏障作靠山，此牆壁之後面，不要有馬路，謂之：缺少靠山，貴人提拔。後面再後面，有一間又一間之房屋作靠山力量加大。亦謂之：自己人提拔自己人。譬如：新營市警察局，前面大門有電信局之高樓阻塞，超出自己高度甚多，一般民間之屋子，斷外人來倒債，財路有阻。官場上謂之：官途多艱辛。由於前朝阻氣，使室內存在之山川靈氣減少，元氣、氣色漸退，兩側緊接大路，若辦公桌排放，背部靠著大路之方，謂之：無靠山，及易生人事不和。若裡面辦公桌排放，坐起來面向外面電信大樓之方向，則自己局裡面之所有房屋，皆為自己靠山，謂之：自己人提拔自己人，人事和諧。裡面之蓄水池，有聚氣蓄溫之輔助。左側這棟屋子，後方加建大樓，後衛力量更大，但前面不能再有其他超高建築物阻塞，以免形成：前後夾攻，裡應外合，易出人命。電信大樓蓋多久，影響發展亦久。室內靠近道路之窗戶，皆須開小一點，尤其裡面門之對角線窗戶，以免放鬆休息時，由於空氣強烈對流，使人氣散失，影響氣色、元氣。

(6)書房、書桌與床位須分開、隔開，以免見到床鋪，因暗示作用想睡覺，書桌放20W或40W鎢絲燈，配合日光燈，可助元氣，乃電離子之作用；書房愈小，愈容易集中精神，判斷思考，無論學生，任何人都一樣，警察先生破案連連，腦波發射之能量就愈少，且碰撞回收多。繪圖示之：

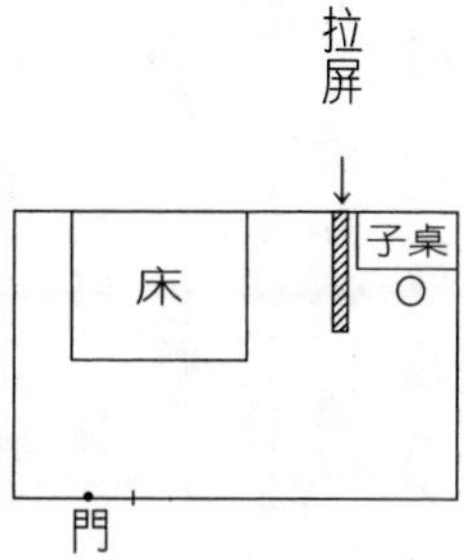

◎室內空間愈大，愈不容易集中精神，元氣耗失更多，人多則人氣愈旺，易達到飽和。寢室、書房皆一樣。配合早上喝牛奶，幫助記憶力。運程不順時必無形中相反。

(7)室內裝設太多的美術燈，以免鎢絲燈之熱溫，使吾人虛火上升，肝臟解毒功能降低，體內充滿毒素，皮膚過敏。及由於虛火上升，使胃酸分泌過多，酸性體液加重，生女兒不生男；及心浮氣躁，易常見口舌是非；且虛火生慾火，消耗元氣過多，不利財運。若加上巒頭之不利，如上面無屋遮熱，更嚴重。

室內有天井，須用透明壓克力封起來，以免人氣外洩厲害，洩氣又洩財，由氣色不繼開始。此天井和室內裝抽風機一樣原理，抽走元氣，積久約半年後，損財，欠安齊來。住宅為木造者，於春夏交接，約每年卯月下旬，及秋冬交接，約每年戌月，及寒冬，易因冷熱交換不定，容易感受風寒。依世界各地氣候而定，且木造之屋子，人氣蓄積皆不多，以磚造最佳；住木屋蟲蟻多、空隙多，斷皮膚病、常感冒。

(8)住新屋，裡面之人人氣，須重頭紮根，住後半年，欠安、損財，一件一件來，乃人氣擴散補充在牆壁，使元氣不足之故，以老年人、小孩最嚴重。此新屋如同睡地上，人氣受吸一樣。睡覺蓋新之厚棉被一樣，一天到三天內，元氣之對流，感冒、發燒必燒。化解之法，為吃幾片人參或洋參助元氣，住新屋則人愈多愈好，或修持念力、持咒，使無形中接收山川靈氣進來，或每七天吃一錢洋參。必天天吃，以免過量。感冒吃蒜頭可殺菌，幫助復原，可和香腸吃。

(9)浴室的門，勿正對著瓦斯爐、電鍋等，不能吃的碗盤無礙，以免排水拉吸元氣，瓦斯爐又吸燃氧氣，人立其中間，兩面皆吸，易腦神經之患。

神位設置，和廟寺大體相同，後面須有牆壁，神位正中間在牆壁之正中央。對面不要有正對他人浴室，不要正對屋內柱子，能看愈遠愈佳；不得已無空間，只能對自己牆壁。

(10)各間房屋，以寢室影響最大，寢室又稱「活人墓」，乃因吾人在寢室之時間最久，且為休息放鬆之所，受影響最大，論斷疾病以「寢室」之卦為主。至於財運、子息、婚姻……皆以外氣為主，此內氣寢室為輔。

屋內夏天太熱，夏天損財，冬天太冷，未舖地毯或木板，蓄積寒氣，坐久辦公，有冬天損財，夏天天氣熱時，引發坐骨神經之患，及冬天胃腸之患。夏天太熱則邪火上升，有皮膚病，肝炎。須裝冷氣改善，或牆壁受太陽直曬處，以甘蔗板、保麗龍、三合板等釘起來，自能改善。上面無屋遮熱，則須再加蓋。又冷氣機，最好隔一間空屋傳送過來，以免寒氣滲入骨髓，積久風濕症、關節炎，須印堂照燈泡十分鐘，配合緩慢深呼吸，吸進來，連做三天，藉電離子除寒氣。閉目做，距離一尺，以60W鎢絲燈，若連續七天以上，則過於乾燥流鼻血，虛火上升。又電扇勿直吹身子，易感受風寒，吹散元氣。

18.陽宅外氣論斷法：

以傳統言，大卦零正，上元運須向大卦：一、二、三、四。下元運須向大卦：六、七、八、九之方向，謂之當運。

如：七運向七西方大吉，事實不然，修改如後。

⑴左、右方須有屋衛，若任何一側空缺。謂之：受友連累，乃旁邊同等地位之故。男女婚嫁不順。例如：三樓高，旁邊為二樓，則二樓有衛護，三樓則無，住後半年損財、欠安。一般八字皆易比劫為用，保護少易受流年剋去。

⑵後面須有屋牆，謂之：有貴人助，有靠山。若後面空缺，則受自己人、熟識之親友連累損財。皆生女。內亂失人和，公婆與媳婦不和，此後面有屋衛，以距離五公尺內尚可。一般後面空缺之屋主，其八字大都少印星，凡事靠自己。

(3)前面有屋滯塞，財路受阻，我方為二樓，對面為三樓，超過一樓即有妨礙，為外人來連累、官符。距離愈近，高度愈高，應驗愈快，一般十公尺之距離，對方高出兩樓，皆於對方搬來住後，半年到一年內大損財。若前面隔著一條大馬路，距離愈遠之高樓，影響應驗之時間愈慢。

論斷原理：

乃平常吾人之元氣、人氣，會對流吸收在：牆壁、家具、地上、物品上，（人與人之元氣，亦會對流補充。）若側面或後面空缺，則室內沾上之人氣，因空氣強烈對流，吹散人氣，即無法如同陰宅之藏風蓄氣，則每日不斷地，須吾人之元氣，在無形中補充過去，永遠無法達到飽和，住後半年，消耗元氣，製造不良氣色，欠安、損財接踵而來；吾人欲走霉運，流年欲走下坡時，必先於住宅上，有不良之異動，使八字氣數難逃。又門路為氣口、為財路，吾人氣色上之補充，不只從食物，力量最大的為，存在於虛空中之山川靈氣，此山川靈氣，以交節氣後三天內最旺，其次為每一天之清晨。隨著吾人集中精神處事，由前額裂縫，無形中接收過來，以門口（大門）引氣最多，故若對面之屋，超過自己一樓高時，（我為三樓，對面四樓。）則阻氣嚴重，存在於虛空中之山川靈氣漸減。化解之法，為相對蓋高，至少同樣高度，以古時候之三合院，前面明堂若蓋一間屋子，就不得了！今隨便矣！另一種為修行，打通中脈，自能於集中精神辦事時，由頭頂將虛空中之靈氣，隔空接收過來，生理反應，為胸脹氣滿，精神充沛。

內、外氣綜合補充注意事項：

◎斷疾病，以寢室為主，若工作場所較長時間，以工作場所為主。下盤之處，勿有電器物品，以免影響羅盤指針。

◎寢室對角線，收氣之處，即坐山之角落，若有門，須做活動性質（能自動關閉之裝置，五金店售。），或勿出入，以防洩氣、洩財。若前門可一路看到後門，並非洩財，除非後面或側面無他屋衛護，才會洩氣、洩財。

◎斷財影響，以外氣巒頭為主，配合內氣參看及斷年運，內氣則以臥室為主。

◎斷子女影響，後面空缺，主內亂，婆媳不和。側面空缺，男女婚嫁多是非。孤峰獨聳，孤陰不長，主生女，乃人氣吹散，加上孤峰、獨立屋太熱，虛火旺，胃酸分泌過多，加重酸性之體質，故生女。且獨立屋太冷，冷熱交換季節易受影響，胃腸欠安，生女相同。獨立屋，為火星，斷火災，逢遇八字意外之災一官月，發生火厄。獨立屋，又主孤獨，主婚姻難逢佳期，空守獨閨，男女有獨身之應。內氣坐山：坎卦、訟卦、需卦、節卦於下元運，皆有婦女隱疾，延誤婚事。上元有困卦。即以外氣周圍巒頭格局，斷外在之大事，內氣巒頭、卦理，斷內在之細節。獨立屋若四周有水衛，即水池、大水溝、水田，反而大吉，乃因水有蓄溫聚氣之作用，及夏天能散熱。

◎住宅地勢低窪，陰氣森森，濕氣重，筋骨風濕之患及胃腸消化不良，胃酸必多，使體液酸鹼失調，有生女必多之處。內氣玄關走道阻氣，無法看見對角線之點，居久疑神疑鬼，神經質易緊張，使胃腸消化不良，胃酸多而生女。生活習慣，婦女常生活在緊張環境下，如：先生常上夜班，婦女自己獨居，也會生女接連，原理相同。心性不易緊張者，生男多，皆因胃酸分泌中和。胃酸ph值1.5到1.8，正常體液PH值7.4，故欲生男丁，除了住宅改善外，平常生活習慣，亦不能製造緊張之情緒，早晚喝牛奶，中和胃酸，及補充營養；獨居者，須有人作伴，知其原理才能掌握一切。

◎前阻或空缺側面、後面，加上前面道路凹字型，為桃花之應。內氣納卦，桃花色患的有：坐山訟、坎、需、節、歸妹，姤卦等。

前朝阻氣，再過去又有一屋露出，謂之：有屋探頭，小人窺伺，主犯小人、偷盜，逢八字官煞月攻入應驗。前後夾攻，有屋高超過三樓以上，一年內損丁，死人接連。屋距離約十公尺左右。若再加上兩側有屋包圍，則非病死或車禍死，乃斷自殺死，團團包圍之故。

前朝阻氣最嚴重，無法由門路引入足夠之山川靈氣，不能以古法之迴風轉氣看零正，能量不足，促使吾人元氣漸損，氣虛、氣色晦暗，損財、欠安接踵而來。

◎開店在十字路口論吉，乃視野廣闊明顯之故，尤其在紅綠燈前之店面，共約四間，生意佳，乃行人停腳等候紅綠燈時，必擺頭注目，由眼神傳送人電，使室內人氣旺，一方面為行人會在潛意識裡記下，以後欲購買東西，必先想到此處。但在十字路口之店面，須以經營，簡單交易之物，買了就走才行，如：獎券行、檳榔攤。居住在十字路口之房屋，由於一邊空缺，故形成樓下賺錢，樓上損財之情。

◎醫院為回陽濟世，若開在廟寺，教堂前必生意興旺，乃廟寺、教堂為掌陰間之事，若有陰靈作祟之患者，服藥無效，到此處治療必陰靈不敢進來，除非因果關係，須有冥旨報復。即因醫院濟世有功，仙佛必派部屬，於無形中護持。其次中、西藥房，開在市場門口前亦佳，生意旺。

凡任何與火車站成九十度垂直之道路，即成T字形，其交通流量必多，開店之地點，必比別條路佳，最佳者，以附近有大水溝包圍者最佳。

論斷方面，住宅、辦公室、工廠、店面，皆各有影響，須各自獨立看。以住宅影響最大。如：店吉則店賺錢，住宅不利，則損財、欠安……。住宅外氣吉，內氣坐山凶，為進財有小疾。外氣凶，即阻氣、空缺，則即使內氣當運亦助力少，維持平平即不錯。

八字流年欲走霉運之前，必先於住宅有不戉良之變動，才使八字算準。即先於住宅製造不良氣色，才使氣數難逃。居住愈久之屋，人氣愈旺，千萬勿輕易拆除或搬家，以免異動後，人氣從頭紮根，有損財、欠安之應，只要住宅吉祥，則八字運程自能改善更吉，其他方面影響者，請看中冊「如何改變命運」。

⑽辦公桌後面若有窗勿開，以免洩氣，散生更多人氣，無靠山衛護，行事無貴人助，座位後面，若只隔一道牆壁，再往後就是道路，與此一樣，為外氣屏障不足，少貴人提攜，易生口舌、風波。後面有層層房屋衛護最佳。後面有門，皆須裝上自動開關裝置，以免受人連累出事。

辦公桌主位，勿在門口側方，謂之：看門，並非辦公，收銀機除外，乃易辦事分心之故，以屋內牆壁正中間，或對角線最遠處最佳，（此正中間，指對角線再過來一點點處。）乃距離愈遠，收氣愈多。上面有樑柱宜避開，心理影響較大。辦公桌後面應有靠壁，旁側有一牆壁或書櫃亦可，看內氣擺設，仍須配合外氣才行。

大門口內或外，勿擺放裝飾品（大）及屏風等，謂之阻氣，自擋財路，無形中減弱虛空中之山川靈氣，不利氣色。地下室勿做辦公室、工廠，謂之阻財，碰壁。養鴿子、雞、鴨、鹿……等動物，積久體內毒素加重，胃腸之患，損財……。

19.陽宅外氣巒頭論斷實例：

①

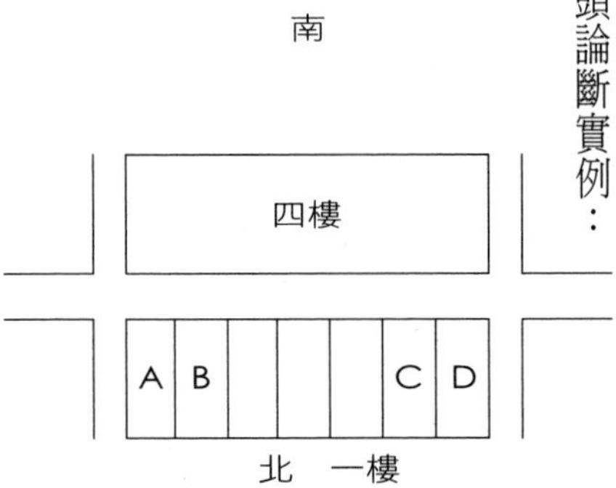

兩棟之大門相對。一樓大凶。前朝阻氣，皆被倒債，倒會。

A、B兩屋，男犯桃花女守寡。C、D兩屋女犯桃花，（有的女主人，紅杏出牆，有的換妻。）分男左、女右，配合前面道路，八字分開，如腳張開，謂之：土星若仰外，家破人離散，若對面四樓換為一樓則無事。若古屋三合院，無論側面或後面空缺，皆一樣論斷，除非有大水溝或圍牆護住空缺處。室內人氣對流，原理相同。

②

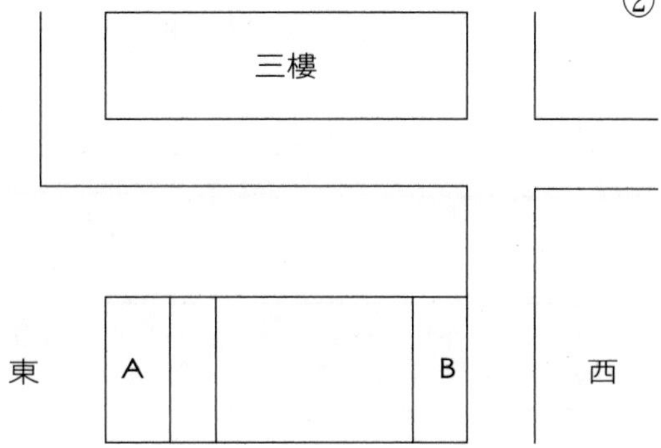

同樣對面為三樓。但側面空缺。A、B屋受友連累損財，加上前面之路反弓水，（八字外張）又男犯桃花、外遇。東方受太陽直曬，使夏天太熱，虛火上升，製造毒素氣色，八字為午月生，地支有水氣，和上冊桃花例子一樣，不巧配合住宅引動，本來在家鄉很乖不會胡來。A屋後面有靠山，他屋接連。若B屋則為女主人損財出事。此八字外張之道路，若為大水溝一樣犯桃花。

③

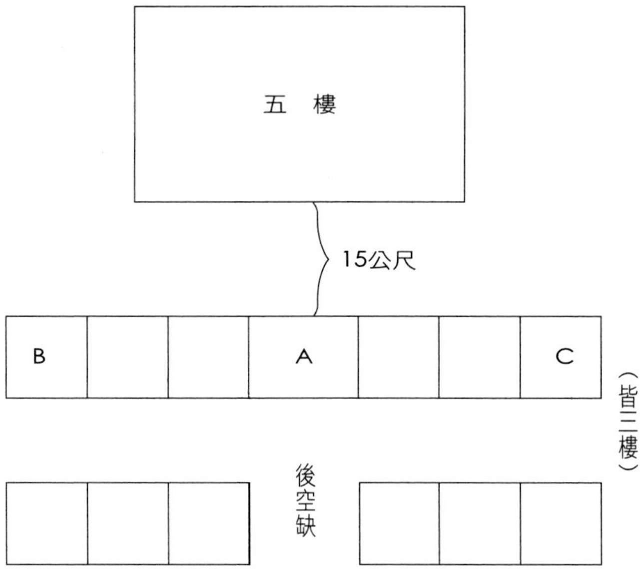

A屋後面空缺，其他屋沒有，室內涼快，住後半年即損財，後面空缺受自己人借債、倒會之累。前面五樓後來才蓋，完工後，尚無事，當住戶搬進去住後半年，A屋火燒，再花百萬元裝潢。乃虛空中之山川靈氣，皆大部被對面五樓阻住、拉去。一般門對門，若一邊人少者都較不利，修念力、持咒者或有讀書，皆可改善，住屋空缺一樣。前阻超過一樓以上，後面空缺，才會火災。B、C兩屋無阻尚吉。但側面不能空缺。余曾向某一建設公司負責人曰：您最旁邊的房子，最容易賣掉，但買的人，也最早想要賣，因為住後損財之故。其連忙曰：您說的不錯。中國人有些人誤以為三間房子或五、七間房子，中間取不吉利，謂之：擔別人重擔。事實上，最中間地理最好。室內之人氣有他人衛護，力量加大。如同風水陰宅，穴場在中間泌尿系統。

至於廟寺結構一樣，在山裡和陰宅看法一樣擇地穴，左、右衛砂有力，如：高雄縣佛光山、左營春秋閣之正中關聖廟，皆可作為一種參考，佛光山為山龍，左、右衛砂、前案一字型甚明，春秋閣為水龍聚結之大地，前面聚水，左、右衛砂亦明，惜左方之衛砂有破，用人工補救。若北港媽祖廟，主力乃前面北港溪，灣環水抱，再加上左、右夾道而成之路沖聚氣，此路若小於屋或廟之寬度，則為路箭不利。

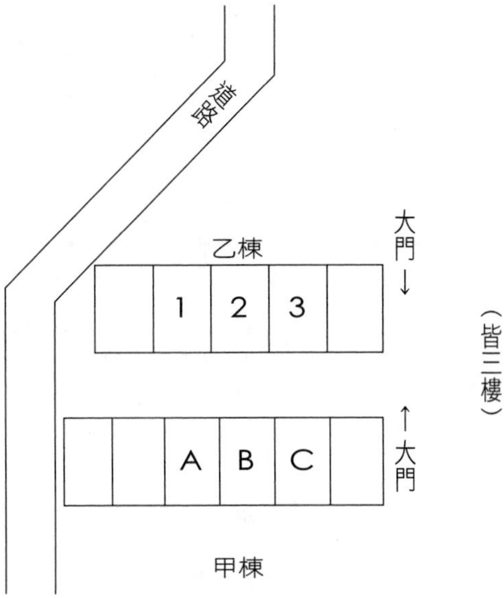

兩棟房屋大門相對。後面都空缺，受自己人連累，（公）婆媳不和，媳婦難做人。（空氣強烈對流，使室內元氣吹散，虛火上升生口舌。）乙棟後有道路，1、2、3屋有車禍之應。A、B、C屋，承受暗箭傷人，妙的是此三屋均犯竊賊之災。車禍由前面撞來。乙棟三屋為車從後面來，乃路在後面之故。若甲、乙棟後面或側面不空缺，有屋衛則不會發生。亦即只要側面或後面空缺，或前屋超過自己一樓以上，（公寓大樓，則以整棟相比，若我住二樓公寓，本公寓大樓為七樓，對面亦七樓公寓，則尚可。）即屬不吉之屋，再依照前述論斷，及配合周圍百公尺內地形斷。公寓大樓看法一樣，居住正中間最佳，原則相同，可惜，目前之建築物，尤其台北市，由於建築法令規定：空地比。形成外面十二樓以上，往內為七樓、四、五樓等，層層受阻，使得存在室內虛空之山川靈氣漸減，元氣、氣色不繼，損財者甚多。住宅有阻，損財甚快。如蔡辰洲宅居為二樓，隔著約十公尺之馬路，從約六十九年附近，蓋了一家五樓西餐廳，千億元之財富亦年年虧損，五年時光，身陷牢獄。經營之神：王永慶之宅為一樓平房，前面圍牆內之空地，好像大運動場，前面三樓公寓，要阻財也阻不了。若五樓以上則阻財，損財矣。

⑤

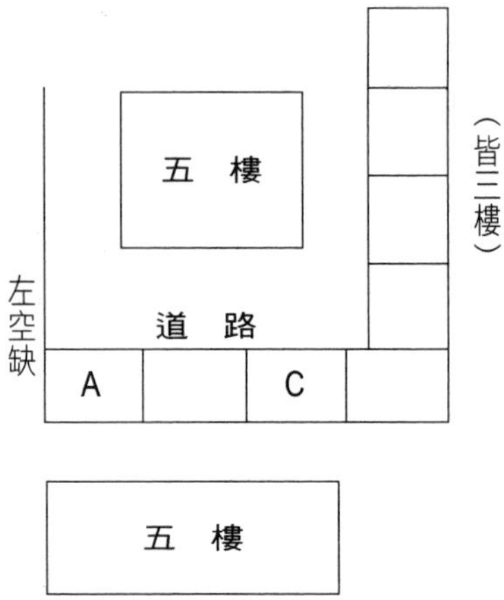

A屋本來後面有衛，有靠山，A屋三樓，後面五樓。親人和睦。奈前面在後來蓋了一棟五樓，形成：前後夾攻，裡應外合；加上A屋側面空缺，受友累，前面八字外張，男主人外遇、犯桃花。若C屋則女主人外遇桃花。對面於蓋完工，搬進去住半年後，A屋接連損財，女主人受夫家之累，損財不少；若前面勿蓋高，只蓋三樓，則事小。一般皆喜歡住旁邊，空氣流通，損財者最多。除非其空缺部份，窗戶少開，或可減輕，但若空缺牆壁或後面空缺，大門又向西方，受照曬太陽處就愈多，冷熱交換，夏天如住烘爐，住後小孩、老年人即受不了欠安，久疾不癒，皆與生活習慣有關，而生活習慣又受住宅支配，室溫太高，易感冒發燒，不能適應，由小病而大病，以內氣坐山斷疾病，配合巒頭外氣若凶者，則疾病藥碗、損財不斷，到處去求神、問卜、算命，不知堪察宅居，皆於事無補。夏天住宅太熱者，胃腸亦會漸不良，使得降火，退火之食物不敢吃會下瀉，加重體內毒素，生成更多損財氣色。冬天住宅太冷者，無形中使氣血不暢氣色差，阻礙財運，蓄積寒氣在四肢，形成筋骨，腰閃、坐骨神經之患，而內氣之卦，亦會無形中配合，由無形之卦氣、巒頭擺設，在無形中，生活習慣與之配合，製造疾病。凡事皆須掌握原理，勿人云亦云，如此才能真正改變命運，改善人生。

⑥（皆一樓平房）

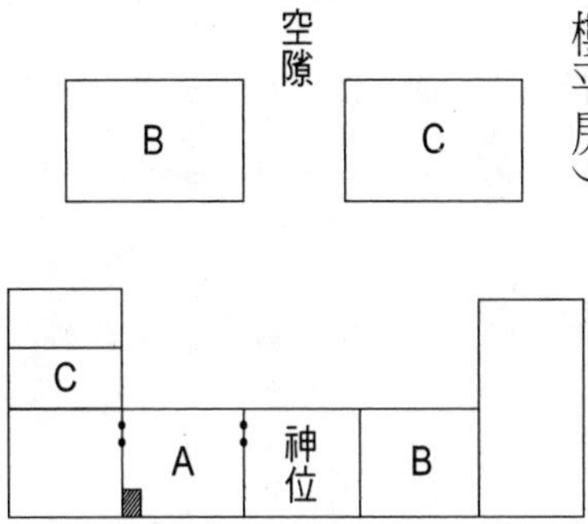

本例為：八字洩天機上冊，命與陽宅部份例十，其三合院宅居圖型，A屋即是患者（大哥），B房為二哥，C房為其父母，A、B房坐山：天火同人。卦運當運，上卦不當運，即出向為上卦一，為旺氣犯零神。C房為其父母，坐山為丙山之雷天大壯。A房承受對面之壁角空隙煞氣，在前面右側，於肺臟在榮總小手術抽驗，得了肺癌，此空隙寬一尺三十公分，故主前面小手術，若在左側則左方開刀，右側主右方小手術，空隙在後，主後面小手術。其屋後面側面皆空缺。

若此空隙寬度在一尺到一公尺，則代表大手術。一公尺以上代表大車禍。若如例(3)，一個房屋寬度之空缺，謂有火災，（須配合前屋阻）由於A房，內氣納氣有兩門，但C房這邊的門，收氣最多、最遠，神位大廳這邊的門，對角線有衣櫃，故算起來以C房這邊的門看。分男左女右，男主人應驗，女主人亦會，但較輕。至於坐山☰☲同人，為大家一同來，七運卦，任誰也不想不到，照樣有事。依五形看為：☰乾金，☲離火，火剋金，傷在乾父，但仍以門路分左、右最正確。小病為乾首（頭）昏眩，大病為感冒即發燒，（離火之故）及甲卯乙木斷。大卦大毛病。小卦小毛病。

前面道路，若比屋寬度小，直直而來，才算是路沖、路箭不利，若道路直來，但與屋同寬，或比屋寬，則算吉，聚氣，不算路沖。

20.八字洩天機上冊，命與陽宅部份，實例解答：

（配合「陽宅之氣下盤法」，以坐山論疾病。）

例題一、　坐山：七 ☵☰ 需3（水天需）巳山。

例題二、　出向：三 ☲☷ 晉3（火地晉）亥向。

例題三、　坐山：四 ☱☴ 大過3（澤風大過）丁山。

出向：六 ☶☳ 頤3（山雷頤）　癸向。

例題四、坐山：七䷇比 7（水地比）壬山。

出向：三䷍大有 7（火天大有）丙向。

例題五、坐山：九䷅訟 3（天水訟）坤山。

出向：一䷣明夷 3（地火明夷）艮向。

例題六、坐山：一䷭升 2（地風升）坤山。

出向：九䷘无妄 2（天雷无妄）艮向。

例題七、坐山：四䷬萃 4（澤地萃）亥山。

出向：六䷙大蓄 4（山天大畜）巳向。

例題八、坐山：七䷾既濟 9（水火既濟）寅山。

出向：三䷿未濟 9（水火未濟）申向。

例題九、坐山：九䷌同人 7（天火同人）卯山。

例題十、出向：一䷆師 7（地水師）酉向。

例題十一、坐山：九䷅訟 3（天水訟）坤山。

出向：一䷣明夷 3（地火明夷）艮向。

例題十二、坐山：六䷑蠱 7（山風蠱）未山。

例題十三、出向：四䷐隨 7（澤雷隨）丑。

例題十四、坐山：八䷲震 1（震為雷）丑山。

出向：二䷸巽 1（巽為風）未向。

21. 二十四山斷訣與六十四卦斷訣

◎二十四山：為大卦，大卦斷大毛病。屬於長久性，久年性毛病論斷。以坐山論斷疾病及年、月應驗。出向須上卦及卦運吉才行。

◎六十四卦：為小卦。為玄空大卦。小卦斷小毛病，屬於初期煞氣，剛住後引動論斷為主。

⑴二十四斷訣：

丁	頭痛。
午	高血壓。
丙	（中風、腦血管疾病）
亥	
乾	頭患。
戌	
乙	筋骨肝、眼。
卯	有☲離火者，主感冒即發燒。
甲	先發冷、再發熱、高溫38.5℃以上，曼谷A型感冒。
申	胃腸病。
坤	婦女病。
未	
癸	腎、膀胱。
子	泌尿系統。
壬	婦女病。
巳	輕者：筋骨、腰閃。
巽	重者：坐骨神經、骨刺。有的人為血，壓迫到坐骨神經。
辰	
辛	肺。
酉	腦神經。
庚	
寅	風濕症、關節炎。
艮	睡醒時手足發麻無力，痠痛抓不到，手足無力，出車禍。
丑	

(2)六十四卦與零正：

內氣之出向，即來氣、來龍，須逢元；簡言之，即從門路來者須吉，上卦及卦運逢元才行，缺一不可。在陰宅墓地，則為出向及來龍、收峰之卦須逢元，但一般較難十全十美，有的卦運逢元，上卦失元；有的卦運失元，上卦逢元。

原則有二：（配合內氣下盤法）

一、出向卦運須合元運。

如：上元運：卦運皆須一、二、三、四運才行，若卦運為六、七、八、九運為零正顛倒，論凶。下元運：卦運皆須六、七、八、九運才行，若卦運為一、二、三、四運，則零正顛倒，以因斷。

二、上卦（即天卦）－天地間運行之旺氣，出向須合元運。

如：上元運：上卦出向皆須一、二、三、四才合元運，若上卦出向為六、七、八、九為凶，為零正顛倒。

◎簡單地說，即出向之上卦及卦運，皆須合上元運或下元運，如：目前下元運須上卦、卦運，皆須六、七、八、九才行。缺一不可。若七運，則收六運已為過去式，幫助不多，以出向七運最佳，次收八運。

◎依照六十四卦配置，上元運有十六個卦可用，下元運亦只有十六個卦可用，四分之一機會。一般世俗，只知卦運，不知此旺氣零正，亦不知內氣如何下盤。亦有的傳承，只重旺氣，不知卦運更重要。

◎上元運出向可用之十六個卦：

大過、鼎、巽、升、萃、晉、觀、坤、明夷、家人、離、革、臨、中孚、睽、兌。

（上卦代入：一坤、二巽、三離、四兌、六艮、七坎、八震、九乾。）

◎下元運出向可用之十六個卦：

姤、恒、井、蠱、否、豫、比、剝、賁、既濟、豐、同人、損、節、歸妹、履。

以上應用在陽宅內氣為主，由此可知十間房子，至少七間不吉者多。看容易，修改最遠距離則難又麻煩。陰宅墓地，合乎此原則最佳，否則卦運逢元或上卦亦須逢元，以卦運（自庫）逢元，力量大於上卦旺氣（借庫）逢元。

(3)小卦論斷（即看六十四卦的上卦或小卦）：

乾為首（金）：☰斷頭患。

坤為腹（土）：☷斷胃腸、婦女病。

坎為耳（水）：☵斷腎、泌尿系統、婦女病、耳鳴。

離為目（火）：☲斷發燒。目澀，火氣大。

震為足（木）：☳斷車禍、風濕、關節炎、筋骨。

兌為口（金）：☱斷口舌、扁桃腺炎－發燒、吃壞胃腸、嘴破、虛火大。

艮為手（土）：☶斷風濕、關節、車禍、手足無力造成。

(4)年、月論斷法：（以坐山論）

巽　每年未月煞氣人，此為固定。
未井　逢三合六沖年，其三合六沖月最嚴重。
蠱　即未、丑、卯年。次亥年。其亥卯未丑月。
升　以丑、未月最嚴重。

坤

訟　每年申月煞氣入，此為固定。
困　逢三合六沖年，其二合六沖月最嚴重。
申未濟　即申、寅、子年。次辰年。其申子辰寅月。
解　以寅、申月最嚴重。

◎即將坤山之：升卦及訟卦，分別列於未山及申山論斷。其他如：丑艮寅、辰巽巳、戌乾亥等山，論法皆相同。即艮、巽、乾山，皆與坤山一樣，其他亦同。

觀
壬比　2卦
剝　4爻　此2卦4爻，每年壬月煞氣入，即每十個月一次災厄。逢壬年最嚴重。

子
復　坤
2卦　2爻
2爻

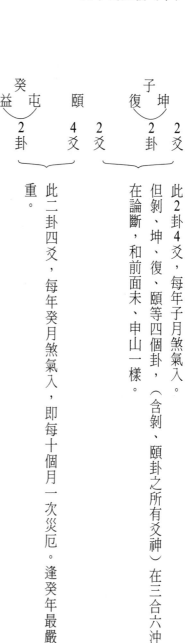

此2卦4爻，每年子月煞氣入。但剝、坤、復、頤等四個卦，（含剝、頤卦之所有爻神）在三合六沖在論斷，和前面未、申山一樣。

頤
4爻
癸
益　屯
2卦

此二卦四爻，每年癸月煞氣入，即每十個月一次災厄。逢癸年最嚴重。

◎即甲、乙、丙、丁、庚、辛山之斷法，和壬、癸一樣。子山之論法：與子午卯酉山，申辰、寅戌、亥未、巳丑山等三合皆一樣。只是子午卯酉山，須各包含四個小卦在內。

如：剝卦四個爻，除了每逢壬月應驗煞氣外，在申、子、辰、午年等，其年之申子辰午月皆見煞氣加重侵入。簡單地說，即三合六沖年的三合六沖月加重。（包含有剝、坤、復、頤等四個卦爻在內。）此點乃余以自己宅居，實地印證而知，修改甚多。

◎煞氣之應驗時間：大人在下半月。（抵抗力較強）

小孩子則整個月，若月初一次月底亦必再一次，於發燒最明顯。若風濕症、關節炎，則屬久年病，不會轉好，在煞氣月加重。最遠距離修改，有的用小木板即可，有的須用衣櫃，有的則須另開門路。

◎發高燒的小卦有：兌卦、家人、豐、離、革、同人等卦。

◎內氣以寢室為主。若店面則以外氣為主，大門正中看內氣輔助而已。

六十四卦論斷法

◎論斷疾病，隨時代不同，大同小異，以下論斷疾病，配合生剋作用，看氣虛、氣實之症，及卦辭之意論斷。須先背記：乾金、坤土、兌金、艮土、坎水、離火、震木、巽木。以五行生剋看。如：䷂屯（水雷屯），水生木，屯者屯積，為腎臟生異物、結石。又如：䷖剝（山地剝），氣實、漲滿、剝除開刀之意。若在頭部，氣實為脹痛，氣虛為抽痛、昏眩。

又：一、三、七、九運卦之一、二、三爻。
二、四、六八運卦之四、五、六爻。
} 為左側之患。（以坐山論左、右）

又：一、三、七、九運卦之四、五、六爻。
二、四、六八運卦之一、二、三爻。
} 為右側之患。（以坐山論左、右）

若天卦（上卦）及卦運，有一為合元運，一為失元運，為吉凶參半，進財有疾病。整體性乃以外氣巒頭為大事。斷陰宅之原則：☰乾、☶艮為生男。☷坤、☴巽為致富。配合六十四卦之上、下卦看，上卦又主形於外，下卦又主藏於內。乾為首（首領、領導）。坤土：主富。震木為雷：名揚居首。巽主風：利市、行商。坎水：聰明、流動、遠方發展之意，智者、博聞多見。離火：主目，眼光獨到，外貌秀麗、聰明、演藝人員、觀光局、名聲遠播。兌口：能言善辯，外交官、律師、法官、外交、外務員、新聞局、老師。艮為宇：艮為止，止者阻也。軍警人員，保護者、立法、監察委員、警察、守門員、保全人員。

以上配合六十四卦之上、下卦看，再配合卦辭、巒頭，可知其富貴大小。巒頭形狀，必與理氣納卦配合，尤其在來龍之卦上；大事看巒頭形象，小細節則看卦理納氣。又如：來龍之卦為☰☵訟，金生水，氣聚在坎水，坎中男，故知此塊地理，以出生之第二個兒子，貴氣最大，坎。若坐山為：☲☱睽（火澤睽）辰山。火剋金。氣聚在離火，離中女，故知此塊地理立此向，在辰年出生者，富貴雙全，其次子年、戌年生者，再次為申年生者，即以坐山之三合六沖年看。及離中女，即第二個女兒為富命最大。離火在上卦，形於外，故出生小孩外貌秀麗，但火剋金，傷在兌口，故中女，第二個女兒，較慢學會說話，一般出生之八字，大都無食、傷。余明示此小卦分房份，願讀者應用上，應合乎該地立向，勿私心作祟，只有減福澤沒有益處。則余述此千金不賣之六十四卦斷訣，才有意義，來龍看貴氣，坐山看財富。以下二十四山配六十四卦，皆以坐山論，住宅內氣爻神不易看，所論動爻，皆以陰宅為主。

1.壬子癸山

壬山：

二☴☷觀二運（風地觀）木剋土，氣聚巽長女。坤土氣虛，元氣虛弱，上下元吉凶各半，斷胃腸、婦女病、子宮之患，開刀看一看（觀）。出向為：八☳☰大壯二運（雷天大壯）。

七☵☷比七運（水地比）：土剋水，氣聚坤母。坎水氣虛，腎水不流動，循環代謝差，易沉澱混濁。上下元吉凶參半。斷尿毒、糖尿病、結石，開刀比一比（比）。出向為：三☲☰大有七運（火天大有）。

六☶☷剝六運（山地剝）：土氣極旺，氣聚艮少男、坤母。上下元吉凶各半，斷胃腸漲滿，十二指腸，子宮生黑點，須開刀刮除、剝除（剝）。出向為：四☱☰夬六運（澤天夬）。

子山：

一☷☷坤一運（坤為地）：土氣極旺，氣聚坤母。上下元吉凶各半。斷胃腸漲鬱、婦女病、子宮之患。出向為：九☰☰乾一運（乾為天）。

一☷☳復八運（地雷復）：木剋土，氣聚震長男。土虛，胃腸虛弱無力。下元吉。上元凶，斷胃腸、婦女、子宮之患。出向為：九☰☴姤八運（天風姤），下元催八、九運大吉。來龍之零正與出向同，若此來龍亦大吉。

癸山：

六☶☳頤三運（山雷頤）：木剋土，氣聚震長男。上元吉，下元大凶。艮手、震足皆氣虛，斷手足無力，子宮生異物（瘤、癌），開刀休息（頤—休息也。）出向為：四☱☴大過三運（澤風大過），上元催三、四運大吉。來龍零正看法和出向同，若此來龍上元亦大吉，尤其在三、四運造作，當然上元一、二運亦可造作。

七☵☳屯四運（水雷屯）：水生木，氣聚震長男。上元大吉。下元大凶。坎水在外，震足在內腫脹，斷腎結石、生異物，全身水腫，（屯—屯積也。）出向為：三☲☴鼎四運（火風鼎），上元助三、四運大吉，若來龍一樣。

二☴☳益九運（風雷益）：木旺，氣聚巽長女、震長男。上元大凶。下元大吉。上元斷肝氣盛，肝火旺脾氣差，異腸、婦女病，肝腎之患、漲實之症。出向為：八☳☴恒九運（雷風恒），下元助八、九運大吉。上元則一、二運零正顛倒大凶。

2. 丑艮寅山

丑山：

八☳☳震一運（震為雷）：木旺，氣聚震長男。上元大吉，下元大凶。下元斷氣實之症，雙足脹滿，風濕症、關節炎、手足無力，引發車禍，不良於行。出向為：二☴
☴巽一運（巽為風），上元助一、二運大吉，來龍同。下元則八、九運零正顛倒大凶，（卦運、上卦各與元運，加起來十即是，次凶則為六、七運。）

三☲☳噬嗑六運（火雷噬嗑）：木生火，氣聚離中女。下元大吉，上元大凶。離火在外，外貌秀麗，吉者有食祿、口福。上元斷：風濕關節炎，斷肢之災，心臟常心悸，心跳加速（離火氣實主心臟之患。）（噬嗑—吃也。故凶有斷肢被吃掉之意。即開刀或車禍。）出向為：七☵☴井六運（水風井），下元助六、七運大吉，來龍同，若無其他卦、爻助八、九運，則從八運後，漸走下坡，乃已發越過之意。上元大凶，尤其三、四運零正顛倒。

四☱☳隨七運（澤雷隨）：金剋木、氣聚兌少女。下元大吉，上元大凶。兌口在外，能言善辯，震足受止，在故居發展。上元斷：禍從口入，吃錯食物，風濕症、關節炎、不良於行。出向為：六☶☴蠱七運（山風蠱），下元助六、七運大吉，若無其他卦、爻助八、九運，則從八運後，漸走下坡，來龍同。上元大凶，尤其三、四運零正顛倒。

艮山：

九☰☳无妄二運（天雷无妄）：金剋木，氣聚在乾父。上元大吉，下元大凶。上元吉，乾首在外，居領導地位，震木受剋，在故居發展。下元凶斷：意外之災傷頭部，睡醒手足發麻無力，風濕症、關節炎，（乃筋骨感受風寒、冷氣所致，可以用燈泡之法處理。）（无妄—无妄之災。若上元吉，則在社會上專門處理，民眾无妄之災，如：軍警、法官、律師。）出向為：一☷☴升二運（地風升），上元助一、二運大吉。來龍同。下元凶，尤其八、九運零正顛倒。

一☷☲明夷三運（地火明夷）：火生土，氣聚坤母。上下元吉凶各半。斷：胃腸漲實積風，吃不下，促營養失調，貧血、心臟乏力。室內寒氣重，手足發麻、風濕症、關節炎。出向為：九☰☵訟三運（天水訟）。下元助九運，但七運零正顛倒有弊病。上元助三運大吉，但一運零正顛倒不利，難以十全大美，謂之：先敗後成之卦。似此種卦氣，可以用爻神輔助，即上元運坐山地火明夷，動二爻為一☷☰泰九運（一到三爻皆可），可助一、九運。若下元運坐山可動五爻，為七☵☲既濟九運，可助七、九，即可化解本卦在七運之零神煞氣。若八運造作，則可動四爻為：八☳☲豐六運，助六、八運。即以能活用配合元運、地運興發為主，勿執著在傳統的動爻後，上下卦須交媾上，如：卦運為一、九運之卦，為父母卦，動三或六爻。卦運為二、八之卦，動一或四爻，卦為運三、七運之卦，動二或五爻。卦運為四、六運之卦，動爻須三或六爻。傳統之根據，即是動爻後要為一、九之父母卦才行，謂之：動爻見父母。仍以元運興發綿遠為主。

寅山：

六☶☲賁八運（山木賁）：火生土，氣聚艮三男（少男）。上下元吉凶各半。斷：心臟無力，手足氣實脹滿疼痛，無力，風濕症、關節炎。出向為：四☱☵困（澤水困），上元助四運，但二運零正顛倒有弊，下元助八運，但六運零神皆難十全十美。上元可坐山動爻五爻，為二☴☲家人四運（風火家人），助二、四運。下元可坐山動初爻，為六䷳艮一運（艮為山），助一、六運，皆可化解坐山本卦之美中不足感，使發福悠遠，如此才是真正的掌握了，爻神之天機。高靈界仙佛立向，由於顧慮深遠，不取當運速發之卦，以免損及他人墳或該鄉鎮居民安全，卻特別重視動爻後之卦運助，一點也不能馬虎，曾土水師於立向立碑後，又小敲敲打打，稍移偏一爻皆不行，馬上校正過來，余則以為己好了，羅盤一看，果真偏了，連續三次校正。

七䷾既濟九運（水火既濟）：水剋火，氣聚坎中男（二男、二房）。上下元吉凶各半。斷：離火氣虛，心臟無力，腎火旺。大疾病斷：風濕症、關節炎、先睡醒手足發麻、車禍。即大卦大毛病，小卦小毛病。出向為：三䷿未濟九運（火水未濟），上元助三運，但一運零正顛倒有弊，下元助九運大吉，但七運犯零神旺氣有弊。上元運坐山動五爻，為一䷣明夷三運（地火明夷），助一三運，可化解一運零神不利。若二運造作，則動上爻為：二䷤家人四運（風火家人），可助二、四運。下元運坐山可動初爻，（一到三爻皆可）為七䷦蹇二運，助七運可化解。若八運造作，則坐山之卦及爻，八運皆無助，只能動五爻為：一䷣明夷三運，助未來的一、三運。亦即若無其他山、水助。在八運時為困逆期。

二䷤家人四運（風水家人）：木生火，氣聚離中女（二女兒）。上下元吉凶各半。斷：眼疾，木虛肝火旺引起；心悸、氣喘。大疾為：筋骨痠痛、風濕、關節炎、及感冒即發燒，（乃離火之故），出向為八䷧解四運（雷水解），上元運助四運，但二運零神煞不利，可用坐山動初爻為：二䷴漸七運，（動一到三爻皆可）助二、七運，亦可化解二運之煞氣。下元運助八運，但六運零正顛倒不利，可用坐山動五爻：六䷕賁八運（山火賁），助六、八運，亦化解本卦在六運之零神煞氣。

3.甲卯乙山

甲山：

八䷶豐六運（雷火豐）：木生火，氣聚離中女（二女兒）。上下元吉凶各半。斷：眼疾，感冒即發燒，先全身發冷無力，再轉高燒，心悸等，皆平常小疾，積久肺臟生異物、腫脹。（豐者－盈滿也。）出向為二䷺渙六運（風水渙），上元運助二運，但四運零正顛倒大凶，化解用坐山動五爻為：四䷰革二運（澤火革）助二、四運。下元運助六運，但八運零正顛倒，犯零神煞，取坐山動三爻為：八䷲震一運（震為雷）助一、八運化解八運之煞氣，一、二、三爻皆可動，只是下元運接上元取一運助最佳。

三䷝離一運（離為火）：火旺，氣聚離中女（二女兒）。上下元吉凶各半。斷：感冒、發高燒併臨，嘴破，火氣大。出向為：七䷜坎一運（坎為水），上元運助一運，但三運犯零神，可坐出動三爻為：三䷔噬嗑六運（火雷噬嗑），助三、六運化解，（一、二、三爻皆可動爻助，只是六運接近上元運。）下元運助七運，但九運犯零神，坐山之動爻，沒有九運可助，須以其他收峰、收水助，或來龍有九運助。否則九運中空，又犯零神，坎坷必見。

四☱☲革二運（澤火革）：火剋金，氣聚離中女。上下元吉凶各半。斷：兌口受傷，即扁桃腺發炎，感冒發高燒，嘴破，腹內火氣大；須尋耳鼻喉科，喉嚨噴消炎之碘酒，加上藥物治療。積久肺患開刀，革除也。出向為：六☶☵蒙二運（山水蒙），上元運助二運，但四運犯零正顛倒，以坐山動爻二爻為：四☱☰夬六運（澤天夬），助四、六運（從一、二、三爻皆可動。）下元運助六運，但在八運犯零神，可坐山動五爻為：八☳☲豐六運（雷火豐），助六、八運。若九運造作，可動四爻為：七

既濟九運（水火既濟），助七、九運。亦可動初爻為：四☱☶咸九運（澤山咸），助四、九運。

卯山：

九☰☲同人七運（天火同人）：火剋金，氣聚離中女。上下元吉凶各半。斷：全身感受風寒發冷，轉為感冒發高燒，頭虛，昏沉沉，積久肺患、肺癌。（同人者—大家一同來。）出向為：一☷☵師七運（地水師），上元運助一運，但三運零正顛倒為凶，化解用坐山動五爻為：三☲☲離一運（離為火），助一、三運。下元助七運大吉，但九運犯零正顛倒，坐山動二爻為：九☰☰乾一運（乾為天），助一、九運。（亦可動

一、二、三爻）。

一☷☱臨四運（地澤臨）：土生金，氣聚兌少女（三女兒）。上下元吉凶各半。斷：肝火大，口舌（兌為口），胃腸消化不良，土虛之故。大疾為：筋骨瘦痛，肝病。出向為：九☰☶遯四運（天山遯）。上元運助四運，但一運犯零神，坐山動初爻為：一☷☵師七運（地水師），助一七運，（亦可動一、二、三爻。）。下元運助九運，但六運零正顛倒，坐山可動上爻為：六☶☱損九運（山澤損），助六、九運，可化解六運之零神。

乙山：

六☶☱損九運（山澤損）：土生金，氣聚兌少女（三女兒）。上下元吉凶各半。斷：手無力，筋骨之患，損壞，敗壞，開刀割除，殘廢，禍從口入，食物中毒，肝患，累積毒素在四肢，造成敗壞而切除。出向為：四☱☶咸九運（澤山咸）。上元運助四運，但一運犯零神不利，坐山動上爻為：一☷☱臨四運（地澤臨），助一、四運，可化解本卦坐山，在一運犯零神之缺點。下元運助九運，但六運零正顛倒不利，坐出動初爻為：六☶☵蒙二運（山水蒙），助二、六運。亦可動一、二、三爻）。

七☵☱節八運（水澤節）：金生水，氣聚坎水，坎中男（二男）。上下元吉凶各半。斷：金生水，愈增大卦木旺，腎水排洩差，全身肌肉浮腫，成節狀。水旺成漂蕩，為腎臟蕩，為腎臟差，多尿，遺精，營養流失掉。全身筋骨痠痛及肝、腎皆壞，為重點。（節者－亦為使節、大使館人員。）出向為：三☲☶旅八運（火山旅）。上元運助三運，但二運零正顛倒，（此二運犯零神之看法，即卦運或上卦，加起來為十即是。）化解用坐山動上爻為：二☴☱中孚三運（風澤中孚）。下元運助八運大吉，但在七運犯零正顛倒，即七運大凶，化解用坐山動初爻為：七☵☵坎一運（坎為水），助一、七運。（亦可動一、二、三爻皆可得上卦助七運。）

二☴☱中孚三運（風澤中孚）：金剋木，氣聚兌火女（三女兒）。上下元吉凶各半。斷：筋骨毛病、骨頭痠痛，風邪引入，感受風寒，又吃錯東西。大疾斷：筋骨、肝患。出向為：八☳☶小過三運（雷山小過）。上元運助三運，但在二運時犯零神有凶，化解以坐山動初爻為：二☴☵渙六運（風水渙），助二、六運。（其他亦可動一到三爻皆可。）下元運助八運，但在七運犯零神，化解以坐山動上爻為：七☵☱節八運（水澤節），助七、八運。

4.辰巽巳山

辰山：

八☳☱歸妹七運（雷澤歸妹）：金剋木，氣聚兌少女（三女兒）。上下元吉凶各半。

斷：腰閃、坐骨神經。筋骨、肌肉瘀血，不良於行，全身無力；乃受傷引發，加上縱慾損筋骨。出向為：二䷴漸七運（風山漸）。上元運助二運，但在三運犯卦運之零正顛倒，（加起來十即是。）以坐山動上爻為：三䷥睽二運（火澤睽），助二、三運可化解，下元運助七運，但在八運時，犯上卦旺氣之零神，以坐山動二爻為：八䷲震一運（震為雷），助一、八運化解。（其他亦可動一到三爻皆可。）

三䷥睽二運（火澤睽）：火剋金，氣聚離中女（二女兒）。上下元吉凶各半。斷：火剋金，傷在兌口，扁桃腺發炎，發高燒，火氣大，嘴破，口舌。（睽者—失和，背道而馳。）大疾：發燒及腰閃、坐骨神經。出向為：七䷦蹇二運（水山蹇）。上元運助二運，但三運時犯旺氣之零神煞，須坐山動二爻為：三䷔噬嗑六運（火雷噬嗑），助三、六運。（其他亦可各動一、二、三爻。）下元運助七運，但在八運時，犯卦運之零正顛倒，以坐山動上爻為：八䷵歸妹七運（雷澤歸妹），助七、八運可化解。

四䷹兌一運（兌為澤）：金旺，氣聚兌少女（三女兒）。上下元吉凶各半。斷：兌口，扁桃腺發炎，發高燒，火氣大，口舌。積久，腰閃、筋骨無力、坐骨神經。出向為：六䷳艮一運（艮為山）。上元運助一運，但在四運時，犯旺氣之零神，以坐山動三爻為：四䷪夬六運（澤天夬），助四、六運化解。（亦可動一到三爻。）下元運助六運，但在九運時，犯卦運之零正顛倒，以坐山動爻後，無九運可收，故須另於收峰、收水、來龍上，取九運之補助。

巽山：

九☰☱履六運（天澤履）：金旺，氣聚乾父及兌少女（三女）。上下元吉凶各半。斷：頭痛、煩躁。大疾為：腰閃、筋骨痠痛、坐骨神經、寸步難行。出向為：一☷☶謙六運（地山謙）。上元運助一運，但四運時犯卦運之零神，坐山動上爻為：四☱☱兌一運（兌為澤），助一、四運可化解。下元運助六運，但在九運時，犯旺氣之零神，坐山動三爻為：九☰☰乾一運（乾為天），助一、九運可化解，另亦可動一到三爻皆可，以上卦之九來補助九運。

一☷☰泰九運（地天泰）：土生金，氣聚乾父。下元大吉。上元大凶。上元運斷：土生金，氣聚乾首，斷頭脹痛，胃腸消化不良，元氣虛。大疾為：腰閃、坐骨神經、頭重腳輕，跌倒所致。下元大吉，丁財兩旺，平安順泰。（小卦謂：乾艮生男，坤巽致富。但仍須以巒頭看較準確。）出向為：九☰☷否九運（天地否）。下元助九運大吉大利，其六、七、八運中空平平。上元運則不能用，煞氣太重，來龍若天地否卦，下元運龍眼開之地，下元可用；上元運不能用，大凶。來龍若地天泰，則上、下皆可用，但難十全十美，即助一運，但在一運有卦運之零神煞氣。九運亦同。（來龍與出向之看卦法同。）

巳山：

六☶☰大畜四運（山天大畜）：土生金，氣聚乾父。上元運大吉，下元運大凶。下元斷：土生金，頭脹痛，生異物，大量蓄積，為開刀。筋骨無力，腰閃、坐骨神經瘀血，骨刺。出向為：四☱☷萃四運（澤地萃）。上元助四運大吉大利，但一、二、三運中空平平，須另取坐山動爻助，或其收峰、收水、來龍助，使發福悠遠。下元運在六運，犯零神最嚴重，上元皆不能用。來龍若為：澤地萃之卦，下元絕對忌用。若來龍為：山天大畜，則上下元可用，但難十全十美。一般出生小孩之八字，排列大運，有忽吉忽凶，不連貫之情，即是此種卦影響。

七☵☰需三運（水天需）：金生水，氣聚坎中男（二兒子）。上元運大吉大利，下元運大凶。下元斷：頭虛、昏眩。腎臟失調，夢遺常常，致筋骨無力。大疾：引發腰閃、骨刺、坐骨神經，「需」要物體支撐行走。水旺木浮，肌肉浮腫。出向為：三☲☷晉三運（火地晉）。上元助三運大吉。但須另外坐山動爻，及來龍、收峰、收水、助一、二、四運……等，使發福更遠。下元大凶不能用。尤其下元運時，來龍大忌：火地晉，在七運時殺丁損財。此即未當元之地，煞氣最重。若來為：水天需之卦，則上、下元皆可用，但難以十全十美。

二☴☰小畜八運（風天小畜）：金剋木，氣聚乾父。下元運大吉大利，上元運大凶。上元運斷：金剋木，傷在巽股，不良於行，筋骨毛病，坐骨神經、骨刺、瘀血沉積壓迫神經。出向為：八☳☷豫八運（雷地豫）。下元運助八運大吉，坐山取動上爻為：七☵☰需三運（水天需），再助七、三運。當然仍須其他配合輔助，使卦運發福更遠。上元運大凶不能用，在二運時零正顛倒最嚴重，即使動爻取坐山一到三爻，使上卦為二☷，收二運化解，除非迫不得已，否則勿用，浪費出向無助之卦運。

5.丙午丁山

丙山：

八☳☰大壯二運（雷天大壯）：金剋木，氣聚乾父。上元運大吉大利，下元運大凶。

下元運斷：金剋木，其傷在足，不良於行；壯大在頭，斷高血壓、腦中風，斷腦血管，形成不良於行。出向為：二☴☷觀二運（風地觀）。上元運助二運大吉大利，坐山可取動上爻為：三☲☰大有七運（火天大有），助三、七運，亦可坐山動五爻為：四☱☰夬六運（澤天夬），助四、六運，即以配合當時元運、地運之運用為主，使發福綿遠。下元運大凶不能用。在八運時，犯上卦旺氣及卦運之雙重零正顛倒，即使坐山雷天大壯，動一到三爻，取上卦八來補救八運，亦勿用為要。

三☲☰大有七運（火天大有）：火剋金，氣聚離中女（二女）。上元運大凶。下元運大吉。上元斷開刀。出向為：七☵☷比七運（水地比）。上元運大凶不能用，在三運時犯雙重的零正顛倒，即使坐山：火天大有，動一到三爻，取上卦三來補救三運，亦勿用為要。下元運大吉，助七運達到最高峰最有力，雙重輔助。坐山可動上爻為：八☳☰大壯二運（雷天大壯），助二、八運。亦可坐山動五爻為：九☰☰乾一運（乾為天），助一、九運。亦可坐山動四爻為：六☶☰大畜四運（山天大畜），助六、四運。動向爻以當時元運之需要配合為宜。

四☱☰夬六運（澤天夬）：金旺，氣聚兌少女（三女）及乾父。下元運助六運大吉大利。上元運大凶。上元運斷：金旺脹實之症，兌口在外，口福不少，頭患、高血壓、腦中風、腦血管疾病，皆因吃福太多，不節制所帶來之後遺症。（夬者——決定也。抉擇也。）凶者論：口不抉擇，什麼都吃。下元運吉，則陰宅論：兌口在外，能言善辯，外交、律師人才，意志堅決、積極、急性。無論吉凶，此卦理之論，仍須配合巒頭形象，才能瞭然一切。出向為：六☶☷剝六運（山地剝）。下元運助六運登峰造極，陽宅在七運後，則漸步入下坡、平順而已，一直到九運終。陰宅則劃分清楚，須以坐山動爻，及其他來龍、收峰、收水助以後的七、八、九運，才不致一發即敗。坐山可動上爻為：九☰☰乾一運（乾為天），助一、九運。亦可動五爻為：八☳☰大壯二運（雷天大壯），助二、八運。亦可坐山動四爻為：七☵☰需三運（水天需），助三、七運。上元運在四運雙重零正顛倒，（上卦及卦運）即使坐山取動一到三爻之卦，使上卦為四☴，以輔助四運之弊亦必用，輔助雖有，卻煞氣重，且浪費了本卦之上卦及卦運助力。

午山：

九☰☰乾一運（乾為天）：金旺，氣聚乾父。上元運大吉，但下元運大凶勿用。下元運斷：金旺，乾首脹實之症，頭患、高血壓、頭脹痛使臉發胖，雙腳冰冷；腦血管疾病，不良於行，心臟心跳快。上元運吉，為乾首，居領導地位，配合巒頭，看陰宅富貴高低。出向為：一☷☷坤一運（坤為地）。上元運助一運登峰造極，陽宅在二運後，則漸步入下坡，一直到四運終，平平而已。陰宅則一運發後即敗，須以坐山及收峰、收水、來龍助，才能使富貴連綿。坐山可動四爻為：二☴☰小畜八運（風天小畜），助二、八運。亦可動五爻為：三☲☰大有七運（火天大有），助三、七運。亦可坐山動上爻為：四☱☰夬六運（澤天夬），助四、六運。看需要輔助而定。下元運大凶，在九運時，犯上卦及卦運之雙重零神，即使陰宅坐山動一、二、三爻的任何一爻，以便使上卦能為九☰，取此助九運亦勿用，浪費了甚多輔助卦運。

九☰☴姤八運（天風姤）：金剋木，氣聚乾父。上下元吉凶各半。斷：傷在巽股，交姤主淫，房事過多，縱慾洩元氣，筋骨無力，腰閃、筋骨痠痛、坐骨神經、頭患目眩，血壓高，病因在淫。出向為：一☷☳復八運（地雷復）。上元運助一運，但二運犯卦運零神，可坐山動四爻為：二☴☴巽一運（巽為風），助一、二運化解。下元運助八運，但九運犯上卦之零神，可坐山動初爻為：九☰☰乾一運（乾為天），助一、九運。亦可坐出動一、二、三爻皆可，使上卦收九☰化解九運之弊。

丁山：

四☱☴大過三運（澤風大過）：金剋木，氣聚兌少女（三女）。上下元吉凶各半。斷：金剋木，其傷在巽股，腰閃、坐骨神經受傷。兌口在外，火氣大、口舌。以後頭痛、坐骨神經，失眠、熬夜、虛火旺。（大過者——大大的犯過錯。縱慾洩元氣，致筋骨虧損而腰閃，和雷澤歸妹一樣。歸者于歸，妹者妾也。）出向為：六☶☳頤三運（山雷頤）。上元運助三運，但在四運時，犯上卦旺氣之零神不利，可坐山動初爻為：四☱☰夬六運（澤天夬），助四、六運化解，亦可坐山動一、二、三爻皆可，使上卦為四☳，輔助四運之弊。下元運助六運，但七運犯卦運之零正顛倒。可取坐山動四爻為：七☵☴井六運（水風井），助六、七運化解。一般若：龍、山、向、水皆無此七運化解，在七運時為困逆期，謂之：六運發、七運敗，先成後敗之卦，但若知配合卦理元運化解，則自能富貴連綿。

三☲☴鼎四運（火風鼎）：木生火，氣聚在離中女（二女兒）。上下元吉凶各半。斷：木生火，心跳加速，有物鼎住；斷：心肌梗塞，藉物支撐，高血壓、腦中風、腦血管疾病，半身不遂，不良於行，（木虛火實之症）。出向為：七☵☳屯四運（水雷屯）。上元運助四運大吉，但三運時犯上卦之零正顛倒，可取坐山動初爻為：三☲☰大有七運（火天大有），助三、七運，亦可取坐山動一、二、三爻皆可，使上卦於動爻為三☲，助三運之弊。下元運助七運，但在六運時，犯卦運之零神，可取坐山動四爻為：六☶☴蠱七運（山風蠱），助六、七運化解；但若在下元八運造作，則唯有取坐山動上爻為：八☳☴恆九運（雷風恆），助八、九運。或坐山動二爻為：火山旅。

6. 未坤申山

未山：

二☴☴巽一運（巽為風）：木旺，氣聚巽長女。上下元吉凶各半。斷：木旺，巽股之患，即痔瘡、腰閃、坐骨神經胃腸消化不良。（木旺土必虛，加上大卦之病。）出向為：八☳☳震一運（震為雷）。上元運助一運，但二運時犯上卦旺氣之零神，可坐山動三爻為：二☴☵渙六運（風水渙），助二、六運。亦可坐山動一、二、三爻皆可，使上卦爻後為：二☴助二運，皆可化解，只是動第三爻後，有較的六運可連貫輔助。下元運助八運，但在九運時，犯卦運之零正顛倒，坐山各爻在動爻後，皆無九運可收，須另尋來龍、收峰、收水的九運卦助及化解才行，以免八運發越後即敗，九運無連貫。

七☵☴井六運（水風井）：水生木，氣聚巽長女。上下元吉凶各半。斷：水生木，筋骨痠漲，氣實之症；胃腸病、婦女病，氣實生異物，在深層裡。（井：積水也。）積水腐敗，開刀之患。出向為：三☲☳噬嗑六運（火雷噬嗑）。上元運助三運，但在四運時，犯卦運之零神。可坐山動四爻為：四☱☴大過三運（澤風大過），助三、四運。下元運助六運，但在七運時，犯上卦旺氣之零神。三☲☴旅八運（火山旅），助三、八運，若我立向，則取動上爻，以便助八、九運。但坐山之向上正神，即出向之：七☵☳屯四運（水雷屯）。所助之七運，若在八運造作風水，皆已成過去式。但若仙佛立向，所點之地理為之地，有太極暈，則下元八運造作時，會取此火風鼎卦為坐山，及動上爻助八、九運，以免四周之地氣，拉聚得太快，太狠猛，損及他人利益，馬上損德敗地。

八☳☴恆九運（雷風恆）：木旺，氣聚震長男及巽長女。上下元吉凶各半。斷木旺，更增大卦火炎。全身筋骨、肌肉脹實，臃腫，致減少活動，血壓升高，高血壓、腦中風、斷腦血管之患、（恆者——常常、永恆也。）肥胖症，腦下垂體、內分泌腺失調。簡言之說：即是頭患。出向為：二☴☳益九運（風雷益）。上元運助二運，但在一運時，犯卦運零神煞氣，可取坐山動四爻為：一☷☴升二運（地風升），助一、二運化解。或其他來龍、收峰、收水有一運卦可收，亦可化解。下元運助九運大吉，但在八運時，犯上卦旺氣之零神，可坐山動初爻為：八☳☰大壯二運（雷天大壯），助二、八運化解。其他亦可坐山動一、二、三爻皆可，使上卦為八☳，即可輔助八運。以配合元運悠久綿長為主，須活用。

六☶☴蠱七運（山風蠱）：木剋土，氣聚巽長女。上下元吉凶各半。斷：小孩牙患流血不止。胃腸病及卵巢異變、壞損、生癌、生異物，無法行動，開刀。（艮：止。蠱者：三隻蠱吞蝕，血無頭。損壞也。）出向為：四☱☳隨七運（澤雷隨）。上元運助四運，但在三運犯卦運零正顛倒，可坐山動四爻為：三☲☴鼎四運（火風鼎），助三、四運化解。下元運助七運大吉，但六運犯上卦旺氣之零神，可坐山動二爻為：六☶☶艮一運（艮為山），助一、六運化解。亦可動爻：一、二、三爻皆可，使上卦於動爻後為：六☶助六運。假若在七運造作，則此六運犯零神已過去式，可不用管，可坐山動上爻為：一☷☴升二運（地風升），助一、二運。但七運雖助，仍須求其他輔助八、九運才行，可看來龍、收峰、收水等。

坤山：

一☷☴升二運（地風升）：木剋土，氣聚巽長女。上下元吉凶各半。斷：木剋土，傷在胃腸，胃腸無法吸收、氣虛，升上來、吐出來，加上大卦之胃腸患。斷：胃出血。以後為胰臟癌（女），男則為肝癌。出向為：九☰☳无妄二運（天雷无妄）。上元運助二運，但在一運犯上卦旺氣之零正顛倒，可坐山動二爻為：一☷☶謙六運（地山謙），助一、六運化解。亦可動一、二、三爻皆可，使上卦動爻後為：一☷助一運。下元運助九運最大，但在八運時，犯卦運之零正顛倒，可坐山動四爻為：八☳☴恆九運（雷風恆），助八、九運化解。

九☰☵訟三運（天水訟）：金生水，氣聚坎中男。上元運大吉，下元運大凶不能用。下元運斷：金生水，水旺氣聚，婦女病及頭昏眩。又男為：胃腸病、上吐下瀉，夢遺常常。（訟者——官訟也。但除非巒頭陰、陽宅各不利，否則亦不能按卦辭斷言。如同：損卦一樣。）出向為：一☷☲明夷三運（地火明夷），即一、三運，上元運大吉有力，若坐山動四爻為：二☴☵渙六運（風水渙），助二、六運。若坐山動上爻為四☱☵困八運（澤水困），助四、八運。看元運、納氣需要而定。下元運大凶勿用，即使動三爻為：九☰☴姤八運（天風姤），助八、九運，亦可惜了出向之卦運綿長，且出向在七、九運各犯零神煞氣，皆難十全十美，其他坐山動一、二、三爻皆一樣，藉上卦九☰，助九運。

申山：

四☱☵困八運（澤水困）：金生水，氣聚坎中男。下元男大吉，上元運大凶勿用。上元運斷：金生水旺，兌口氣虛，食不下嚥，坎水旺又受「困」，斷：胃腸病，消化不良；婦女有月經不順，洗不乾淨。下元運吉，不能謂「困」。出向為：六☶☲賁八運（山火賁），助六、八運，下元運大吉可坐山取動四爻為：七☵☵坎一運（坎為水），助七、一運，加起來即有六、七、八、一運共八十年，其中九運則用其他收卦助。上元運大凶，在二、四運犯零正顛倒，類似此種雙重零神者，皆比較嚴重；即使動一、二、三爻，使上卦在動爻後為：四☱助四運亦少用為妙，乃如此化解助力減輕。如：動初爻為：四☱☱兌一運（兌為澤），助一、四運，勉強化解，可惜浪費了出向之正神納卦，輔助地運綿長。

三☲☵未濟九運（火水未濟）：木剋火，氣聚坎中男。下元大吉，上元運大凶勿用。上元運斷：水剋火，水火不交，為體內虛火大，胃腸病。注意住宅巒頭，夏天太熱。下元吉為：離火秀麗在外，坎水聰明內蘊，秀外慧中，美貌聰明，秀氣高透，名利雙收。出向為：七☵☲既濟九運（水火既濟），助七、九運，下元大吉。坐山若動上爻為：八☳☵解四運（雷水解），助四、八運。若動四爻為：六☶☵蒙二運（山水蒙），助二、六運。上元運一、三運犯零正顛倒，勿用。即使坐出動爻取一、二、三，使動爻後上卦為：三☲助三運，亦可惜浪費了出向之收卦輔助。

八☳☵解四運（雷水解）：水生木，氣聚震長男。上元運大吉助二、四運。下元運大凶，六、八運犯零神煞氣。下元運斷：水生木，木旺又剋大卦之土，震足脹痛，不良於行；腎水弱；大疾；大疾：胃腸開刀，解剖、解危。小疾：肝氣盛，傷脾胃。出向為：二☴☲家人四運（風火家人），助二、四運，上元運大吉。再坐山動四爻為：一☷☵師七運（地水師），輔助一、七運；亦可坐山動上爻為：三☲☵未濟九運（火水未濟），輔助了三、九運，看元運及納卦需要而定。下元運大凶勿用，在六、八運犯零神，即使坐山動爻取一、二、三爻，使上卦動爻後為：八☳助八運，亦白白浪費了，力量較大的出向。如：坐山動初爻為：八☳☱歸妹七運（雷澤歸妹），助七、八運，卻須化解出向之煞氣。在陰宅，若納卦失元，積久在墓內骨骸，皆會有不良之變化；但若得到地氣之地理，其情又不同，因立向取卦之目的，為收對面山頭之氣來輔助；對於已得太極暈之地理，有則加強，無則減弱，只要後面地脈不受傷，皆不會類似無地又失元者損傷那麼嚴重。

7.庚酉辛山

庚山：

二☴☵渙六運（風水渙）：水生木，氣聚巽長女。上元運大凶，下元運大吉。上元運斷：水生木，筋骨無力，坐骨神經。（渙：散也、無力。）出向為：八☳☲豐六運（雷火豐），助下元六、八運。可坐山動上爻為：七☵☵坎一運（坎為水），助

一、七運。上元運在二、四運雙重零正顛倒勿用，若以坐山動一、二、三爻，使上卦為二 助二運，皆白白浪費了出向之助力。

七☵☵坎一運（坎為水）：水旺，氣聚坎中男。上元運大吉，下元運大凶勿用。下元運斷：水旺，大卦金又生之，為婦女病，頭虛，男主腎患夢遺不斷。出向為：三☲☲離一運（離為火），助上元一、三運大吉。若坐山動上爻為：二☴☵渙六運（風水渙），助二、六運。下元運大凶，七、九運零正顛倒，勿用，即使坐山動一、二、三爻，使動爻後上卦為七☵，助七運，亦白白浪費了出向元運之輔助。

六☶☵蒙二運（山水蒙）：土剋水，氣聚艮少男（三男）。上元運大吉，下元運大凶勿用。下元運斷：土剋水，腎水不暢，凝滯，斷糖尿病、尿毒、蒙難；陰宅斷官符；陽宅則不一定官符。（蒙：蒙難、官符。）皆須配合巒頭決定。出向為：四☱☲革二運（澤火革），助上之二、四運，上元運大吉，可坐山動上爻為：一☷☵師七運（地水師），助一、七運，依元運需要而定。下元在六、八運雙重零正顛倒，大忌用此立向。白白浪費出向在元運之輔助，動爻助，只是勉強化解。

酉山：

一☷☵師七運（地水師）：土剋水，氣聚坤母。下元運大吉，上元運大凶勿用。上元斷：土剋水，胃腸氣虛，腎臟循環代謝差，糖尿病、尿毒。（師者：師長、領導也。）出向為：九☰☲同人七運（天火同人），下元助七、九運大吉大利。若坐山動四爻為：八☳☵解四運（雷水解），助四、八運。上元運在一、二、三運犯零正顛倒勿用，縱然取坐山動一、二、三爻，使動爻後上卦為：一☷☷助一運，亦浪費了出向在元運輔助。

九☰☶遯四運（天山遯）：土生金，氣聚乾父。上元運大吉，下元運大凶勿用。下元斷：土生金，乾首脹，即頭部、腦神經之患，夜睡不寧，注意寢室死角。（遯者：隱藏也。）小孩有夜獸、受驚嚇之因。出向為：一☷☱臨四運（地澤臨），上元助一、四運大吉，若坐山動四爻為：二☴☶漸七運，助二、七運。下元運在六、九運零正顛倒大凶，即使以坐山動爻化解，亦白白浪費助力較大之出向輔助元運。

辛山：

四☱☶咸九運（澤山咸）：土生金，氣聚兌少女（三女）。下元運大吉，上元運大凶勿用。上元運斷：土生金，兌口在外，艮手在內，頭痛、肩桃腺發炎、口舌、手無力。出向為：六☶☱損九運（山澤損），助下元六、九運大吉，可坐山動四爻為：七☵☶蹇二運（水山蹇），助二、七運。動五爻則為：八☳☶小過三運（雷水小過），助三、八運，看元運需要而定。上元運在一、四運犯嚴重零神煞氣勿用。即使動爻助，亦白白浪費出向之輔運。

三☲☶旅八運（火山旅）：火生土，氣聚艮少男。下元運大吉，上元運大凶勿用。上元運斷：火生土，心臟無力，手足無力，腦神經衰弱。出向為：七☵☱節八運（水澤節），助下元七、八運大吉，可坐山動五爻為：九☰☶遯四運（天山遯），助四、九運。亦可動四爻為：六☶☶艮一運（艮為山）助一、六運。看元運需要而定。上元運在二、三運犯零神煞氣勿用，即使以坐山動爻化解，亦白白浪費了，出向在元運之輔助。

八☳☶小過三運（雷山小過）：木剋土，氣聚震長男。上元運大吉，助二、三運。下元運大凶勿用。下元運斷木剋土，土虛，木損力，為手足無力，即筋骨毛病，腰閃、坐骨神經、風濕症、關節炎。常感冒、腦神經衰弱、鼻炎，房事不節制所致。出向為：二☴☱中孚三運（風澤中孚），助上元二、三運大吉，可坐山動四爻為：一☷☶謙六運（地山謙），助一、六運。動五爻則為：四☱☶咸九運（澤山咸），助四、九運；看元運需要而定。下元運在七、八運犯零正顛倒，助使坐山動爻化解，亦勿用，白白浪費出向之輔助元運。

8. 戌乾亥山

戌山：

二☴☶漸七運（風山漸）：木剋土，氣聚巽長女。下元運大吉，助七、八運。上元運大凶勿用。上元運斷：木剋土，損力皆筋骨，筋骨無力，不良於行，頭患。出向為：八☳☱歸妹七運（雷澤歸妹），下元運助七、八運。可坐山動五爻為：六☶☶艮一運（艮為山），助一、六運。動四爻為：九☰☶遯四運（天山遯），助四、九運，看元運需要而定。上元運二、三運犯零神煞氣勿用，縱然取坐山動爻化解，亦白白浪費了出向之輔運。

七☵☶蹇二運（水山蹇）：土剋水，氣聚艮少男（三男）。上元運大吉，助二、三運。下元運大凶勿用。下元斷：土剋水，坎水腎水受止，為腎臟排洩機能差，手無力，斷：紫斑病，全身生黑點，以後頭痛之患。（蹇者：阻困也。）出向為：三☲☱睽二運（火澤睽），上元運助二、三運。可坐山動四爻為：四☱☶咸九運（澤山咸），助四、九運。若動五爻則為：一☷☶謙六運（地山謙），助一、六運。下元運在七、八運犯零正顛倒，下元勿用，即使取坐山動爻化解，亦白白浪費了出向之輔助卦運。

六☶☶艮一運（艮為山）：土旺，氣聚在艮少男（三男）。上元運大吉，助一、四運。下元運大凶勿用。下元運斷：土旺生大卦之金，為脹實之患。全身肌肉浮腫，手脹無力，實禍，頭患脹痛。出向為：四☱☱兌一運（兌為澤，助一、四運，上元大吉，坐山可動四爻為：三☲☶旅八運（火山旅），助三、八運，亦可動五爻為：二☴☶漸七運（風山漸），助二、七運，看元運需要而定。下元運在六、九運犯零正顛倒勿用，即使坐山取動爻化解，亦白白浪費了出向之輔助元運。

乾山：

一☷☶謙六運（地山謙），土旺，氣聚在坤母及艮少男（三男）。下元運大吉，助六、九運。上元運大凶勿用。上元斷：土旺生金，皆脹實之症。胃腸積風不暢，手脹無力，頭脹痛之患。出向為：九☰☱履六運（天澤履），助下元六、九運大吉。坐山動四爻為：八☳☶小過三運（雷山小過），助三、八運。若動五爻為：七☵☶蹇二運（水山蹇），助二、七運；依地運配合需要為主。上元運在一、四運，接連犯零神，勿用，即使取坐山動爻化解輔助，亦白白浪費了出向之輔運。且出向之卦，力量大於動爻後之卦運。斷頭患。

九☰☷否九運（天地否）：土生金，氣聚在乾父。上下元吉凶各半，斷：土生金，加上大卦之金，金旺聚乾首，頭脹痛，高血壓之患。腦中風、斷腦血管，臉發脹，雙腳冰冷。有的人為督脈沖開到頭頂，已具頭後光圈，依中冊修行，打通中脈，自能分散上沖之力而化解。出向為：一☷☰泰九運（地天泰）。上元運助一運，已有化解卦運在一運之零神。坐山動四爻助二運（風地觀），動五爻助三運（火地晉），動上爻助四運（澤地萃）。下元運助九運，亦化解上卦旺氣在九運之零神，以坐山動爻後，皆只助上元，其他六、七、八運皆無助，須取其他來龍、收峰、收水之卦補助。

亥山：

四☱☷萃四運（澤地萃）：土生金，氣聚兌少女（三女）。上下元吉凶各半，斷：土生金，兌口之患，肩桃腺發炎、發高燒，吃不下，頭脹痛生異物。（萃者：集聚也。）出向為：六☶☰大畜四運（山天大畜）。上元運四運，亦化解了上卦旺氣在四運之零神煞氣，坐山動任何一爻，皆無助於上元運，動爻後皆助下元，故須另求來龍、收峰、收水輔助。下元運助六運，亦化解了卦運在六運之零正顛倒。坐山動四爻為：七☵☷比七運（水地比）助七運。動五爻為：八☳☷豫八運（雷地豫），助八運，動上爻為：九☰☷否九運（天地否），助九運。動初爻為：澤雷隨，助七運。動二爻為：澤水困，助八運，動三爻為：澤山咸，助九運。

三☲☷晉三運（火地晉）：火生土，氣聚坤母。上下元吉凶各半。斷：火生土，土旺又生大卦之金；為胃腸漲實、積風、積鬱，飲食常不定時，飯前先喝開水，暢胃腸即可。眼神無力，肝火旺，大疾：頭脹痛，高血壓、腦中風。斷腦血管。出向為：七☵☰需三運（水天需）。上元運助三運，亦化解了上卦旺氣，在三運之犯零神。坐山動任何一爻，皆無助上元運，皆為下元運之卦，須另外取來龍、收峰、收水之卦運輔助。下元運助七運大土，亦化解了卦運在七運犯零正顛倒，坐山動初爻為：三☲☳噬嗑六運（火雷噬嗑）助六運，動二爻為：火水未濟，助九運。動三爻為：火山旅，助八運。動四爻為：山地剝，助六運。動五爻為：天地否，助九運。動上爻為：雷地豫，助八運。

八☳☷豫八運（雷地豫）：木剋土，氣聚震長男。上下元吉凶各半，斷：木剋土，土虛，吃不下，胃腸消化不良，營養不良，抵抗力減弱，常感冒，積久頭痛之患。出向為：二☴☰小畜八運（風天小畜）。上元運助二運，亦化解了卦運八運之犯零正顛倒，坐山動任何一爻，皆無助下元運，動初爻為：八☳☳震一運（震為雷），助一、八運。動四爻為：一☷☷坤一運（坤為地），助一運，其他輔助元運，仍須看來龍、收峰、收水。下元運助八運大吉，亦化解了上卦旺氣，在八運犯零正顛倒之弊。坐山動初爻為：震為雷，助一、八運。動二爻為：八䷧解四運（雷水解），助四、八運。動三爻為：八䷽小過三運（雷山小過），助三、八運。動四爻為：一䷁坤一運（坤為地），助一運。動五爻為：四䷬萃四運（澤地萃），助四運。動上爻為：三䷢晉三運（火地晉），助三運。

◎近代三元九運表

地運	地理學三元	一般之三元	年限表（以立春為交界）		
一運	上元	上元	明弘治十七年甲子年到 嘉靖二年癸未年止	清康熙二十三年甲子年到 康熙四十二年癸未年止	清同治三年甲子年到 光緒九年癸未年止
二運	上元	上元	明嘉靖三年甲申年到 嘉靖二十二年癸卯年止	清康熙四十三年甲申年到 雍正元年癸卯年止	清光緒十年甲申年到 光緒二十九年癸卯年止
三運	上元	上元	明嘉靖二十三年甲辰年到 嘉靖四十二年癸亥年止	清雍正二年甲辰年到 乾隆八年癸亥年止	清光緒三十年甲辰年到 民國十二年癸卯年止
四運	上元	中元	明嘉靖四十三年甲子年到 萬曆十一年癸未年止	清乾隆九年甲子年到 乾隆二十八年癸未年止	民國十三年甲子年到 三十二年癸未年止
五運	中元	中元	明萬曆十二年甲申年到 萬曆三十一年癸卯年止	清乾隆二十九年甲申年到 乾隆四十八年癸卯年止	民國三十三年甲申年到 五十二年癸卯年止
六運	下元	中元	明萬曆三十二年甲辰年到 萬曆　三年癸亥年止	清乾隆四十九年甲辰年到 乾隆　八年癸亥年止	民國五十三年甲辰年到 七十二年癸亥年止
七運	下元	下元	明天啟四年甲子年到 崇禎末年癸未年止	清嘉慶九年甲子年到 道光三年癸未年止	民國七十三年甲子年到 九十二年癸未年止
八運	下元	下元	明順治元年甲申年到 崇禎末年癸未年止	清道元四年甲申年到 道光二十三年癸卯年止	民國九十三年甲申年到 百十二年癸卯年止
九運	下元	下元	明康熙三年甲辰年到 康熙二十二年癸亥年止	清道元二十四年甲辰年到 同治二年癸亥年止	民國百十三年甲辰年到 百二三年癸亥年止

◎十天干當令主事及祖墳出向與三元九運關係表

地理學三元	一般之三元	地運	十天干當令字（以日元及八字用神看）	忌神年（含天干地支）	蔭生祖墳之出向（以日元及八字用神看）
上元	上元	一運	甲木當令。乙木輔令次之。	忌逢土年金月。金年。	甲木為向南。乙木為向北
		二運	庚金當令。辛金輔令次之。	忌逢木年火月。火年。	庚金為向東北。辛金為向西南。
		三運	壬水當令。（日元辛金）癸水輔令。（日元庚金）	忌逢火年土月。土年。（延到五運）	壬水為向西。癸水為向東。
中元	中元	四運	丙火、戊土當令。丁火、己土輔令。	忌逢金年水月。水年。	丙火、戊土為向西北。丁火、巳火為向東南。
		五運	前十年和四運一樣。後十年和六運一樣。	忌逢金年水月。水年。	前十年和四運一樣。後十年和六運一樣。
下元		六運	丁火、己土當令。丙火、戊土輔令。	忌逢金年水月。水年。（延到七運）	丁火、己土為向東南。丙火、戊土為向西北。
	下元	七運	癸水當令。（日元辛金）壬水輔令。（日元庚金）	忌逢火年土月。土年。	癸水為向東。壬水為向西。
		八運	辛金當令。庚金輔令次之。	忌逢木年火月。火年。	辛金為向西南。庚金為向東北。
		九運	乙木當令。甲木輔令次之。	忌逢土年金月。金年。	乙木為向北。甲木為向南。

修行的境界

宇宙的層次為多重，修行的境界層次亦不同，而各種的修行，皆以成仙成佛，為最終之依歸。又到底即身成佛有何特徵呢？遍觀佛經，吾人可發現：「放光」為常見之詞，在聖賢雜誌印賺之：天堂、人間、地獄遊記裡，讀者若細心一點，您會注意到，作者訪問之修道者，有頭部放光、有全身放光，且一再提到，由於每一種的成就，若沒有到達那種境界，是比較難體會的，此三本書皆真實不虛。在東密的「光明真言」為即身成佛的咒語，乃觀想全身放光，由十指各發出不同顏色之光，再收回丹田成一點。在藏密則觀想脈輪放光，各發出不同顏色的光，配合咒音。在道教則有金光咒。在崑崙仙宗為返照內視，蓄電能使骨骼發光。各門各派之同樣實證皆為放光。

實際上真正的佛體，星光體佛光，並不需要經過觀想，自然而然隨時隨地，會全身放出光明而存在，此就牽涉到打通脈道之問題。吾人全身氣脈分成兩種，其一為與生俱來就打通，其二為呈封閉狀態。本來已通者，於成長過程中或老化而滯塞者，只要了解原理，即能速成，即：氣乃人電，只要降低阻抗，提升導電度即可，訣竅為：放鬆。余研創「睡禪下沉法」在七天內，全身打通氣脈，書於「速成打通氣脈之原理及方法」。其二之封閉狀態者，須用緊的方式，才能開通。包含有：督脈脊椎骨從頭部中間，到達頭頂之脈道，此條脈道若打通，則頭部已有一個光圈，如同佛像所繪，生理現象為：時常或用腦後，頸部很硬，頭脹難受。由於自六十九年以來，這六年中，氣候時冷時熱，無形中使很多人，尤其工作忙碌思考者，氣血上沖，將此條脈道打通，故古為西歧封神榜，今為東歧封仙榜。此頸硬頭脹現象，沒有特效藥可治，為自然現象，消極方法，為意存雙腳，使氣血下行，但無法治根，積久須留意高血壓、腦中風之患，積極方法，為修通中脈，使氣血上沖之情，能分散力量，解除危機。而頸硬在用腦後仍會，但頭不脹痛。另外呈封閉的尚有：中脈－由心竅到頭頂，若全打通後，平常頭蓋骨如戴帽子，重重的，心竅一樣重重的，在空腹時較明顯，乃光氣向上沖之故，此時由頭到腳，全身有一星光圈罩著，也就是時刻皆具有放光之佛體，腹大及體質血濁者，修通中脈較慢。萬一將來核戰發生時，所有的靈魂體，皆會被核射線殺死，唯有具備星光體之仙佛，才能安然無恙。打通中脈到頭頂之管道，只具備光體而已，並未能具備其他神通。即呈封閉尚有：從腦部中間，延伸到印堂上方之前額裂縫，為第三眼，能靈視及透視，及延伸到雙目之天眼通，雙耳之天耳通。一般靈界賜神通，皆很容易，乃此脈道較短，所需加持打通之能量不用多，中脈欲全打通則甚不容易，已具備眼通、耳通者，會隨著督脈、中脈之打通，而提升境界。

靈魂體之結構成份，即是吾人之元氣、人電，若未修通中脈，具備佛體，一失人身，剩下靈體時，就缺少能練精化氣，幫助打通中脈之肉體，斯時後悔則遲。氣共分三種，一為吾人之元氣。二為地氣，如種人參之地氣，祖墳太極暈之地氣聚集。三為天氣，即存在地球大氣層外之天界靈流，光氣強度分天界而不同，愈高層次之仙佛，完全不執著，心境祥和喜悅又慈悲，心窗打開之意，自然全身發出之光氣，強大且高頻率之紫氣光，內為金光色，與天界之光氣靈流合一，物以類聚，其下各天界，再依各仙佛之心境執著，及所能接受之靈流強度而分別；由最高宇宙主宰，依如同總統府以下各級部會，劃分職責而管轄，在民間地位最高者為玉皇上帝，如同市長格，分佈在各縣市，外國則在教會。國內各廟寺之主神，其實乃領有天旨，且具備佛體之仙佛，其他神明有的有佛體，有的沒有，同樣名號之神明仙佛，其實在天界之法號、佛號則不同，也是吾人修成的，及累積功果得來的。吾人逝世時，所燒化之庫錢，為天界及冥府通用，目前有些佛寺，自作主張省略，須留意造下業障冤結，金銀紙錢，乃只通用於冥府及地上。所拜拜的食物，陰靈吸其氣而助元氣，一般皆停留在墓地或骨塔，故在祖墳處，千萬除草勿用火，以免他墳受驚挨告狀及報復。所拜拜之食物，其實仙佛不吃，均以接受收天地間靈氣為主，皆部屬取用。靈界之地位高低，以其發願及在物質世界，所累積之功德為標準，功果以蓮花幾朵為計算，上品上生，即為九朵蓮花，為甚高功果，但亦有仙佛之功果在此之上者，天下間最公平的，本來就是積德行善為標準。並非每日唸誦經文，即能妄求上品上生，所得之功德為勸化之功，經咒能消除業障，及讓陰靈累積功德，以便投胎轉世較好之人家，唸往生咒，及密宗之超渡咒語：六道金剛咒，均一樣，真正的超渡法，為以念力能在二秒鐘內，打通陰靈之中脈，使具備佛體，但修為愈高者，反而須謹慎行事，依陰靈之德德及因緣而決定，此乃牽涉天律問題。持咒未觀想，就無法感應仙佛來相助，再加上心境污濁，更易感應邪靈，每一樣事，本來就是物以類聚，是故修心其實最重要，亦是某些人懷疑，何以邪靈不怕咒語之故。

今日時代不同，人們傾向物慾，在廟寺之祈求，如同買賣，令人感嘆，其實仙佛之助人，依吾人之平常累積功德為主，其中又以善書之功德最大，乃流傳深遠之故。嘗聞親人欠安，即發願減壽、減福等，此發願如同發誓，千萬勿為一時之悲，而妄自發願，皆會應驗的，正確的方法，為以親人之名義積德行善才是，兒孫自有兒孫福，何必執著看不開呢！此皆為形成輪迴之原動力。又有一般修行朋友，發大願曰：願將所做之功德迴向一切法界眾生。以前余曾發此大願兩年多，結果馬上錢財傾蕩，家庭陷入困境，後來體會眾生之苦，改發願為：財法雙渡。總算皇天不負苦心人，了悟：成佛之原理及方法。如何改變命運。一般上師無家累，可發此大慈大悲願，修行朋友則須三思後行。吾人歷經萬劫，生生世世輪迴，欲減低業力，早日解脫輪迴，其實甚難，而此「發願」及身體力行，可以改變吾人累世修行時間。平日不種下業障，並多做善事，助印善書；記得迴向宿世冤結，多做幾次，以消除吾人前生及今世造下之業障。依「成佛之原理及方法」修通中脈，具備佛體，學佛、模仿太陽心，須言行一致，看開一切執著心，心境祥和喜悅，自然會將發出之光氣顏色，變為紫氣。平時逢不如意事，為五行氣數，必然會有，情緒差，心境憂鬱，只有製造凶晦毒素氣色，於事無補，生理上的壓力，帶來了人事、財力上的阻力；願大家時刻都保持喜悅之心，廣積善功，將來都能回到最高之最高靈界。

修行的另一種境界

百千法門的各種修行，都離不開念力的強弱，反以氣為能量之轉換，執著於神通高低者甚多；依照目前廣傳世者劃分，其最高境界，共可劃分成兩種：其一為修靈魂之道。其二為修肉體之途。

一、修靈魂之道，即為「成佛之原理及方法」所述之修通中脈，及「修行的境界」所補充之督脈到頭頂打通，使具佛體、星光體；加上不執著，不種下業障，具備喜悅心、慈悲佛心、太陽心、廣積善功等，回到最高之最高靈界，永遠脫離輪迴，為修行之最高境界。以後再因應時代不同，須救渡眾生之方法不同，各仙佛乘願再來。目前魔界轉世擾亂之共產思想橫行，眾生有苦難，尤其為救渡中華生靈及世界眾生，免遭共產貪念所害，為挽救眾生免陷於萬劫不復之地，萬仙佛又乘願再來，因應需要投胎轉世於各階層，分別負起重任，由於具有前生之修行善根，故於無形中對於五術、玄學，產生濃厚興趣，到處學習、訪道，以為要修行成仙成佛，不知此行之目的何在，未了悟，經不起物質時代考驗，迷失方向者多的是，只有徒讓背後或站立在頭上之元靈流淚感嘆，欲救乏力；其實如果為了自己修行成仙成佛，為了自己能賺大錢發大財，你們又何必來呢？以天律言，仙佛轉世，眾生一律平等，而且再加上元靈之無形嚴厲督促、考驗，散其所有，空乏其身，歷經尋短……，一連串的酒、色、財、怒氣……考驗，算起來事實上，比眾生還不平等數倍以上，歷經眾多磨練，只為了一句話：能看開一切執著。以便將來功德圓滿，能光榮凱旋回到最高之最高靈界，境界不足之仙佛，亦冀求能藉此機緣積功德，及修行達到最高之境界。

修密宗本尊法，觀想本尊坐在頭上，當累積功力、念力足時，無形中會將督脈脊椎骨到頭頂之脈道打通，使頭部有一光圈。對國家、社會有極大之貢獻，用腦過度者，當肉體呈現頸硬、頭脹時，乃此條脈道打通之特徵。至於中脈除非修行打通方可，或靈界仙佛加持，或修意守丹田者，在無意中藉此丹田熱氣，緩緩上行，而逐步打通中脈之脈道，非刻意運行；由於能量蓄積較大，若強烈運行則較危險，乃中脈通過心臟心竅之故，一般在喉嚨部位時，會突然消失無蹤。若不意守丹田生熱氣、陽氣，而直接以「成佛之原理及方法」所述，旋轉中脈、督脈而上，分別修通，即能很快有成就，因體質清、濁及念力強弱不同，快則一月，慢者一年以內，完成了脫生死之大事，其閉目觀想旋轉而上，脈道之寬約一公分即可，（若高靈界仙佛加持打通時，只伸出右手食指，傳送能量。）中脈在身體內部正中間，督脈則在脊椎骨內。熬夜工作，及體內有虛火煩熱者，須留意觀想旋轉而上，會將體內虛火、毒素帶上來，臉部黑斑，冬天修行則不忌；生黑斑，每日晚飯喝半小杯約3cc解毒酒，七天內有速效。今日社會食物污染嚴重，每半個月半小杯解毒酒為防患之法，由於每個人體質不同，故上述解毒酒之服用，宜請教醫生為宜。

修觀想氣入頂門者，當累積念力足夠時，與人相處，錮習慣性動作，無形中將對方元氣吸過來，對方立刻臉色蒼白，小孩則咳嗽不止，實際上乃從印堂之裂縫吸過來，人人見之皆怕向遠之，若修通中脈，因此脈道接通大氣且管道較大，自然能化解前述修行副作用。中脈打通者，於意念集中看書、寫字時，無形中會將虛空中，天地靈氣接收進來，而有胸脹氣滿，精神充沛，體內清涼之情，相反地，若講話過多，言多洩氣，會有咳嗽之情，但對方會有受加持之益。一般修守丹田生熱氣者，能藉此陽氣運行而療病，乃此熱氣內丹，為元氣能量之蓄積；此意念返照內視，體液正負離子強烈碰撞，所產生之熱氣，隨著念力集中之強弱，體質之清純，而有快慢成就之別，念力不夠，體質常肉食，使人電之阻抗增加，導電度降低，皆無速成之理。

修東密西四度加行者，除非觀想本尊坐頭上，否則獲益只在念力之強弱，及藉著觀想，使能量轉換運用，由於修法皆為實用濟世之佛法，易生貢高傲氣，加上目前萬法廣傳，上師傳承並無分別品性，促使幾位以「彈指」欺負扶乩中之神明者，於三天內在睡夢中立遭高靈界處罰，與世長辭，由於寺廟仙佛、主神具備星光體，即使修法者，以金剛網、火院、火牆護住，照樣能夠穿透，此法氣只能擋住一般陰靈而已。若更甚者，亂施不動劍，殘害陰靈，只有替自己造下無邊之業障，及果報輪迴。修法除非濟世，否則到最後，有法等於無。此外成法之成就，仍未了脫生死。尚須修通中脈、督脈，使具備佛體之內成法，才能解脫輪迴。當內成法修成時，念力足，隨著觀想即能發揮力量，不用經過念咒語；欲護身，只要睡前以手隔空，如砌牆抹壁般，將空內牆壁、地上抹一次，自能有法氣護住，陰靈不敢進來，只須一分鐘之時間即夠。要觀想金鋼網，只要雙手指交叉，從頭頂而下分開輕放，觀想金光色網子罩下來即可，不用唸金鋼網之密咒。三密身、口、意，其中口密咒語，最大的目的，乃排除雜念，增強念波發射及心咒感應仙佛；最上乘的咒語，乃藉著咒音振脈輪、脈道，使更易開通中脈。靈界談話，皆以心念發射念波，及表象即影像顯示之方式表達，故吾人心中想午麼，靈界皆知。而隨觀想及念波之傳送，配合手印加強力量，而能與高靈界仙佛感應，這也是光念咒語，不能得到感應之原因。淨土宗之念佛法門，為一簡便法門，實際上靈界之傳達訊息及佛法，也是用很簡單來顯示，只是若未能配合觀想：南無阿彌陀佛，則念佛如同一般人談話，無法發揮感應之作用，乃念波發射不足之故。倒是若了解行「心經」內容能讓人看開執著心。

百千法門，大致上都能安全無慮；比較危險的，乃啟靈、潛能開發。修啟靈之靈動者，若在廟寺修持，有靈界仙佛護持，則成就快亦較安全。若隨意、隨處修行，因靈動須全身放鬆，尤其頭部放鬆，才能靈動起來，易招邪靈侵入，雖說靈動之時，能隨時停下來，那是幸運，尚未遇上邪靈，或已在側等候，待您精神恍惚時而入。在廟寺修持，放觀世音菩薩之普門品內有四句，有輔助之效。默念：無垢清淨光。慧曰破諸。能伏災風火。普明照世間。閉目觀想：頭內正中間有一太陽放光。姿勢：立姿，雙手合掌，雙腳併攏。於十分鐘後，即能啟靈最慢三天內。但最好在廟寺修持，不要在家裡及其他地方修行，以免走火入魔，外邪入魔，外邪侵入。此啟靈一般人修行，只為了追求神通，對於內、外成法之修行，輔助不多。

至於人電加持，隔空加持，打通氣脈，和密法之灌頂一樣，亦和練氣之傳送一樣，皆為人電、元氣之傳導不同的是，密法有靈界仙佛加持授記，以單獨灌頂收效最多，因為終究加持，仍會消耗上師之元氣，仙佛則立能補充。而高靈界仙佛加持之靈氣，乃為清涼無比，若透過吾人之手傳送加持，則為熱的。但若仙佛加持量多，則對方亦會感受清涼之意，此清涼之氣，令人精神清爽，若陰靈之氣，則會令人感到全身虛弱無力。仙佛靈氣，則不會虛弱無力感。求上師加持，須上師之品性善良，最好雙嘴角上揚，吾官端正，乃常微笑之人，嘴角必上揚。才不會被加持之靈光晦暗所影響，於已無益，更忌上師有惡疾，乃人電感染之憂。

其二修肉體仙宗之道，乃以返照內視為主，修運任督兩脈，守關竅、通三焦、守八仙洞、精氣穴、守骨骼、接通天地靈氣、宇宙塔、崑崙頂兜率宮……，專門以修六通為主，以達到隱體、肉體長生不老為最終目標，由於蓄電能入黑洞ㄧ骨髓，故當所蓄積之能量，達到某一程度時，能隔空發射傷人，如同點穴，密宗則不能；但相對地，功力愈高，所蓄積之能量就愈高愈危險，如同身上帶一個定時炸彈，若達到飽和時，未再繼續束入骨髓，在三天內會自動釋壓，一發不可收拾，馬上有腦部病變而瘁，蓄積量少者，於睡醒則有釋壓胸脹滿之情，欲釋壓行房最快；此亦是仙佛轉世者，元靈擔憂，而以夢遺方式解圍之法，卻讓不知情者以為業障，嘆修道難。至於守丹田生熱氣、結內丹，則乃仙宗大道之初步成就而已。

靈性修行的最高境界

在浩瀚的宇宙中，在靈界具備頭部放光有頭部光圈，及全身放光有星光圈，和境界最高兩者皆有之仙佛，可謂之：不計其數。當然以兩者皆有，光氣較強之仙佛數量較少。此乃是吾人中脈、督脈通頂之成佛結果，只要在世時，此兩條脈道打通，剩下雙眼、雙耳、前額裂縫第三眼，在未來回到高靈界時，皆能很容易即開通，乃脈道較短之故，亦有人同樣依旋轉督脈，而開通第三眼，雙眼之天眼通。

此修成佛體、星光體之成就，在高靈為必備之基本條件，但因光氣顏色，頻率之不同，而劃分各天界，此即牽涉到靈性的修為，也就是吾人在世時，平日養成之心情，而造成固定之光氣顏色不一樣。在靈性的修行上，仍必須持續修行，一直到心境上，對任何事、物、人都能不執著心中無物，皆能酒、色、財、氣都能看開，都能容忍可憐他人，心胸放開，心窗打開，心境如稚童般純潔，無心機、無私心，常微笑充滿喜悅，自然會在無形中，將光氣之顏色，轉變為高頻率之紫氣光，內為金光色，而能達到靈性修行的最高境界，在天界能進入最高之最高境界，亦才算擁有永恆之靈命。此天界靈流，依光氣顏色不同，而產生光氣強度不同，由最低天界脾氣急躁仙佛之紅光，到最高之紫光，依次劃分，按紅、橙、黃、綠、藍、靛、紫……等久接近色排列。

可是談何容易呢！所謂：江山易改、本性難移。由母親胎教期所種下之潛意識開始，及成長過程，受到生活環境之影響，踏入社會，婚後家庭生活之左右思想，現實生活之壓力，更加上目前物質時代，錢財誘惑，行事以錢財衡量一切等，欲使一個人在心境上能看開一切執著，如稚童般之無心機，無私心，可謂之：難上難，少又少。勾心鬥角，爭名奪利，利己者眾，在靈性修行上，交白卷，以致沉淪，輪迴不已。古代專制時代，人人以高官厚祿為榮，執著在官貴地位，令人看不開，因而誕生了最高靈之釋迦牟尼佛，生於帝王家，由以身作則，了悟一切，拋棄帝王之貴，喚醒眾生之迷津。可是今日民主自由時代，人人以發大財致富為榮，風氣潮流所在，執著在財利上，今人看不開，私心為己者眾，凡事以錢財為主，佛心不再，令余感傷不已。有錢人家，想要更有錢，誰會來以身作則，喚醒眾生之迷津呀？

由於命中五行氣數，人生難免起伏不定，不如意事多，欲衝破周圍阻力、障礙，皆須下很大之決心毅力，可是說歸說，逢遇眼前現實難題，仍須克服解決。以家庭生活為例：夫妻失和、父母責難、兄弟反目、及在社會上工作事業之不如意……等等，直覺上的意氣用事，採手：夫妻離異、出家到寺廟或離家出走、大打出手、勾心鬥角……等，事實上都於事於補，跟眾生沉淪者一樣；意氣用事，只有讓靈體光氣維持在紅光，出家逃避責任，徒讓業障持續輪迴，況且佛寺為佛法傳承之所，非婚姻之避難所。有一種余歷經體驗了悟之法，可化解戾氣為祥和，即是……逢遇不如意事時，吾人須在心中可憐他們，並想辦法救救他們，以大慈大悲之佛心看他們，不要跟他們一般見識。因為讀者能見到本文，已有所了悟，究竟與他們沉淪者，沒有機緣者，已有所不同；何況有些是自己的親人，更須想辦法救救他們。至於小孩教導，情非得已，誠養子不教，父母之過，為責任所在，軟硬兼施，亦為人生短暫阻力。放鬆不教，反成社會敗類，謂之損德。

又由於今日時代之不同，事事以錢財為標準，偏偏諸事困逆皆財起；運程違逆，身受財困；欲救乏力，自身不保，真是徒乎奈何！得幸，上天造物留下一救渡，催發富貴之法，即是廣積善功，當因緣成熟時，自能在祖墳上，得到太極暈之地理，此富貴大地之地理，山脈走勢如同吾人手腳、身體，左、右手內彎，穴場如同泌尿系統，有數甲、數十甲、數百甲，才結穴為一深咖啡色，一尺半直徑之圓形太極暈，未積大善者，皆無緣相見；乃因富貴大地，皆有靈界仙佛呵護，此種德行善，亦是天下間，不分人種，最公平之事。由此亦可知，富貴福地之稀少，假若雖積德卻排斥地理風水，此亦是自願放願，莫怪仙佛之不願相助。得到太極暈之祖墳，由於地氣冷熱交換，及聚散作用，清晨日出前，經夜間地氣熱傳導，地氣上升，使得墓碑發熱，比吾人體溫，相差不了多少，日出後白天，太陽愈大反而墓碑愈涼冷，乃地氣下降之故，此為一種唯一明證。

吾人後代子孫，由於血緣之故，得此無盡之地氣傳送感應相助，使得吾人精、氣、神更聚集，氣色優於一般人，而催發富貴，大部份之感應，為五官改變及修補不足，尤其雙眼皮腫脹，剩下一瞇眼線，使眼神收斂，處事更能精神集中，耗神少。但怕的是，催發富貴後，經不起物質時代之誘惑，胡作非為，損壞陰德，使得祖墳富貴大地，被破壞於無形，富貴亦不永，此又是天下間最公平之事。又除此祖墳能影響，吾人一生之財運外，尚有：⑴命中註定運程凶年，此為五行氣數，在高靈界有一交換法可轉換，即在八字吉年——財年，欲發未發反而損財，此法經靈界登記有案，能將一生之大業障損財，全部在這年裡轉換替代，以免祖墳催發富貴後，逢此八字凶年，仍須大損財，當一年轉換完時，（立春到立春）靈界會示現，一年之稅金全部一次繳完，在對正右邊眉毛頭部上方之：髮際右額頭會有一小小三角型新疤痕，在立春日靈界戳記的。⑵宿世業障問題，即前生積欠他人，而須在今生遭到因果報應；此業障問題，吾人可廣印善書，行善，迴向世世冤結，亦可化解。功德又分大功、小功，一般所謂三千功德，乃指小功。讀者若能廣印、廣傳「成佛之原理及方法」、「如何改變命運」等，尤其置廟寺流傳更快，此一份即是一大功，切莫忽視之。當然其他濟困扶貧，亦須有錢出錢，有力出力，身體力行，則與佛心不二矣！

茲將余近七年來，每日早晚上香之許願詞：財法雙渡。全文刊載如下，讓讀者參考，願能藉此發願，縮短業力輪迴，廣印、廣傳前述單子，即等於生生世世，財法雙渡眾生，發願詞全文如下：

願我今日之後，生生世世利益安樂一切眾生，以財法渡盡一切苦難眾生，願我即時得：大慈悲菩薩心，得大智慧，得無上之佛法，救渡眾生，脫離苦海，共成佛道無阻礙。

最後將余在靈性修行上的心得境界，寫成一幅吾家民國七十五年的春節門聯，書於後作為本文之結辭；

右聯：稚童純潔心　無執亦無物。

左聯：微笑常喜悅　靈性罩紫光。

橫聯：中督通頂脈生佛光。

心得綜合補充

本篇為七十五年元宵節元稿後，近一個多月以來，及校正下冊時之發現與補充遺漏，於此述明。

⑴婚姻：配偶之身材胖瘦，以天干五行陰陽區分，日元代表兩個之力量，陰干主瘦，陽干主胖，如：八字天干為甲、戊、壬、丙（日元為壬），則潛意識擇妻之身材為豐滿型，瘦的看不中意，又如：八字天干為乙、丁、辛、癸（日元為辛），則潛意識則妻之身材為瘦瘦型，女命擇夫一樣。又如：八字天干為乙、丁、庚、癸（日元為庚），一個日元等於以兩個計算陰或陽，則比較起來，陰比陽為：三比二。故喜配偶身材為中等身材稍瘦。若八字天干為：丙、壬、丁、甲，則陰比陽為二比三，故喜配偶身材為中等身材稍豐滿。

至於與夫妻認識時，其家與自己之方位，依余研究所得，男命易看，女命仍無百分之百之概率，亦不易看，可能與女命被動居多有關，可以用八字調候或喜用神之五行方位參考，男命看妻之方位如下：以日支即妻宮為主，若日支為辰、戌、丑、未，代表近水樓台，在同一個公司、機關認識，或住在鄰近，常常見面。亦即以日支之對沖字看，若日支為寅，則認識妻時，其住在申方即西方，但不一定其父母家之方位，因有的人為搬出來工作或讀書。若日支為申，則在寅方即東方偏北。日支為亥則在巳方即南方偏東。以其對沖字看，其餘皆同。

⑵每逢七十六年回來一次之大彗星：哈雷彗星，其直徑才十一公里，由此可知，其引力作用，影響地球微乎其微，但是其後含氫、冰塊、其他物質等之長尾巴，散佈在太陽與地球之間的軌道上，使降低地球表面溫度，減收光能吸收，造成若降低一度，地球上之農作物耕種面積，必須住南移數十公里到百公里，尤其本來已經酷寒之地，必形成農作物歉收，影響景氣發展，造成飢荒，氣候冷熱不穩定，如目前之蘇俄、非洲即是，由於從七十五年新曆五月中旬後，地球軌道，將進入哈雷彗星剛剛走過之軌道尾巴上，此後的氣候變化，將更不穩定，尤其南、北極及春天、冬天，對於本來即為亞熱帶地區的台灣言，將更帶來農作物豐收，工商業發展，配合地運轉吉，領袖群倫。若該國之平地，在冬天下雪者，皆會受到不良影響，一項農作物歉收，即形成經濟發展之阻力。

⑶「飽暖思淫慾，飢寒生盜心。」此為兩個極端之事，經濟愈繁榮，人們物享受愈高，愈易沉淪，靈性修行交白卷，造成飽暖思淫慾，對治之法，為：家庭、學校、社會教育。以電視影響最大，物慾愈重，精神修養愈差，配合各項教育、各宗教之力量，由電視深入各家庭，提倡道德倫理，忠孝節義，排拒不良思想之傳播，由此亦可知，今日時代，新聞局及各電視台、廣播、傳播雜誌媒體等，所肩負使命及意義之重大。

「飢寒生盜心」，顧名思義，乃吃不飽所造成之後遺症，民以食為天，各食、衣、住、行、育、樂，排列在最前面，對治之法：為均富，逢遇不可抗拒之因素，民不聊生，吃不飽時，即須提前救濟，大家發揮慈悲心，有錢出錢，有力出力，以食物救濟，列為最優先，先吃飽再說，發揮人溺己溺之精神，無形中將來之福報亦會更多，代代子孫富貴連綿，千萬勿做守財奴，更忌趁火打劫之行為，損德減福為相對結果。形成：飢寒生盜心之因素，包含有：天災地變、人禍戰亂、景氣空氣低迷、長期失業……等等，不可抗拒，造成沒飯吃之事。此時之救濟，則須結合政府與民間之力，才能有效改善，度過一切難關，願大家皆能佛心常在，普明照世間。

(4)靈界仙佛開天眼、天耳，為以食指加持功力，由雙耳貫通，及由後腦正中，貫通雙眼，形成十字交叉，閉目可見遙遠天上之星星發光，睜眼可見仙佛光體，耳聞靈界仙佛之念波談話，但頭脹頸硬時，則相對減退，乃阻抗增加，導電減弱之故，故一般修靈動、靜坐者，易有神通，乃放鬆之故。而修密宗念力者，反而少見神通，皆為此景之故，為相對結果，但是念力愈高者，甚至能以念力移動物體，其凝聚力必愈高，功力愈高，靈魂體密度亦必愈高，加上中脈、督脈通頂，則在靈界接受之光氣靈流亦必愈強，境界更高，當然須心性不執著，呈現紫光、金光。

吾人欲開天眼，可集眾人之力加持打通，亦可自己念力加持打通，當然較慢，須功力足、元氣足才行，天耳初通時有嗡鳴聲不斷。若欲開前額第三眼，則須修密法念力，或閉目觀想，旋轉督脈之脊椎骨，由下到上之前額，當感覺重重時，即有一道光發出，入廟或拜神時，最好以手覆住前額，以免射出光氣不敬，若欲透視，則須能量甚足，或靈界助才能。靈魂體密度愈高，即念力愈高，愈不易開通中脈，乃為實際體會，由此可知，先修通中脈、督脈通頂之重要性。若仙佛夢示，皆會馬上點醒來，皆須細細體會含意。

(5)愈高層次之仙佛，其靈體愈乾燥、清氣，吾人靈魂體則含水氣為濕性，故於元靈仙佛含肉體時，會有口乾現象，乃對流吸收水分之作用，又仙佛合肉體辦事時，易見影響出事之因有：①剛行房洩元氣及前一天睡不飽，使仙佛之靈氣對流補充，降低功力。②肉體污濁，如常抽菸、喝酒、吃檳榔等污胃腸，一般仙佛皆先施法，使肉體下瀉淨身及洗澡。③剛於近日內，肉體用腦耗神，使得氣血上沖，頭部未放鬆，頭脹頸硬，促使神識作用，雜念影響辦事，故一般仙佛辦事，皆先使肉體搖動頭部，但若常常搖頭，則又會散財，及注意力、集中力分散，影響肉體之念力。密宗持一咒一本尊，滿百萬遍，則靈魂體之密度、功力即已甚高。又形成輪迴之主因，乃為執著，吾人須心中無物，和法律、陰律、天律一樣，只要吾人或仙佛不違背律令，行事循規不犯法，於養成守法習慣後，自然不會在心中受其約束，無論其存在與否，皆不影響自己，此時已合為一體，化為生活習慣性之一部分，心中無壓力之感，等於無官煞壓力，自能心中更無物，有助於看開執著，配合修通中、督脈通頂，具備佛體，及強力念波，意志力集中，靈魂體之密度高，功力即會愈高，加上心中無執無物之喜悅心、稚童心，使光氣呈現紫氣光，自然達到靈界之最高層次。又根據發射的人造衛星證實，發現地球周圍有個由地球磁場吸住的輻射層，一直伸入四萬哩外的太空中，此輻射層稱為范艾倫帶，吾思可能為構成天界存在之無形引力。而人造衛星軌道距地球有二百十九哩，亦有一千五百八十七哩，或介於此中間者。愈上層之靈流，愈經過層層過濾，當然靈氣愈清純及愈乾燥。

(6)全身氣脈打通後，尤其打通中脈，每逢交節氣前後三天，由於地氣下降及地氣上升，尤其在夏天，會比常人更易感受，此天地交泰之壓力，春天轉熱夏天一樣，須留意有煩躁感、壓力感，脾氣較差，行車小心，多吃柳橙等水果退火，由此亦可知，古人研創此二十四節氣，皆為靜坐、練氣之心得體會，研究其他事情，也是一樣，知者知之，若能深入其境，親身體會，亦才能有深刻之了解，不會生臆測之心，今日物質時代，人心難測，處處陷阱，諸多仙佛轉世，照樣沉淪名利之誘者不少，靈性修行交白卷，此又非身居局外之仙佛，所能體會言表，元靈仙佛之苦衷，內心之難過，又有誰能了解呢？余開悟後及完稿功成，在七十五年農曆一月十七日，謂之：得道曰，清晨一點二十六分，接下宇宙主宰聖上之聖旨，從此責任更加艱鉅，且此開悟、成就，並不代表靈性修為成就不變，仍須剔勵自己，步步為營，依願而行，廣積善功。

修行上，以修靈動、搖頭使頭部放鬆者，更須留意受外界念波、雜念干擾，影響心性、言行，修念力、精神集中者，則較不忌，又以電視影響雜念最多，亦是修行者之無形阻力。值此物質時代，吾人每日早晚之拜佛或各宗教之祈禱，唸發願詞，皆有淨化心靈之作用，願勿忽視，皆須持之以恆。若常習慣性行業，為人斤斤計較，皆為沉淪之因。

⑺盤腿靜坐或讀書，能使氣血更易上聚，幫助精神集中，但須偶爾舒暢一下。生育小孩，尤其男孩，每個家庭以兩個最佳，若三個以上必見爭議失和，及其中一個脾氣差，影響管教。女孩則因出嫁，較無礙。舍利子乃為元氣在穴道之聚集所成。佛教過午不食，有清淨胃腸之功，但一般人宜顧慮營養吸收。吾人除了教育子女外，在未來擇婿時，亦須慎擇，以免影響個人事業，在手相篇可作參考。每年農曆年初一後，仙佛轉世者，皆會有高靈界仙佛巡察來，檢視靈魂體，審查這一年來之功過，一般人則為傳統所謂之灶神，今日一樣在瓦斯爐附近，吾家則有兩位。願大家都能廣積善功，與仙佛比賽積功德。

⑻念波之凝聚，如：修靜坐返照內視、密法持咒、修通中脈等，皆能使室內充滿山川靈氣，增進健康、財運，由個人到整體社會，帶動景氣繁榮，國家強盛。若相反地，人們懶散無事做，如同搖頭散財，則該國或地區之山川靈氣，必形成對流，被念波強之地區拉聚過去，形成經濟不振。又山脈之挖破及河川之滯塞，使地氣散失，也是因素之一。知其理，求國家興盛並不難。

成佛之原理及方法

本篇乃余自幼年，至今三十二歲，於五術、玄學等百千法門上，經歷千辛萬苦，終於親身體會，找出如何解脫輪迴，修行成佛之原理及方法。願大家能依此修行，擺脫業力——執著。並具備到最高靈界之交通工具——星光圈，從此了脫生死。盼大家一傳十，十傳百，功德無量，功德無量，善哉！善哉！

此法廣傳、廣印，功德勝過一切，人人得免墮入無間地獄，免除輪迴之苦，人人成佛。欲盡孝道，此法最崇高；欲行善，此法功德最多。乃財施救濟他人，為一時解困，燃眉之急而已，功德較小。若渡化一人成佛，卻能免除其生生世世輪迴之苦。

修行成佛之原理及方法，述之如下：

1.注意事項

早睡早起做。空腹做。閉目。站著或坐著或躺著做皆可，以站著較佳，氣易循左、右、中脈集中上行。早上做乃剛睡醒，全身最放鬆，比較沒有雜念，不會妨礙思想集中。全部時間至少做一個月，即時刻覺得頭頂有一股氣往上沖，好像整個頭蓋頂都沒有般，此時全身已籠罩著一強大之光氣，有一從頭頂到腳底環燒，成圓形的星光圈，有天眼者可見，而光氣之顏色，依個人心性執著呈現不同；最高境界為具備大慈大悲，普渡眾生之佛心者，當然須凡事看開，沒有任何執著心，此時由小腹到頭頂（稱之中脈），為金光色，星光圈之內為金光色，外為紫氣光。余因開悟，親眼目睹，多次星光圈之機會，而知悉一般繪畫佛像有誤，光圈為由頭頂到腳底環繞，若只頭後一光圈則錯矣！須具備此星光圈，才能回到遠在正東方外太空四十五度的最高靈界。亦才能乘願再來。

2.方法——腹部呼吸法。配合觀想。

皆用鼻子呼吸，配合緩慢深呼吸，腹部吸脹呼縮。即吸氣寺，腹部膨脹，呼氣時腹部收縮。吸脹滿及呼盡時，皆稍停一下，停多久不用管，隨便可。

配合下述觀想做。第一星期，吸脹呼縮算一次，每日做三十次即可。第一星期後，每日至少做半小時以上。

3.觀想1：

做吸脹呼縮時，須同時閉目觀想，即意念想像，由小腹部（肚臍下面）－到頭頂，由下而上，有一金光色（如黃金之顏色）之螺絲鑽子，逆時針往上鑽，一次又一次，鑽出頭頂，反覆想像，配合腹部吸脹呼縮法做。所謂逆時針，即以身體為中心，由拿筆之右手繞向前方劃圓，到左手方，再到身後，到右手，依次運轉，當然是觀想在身體內部，逆時針往上鑽。實施之時間長短，即是在「方法」部份所述。中脈之寬度約一公分，在身體正中央一直線上，通過心臟之心竅。

做完前面，腹部呼吸法及觀想三十次。或半小時以上後；坐下來，普通盤坐即可，閉目，背靠牆壁，雙肩下垂，全身放鬆，雙手合掌胸前（或隨便放亦可）。先做眼睛運動，繞圓圈順轉逆轉，左右、上下，至少七十二次繞圓。目的使全身氣血循環舒暢，氣色佳，身體更健康，財運亦佳。乃眼睛為任督、左右中脈之聚匯，運動眼睛，等於運氣全身。做了眼睛運動後，才會知道眼睛亦會生銹痠痛。

做完眼睛運動後觀想：（時間不限）

即閉目意念想像，有一太陽放光，到最後為想像全身好像太陽一般，放出一片光芒，面帶微笑做。

同時默念：

任何事包括酒、色、財、怒氣、生活習慣，我都看開，不執著了！我的心，好像太陽一樣偉大，無私無我，普明照世間。

如來佛祖（女士可稱：南無觀世音菩薩。天主教或基督教，可稱：主耶穌。稱號依個人信仰改變。）

大慈大悲，救苦救難，救渡眾生。

以上用約一個月時間做，半年到一年內，必然可成。以後則偶爾做一下，腹部呼吸法及觀想1。以清除胃腸雜質，但觀想2及默念部份，則宜固定睡前或睡醒時，或任何時間，或任何時間、任何地方，每日都要做一次，時間不限，以清除吾人在此物慾時代，容易感染之執著心及自私心。

當你的意念融合觀想　時，你的自性會顯現，雙眼淚垂，感慨萬千，哭嗨唯有自己知道，這時就是真正的大慈大悲佛心。我們學習佛菩薩之言行，而佛菩薩學習太陽之心境舉動，這乃是最原始成佛者，其模仿太陽而了悟解脫輪迴之道理。當初釋迦牟尼佛，夜觀星星而了悟，其實是看星星想到太陽而開悟。吾人學習模仿，皆以自然界之東西為主，如模仿山峰，個個欲稱雄，誰知一山還有一山高，人人欲稱霸，誰知上面還有一個太陽最偉大，光明普照，不求回報。是故我們修行學佛欲成佛，就是模仿佛心，不是要模仿學習神通，也就是要直接模仿太陽之心境。沒有任何的執著，大慈大悲的佛心永遠常在。須知任何一絲的執著、看不開，皆會形成業力再輪迴；任你中脈貫通，具備了交通工具，可以到外太空最高靈界，仍要在仙佛境界最低的星光世界輪迴，逐年逐月洗去心中的執著時，才能離開星光世界，直達理界天以上各天界，而不會再輪迴，這時才是真正的擁有永恆的生命。可是在星光世界時，又會被那兒的美麗所迷惑，欲了脫生死，拋棄執著，恐怕又比這個物質世界更難了！一般居留在星光世界的仙佛，大都以這凡間修行者居多，其修行方法，為使中脈能夠或大或小貫通之方法者為主，如：梅花門及道家之腹部呼吸法，崑崙仙宗及其他各家之通三焦——走火路，即由於運行心臟路線，無形中打開滯塞靈魂成佛之路的——心竅，另外也有修靈動的大旋轉，沖開心竅，比較危險，也比較容易入魔恍惚，心竅以上各路線也未必能打開。其他尚有藏密大手印、修密或瑜珈屋之逐點觀想各脈輪……等等。修通靈魂之路，雖然可以成仙成佛，卻沒有修心，拋棄所有執著心，仍需再輪迴，而這一點，由最高靈界下來轉世救劫的瑜珈屋即有述及；一般宗教雖然知道，卻不知認真去實行，口說而已，真正遇到考試時，才會知道看開執著不容易啊！尤其是目前物慾橫流之時代；又任你修得神通廣大，也只不過是一座高山而已，反而執著在神通的高低裡，永遠沒有辦法明心見性，自性無法顯現。執著不能看開，輪迴常在！令人嘆息！

4.生理現象：

腹部呼吸法，清除胃腸雜質，剛開始七天內會下瀉，沒關係，刺激性食物勿吃，如：蒜、蔥、辣椒之類。下瀉情形太重，可吃一些強胃散，保護修補胃壁。

觀想金光鑽旋轉時，實施期間，氣會往上沖，胸口會有壓迫感，頭部會發脹，最多一個月即癒；以後會時刻覺得，頭頂有一股氣，直沖雲霄，好像整個頭頂拿掉一般。有高血壓及心臟病者，依身體狀況，不要貪快，不要貪多，慢慢來，時間可減少拉長，若左、右乳下會抽痛，為左右脈氣暢之故，只要手心按之，兩分鐘即癒。

本修法若熬夜工作者，及虛火旺胸口煩悶有燥熱者，須先降火氣，以免生黑斑。冬天及寒冷地帶修行，則不用顧忌。若生黑斑，解毒酒有速效，宜先請教醫生。眼睛運動，使眼神更明亮，有眼疾，圈數可減少。女性懷孕期，暫時勿做。以免胎兒受壓迫。

已婚者，宜停慾蓄積精氣，此一月內可以收速效之功。高血壓、心臟病者，不要貪快，修持時間可減。做完觀想金光鑽旋轉後，須做觀想太陽放光部份，至少十分鐘以上，此一緊一鬆，才不會生弊。

5.成佛原理：

由人體生理解剖圖，吾人可知，頭頂正中有一個大洞，正是吾人靈魂出竅之所；而靈魂藏於小腹部內，由下而上，須此中脈貫通，才能經過心臟、心竅陽維穴之變電壓，除去陰電，變為陽氣，才能成仙成佛，亦才能擁有交通工具——星光圈，回到最高靈界。假若此中脈有堵塞，胃腸太多雜質，心竅不開，靈魂唯有循著，背後脊椎骨而上，即督脈，由印堂（即雙眉中間）之小裂縫出去，陰氣未除，沒有此交通工具，只好當靈鬼，永墮輪迴。而一貫道點傳此印堂之處，誤為玄關，不知原理構造，徒然浪費時間。須知中脈此路最直而不走，偏偏繞圈子走任督兩脈之路線，不除陰氣，如何能成仙成佛啊！枯坐一生靜坐、練氣，貪愛氣行如蟻、如絲、如浪濤，胃腸不清皆徒然。

6.臨終救渡法：

臨終斷氣之際，念力高者，或集眾人之念力，站立在死者腳前方，睜眼目瞪，嘴緊閉，雙手緊握伸出食指，遙指向死者中脈，意念觀想其中脈，由下而上，有一道白光，或金光鑽逆轉而上，手指輕轉，一次又一次，快速默念「南無阿彌陀佛」，天主教可念

「主耶穌基督」，依信仰而定，至少做十分鐘以上。由入棺之全身柔軟，面貌安詳如睡，可知吾言不虛。哭者無益，此法可速開其中脈，具備星光圈，願勿忽視之！

7.更上一層樓：

已修通中、督脈通頂之仙佛或吾人，欲修通頭後枕骨半圓型裂縫，使放出金光、紫光，有一速成簡便法：

(1)閉目：坐著較佳（或站著皆可），配合緩慢深呼吸。

(2)觀想：從頭部後面，拔河比賽拉過來（當然全身須用力）。（欲修行、加強：頭部前、後、左、右、上、下裂縫，及全身毛細孔，使放出強烈光氣、佛光皆一樣。積久可念力移物，當然做的時候，加上移物之心念，效果更佳。如此可使靈魂體密度愈高，功力必愈高，放出的光氣必愈強，將來亦才能承受更高、更強光氣的天界靈流。）配合每七天一次運力氣練拳腳及全身，成就會更快、更高。

(3)每日至少修半小時，依念力大小看，約七天可成。以後天天修，功力日增（每日剛開始時較累）。但吾人肉體，須每約七天，吃一顆五十或一百mg的維他命E，使擴張血管、肌肉有放鬆作用，如此一緊（吸聚）一鬆（E劑），才不致生弊，當然維他命E，天天吃不行，有副作用的，其他維他命也是一樣，詳情已載於拙著「八字洩天機」中、下冊，讀者若有興趣，可購來參考，內含：八字、修行、風水，及其他甚多五術、人生哲學等等。

亦可觀想：逐一各大都市上空，有一太陽放心，配合緩慢深呼吸，雙手上舉，拉聚下來加持各縣市，但須防邪靈於睡中吸氣、奪元氣，此法須有仙佛、天劍護衛才行，讀者莫輕易試之。當一個地區、國家之人民，其念力、凝聚力愈強時（含宗教之修念力、持咒、靜坐，尤其中脈開通之人愈多）。必促使該地區之山川靈氣愈旺，而且產生對流拉聚，帶來了社會景氣之繁榮，民生富庶。相反地，若該地區、國家之人民，若常常無事做、精神散漫，沒有念力集中，必形成虛空中之山川靈氣減少，而且被念波較強之地區、國家拉聚過去，造成氣色不繼，財運不好，帶來了眾多之社會問題。

知其理，欲求國家興盛並不難，由此亦可知，當眾生有危難之時，宗教濟世都會比較多，尤其佛教密法，道家靜坐、瑜珈屋專修中脈等。

修行上，若能將頭後枕骨半圓型裂縫，修到發出光氣、金光，整個裂縫很明顯感覺，此才算是中、督脈通頂後，具備大星光圈及頭後光圈，真正的大功告成。一般人沒有天眼，以為佛像頭後光圈，乃修心、行正道即可得，而不知此光圈，乃督脈在頭中間到頭頂脈道打開之故，生理現象為頸硬、頭脹，於用腦後最明顯，謂之菩薩界。至於修通中脈後，平常會胸脹氣滿，頭蓋骨重重的，乃從頭部裂縫放出光氣、金光之故，此時從頭部到腳底，已有一大星光圈罩住，謂之：具有放光的佛體，隨時存在，不必經過觀想。且靈氣收放自如，已天人合一，此時才是真正的了脫生死，能夠通過大氣層，回到最高靈界。仙佛皆知開中脈之重要性，為成佛之基本原理，而吾人又有幾人，能具備天眼，或仙佛相助之機緣，看到仙佛或吾人之佛體、星光體呢！這就是境界的問題，知者知之，自大執著者甚多，吾亦無言哉！至於在墓地之陰靈，因有屍骨接收地氣，其再接受地氣，補充靈魂體，余所見之陰靈，皆與其生前高矮、胖瘦一樣；若門口拜拜之陰靈，來吸食物之氣，補充靈魂體，其大小據余所見多次，絕大多數，都縮成手掌之大小而已，當然若持續補充不足，其靈魂體會再縮小下去，由此可知，仙佛與陰靈之分野，在於仙佛能靈氣收放自如，陰靈則不能隨時地接收，且中脈須通，才能經過心竅、陽維穴之變電壓，使除掉陰氣變陽氣，亦才能成仙成佛。

如何改變命運

本篇乃余深研五術、玄學多年，費盡不少苦心之研究成果，願大家廣傳，利益眾生，善哉！

吾人一生之流年吉凶，皆受氣色來引動，而氣色之好壞，卻受生活習慣、飲食及住宅來控制；生辰，只是解釋人生否泰的代號，並無左右命運的力量，算準，還是氣數難逃。

茲說明損財氣色，如何製造形成：

⑴乃生活、工作習慣不正常，常遲睡、熬夜或輪夜班，使腦下垂體分泌之「黑色細胞刺激荷爾蒙」愈多，黑氣愈重，種下損財氣色，大多數的人，流年開始損財、有災，此為主因。食物為維他命C、水果能消除黑色素。

⑵過分勞累，體力透支，休息不足，會產生一種酮體毒素，使人感覺疲倦；積久此毒素，影響身體腰酸背痛及財運。吃海帶可補充礦物質，強壯筋骨及降火；水果可解毒。

(3)睡眠不正常，尤其半夜三點到五點，消耗體力最多；房事後，天氣太熱，住宅太熱（尤其東西向，與當運無關，與東西命、西四命無關；或上面無屋遮熱。）、過度勞累、或有驚恐天災、人禍等事件，造成失眠……皆使得吾人體內虛火上升，肝臟所藏營養流失，補充不及，形成口乾、口臭、多尿，很容易疲倦，肝臟解毒功能降低，體內毒氣加重，積久深入骨髓，氣色晦暗，造成命運長期坎坷則須藉重解毒酒，列之在後，仍宜請教醫生較妥當。

(4)住宅、工廠基本上，左、右方無屋衛護受友累，男女婚嫁不順（獨立屋除非有水衛，為孤獨。）；後方無屋作靠山，受自己人連累、內亂、皆生女。此空缺因空氣強烈對流，洩掉室內物品沾上之人氣，積久使吾人元氣一直在耗損補元中，往後半年見損身；又前屋或高山，超過一樓阻氣、阻財（門路為財路），使室內因天地交泰，處於空氣中之山川靈氣漸減，為受外人來連累、官符。若為公寓大樓，則以整棟高度，及其他大樓比較。距離愈近應驗時間愈快，此為一般常見之情。若電線桿、屋角皆小事。而墓地選擇尚知：左右後方要有衛靠，在住宅上卻疏忽，胡蓋亂住。住新屋則吸人氣，一年內凶，須約每七天泡三錢西洋參，幫助元氣，能助財運。

尚有地下室當工廠、辦公室，到處碰壁。住宅上方養鴿子，常常沾上鴿糞穢氣，呼吸毒氣，引人霉氣，近豬場、養狗一樣。皆須多吃水果降火解毒。又有住屋比路高出一尺以上，財路難引進來；書房愈小，消耗體力愈少，精神更容易集中，加上牛奶，成績轉佳；警察則破案連連；又電風扇直吹身體，很快感冒；頭部靠近門旁或窗戶下睡覺，易常見感冒，積久鼻炎、頭痛；室內裝抽風機，抽走元氣，影響頭患及財運……等等，今昔之住宅看法不同，要修改的地方甚多矣！唯住宅和墓地一樣，吉地不多，只要多積德行善，才能福地福人居。外氣若吉，內氣雖凶亦無大礙。室內裝冷氣，能改善住宅太熱之弊，但易寒氣深入骨髓，筋骨酸麻無力，冬天寒氣侵入一樣，可以四十W電燈泡，距離一尺，照射印堂，閉目緩慢深呼吸，觀想由全身毛細孔吸進來，每天五分鐘，三天內，可藉此熱光之電離子，逼出寒氣，若連做七天以上，須留意熱溫流鼻血，虛火上升。

(5)飲食：未定時，胃腸積風吃不下，不知飯前先喝開水，積久營養失調，氣色不繼，影響胃腸、財運。

運程欲見阻力、壓力時，偏偏天天吃束氣、束血之物，使血氣加壓，如番石榴、醋、補藥丸……等。吃少量可助元氣，過量則反效果；如番石榴可止瀉、壯筋骨，吃太多會脾氣不好、生口舌，體內有虛火會束血使發燒。又過重的咖啡、巧克力、茶葉影響氣色。水質、空氣污染，影響集體性氣色、命運及職業病；蔬菜中的農藥，雞、豬肉飼料的抗生素過量；回鍋油的化學變質……時代病變，累積的毒素，造成皮膚過敏。空氣的污染，造成扁桃腺發炎，發高燒不退，小孩難養，宜尋耳鼻喉科。

(6)天星引力：每逢月圓時，交節氣前，天地交泰，月球、地球之引力增加，拉出更多的太陽黑子、太陽風，衝到大氣層，使吾人感受到，有一種壓迫感，脾氣煩躁，及發洩慾；於此前後生病多。用腦者，於交節氣後，因引力的減弱，氣往上沖，頭脹欲裂，頸硬難行；唯有平時多運動雙腳、蹲馬步，使氣血下行；及常吃含維他命E的麥粉、麥片……使擴張血管，清除過酸化脂質，常喝牛奶，補充營養，幫助記憶思考。修通中脈，則能分散氣血上沖之力，積極防患腦中風，述於「成佛之原理及方法」。

又有每二十年一次的木土星交會排列，造成如同六十九年、七十年的水旱災，皆為太陽黑子被拉出後，降低太陽表面溫度所致。星球的排列前後，引力促使氣候的冷熱不定，造成虛火上升、心浮氣躁、口舌，進而引發戰端，未降虛火，運阻者多。彗星則為含氫、冰塊及其他物質彗尾，阻住太陽光能，造成氣候異變生饑荒。（太陽表面溫度約六千度，太陽黑子約四千六百度。）防患之道：

唯有生活習慣正常，住宅確實改善，空缺之處，門窗開小一點，或修蓋空缺處；另空缺處有大水池，或未加蓋的大水溝，也可改吉；或住宅受水箭直射，大水池亦可化解，乃水有蓄溫聚氣作用。另外虛火上升以及夏天，更須多吃水果降火解毒，如香蕉、菜頭、苦瓜……等，少喝冰水；不得已熬夜，須多喝開水或牛奶。

深睡可分泌更多的松果腺荷爾蒙，漂白皮膚，牽制腦下垂體分泌之黑氣，皆為一物剋一物；由此可知，寢室太亮，夏天容易睡眠不足，被太陽叫醒，積久虛火上升；凡事知其原理，則防患及改變命運並不難。

其他尚有：祖墳影響，對本身財運幫助有限，富貴大地例外。但卻是後代子孫，八字命運好壞的來源，富貴福地本不多，以積德行善為標準，真正穴場最多可容納三處，且下雨後，或清晨、黃昏，穴場因地質不同，尤其砂頁岩之蓄溫作用會冒霧氣，平地則地溫較高處附近。葬下後，清晨墓碑會發熱溫溫的，中午太陽愈大，墓碑反而愈涼冷，乃地氣聚散之作用。至於墓碑變色，乃風化作用，每個都會；墓碑出油，純屬人為；只有溫度可以證明一切。壽墳即使大地穴場，由於指甲、頭髮之物有限，感應發財亦極有限。而且此感應同祖墳一樣，乃使吾人精、氣、神更聚集，反而比不上住宅人氣聚集及飲食補充之力量。至於富貴龍穴，其山脈走勢，如同吾人手腳向內彎，穴場則在中間山脈之尾端，泌尿系統處。才形成約直徑一尺半，圓形深咖啡色之太極暈，下面約連貫百公尺，蓄聚地氣，如同骨髓。當此氣飽和後，墓碑清晨仍發熱，白天則不再涼冷。

另外心理體質：怕冷者冬天損財，飯後一小杯補藥酒，可使財運轉吉。或常吃含維他命E之食品，使擴張血管不怕冷。怕熱者夏天損財，住宅加裝冷氣，多吃降火之水果、香蕉、苦瓜……可使財運轉吉。若西藥維他命片勿天天吃，有後遺症。

懷孕期間，父母的心性，言行胎教，及三歲前的家庭教育，深深刻劃在潛意識，註定了一生中行事的走向。情緒常消沉、憂鬱者，徒增體內分泌毒素，胃腸不好，宜每七天看一次電影，及多吃水果，運動流汗，皆能清除體內毒素，改善氣色。

出生在交節氣前，縱然八字上等命，也須備嚐人生極多的苦頭歷練，乃先天體質，承受天地交泰之壓力所致。出生在交節氣後，配合好八字，踏入社會後，一帆風順，享受其成；乃交節氣後，引力減弱，大地充滿山川靈氣，先天體質清新及沒有壓力。此點可供剖腹生產者參考，因人造八字未必準驗，此點卻必正確。

又小孩頂門未閉，或體質較清純的，逢遇喪家或清明掃墓，易沾上穢氣，發高燒，嘔吐醫生束手，或入廟靈體受感應，夜睡不寧飲食有退，只要青草店購十元雞糞藤，煮水泡入大澡盆洗澡，最多三次平安無事。凡大人、小孩夜睡不安，驚嚇皆有效。吾人參加喪事，或親人逝世，或與參加喪事之友人接觸，或清明掃墓等，皆宜事後清洗一次，除去穢氣。

另過年節或平日，多吃糖果、甜食，促使胃酸分泌過多，約三天後感冒。乃胃酸PH值一・五，正常血液PH值七・三，生病時PH值降到七・二，由此可知，真正防不勝防，小兒難養。另外每年新曆三月及十月，天氣忽冷忽熱，易患胃腸、感冒。

總言之：算命欲防患小人，不是別人，乃須防患：住宅、生活習慣、飲食、空氣、水質、天星異變等等。願大家這一生，皆永遠財源廣進，只有月圓沒有月缺；生活上無後顧之慮，並依照「成佛之原理及方法」修行，具備星光圈，具備大慈大悲心、太陽心，看開一切執著，回到最高靈界，永遠永遠不要再來輪迴！

解毒酒：（本藥方供參考，仍請教醫生為宜。）大正川田七三錢、五加皮三錢、百合三錢、川烏三錢、草烏三錢、生枝子三錢、正血結二錢。羌活三錢、莪朮三錢、琥碧二錢、沒藥三錢、西藏紅花二錢、歸尾三錢、生藉三錢、當歸二錢。

每服浸二支（大）金門高梁酒。若兩帖即四瓶。每晚飯後，喝半小杯，約 cc，藥費約二百五十元，酒不算，浸三十天。

今日社會，化學污染，蔬菜中農藥，雞、豬肉、飼料中抗生素過量，造成累積毒素，皮膚過敏，余於醫治八月無效後，藉此解毒酒七天治癒。藉酒加速清毒。不勝酒力者，可緩緩喝或配合開水喝。每半個月喝約3 cc，有清除體內毒素之功。

如何掌握命運

人生凡事皆須靠自己，算命只能做參考，生辰八字只是一個代號而已；面相、體相、手相紋路等，也是因為你做了某些事或去奮鬥了，才改變的；並非先改變了面相、體相、手紋，才引導了你的命運產生起伏；同樣的，在影響你的命運起伏的，並非八字，但欲趨吉避凶，可研究拙著「八字洩天機」三集，最高境界即是「知日元斷流年」，要就走在八字前面，創造人生，斷準只是一個警惕而已。真正影響人生的乃：住宅環境及食、衣、住、行、育、樂，每一件生活習慣都會，包括季節、氣候、天災、人禍。

逢凶月時，吾人之生活習慣，必先熬夜、遲睡，內（家）外（工作）壓力加重，工作量加重、體力透支、情緒低落、嘔氣事多、失人和、口舌、委屈、或住宅太熱、（接連凶年不斷者，更是住宅不吉。）虛火上升，促使肝火虛旺，肝臟解毒功起降低，體內充滿毒氣，熬夜、睡不著，又使得腦下垂體，分泌過量之黑色細胞刺激荷爾蒙，呈現損財氣色，使八字算準，氣數難逃，一直委曲求全。

茲分別敘述，怎樣的生活習慣，才能製造良好氣色：

⑴食：吃好氣色好，進財多，吃壞氣色不繼，余曾試了甚多種中、西藥補劑，其中以丹麥製（莫離他補糖衣錠）較佳，售價約三百八十元（西藥行售），為水溶性之綜合維他命，約三天吃兩顆較妥，並多喝開水，可增財氣，全世界一般藥廠，皆無法將維他命A、D、E、K，製成水溶性，為脂肪性，吃多易蓄積生弊，但欲吃此「莫離他補糖衣錠」，宜先請教醫生，並多吃水果，幫助消化。

⑵住宅（風水）：住宅基本上須左、右、後、上方有屋衛靠，前屋勿阻，即高度勿超過一樓以上，以免財路（門路）受阻；依余經驗，全部以住宅影響最大，乃人氣蓄聚之問題，影響氣色亦最大。風水墓地則以富貴大地，感應力最大，本人所傳授者，皆以察看富貴大地為主，但因學問較大，古今住宅不同，須修改原則之處甚多，甚至連冷氣機、電扇皆要看，不只床位而已。

⑶衣：倒霉的人，常見穿深灰色、黑色之外衣，使得身體發出之光氣，受轉化常呈現灰暗色，物以類聚，引來霉氣；故吾人宜少穿此類衣服，常穿淺色之衣服，如：女生穿淺粉紅色；及淺綠色、淺藍色或米色、白色，使人一看就覺得煥然一新，物以類聚，引來好運。

⑷行：騎車、開車不要太快，以免逢意外之月時，凶禍加重，不要常按喇叭，以免製造急躁情緒。

⑸育：每天早上運動、跳躍，可原地跳三百下，並做彎腰、轉身之體操，或其他運

動皆可，及洗澡用絲瓜布（即俗稱菜瓜布，青草店或賣碗盤店購。）可促進氣血新陳代謝，以保身體健康。

(6)樂：逢不如意時，尤其八字凶月時，情緒差，體內會分泌毒素，使氣色不繼，故宜每七天看一次喜劇類之電影（尤其凶月時），抒解身心，可化解不良氣色；散散心有效果，但仍難全部消除。已婚者，每十天或半個月行房，能促使新陳代謝，帶來財氣，常常行房則洩元氣見損財。

(7)思想：所謂「相由心生」，吾人若做生意，須每日或常常於工作上思考（即是觀想），如何才能改善，才能發大財之法，自然會在無形中，與錢財產生感應，才能財源滾滾而來，終究目前是物質時代，不是精神時代。

最後就是助人，須擇善人而為，以免減損福報給他。清明掃墓或登山去墓地後，回家皆宜用「雞糞藤」（青草店可購得）煮水洗澡，可去邪穢之氣，去風邪，亦有收驚之效果，小孩日夜哭鬧不停，大人受驚嚇失眠，皆有神效，最多三次保平安，願大家皆能依本文，養成良好生活習慣，在此一生中，平平安安又發大財。